Die Contraden von Siena

Transkulturelle Studien
Band 1

Herausgegeben von Dorle Dracklé und Maya Nadig

Anna-Kathrin Warner, Dr. phil., studierte Germanistik und Ethnologie in Bonn und Hamburg. Sie ist Lehrbeauftragte am Institut für Kulturforschung der Universität Bremen.

Anna-Kathrin Warner

Die Contraden von Siena

Lokale Traditionen und globaler Wandel

Campus Verlag
Frankfurt/New York

Bibliografische Information der Deutschen Bibliothek
Die Deutsche Bibliothek verzeichnet diese Publikation in der Deutschen Nationalbibliografie.
Detaillierte bibliografische Daten sind im Internet über http://dnb.ddb.de abrufbar.
ISBN 3-593-37506-0

Umschlagmotiv: Luftbildaufnahme von Siena © Ian Alexander
Druck und Bindung: PRISMA Verlagsdruckerei GmbH
Gedruckt auf säurefreiem und chlorfrei gebleichtem Papier.
Printed in Germany

Für Linus

Inhalt

Danksagung

Ich möchte sehr herzlich allen danken, die in der ein oder anderen Weise am Gelingen dieser Arbeit und am Entstehen des vorliegenden Buches beteiligt waren und mich in den Jahren der Promotion unterstützt haben.

Meiner Erstgutachterin Prof. Dr. Maya Nadig danke ich für ihre kontinuierliche Betreuung vom Beginn bis zum Abschluss des Projektes. Sie hat mich mit ihrer Begeisterung für Siena angesteckt, war von der Arbeit sehr überzeugt und hat mir immer wieder Mut gemacht, wenn sich die verschiedenen Fäden nicht zusammenfügen lassen wollten. Ihrer eingehenden Beratung und ihrer spezifischen wissenschaftlichen Sichtweise auf meine Forschungsmaterialien verdanke ich viele meiner Interpretationsansätze. Meiner Zweitgutachterin Prof. Dr. Dorle Dracklé danke ich für ihre Beschäftigung mit meinem Text und ihre konstruktiven Anmerkungen. Sie hat eine zusätzliche Perspektive auf die Arbeit eröffnet, die ich sehr zu schätzen wusste.

Den Teilnehmerinnen und Teilnehmern des Kolloquiums zur ethnologischen und ethnopsychoanalytischen Geschlechterforschung an der Universität Bremen unter der Leitung von Prof. Dr. Maya Nadig danke ich für die intensive Auseinandersetzung mit den Materialien meiner Arbeit. Von den Feldnotizen bis hin zum ausgearbeiteten Text haben sie Deutungsarbeit geleistet und mir konstruktive Anregungen gegeben. In diesem Sinne danke ich namentlich Ute Marie Metje, Cordula Weißköppel, Christine Mansfeld, Andrea Lauser, Margrit Kaufmann, Anja Heldmann, Robin Cackett, Gesine Sturm, Bettina Horn-Udeze, Simone Kirchner, Frank Müller und Marco Atlas. Ich danke ferner den damaligen Lehrenden für Kulturanthropologie der Università degli Studi di Siena, Prof. Pietro Clemente, Prof. Massimo Squillacciotti, Dr. Fabio Mugnaini und darüber hinaus Prof. Alessandro Simonicca für die Zeit, die sie für mich und mein Anliegen erübrigt haben.

Danken möchte ich Bruno Keller und Esperanza Seguì für ihre großzügige Freundschaft und Gastfreundschaft. Sie ließen uns in ihrem wunderbaren Haus wohnen und hatten stets offene Ohren für all die großen und kleinen Sorgen und

Nöte während des Aufenthalts in Italien. Es war eine schöne Zeit bei ihnen. Für eine angenehme Zeit in Siena danke ich ebenso Francesco Garosi.

Mein besonderer und ausdrücklicher Dank gilt allen Personen in Siena, die mir ihre Zeit, ihre Aufmerksamkeit, ihre Mühe und ihr Vertrauen geschenkt haben und ohne die diese Arbeit nicht zustande gekommen wäre. Ihr unschätzbares Wissen und ihre ständige Bereitschaft, immer neue Fragen zu beantworten und das für sie Selbstverständliche in Worte zu fassen, waren für diese Arbeit unverzichtbar. Dass sie mich in die Contraden mitgenommen haben, dass ich immer willkommen war und mit Herzlichkeit, Wärme und Humor empfangen wurde, war für mich eine ganz besondere Erfahrung. Ich danke ihnen für die selbstverständliche Aufnahme meiner Person, all die vermittelten Kontakte und die mir gewährten Einblicke in sehr persönliche Gedankenwelten.

Meinen Eltern Anke und Eckart Warner danke ich für ihr bedingungsloses Vertrauen in dieser Phase meines Lebensweges. Sie haben mein Vorhaben stets unterstützt, sowohl materiell als auch ideell, selbst dann, wenn ein Ende nicht absehbar schien. Danken möchte ich auch all den Freundinnen und Freunden, die mich über Höhen und Tiefen hinweg begleitet haben. Insbesondere danke ich meinem Ehemann Lars Klarmann, der mir in der letzten Phase der Arbeit in vollem Glauben an mich zur Seite gestanden hat und es nie müde wurde, offene Fragen so lange mit mir zu diskutieren, bis ich sie gelöst hatte.

Diese Doktorarbeit wurde finanziell von der Universität Bremen von Januar 1997 bis Mai 2000 im Rahmen einer Stelle als wissenschaftliche Mitarbeiterin im Studiengang Kulturwissenschaft sowie von Mai 2000 bis April 2001 mit einem Promotionsabschluss-Stipendium gefördert. Das Promotionskolloquium fand am 29.4.2003 statt.

Nottensdorf im November 2003, Anna-Kathrin Warner

Einleitung

»Lohnt es sich überhaupt noch, den seltenen Schauder ethnologischer Authentizität zu suchen in dieser immer kleiner und bekannter werdenden Welt? Man bräuchte dafür schon einen ganz und gar nicht primitiven Volksstamm. Oder noch besser: einen äußerst zivilisierten, ein Volk mit solch urtümlichen, gesunden Traditionen, daß es keine Angst haben muß vor den sich einschleichenden Mystifikationen der Moderne. Ein eng mit seinem Dorf verbundenes Volk, stolz darauf, es durch die Jahrhunderte intakt erhalten zu haben, stolz auch darauf, sich selbst zu feiern, in einem Ritual von unverfälschter emotionaler Reinheit. Dieses ›Dorf‹ gibt es: es ist die Stadt Siena. Diesen Volksstamm gibt es: es sind die Bürger von Siena. Dieses Ritual gibt es: den palio delle contrade, der jedes Jahr am 2. Juli und am 16. August in Siena stattfindet.«[1]

Mit diesem Zitat, abgedruckt in einem Reiseführer, wird die Faszination beschrieben, welche die italienische Stadt Siena auf ihre Besucher ausübt. Traditionen werden dort seit Jahrhunderten aufrecht erhalten, scheinbar unberührt von den Veränderungen des modernen Lebens. Als ich selbst zum ersten Mal von den Contraden[2], den Stadtvierteln Sienas, hörte, erstanden vor meinem inneren Auge Bilder einer dörflichen Abgeschiedenheit. Ich stellte mir die Szenerie mittelalterlich vor, als man mir sagte, dass diese Stadtbezirke eng gemeinschaftlich organisiert seien. Schwarzgekleidete Frauen in hohen Sälen sah ich vor mir, als ich erfuhr, dass dort regelmäßige Essen stattfinden. Die alten Stadtmauern, die ich von einem Tagesausflug kannte, verbanden sich in meiner Vorstellung mit dem Leben irgendeiner Vergangenheit, das mit der realen Welt, in der ich lebte, nicht viel zu tun hatte.

Tatsächlich war es ganz anders. Als ich nach Siena kam, um meine ethnologische Forschung über die Contraden zu beginnen, fand ich mich in einer nahezu gewöhnlichen Kleinstadt mit einem sehr heutigen Leben wieder. Einer Stadt, in der die gotischen Bauten zwar auf das Mittelalter verweisen, in der jedoch Autos

---

1 Der Autor Carlo Fruttero in seinem Beitrag »Palio«, MERIAN-Heft Toskana, 2/1997, S. 60-66.

2 Ital. Singular contrada, Plural contrade; zur besseren Verständlichkeit im Deutschen werde ich im Plural die Übersetzung »Contraden« benutzen.

knattern wie andernorts auch, in der die Menschen nach der neuesten Mode gekleidet sind und geschäftig die Straßen durchqueren. Auf dem *Corso*, der Hauptstraße des Zentrums, reihen sich Banken und Geschäfte, drängen sich die Touristen vor den Palästen und stehen bei »Nannini«, der größten Eisdiele, Schlange. Von Studenten benutzte Internetcafès gibt es ebenso wie Buchhandlungen mit internationaler Presse, und am Samstagabend und Sonntagnachmittag wird er zur lebhaften Flaniermeile. Gleichzeitig ist Siena mit seinen rund 54.000 Einwohnern eine kleine Stadt. Malerisch liegt sie am Rand des Chianti-Gebiets, rund sechzig Kilometer südlich von Florenz. In den abseits gelegenen Gassen scheint die Zeit stillzustehen, es gibt keine Industrie, und südlich der Stadtmauer erstrecken sich die Hügel der sienesischen Crete. Kommt man in der Mittagszeit nach Siena, ist die Hauptstraße wie leer gefegt und um die braunen Häuser flitzen die Schwalben.

Gegenstand

Von den Contraden sah ich auf den ersten Blick wenig. Erst im Verlauf meiner Arbeit lernte ich zu ermessen, welch große Bedeutung die Stadtteilgemeinschaften für die gesamte Stadt auch heute noch haben. Die innerhalb der Stadtmauern gelegenen Contraden entstanden im Mittelalter, wo sie als Verwaltungseinheiten fungierten und in Zahl und Größe wechselten. Seit einem Dekret von 1729 besteht die Aufteilung in siebzehn Bezirke in ihrer derzeit aktuellen Form. Die Stadtteile sind jedoch nicht nur territorial bestimmt, sondern vor allem korporative Einheiten, welche sich durch die Gemeinschaften ihrer Bewohner auszeichnen. Die amerikanische Anthropologin Sydel Silverman spricht von den Contraden als »basic reference point for social interaction within the city« (1979: 416) und benennt damit das enorme Ausmaß, in dem sie den Alltag der Einwohner Sienas prägen. Ursprünglich war es so, dass ein Bewohner der Stadt derjenigen Contrada angehörte, auf deren Gebiet er geboren wurde. Seitdem die meisten Sieneser jedoch in Wohnvierteln außerhalb des Zentrums leben, und die Babys in der Regel im Krankenhaus zur Welt kommen, ist dieser Weg der Mitgliedschaft nur noch selten gegeben. Inzwischen wird die Contraden-Zugehörigkeit deshalb überwiegend verwandtschaftlich abgeleitet. Daneben ist es möglich, die Zugehörigkeit aus eigener Wahl durch Aufnahme zu erlangen. Die Mitgliedschaft währt grundsätzlich das ganze Leben und wird unabhängig vom Wohnort nicht gewechselt. Sie begleitet einen, so wird es oft in ein Bild gefasst, »von der Geburt bis zum Tod«.

Die Contraden haben jeweils einen eigenen Namen, und zwar zumeist einen aus der Heraldik des Mittelalters stammenden Tiernamen, wie Giraffe, Raupe, Gans oder Wölfin. Sie verfügen über eigene Wappen, eigene Farben und eigene Kostüme. Von der inneren Struktur her bildet jede Contrada eine Einheit. Sie hat eine offizielle Verfassung und einen obersten Repräsentanten. Daneben unterteilt sie sich in verschiedene Räte und Gremien, deren Vertreter formal gewählt werden. Die große Anzahl an Ämtern und Aufgaben wird auf Freiwilligenbasis übernommen. Die Finanzierung ist unabhängig und läuft hauptsächlich über Mitgliedsbeiträge und Spenden. Außerdem hat jede Contrada auf ihrem Territorium einen Sitz mit Kirche, Museum und Versammlungsräumen. Hier finden vielfältige Aktivitäten statt. Frauen-, Kinder- und Jugendgruppen bieten den Mitgliedern genauso wie sportliche Veranstaltungen oder andere Freizeitaktivitäten die Möglichkeit, am sozialen Leben teilzunehmen. Aber auch sonst ist die Contrada Anlaufstelle und Treffpunkt im Alltag. Die Versammlungsräume sind jeden Tag zumindest am Abend geöffnet, so dass man vorbeischauen, an der Bar noch einen Kaffee trinken, ein Schwätzchen halten oder Karten spielen kann. Viele Contraden organisieren regelmäßige Essen. Dem Engagement für die Contrada, der Gleichheit aller Mitglieder und der Solidarität untereinander wird ein großer Stellenwert beigemessen und die Gemeinschaft großgeschrieben. Für die einzelnen Personen besteht eine starke Identifikation mit dem eigenen Stadtteil.

Die enge Bindung des Individuums an die eigene Contrada wird durch Abgrenzungsmechanismen der Contraden untereinander gefördert. Symbole wie Wappen, Fahnen und Farben markieren die Differenz ebenso wie die territorialen Grenzen und dienen der Selbst- und Fremdzuordnung. Die Identifikation von Personen anhand ihrer Contraden-Zugehörigkeit wird von klein auf erlernt. Zwischen den Contraden gibt es ein komplexes Beziehungsgefüge, das aus offiziellen Freundschaften und Feindschaften besteht. In den Grundzügen ist es so, dass eine Contrada drei bis vier Freundschaften (oder auch Allianzen) pflegt. Gleichzeitig hat nahezu jede Contrada eine Gegnerin, welches zumeist eine benachbarte Contrada ist. Nicht zuletzt gibt es Neutralitätsverhältnisse, bei denen überhaupt keine Beziehung unterhalten wird. All diese reziproken Verhältnisse sind fest etabliert, können sich durch aktuelle Ereignisse jedoch auch verändern. Generell ist das Contraden-Leben fundamental von der Präsenz der konkurierenden Beziehungen geprägt. Das führt jedoch nicht zur Zersplitterung, sondern ist eher als System zu begreifen, das durch das ritualisierte Spiel der Kräfte im Gleichgewicht gehalten wird.

Am offenkundigsten manifestieren sich die Beziehungen der Contraden in ihrem größten Fest, dem *Palio delle Contrade*. Der Palio ist der Höhepunkt des Contraden-Jahrs, durch den Freundschaften und Feindschaften ausgelebt und neu bestimmt werden. Es handelt sich dabei um ein Pferderennen, das in der Mitte der Stadt auf der zentral gelegenen Piazza del Campo durchgeführt wird und zweimal im Jahr, am 2. Juli und am 16. August, stattfindet. Der Juli-Palio ist der Madonna von Provenzano gewidmet, einer lokalen Heiligen, der im August der Heiligen Jungfrau Maria, die auch die Schutzherrin Sienas ist. Die Ursprünge des Palio-Rennens lassen sich bis ins 13. Jahrhundert zurückverfolgen. Aus verschiedenen Arten des Volksvergnügens mit Pferde- und Stierrennen in Verbindung mit religiösen Feierlichkeiten kristallisierte sich im 18. Jahrhundert schließlich die heutige Form des Palios mit seinen Regeln heraus. Der Name wird vom lateinischen Begriff »pallium« abgeleitet. Er bezeichnete im Mittelalter ein Banner, das Schutzheiligen gewidmet oder als Preis bei einem Turnier verliehen wurde. Mittlerweile ist er zum Begriff für das Rennen selbst geworden. Ein bemaltes Palio-Banner ist jedoch immer noch das Zeichen des Triumphs, das die siegreiche Contrada davonträgt.

An einem Palio-Rennen nehmen jeweils zehn der siebzehn Contraden teil. Bestimmt werden diese zehn Contraden durch ein Auslosungsverfahren einige Wochen vor dem Ereignis. Die übrigen sieben nehmen automatisch am Palio im folgenden Jahr teil. Die restlichen drei werden wieder ausgelost, und so weiter. Das Rennen selbst ist in mehrtägige Vorbereitungen eingebettet, die bereits Bestandteil des Festes sind. Auslosungen der Pferde und anschließende Probeläufe finden öffentlich statt, ebenso wie große Festbankette am Abend zuvor. Zwischen den Contraden werden geheime Verhandlungen geführt, die den Verlauf des Rennens begünstigen sollen. Vor dem Rennen werden die Pferde gesegnet und ein großer historischer Umzug findet statt, der *Corteo Storico*. Dieser Umzug dauert mehrere Stunden, bevor endlich der Startschuss fällt. Das halsbrecherische Rennen geht drei Runden um den Platz und dauert nicht länger als etwa neunzig Sekunden. Geritten wird ohne Sattel und gegenseitige Behinderungen sind erlaubt. Aufgrund der Unebenheit der Bahn und der hohen Geschwindigkeit sind Stürze nicht selten. Über den Sieg entscheidet jedoch nicht allein die Geschwindigkeit und die Geschicklichkeit des Reiters, sondern auch das Glück und die Tragfähigkeit der getroffenen Absprachen. Erreicht das erste Pferd, im Zweifelsfall auch ohne Reiter, die Ziellinie, ist das Rennen vorbei. Die siegreiche Contrada empfängt das Palio-Banner und trägt es unter Triumph zum Dom. Nachts ziehen Angehörige dieser Contrada durch die Stadt und feiern den Sieg.

Die Festlichkeiten dauern mehrere Tage und Wochen und enden Ende September mit einem großen Bankett, bei dem das Pferd einen Ehrenplatz erhält.

Für die Contraden-Mitglieder stellt der Palio das wichtigste Ereignis im Contraden-Jahr dar. Der Palio ist sozusagen das Moment, das das System der Contraden in fortwährender Bewegung hält. In den Tagen des Rennens entladen sich die Gefühle und versetzen die Beteiligten in rauschhafte Zustände. Die Beziehungen zur verfeindeten Contrada werden absolut virulent und führen vor allem unter Jugendlichen zu gegenseitigen Provokationen. Manchmal münden die aufgestauten Aggressionen auch in Faustkämpfe, die allerdings einen rituellen Charakter haben und nach festen Mustern ablaufen. Die Ernsthaftigkeit dieses Ereignisses, das im Grunde ein spielerisches ist, kann nur durch den hohen sozialen Stellenwert der Contraden erklärt werden. Auf die starken Gefühle, die mit einem Palio-Sieg verbunden sind, wird von Contradaioli häufig hingewiesen. Oft wird das Gefühl mit dem bei der Geburt des eigenen Kindes verglichen, beschrieben wird ein Überwältigt-Sein, das mit dem Verstand nicht mehr zu fassen ist.

Fragestellung und Forschungsstand

Die verblüffende Gleichzeitigkeit von einem lebendigen heutigen Stadtleben und jahrhundertelang überlieferten Traditionen war es, die leitend für meine Fragestellung war. Ich wollte wissen, wie es sein kann, dass Menschen in einem modernen gesellschaftlichen Umfeld leben und dennoch alte Traditionen aufrechterhalten. Welche Möglichkeiten bietet es ihnen und wie gelingt es ihnen überhaupt? Wie sind diese Traditionen beschaffen, dass sie in einer rapide sich verändernden Welt standhalten? Was tun die Beteiligten, um ihre Traditionen mit den Einschnitten moderner Lebensführung zu vereinen? Welchen Sinn kann es für sie haben? Wie weit sind die traditionellen Elemente einem Wandel unterzogen worden, damit sie ihre Aktualität bewahren? Warum gelten sie auch unter jungen Leuten nicht als veraltet?

Weiterhin fragte ich mich, um was für eine Art von Gemeinschaften es sich bei den Contraden handelt und welche Bedeutung sie für die Akteure haben. Ich wollte wissen, wie sie sich als Einheit definieren, wie sie Mitglieder gewinnen und binden und wie sie sich kulturell anderen Gruppen gegenüber präsentieren. Vor allem wollte ich der Frage nachgehen, wie sich das Alltagsleben in der Contrada ganz konkret gestaltet. Auch die Befindlichkeit der einzelnen Angehörigen interessierte mich. Warum identifizieren sich Personen in Siena mit den

Contraden, welche Funktion übernehmen die Gemeinschaften für das Individuum? Welche Rolle spielt die Contrada zum Beispiel in den Bereichen Familie und Freundschaft? Wie beurteilen Personen ihre Mitgliedschaft?

Mit diesen Fragen begab ich mich ins Feld. Anknüpfungspunkt waren einerseits Theorien kultureller Identität, die Prozesse der Gemeinschaftsbildung, der Bedeutung von Traditionen und der kollektiven Herstellung von Kontinuität untersuchen. Interne Gruppenprozesse, verschiedene Formen der Identität und Wege der Identifikation sind darin ebenso Gegenstand wie Differenzierungsprozesse und das Verhältnis zu anderen Gruppen. Und mein anderer Ausgangspunkt war die in den Kulturwissenschaften geführte Diskussion um Globalisierung. Bei dieser Diskussion geht es um die Frage, welche Auswirkungen Prozesse der Globalisierung auch auf kultureller Ebene haben und wie sie sich in lokalen Kontexten wiederfinden bzw. wie in örtlich begrenzten Zusammenhängen Globalität erfahren wird. Untersucht wird der Wandel von Kultur in einem Prozess der Gleichzeitigkeit von lokaler und globaler Vernetzung und das Eingebundensein des Individuums in vielschichtige Netzwerke sozialer Bedeutungen.

Indem ich beide Theoriekomplexe miteinander verband, konnte ich mich der Frage nach den Beziehungen zwischen der kulturellen Identität der Contraden, den lokalen Traditionen und der aktuellen Welt ausgezeichnet nähern. Denn seit der Auflösung des Kulturbegriffs als einer umgrenzten Einheit mit räumlichem Bezug wird zunehmend darauf verwiesen, dass kulturelle Grenzen dynamischen Aushandlungsaktionen unterliegen. Kultur wird nicht mehr als statische Größe gesehen, sondern als prozessgebundenes System von Handlungen und Bedeutungen. Die Frage nach der Beständigkeit und Fortdauer kultureller Phänomene muss demzufolge im Hinblick auf die realen Bedingungen betrachtet werden, unter denen sie wirksam werden. Gesellschaftliche Einflüsse fallen dabei genauso ins Gewicht wie politische und ökonomische sowie im weitgefassten Sinn kulturelle. Gerade in Anbetracht der heutigen Vernetzung der Welt auf jeder dieser Ebenen, verursacht vor allem durch veränderte technische Möglichkeiten der Warenherstellung, der Kommunikation und des Transports, kann »Kultur« als isoliertes Gebilde gesehen werden. Berücksichtigt werden müssen auch auf kleinstem Raum vielmehr genau jene Einflüsse, die weltweit wirksam sind. Konzepte von Hybridität, multilokale Forschungssettings und plurale Zugänge kommen einer Ethnologie, die diese veränderten Gegebenheiten und die ständige Bewegtheit von Kultur berücksichtigt, entgegen. Während sie bei bestimmten Themenbereichen wie Migrationsprozessen eine offensichtliche Rolle spielen, scheinen sie in einer räumlich klar definierten und begrenzten Lokalkultur vordergründig keine Anwendung zu finden. Die hier auffällige Homogenität ist jedoch das Ergebnis von vielfältigen Identitätsbildungs- und aktiven Ab- bzw. Ausgrenzungsprozessen, die auf verschiedenen Ebenen stattfinden, unter anderem der globalen Ebene.

Mit meiner ethnologischen Fragestellung habe ich mich auf ein Terrain begeben, das für Siena neu ist. Die meisten der zahlreichen Publikationen über die Stadt und die sienesischen Contraden sind historisch und volkskundlich orientiert oder nicht wissenschaftlich. Es gibt eine große Anzahl von Publikationen über die Geschichte der Stadt, Bildbände über Palio und Contraden, volkskundliche Sammlungen z.B. über Heraldik, Lieder und Anekdoten der Contraden oder zu einzelnen Aspekten der Stadtviertel. [3] In der Publikation von Cecchini & Neri (1958) werden Geschichte, Struktur und Kennzeichen der einzelnen Contraden detailliert dargestellt. Diese Veröffentlichung ist immer noch eine der besten Quellen über die Stadtteile. Ebenfalls zu finden sind Schilderungen des Palios im journalistischen Stil (u.a. Magi 1996; Magrini 1986). Ethnologische und soziologische Arbeiten sind dagegen kaum vorhanden. Neben der bekannten Buchveröffentlichung »La Terra in Piazza« (Dundes & Falassi 1994, Erstausgabe 1975), in der eine symbolistische Deutung des Palio-Festes vorgenommen wird und auch die Contraden umfassend erläutert werden, gibt es lediglich einige Aufsätze. Diese Aufsätze (Clemente 1990, 1992; Handelman 1983, 1998; Logan 1978; Park 1992; Silverman 1979, 1985, 1989) behandeln das Thema Contrada und Palio unter verschiedenen Gesichtspunkten. Handelman und Logan beschäftigen sich mit dem Palio aus der Ritual-Perspektive, während Silverman sich dem Phänomen Palio aus der historischen Sicht unter Einbeziehung politischer Kontexte nähert. Park fragt nach der kulturellen Bedeutung des Palios und analysiert die durch ihn hervorgerufenen Emotionen, und Clemente wirft einen Blick auf die Contraden als Sozialverbände. Ein unveröffentlichter Tagungsband über Kinder und Contraden (»Cultura dell'infanzia e tradizioni cittadine«) versammelt Beiträge über die Bedeutung der Contrada in der Kindheit, deren Ergebnisse Simonicca (1995) und Sandrucci (1996) zusammenfassen. In der Arbeit von Liebscher (2001) über Netzwerke und Kognitionen politischer Akteure am Beispiel des Stadtrats von Siena schließlich tauchen die Contraden als maßgebliche Institution des Handlungsrahmens »Stadt« auf. Größere Untersuchungen über

3 Zum Beispiel Cairola (1986), Catoni (1993), Checcherini (1995), Falassi (1978, 1980c), Grassi (1950, 1987), Heywood (1969, 1993), Luchini (1985), Righi Parenti (1926), Rossi (1981), Valsecchi (1981), Valecchi (1994), Verdone (1986), Zazzeroni (1980); zum Palio z.B. Balestracci & Barzanti & Piccinni (1978), Betti (1992), Catoni & Falassi (1982), Fiorini (o. J.), Lamioni (1984), Profeti (1978).

das heutige Leben in den Contraden aus sozialwissenschaftlich-ethnologischer Perspektive stehen hingegen noch aus.

Was die Forschung in Städten Italiens betrifft, so wurde bereits in den siebziger Jahren kritisiert, dass ethnologische Forschung in Italien vor allem in »rückständigen« ländlichen Gegenden und Dörfern stattfand (Crump 1975: 20). Bis dahin war vor allem der Süden des Landes unter traditionellen Aspekten von Kultur untersucht worden. Im Sinne einer Ethnologie des Mittelmeerraums, die diesen einheitlich unter kulturellen Mustern wie Ehre und Scham zu erfassen suchte[4], war Süditalien seit den fünfziger Jahren beliebtes Untersuchungsziel für angloamerikanische Ethnologen, die es unter Theorien schrittweiser Modernisierung betrachteten.[5] Die Forschungsschwerpunkte der Ethnologie in Europa und damit auch Italien veränderten sich in den siebziger Jahren. Der struktur-funktionalistische Ansatz wurde zugunsten von Fragen nach dem sozialen Wandel, herbeigeführt durch die agierenden Individuen, aufgegeben (Cole 1977: 363). Die Frage nach den politischen Machtverhältnissen spielte ebenso eine Rolle wie die Einbeziehung der historischen Perspektive. Weiterhin wurde das Augenmerk auf die kognitiven und symbolischen Strukturen gerichtet, die einer Kultur unterliegen. Diese Fragestellungen wurden in den achtziger Jahren von einer eher subjektorientierten Ausrichtung auf Identitätsfragen abgelöst. Der Mittelmeerraum wurde wissenschaftlich vom Gesamtkonzept Europa überholt und Einflüsse des Postmodernismus verbreiteten sich. Für Untersuchungsziele in den ausgehenden neunziger Jahren schreibt Boissevain (1994), dass diese von veränderten Produktionsverhältnissen, Bewegungen von Migranten und Touristen, der Stärkung regionaler Interessen und damit dem »Kampf um Identität«, verursacht durch Neubestimmungen der Grenzen zwischen Insidern und Outsidern, sowie einer »Nostalgie« gegenüber Traditionen und einer idealisierten Vergangenheit bestimmt sein würden. Weitere Prozesse, die untersucht werden, ist die Herausbildung ethnischer Nationalismen, nicht lokal gebundener Netzwerke von Interessensgruppen und Bürokratien und transnationale Strategien in Grenzregionen

---

4 Zur Konstruktion des mediterranen Raums und entsprechender Kritik siehe u.a. Boissevain (1976), Davis (1977), Gilmore (1982, 1987), Herzfeld (1987b), Pina-Cabral (1989).

5 Einheimische Ethnologen widmeten sich in der ersten Hälfte des Jahrhunderts vor allem Folklore- und religiösen Studien. Meist aus einer gebildeten Schicht stammend, sahen auch sie die Rückständigkeit des »Volkes« vor allem im Süden in Widerstand gegen die Modernisierung verankert und die Volkskultur als archaische Überbleibsel. Beeinflusst vom marxistischen Denker Gramsci erfuhren diese Studien in der Nachkriegszeit eine neue Deutung, indem Folklore als proletarisches Potential im Klassenkampf betrachtet wurde. Der sozio-ökonomische Kontext subalterner Kultur wurde bis in die achtziger Jahre untersucht. (Filipucci 1996: 59-64)

(Kokot & Dracklé 1996: 13). Konstruktionen regionaler Identität und andere Identitätskonstruktionen (z.B. Levy 1996, Shore 1993, Stacul 2001) werden in Italien ebenso untersucht wie Diskurse über das Süditalien-Bild (z.B. Gribaudi 1996, Schneider 1998), sowie Migrationsprozesse und Rassismus (z.B. Cole 1997).[6]

Anfang der achtziger Jahre sah die Lage für die ethnologische Stadtforschung in der Industrienation Italien immer noch kümmerlich aus (Kertzer 1983: 58ff.), und ein Mangel an Forschungen in Städten, bzw. eine Häufung von Untersuchungen in den selben Städten, wurde selbst Mitte der Neunziger noch konstatiert (Delamont 1995: 107). Generell fanden in den Studien, die in europäischen Städten durchgeführt wurden, Beziehungen zu überlokalen Gegebenheiten wenig Platz, stattdessen wurden tendenziell kleine Einheiten innerhalb des urbanen Umfelds untersucht (Macdonald 1993: 13). Studien über soziale Mikrokosmen und Subkulturen wie die von Migranten stellten in der Stadtethnologie die eine Hauptrichtung dar, die Betrachtung von Städten als sozialer Form an sich die andere (Driessen 1992: 6). Von einer holistischen Sichtweise geprägt, die die Stärke der teilnehmenden Beobachtung ausmacht, bleibt das Blickfeld auch Ende der neunziger Jahre oft auf einen überschaubaren Raum beschränkt, der meist das »Andere« fokussiert (Lindner 1997: 321f.). Aus der Fluidität und Anonymität modernen Stadtlebens werden individuelle Netzwerke anhand verschiedener Lebensbereiche wie Arbeit, Freizeit, Haushalt, Nachbarschaft und Verkehr herauskristallisiert (ebd.: 324). Seit den späten achtziger Jahren finden jedoch vermehrt Untersuchungen der Stadt auch im globalen Kontext statt und es werden Mikrostrukturen im Verhältnis zu den Makrostrukturen analysiert (Wildner 1995: 9). Eine neuere Untersuchungsrichtung hat sich weiterhin mit der Beschäftigung von Weltstädten und ihrer kulturellen und ökonomischen Bedeutung herauskristallisiert (Hannerz 1992, Rollwagen 1980, Sassen 1991).

Bei meiner Untersuchung von lokalen Traditionen im städtischen Kontext möchte ich Identitätsbildungsprozesse aufschlüsseln und darstellen, wie sie mit Aspekten von Globalisierung verbunden werden können. Die in Siena anwesenden Institutionen weltweiter Vernetzung, eine große Bank und eine Universität, sollen genauso berücksichtigt werden wie der breite Tourismus als Phänomen globaler Mobilität. Denn die Bank Monte dei Paschi, die für sich in Anspruch

6 Zu ethnologischen Forschungstraditionen in Europa siehe Goddard & Llobera & Shore (1994); zu Perspektiven der neunziger Jahre siehe Kokot & Dracklé (1996) sowie Macdonald (1993); zur ethnologischen Forschung des 20. Jahrhunderts in Italien unter Berücksichtigung der italienischen Forschungstraditionen siehe Filipucci (1996).

nimmt, das älteste noch tätige Bankhaus der Welt zu sein, stellt einen bedeutenden wirtschaftlichen und politischen Machtfaktor in Siena dar, und auch die Universität hat großen Einfluss. Der Tourismus spielt wirtschaftlich ebenfalls eine wichtige Rolle. Die gut erhaltene historische Altstadt mit ihren berühmten Kunstschätzen – das Stadtzentrum von Siena wurde von der UNESCO 1995 zum Weltkulturerbe erklärt – und die landschaftlich reizvolle Umgebung sind bekannte touristische Ziele. Dies führt zusammen mit auswärtigen Studenten dazu, dass sich verhältnismäßig viele stadtfremde Personen in Siena aufhalten, ein Umstand, der im Hinblick auf Identitätsbildungsprozesse wiederum bedeutsam ist.[7] Einerseits habe ich mich den Contraden als sozialen Einheiten zugewandt, ihrer Geschichte und ihren Symbolen, andererseits habe ich Schnittpunkte auszumachen versucht, an denen sich das Verhältnis zu übergreifenden Phänomenen zeigen lässt. Wie sich herausgestellt hat, nimmt das Palio-Fest dabei eine zentrale Position ein, da beide Dimensionen hier zusammentreffen. Bei den lokalen Gegebenheiten interessierte mich vor allem das aktuelle Leben. Derzeitige Probleme und Einflüsse wollte ich ebenso zeigen wie den Alltag in den Contraden und das Contraden-Leben am Beispiel einzelner Personen. Um Fragen der Identität zu behandeln, habe ich mich kollektiven Grenzziehungsprozessen zugewandt, die sich auf verschiedenen Ebenen abspielen, sowohl innerhalb des Contraden-Systems als auch in Relation zu externen Gruppen. Hier wurde zu den Aspekten globaler Einbindung eine Verbindung hergestellt, und die Frage der Traditionenbewahrung unter gegenwärtigen global-gesellschaftlichen Bedingungen wurde zugespitzt. Um den Komplex zu bearbeiten, habe ich Ausschnitte von Diskursen, von individuellen und kollektiven Ansichten und Praktiken, behandelt. Es werden dadurch Linien aufgezeigt, die sich an verschiedenen Punkten zusammenfügen und so ein vielschichtiges Bild entstehen lassen.

Der Weg von der anfänglichen Fragestellung bis zur abschließenden Interpretation war lang. In der Annäherung an mein Forschungsfeld wurden Fragen verworfen und neue entwickelt, Ausgangsfragen zu einem späteren Zeitpunkt wieder aufgegriffen, und es tauchten weitere Aspekte auf, die ich bis dahin nicht berücksichtigt hatte. Die Forschung war ein Unterfangen, das von Anfang an theoriegeleitet war, sich jedoch in sich überschneidenden Kreisen bewegte und

7 Nach Statistiken der Stadtverwaltung hielten sich 1993 und 1994 im Durchschnitt monatlich 40.000 stadtfremde Personen in Siena auf. Das Verhältnis zwischen Personen italienischer Nationalität und anderen Nationalitäten betrug dabei 50:50. Bei der Gruppe der nicht italienischen Staatsbürger handelte es sich neben ausländischen Studenten vor allem um durchreisende Touristen. (Liebscher 2001: 26)

mit jedem Einblick in neue kulturelle Milieus veränderte. Interview-Leitfäden wurden ergänzt und abgewandelt, bestimmte Themenbereiche, von denen ich dachte, dass sie wichtig wären, fielen weg, andere drängten sich förmlich auf.[8] So gelangte ich im Verlauf der Feldforschung und der Analyse, mit der Beobachtung, der Sammlung von Daten und dem zunehmenden Verständnis für eine Lebenswirklichkeit, die mir bis dahin fremd war, zu den vorliegenden Ergebnissen. Am Ende waren es die Bereiche der Beziehungen der Contraden untereinander und die Beziehungen zur Welt außerhalb, die mich unter dem Aspekt der Identitätskonstruktion und der Frage nach dem Lokalen im Verhältnis zum Globalen besonders interessierten. Diese Schwerpunkte waren auch meiner eigenen Erfahrung von Fremdheit und meiner Position als Außenstehende gegenüber den sehr geschlossen auftretenden Gemeinschaften geschuldet. So erfuhr ich, dass das Thema von »Innen« versus »Außen«, die Frage ›Wer gehört dazu‹ und die Auseinandersetzung mit Außenansichten in der Forschung von großer Aktualität waren.

Forschungsbeziehungen, Zugänge und Methoden

Das Feld war für mich neu, da ich mich bis auf einen Tagesausflug nie in Siena aufgehalten hatte und auch Italien mir weitgehend unbekannt war. Im Rahmen einer Promotionsstelle an der Universität Bremen arbeitete ich mich Anfang 1997 in die entsprechende Literatur ein und belegte einen Sprachkurs. Im Frühjahr fuhr ich das erste Mal für vier Wochen nach Siena, vertiefte dort meine Italienischkenntnisse und unternahm Erkundungs- und Wahrnehmungsgänge durch die Stadt. Erste Kontakte wurden hergestellt und eine Literaturrecherche vor Ort durchgeführt. Daraufhin wurde in den folgenden Monaten das Forschungskonzept ausgearbeitet. Im Gegensatz zur klassischen ein- bis anderthalbjährigen Feldforschung war es so, dass meine Untersuchung auf verschiedenen Aufenthalten unterschiedlicher Dauer beruhte.[9] Zweimal fuhr ich für nur zehn Tage nach Siena, um einen Palio zu sehen. Dieser Umstand hatte Vor- und Nachteile. Während ein eindeutiger Vorzug darin lag, dass ich Ergebnisse in der Zwischenzeit auswerten, mir über den Stand meiner Erhebungen bewusst werden

8 Es fand also eine Abfolge statt, die sich gemäß der *Grounded Theory* so charakterisieren lässt, dass nach der theoretischen Vorstrukturierung die eigentliche Strukturierung des Gegenstands durch die Subjekte bestimmt wird (Flick 1996: 57ff.; vgl. Strauss 1991, Strauss & Corbin 1990).

9 Zusammengenommen ergaben sie eine Zeit von etwa neun Monaten.

und Fragen erörtern konnte, bestand ein Nachteil in der emotionalen Distanz, die ich immer wieder aufbaute. Auch eine fehlende Konstanz der Teilnahme machte sich bemerkbar. Die wiederholten Aufenthalte erforderten einen nicht geringen organisatorischen Aufwand, gleichzeitig war es mir dadurch möglich, anderer Arbeit an der Universität nachzugehen. Der Kontakt zu meinen Informanten litt unter meiner zwischenzeitlichen Abwesenheit kaum. Im Gegenteil hatte ich den Eindruck, dass meine Rückkehr als Zeichen von Verlässlichkeit und ernsthaftem Interesse gewertet wurde.

Die erste längere Feldforschungsphase fand von August bis Dezember 1998 statt. Bereits vorher hatte ich mich um eine Wohnung für mich und meine Familie in der Stadt bemüht. Diese Bemühungen blieben allerdings ohne Erfolg. Erst später verstand ich, dass sich darin das Problem der Wohnsituation in Siena spiegelte (vgl. 5. Kapitel). Wir kamen schließlich auf dem Land unter, 15 Kilometer von Siena entfernt. Vor der Abreise beschäftigte mich nicht nur die Frage, ob diese Entfernung sich als Problem erweisen würde, sondern auch, ob ich mit einem Kleinkind überhaupt genügend Zeit für meine Forschung haben würde. Ich befürchtete, dass mein Alltag allzu sehr von der Bewältigung der praktischen Dinge bestimmt sein und die Gegenwart meiner Familie die vollständige Teilnahme im Feld, so wie sie mir vorschwebte, verhindern würde. Weiterhin fragte ich mich, ob ich als junge Mutter überhaupt als Wissenschaftlerin akzeptiert werden würde. Ich sah vor allem die Arbeit, die vor mir lag, und hatte deshalb auch nicht viel für die Italienschwärmereien von Freunden und Bekannten übrig. Doch meine Befürchtungen erwiesen sich zum großen Teil als unbegründet. Die anderen behielten Recht: Das Klima in der Toskana war tatsächlich angenehmer als in Norddeutschland, das Essen gut und die Leute freundlich. Gerade mein kleiner Sohn, bei unserer Ankunft ein Jahr alt, war es, der sofort Sympathien auf sich zog. Und ich profitierte davon, indem über das Kind eine Integration in die Umgebung stattfand und sich auf der Straße häufig Gespräche ergaben. Auch in den Contraden war die Kontaktaufnahme dann am leichtesten, wenn ich meinen Sohn zum Anlass eines Kinderfestes mitbrachte. Bezüglich meiner Rolle als Forscherin erleichterte mein Dasein mit Kind und Partner die Beziehungen zu Informanten. Durch meine familiäre Rolle, so hatte ich den Eindruck, war mein persönlicher Status gesichert. Zu einer alleinerziehenden Frau intensivierte sich die Freundschaft abgesehen von ähnlichen Interessen gerade dadurch, dass wir uns als Mütter in einer ähnlichen Lebenssituation befanden, und auch einen meiner Hauptinformanten, im gleichen Alter wie ich, interessierte das Kind, da er selbst Kinder plante.

Was meine zeitliche Eingebundenheit durch die Familie betraf, so stellte sie zwar eine Beschränkung dar, ich empfand sie jedoch nicht als negativ. In der fünfmonatigen Phase des gemeinsamen Aufenthalts in Siena und während eines vierwöchigen Aufenthalts im Anschluss war mein Alltag vom Wechsel zwischen Kind und Mann auf der einen Seite und Treffen mit Informanten und Besuchen in der Contrada auf der anderen Seite geprägt. Während mein Partner sich den größten Teil der Zeit um unseren Sohn kümmerte und ich in die Stadt fuhr oder Aufzeichnungen machte, war ich den Rest der Zeit damit beschäftigt, mich um Kind und Haushalt zu sorgen. Gelegentlich begleiteten die beiden mich zu Forschungsterminen. Viele Feldforscher berichten über positive Erfahrungen bei der Forschung mit Familie in unterschiedlichen Konstellationen.[10] Die meisten stellen fest, dass die Gegenwart ihrer Familie sich nicht ungünstig auf den Forschungsablauf ausgewirkt, sondern im Gegenteil neue Perspektiven auf die untersuchte Gemeinschaft eröffnet hätte. Einen Vergleich hatte ich dadurch, dass ich ein Jahr später noch einmal allein für sechs Wochen nach Siena reiste, weil sich ein gemeinsamer Aufenthalt aus organisatorischen Gründen nicht bewerkstelligen ließ. Diese Zeit sah anders aus. Die Bezugnahme auf Freunde und Bekannte war ausgeprägter, es ergaben sich häufiger spontane Verabredungen, und ich hielt mich öfter in den Contraden auf. Insgesamt fühlte ich mich in größerem Maß als Teil des Feldes, so wie ich es mir ursprünglich gewünscht hatte. Das ganz persönliche Bedürfnis nach Austausch und sozialem Kontakt fiel mit den aus Forschungsinteresse initiierten Gesprächen und Begegnungen zusammen. Ich musste meine Zeit nicht aufteilen, sondern konnte mich, jederzeit »*disponibile*« (verfügbar), den Verabredungen mit Informanten widmen und zwischendurch in Ruhe Aufzeichnungen machen. Die Unterkunft in der Stadt selbst trug zu zusätzlichen Alltagsbeobachtungen bei. Die Suche nach einer Unterkunft ihrerseits vermittelte mir weitere Erfahrungen über die Wohnsituation im Stadtzentrum.

Unabhängig von meiner familiären Rolle war die mir zugeschriebene Rolle im Feld meistens die der Studentin. Das lag zum einen an meinem Alter. Weiterhin konnte man sich damit mein wissenschaftliches Interesse an den Contraden erklären. Und außerdem stellen Studenten in Siena eine feste Kategorie von Fremden dar (vgl. 5. Kapitel). Eine andere Rolle, die übergreifend war, war die der Besucherin, des Gastes. Manch einer sah mich vielleicht als zukünftige Contradaiola, aber der Besucherstatus blieb und veränderte sich über die Monate hinweg nicht. Generell empfand ich den Zugang zu den Contraden als schwierig.

---

10 Siehe z.B. Flinn & Marshall & Armstrong (1998).

Er ergab sich nicht über offizielle Wege, so wie es zunächst meine Absicht gewesen war, sondern über informelle Kontakte. Leute, die ich zu Beginn kennengelernt hatte, vermittelten mich weiter. Auf diese Weise fand ich mich nach einigen Bekanntschaften, Telefonaten und Bitten, mich mitzunehmen, nach den ersten vier Wochen meines längeren Aufenthalts schließlich beim Essen einer Contrada in den Räumen ihrer Società wieder. Über einen gleichaltrigen Contradaiolo, der in der Folge sowohl einer meiner Schlüsselinformanten als auch ein Freund wurde – ich nenne ihn »Stefano« –, lernte ich Amtsinhaber und andere Contradaioli kennen. So weitete sich das Netz meiner Bekanntschaften in dieser Contrada allmählich aus und griff auf andere Contraden über.

Es blieb eine Rahmenbedingung der Forschung, dass die Zugänge über verschiedene Personen erfolgten und sich auf unterschiedliche Orte und Institutionen erstreckten. Als Gegenstand urbanethnologischer Forschung werden zumeist Großstädte oder zumindest große Städte ausgewählt. Siena erscheint mir von seiner relativ geringen Größe und der überragenden Bedeutung der innerstädtischen Gemeinschaften her als spezifischer Fall. Dennoch war ich in der Wahl meiner Methoden mit der räumlichen Ausdehnung konfrontiert. Ich war gezwungen, Orte und Kontakte auszuwählen und einzugrenzen, während ich die Stadt gleichzeitig als Gesamtgefüge mit einer stadtspezifischen Identität im Auge behalten wollte. Es sollten Gemeinschaften innerhalb der Stadt untersucht und ihre Beziehungen zur Stadt selbst betrachtet werden. Zusammengenommen mit dem Ziel, globale Prozesse einzubeziehen, bedeutete dies, dass Teilnahme und Beobachtung nur eingeschränkt möglich waren. Die Beobachtung richtete sich deshalb zum Teil auf »eine offizielle Präsentation von Diskursen und Verhalten« und deren Gegenüberstellung, so wie es für nicht lokal gebundene Gruppen und Netzwerke beschrieben wird (Kokot & Drackle 1996: 9), zum anderen Teil auf konkrete Alltagsabläufe und Ereignisse.

Für die Beobachtung der Aktivitäten innerhalb einer Contrada wählte ich zwei Contraden aus, die sich von ihrer Größe her unterschieden. Dort hielt ich mich regelmäßig auf, während ich andere Contraden seltener besuchte. In den ausgewählten Contraden nahm ich an Essen, Treffen, Versammlungen, Veranstaltungen und Festen teil, die während meiner Aufenthalte stattfanden. Die Besuche waren von unterschiedlicher Dauer, manchmal ging ich nur ein Viertelstündchen am Nachmittag in eine Società, um jemanden zu treffen, manchmal blieb ich den ganzen Abend über. Hier machte ich meine Beobachtungen und nahm die Gelegenheit wahr, um Unterhaltungen und informelle Gespräche zu führen. Ein weiterer Bereich der Beobachtung war der öffentliche Raum, wie er vor allem während des Palios für die Contraden-Aktivitäten genutzt wird. Umzüge, Feierlichkeiten, Vorbereitungen und das Straßenleben unter dem Vorzeichen des Palios waren Gegenstand meines Umherstreifens und meiner Sammlung von Eindrücken und Details. Auch hier musste ich eine Auswahl treffen, da ich nicht bei allen Ereignissen des Palios gleichzeitig anwesend sein konnte. Um einen Überblick über Diskussionen, Hintergründe und aktuelle Geschehnisse zu gewinnen, sowohl was die Contraden als auch die Stadt betraf, studierte ich täglich eine lokale Zeitung. Über den Veranstaltungskalender in der Tageszeitung war es zum Beispiel möglich, die Aktivitäten in den einzelnen Contraden zu verfolgen, und bezüglich der kontroversen Diskussionen um den Palio stellte die Lokalpresse eine wichtige Informationsquelle dar.

Ein weiterer Schwerpunkt schließlich lag in den Interviews, die ich mit Leuten aus unterschiedlichen Contraden führte.[11] Diese Gespäche fanden in den seltensten Fällen in der Contrada statt, sondern an allen möglichen Orten: Oft bei Leuten zu Hause, bei ihrer Arbeit, in einer Bar oder auch auf einer Parkbank. Die Kontakte zu diesen Contradaioli entstanden durch das »Schneeballsystem«. Leute, die ich bereits kannte, vermittelten mich an Freunde, Verwandte und Bekannte weiter, die mir, wie sie annahmen, aufgrund ihrer persönlichen Erfahrungen, ihrer Tätigkeiten oder ihres Wissens etwas Interessantes erzählen konnten. Am Anfang versuchte ich mit so vielen verschiedenen Personen wie möglich zu reden. Später suchte ich gezielt nach Contradaioli, die mein Sample aufgrund von Alter, Geschlecht oder Integration in die Contrada ergänzten.[12] Meistens ergaben sich die Kontakte zufällig. Von der Gesprächsbereitschaft der Einzelnen, der gegenseitigen Sympathie oder auch der Qualität der »Empfehlung« hing es ab, wie produktiv sich Interviews und Gespräche entwickelten. Zwischen einigen

11 Die Namen sämtlicher Informanten und Interviewpartner, die ich in dieser Arbeit nenne und zitiere, sind anonymisiert, ebenso wie ihre Contradenzugehörigkeit und andere persönliche Daten. Auch auf Contraden-Nennungen wurde in einigen Zusammenhängen, z.B. Interviewausschnitten, verzichtet, um die Anonymität der Informanten zu gewährleisten.

12 Bei den achtzehn Personen, mit denen ich Interviews und längere Gespräche führte, achtete ich darauf, dass sowohl eine aktive Contraden-Mitgliedschaft gewährleistet war, als auch ein Altersquerschnitt sowie eine Verteilung nach Männern und Frauen. Mit Jugendlichen führte ich keine Gespräche, lediglich ein Gruppeninterview. Im Einzelnen sprach ich mit fünf Frauen und fünf Männern im Alter von 25 bis 35 Jahren, mit zwei Frauen und einem Mann im Alter von 42 Jahren, mit drei Männern und zwei Frauen zwischen 50 und 60 Jahren. Diese Personen gehörten insgesamt sechs verschiedenen Contraden an, acht von ihnen (aus allen genannten Gruppen) der selben Contrada. Ergänzt wurden diese Daten durch Alltagsbegegnungen, Bekanntschaften und offene Gespräche mit anderen Contradaioli sowie Gespräche mit Personen, die keine Contraden-Mitgliedschaft hatten, und Personen, die zwar einer Contrada angehörten, am Gemeinschaftsleben jedoch nicht aktiv teilnahmen.

Personen und mir entstanden persönliche Beziehungen, die freundschaftlich geprägt waren und über formale Gespräche und Interviews hinausreichten. Gemeinsame Unternehmungen, gegenseitige Besuche und ein dauerhafter Kontakt waren kennzeichnend. Die Komplexität meines persönlichen Informantennetzwerks entwickelte sich quer durch verschiedene Contraden und spiegelte die Dichte der sozialen Beziehungen meiner Gesprächspartner untereinander über Contraden-Grenzen hinweg. Gerade der enge Kontakt zwischen Personen mit unterschiedlicher Contraden-Zugehörigkeit bei der Arbeit, im Freundeskreis und in der Familie machte die Frage nach Ausdruck, Empfinden und Abgrenzung von Zugehörigkeit um so bedeutsamer.

Interviews, die ich führte, waren von einem Leitfaden strukturiert, den ich entwickelt hatte. Die Fragen des Leitfadens veränderten sich im Lauf der Zeit, nachdem die Fragestellung sich deutlich herauskristallisiert hatte. Abhängig vom Gesprächspartner stellte ich spezifische Fragen, die auf dessen Tätigkeitsfeld oder Aufgabenbereich abzielten, wenn es sich zum Beispiel um einen Amtsinhaber handelte. Andere Fragen ergaben sich aus den Themen, die meine Interviewpartner vorgaben. Insgesamt waren die Fragen zunehmend so zugeschnitten, dass sie für mich interessante Bereiche berührten. Daneben fanden offene Interviews statt, bei denen meine Informanten die Inhalte vorgaben. Oft entwickelte sich aus einem anfänglich strukturierten Interview ein Gespräch, in dem die narrative Form vorherrschte und Contradaioli von den Ansichten, Erlebnissen und Erfahrungen erzählten, die ihnen selbst wichtig schienen. Diese persönlichen Stellungnahmen, die oft abweichend zu offziellen Diskursen liefen, waren es, welche mir einen Eindruck von interessanten und kontroversen Standpunkten vermittelten, wie zum Beispiel die Sichtweisen von Frauen auf die männlich geprägte Contrada, oder auf interne Hierarchien, welche aus idealtypischer Sichtweise nicht existieren durften. Daneben gab es mit einigen Personen Interview-Reihen, die mehrere Stunden umfassten und viele verschiedene Themen berührten. In diesen Fällen wurde ein Thema manchmal sehr in die Tiefe gehend erörtert.

Mein Interesse an den Contraden erstaunte die Leute wenig, da es sich beim Palio um ein weit über die Grenzen des Landes hinaus bekanntes Ereignis handelt. Viele meiner Informanten und Informantinnen hatten studiert, und Erklärungen, was Ethnologie sei, erübrigten sich fast immer. Die Reaktionen auf mein Interesse waren dagegen unterschiedlich. Im Großen und Ganzen begegnete ich einer großzügigen Offenheit und einer freundlichen Bereitschaft, mir etwas über die Contraden mitzuteilen. Es endete immer mit dem Angebot, gerne wiederzukommen. Eine große Höflichkeit war all meinen Gesprächspartnern eigen.[13] Der Grad des Entgegenkommens unterschied sich jedoch. Es gab durchaus Leute, die ihrerseits kein Interesse daran hatten, mit mir zu reden, und Zeit deshalb erübrigten, weil sie von jemandem, der mich schon kannte, darum gebeten worden waren. Manchmal war es auch umgekehrt, dass Leute trotz anfänglicher Skepsis allmählich Spaß daran gewannen, mir ihre Erfahrungen mitzuteilen. Manchmal blieb Ratlosigkeit übrig, ob es das »Richtige« gewesen sei, was sie erzählt hätten, ob es das gewesen sei, was ich hören wollte. Denn eine Schwierigkeit bestand darin, deutlich zu machen, dass mich nicht nur faktisches »Wissen« über die Contrada interessierte, sondern auch der eigene Erfahrungsschatz der Interviewpartner. Andere Personen hatten keine Probleme damit, mir ihre Ansichten und Sichtweisen zu schildern, auch wenn sie mich nicht kannten. Was ich damit machte, schien sie nicht weiter zu interessieren. Und dann gab es diejenigen, die ein persönliches Verhältnis zu mir entwickelten und viel Zeit darauf verwendeten, mir ihre eigene Kultur nahe zu bringen, oder umgekehrt sehr offen waren für meine Bitten, mir diese Zeit zu gewähren. Aus diesen Kontakten entstanden die langfristigen Beziehungen. Es waren die Kontakte, in denen ich Gelegenheit hatte, Aktivitäten, Aussagen und Einschätzungen über einen längeren Zeitraum zu verfolgen und mir ein vollständigeres Bild zu machen, als es bei den kurzfristigen Kontakten der Fall war. Ich bekam Lebensumstände und Beziehungen zur Contrada sehr nahe mit, lernte das persönliche Umfeld kennen und fühlte mich wohl, weil ich nicht nur als Forscherin, sondern auch als befreundete Person mit meiner eigenen Geschichte wahrgenommen wurde.

Auf die wiederholten Begegnungen und langen Interviews beziehe ich mich in meiner Arbeit häufig, da sie ein reichhaltiges Material liefern, das ich zudem kontextuell einschätzen kann. Geht man von einer grundsätzlichen Positionierung der Forscherin aus, die immer auf den Diskursausschnitt festgelegt ist, in dem sich ihr Interesse mit dem ihrer Informanten überschneidet[14], liegt es nahe, sich mit Ausschnitten zu beschäftigen, bei denen die Entstehungsbedingungen möglichst einsichtig sind. Dies ist unter anderem bei einer mehr als flüchtigen Bekanntschaft der Fall. Der Vorteil fortlaufender Interviews liegt darin, dass Forscherin und Beforschte zu einem tieferen gegenseitigen Verständnis ihrer jeweiligen Gesprächspositionen gelangen. Spätestens seit der Debatte über ethnographische Autorität (Clifford & Marcus 1986, Geertz 1988, Fuchs & Berg

13 Ablehnung erlebte ich nur einmal, als sich jemand erkundigte, warum ich da sei, und sich mit einer Geste der Negation sofort abwandte und wegging, als er das Wort Ethnologie hörte.

14 Marcus (1991: 112), er bezieht sich dabei auf Haraway (1991).

1993) besteht die Forderung, Feldforschung als dialogischen Prozess zu begreifen. Was der Informant in einer bestimmten Situation äußert, ist immer auch eine Reaktion auf die Gegenwart und die Fragen des Ethnographen. Unter Umständen wird er zum Fremden seiner eigenen Kultur, weil ein reflexiver Prozess stattfindet, der sich im Übergangsraum der kulturellen Begegnung mit dem Forscher ereignet. Die innere kulturelle Erfahrung wird externalisiert.[15] Der Beforschte überantwortet seine Geschichte dem Forscher, welcher sie in den ethnologischen Diskurs einfügt und einer eigenen Ordnung unterzieht (vgl. Hastrup 1992: 122). Das Eingehen auf den metalinguistischen Gehalt verschiedener Stimmen, eine kritische Distanz gegenüber dem vorherrschenden Diskurs und die Berücksichtigung einzelner Stimmen als Ergebnis komplexer Assoziationen und Erfahrungen sowie als Ausdruck lokaler sozialer Traditionen wurde als Ziel einer modernen Ethnographie formuliert (Marcus 1992: 318f.).

In besonderer Weise zielt die ethnopsychoanalytische Forschungsmethode auf das Verhältnis von Subjektivität und kulturellen Gegebenheiten. Indem die Erfahrungen des Individuums als Erfahrungen im Kontext bestimmter sozialer Bedingungen gedeutet werden, wird das Spannungsverhältnis von kulturellen Möglichkeiten und deren individueller Ausgestaltung deutlich. (Nadig 1992: 152) Gleichzeitig richtet die Ethnopsychoanalyse ihr Augenmerk auf die Beziehungen zwischen Forscherin und Beforschten. Die Begegnung wird als eine interkulturelle begriffen, bei der gegenseitige Wahrnehmungen von Fremdheit und Vertrautheit den Forschungsprozess sowie Aussagen und Ergebnisse bestimmen. (Ebd.: 153). Die ethnopsychoanalytische Untersuchungsmethode führt den modernen ethnologischen Anspruch auf strenge Einbeziehung der Subjektivität der Forscherin weiter. Die Untersuchung ist von einer grundsätzlichen Offenheit geprägt, bei der analytische Muster und Kategorien sich im Verlauf der Forschung entwickeln. Eine Ebene der Auswertung ist das emotionale und intellektuelle Sensorium der Forscherin, mit dem sie auf Irritationen, Erschütterungen, positive und negative Empfindungen reagiert. Die eigene kulturelle Begrenzheit wird als unabänderliche Bedingung der Forschung klar in den Forschungsprozess einbezogen, anstatt sie zugunsten des Anspruchs auf eine objektive Sichtweise zu verleugnen. Von diesem radikal subjekt-zentrierten Standpunkt aus werden Theorien entwickelt und Schlüsse gezogen. (Ebd.: 154f.) Mein eigenes Vorgehen ist diesem Ansatz der Herangehensweise an ethnographisches Material und der Herausbildung analytischer Kategorien in weiten Teilen verpflichtet. Die Bewegtheit des Prozesses von Forschung und Auswertung, die

15 Hastrup (1992: 121) nach Rabinow (1977).

Offenheit der Hypothesenbildung sowie das Zusammenspiel von Assoziationen einerseits und vertiefter Betrachtung von Details andererseits haben mich in meiner Arbeitsweise bestimmt. Entwickelt und intersubjektiv erprobt wurde diese Methode in gemeinsamen Sitzungen eines Kolloquiums unter der Leitung von Prof. Dr. Maya Nadig[16], bei denen ich meine Texte sowie Datenmaterial vorstellte und verschiedene Deutungsweisen von anderen Teilnehmerinnen eingebracht wurden. Meine eigenen Erfahrungen wurden mit denen anderer Wissenschaftlerinnen kontrastiert und ermöglichten eine intensivere Betrachtung der Vielschichtigkeit des Datenmaterials.

Die Schwerpunktsetzung in der Auswertung von Prozessen der Identitätsbildung liegt in den Kapiteln 4 und 5 unter anderem auf subjektiven Sichtweisen. Ich habe Ausschnitte aus einzelnen Interviews gewählt, die Bestandteil einer Reihe von Interviews und Begegnungen waren, um sie einer genaueren Betrachtung zu unterziehen. Ein gegenseitiges Vertrauen in der Forschungsbeziehung, eine vollständige Integration der jeweiligen Informant/innen in die Contraden-Kultur, ihre Fähigkeit, meine Fragen zu beantworten und schließlich das geteilte Interesse an bestimmten Themen waren Kriterien für die Auswahl. Für meine Entscheidung, mich genau diesen Aussagen zuzuwenden, war nicht nur ihre thematische Substanz entscheidend, sondern ebenso der Umstand, dass hier seitens meiner Gesprächspartner ein aktiver Versuch der Vermittlung stattgefunden hat. Indem sie sich bemühten, mir ihre Ansichten, ihre Empfindungen und ihr Erleben verständlich zu machen und selbst ein Interesse an der Weitergabe ihres kulturellen Wissens hatten, fühlte ich mich autorisiert, diese Aussagen zu verwenden. Die Subjektivität ihrer Ansichten stand weder für meine Gesprächspartner noch für mich in Frage. Ihre aktive Teilnahme am Contraden-Leben, ihre starke Identifikation mit der Gemeinschaft und ihr reflexives Vermögen, die eigenen Erfahrungen in Relation zu setzen, waren die Gründe, die mich bewogen, von diesen Aussagen zur Deutung kultureller Phänomene zu gelangen.[17]

16 Kolloquium zur ethnologischen und ethnopsychoanalytischen Geschlechterforschung an der Universität Bremen unter der Leitung von Prof. Dr. Maya Nadig, in den Jahren 1997-2001.

17 In diesem Sinn handelte es sich um eine »Primärauswahl«, also um eine Auswahl der zur Auswertung prädestinierten Fälle in der qualitativen Forschung (vgl. Flick 1996: 88).

Aufbau der Arbeit

Die vorliegende Arbeit ist in fünf Kapitel gegliedert. Im ersten Kapitel stelle ich den theoretischen Rahmen der Untersuchung dar und behandle Konzepte der kulturellen Identität und der Globalisierung. Ich kläre den Begriff der kulturellen Identität und erläutere ihn mit seinen verschiedenen Implikationen. Dann betrachte ich, welche Parallelen zwischen kultureller, territorialer und nationaler Identität bestehen, und fächere weiterhin die Dimensionen des Kollektiven und des Subjektiven, die Frage nach der Abgrenzung und dem internen Zusammenschluss einer sozialen Gruppe auf. Dabei spielen Kategorisierung und Symbolisierung ebenso eine Rolle wie Ritualisierung und nominelle Homogenität bei virtueller Verschiedenheit. In Kapitel 1.2 gehe ich einen Schritt weiter und betrachte kulturelle Identität vor dem Hintergrund der Globalisierungsdiskussion in den Sozialwissenschaften. Ich untersuche, inwieweit Prozesse kultureller Globalisierung mit der Frage nach kulturellen Identitäten verbunden sind und wie sich aus diesem Zusammenhang ein schlüssiges Gesamtkonzept ergibt. Da der lokale Ort aus theoretischer Sicht mit Vorgängen globaler Vernetzung unmittelbar verknüpft ist und da mein Gegenstand eine ausgesprochen lokale Dimension hat, stelle ich insbesondere die Bedeutung des Raumes heraus. Anhand des auch für meine Untersuchung wichtigen Beispiels ›Tourismus‹ wird erläutert, wie Lokales und Globales im Hinblick auf kulturelle Prozesse konzipiert werden können. Schließlich fasse ich zusammen, welche Forderungen für die ethnologische Forschung sich daraus ergeben. Dieser Teil des Theoriekapitels wird vor allem im Zusammenhang mit Fragen der Beziehungen der Contraden zur Welt außerhalb, die ich im 5. Kapitel stelle, bedeutsam.

Im zweiten Kapitel widme ich mich den Contraden von Siena und stelle das Feld ausführlich vor. Informationen zur Geschichte der Contraden und des Palios halte ich dabei für unerlässlich, da Geschichtlichkeit in der Identitätskonstruktion dieser Gemeinschaften einen bedeutenden Aspekt darstellt. Weiterhin dienen die Daten zur Stadtgeschichte der Einordung demographischer Entwicklungen wie die Abwanderung der Bevölkerung aus dem Zentrum in die Peripherie, welche das Contraden-Leben seit den sechziger Jahren maßgelblich verändert hat. Erläutert werden in diesem Kapitel dann die Grundzüge der Gemeinschaften, wie sie heute existieren. Territorium, Räumlichkeiten, Namen und Symbole werden ebenso aufgeführt wie Regeln der Mitgliedschaft, Organisationsstrukturen und Feste. Ich beschreibe die Alltagsabläufe in den Contraden und einzelne Aktivitäten sowie die Bedeutung verschiedener Gruppen innerhalb der Contrada, wie Frauengruppen, Kindergruppen und Altersgruppen. Weiterhin skizziere ich Besonderheiten des Gemeinschaftsverbandes, normative Werte und emotionale Bindungen. Diese Informationen sind als Kontextinformationen zu verstehen, in die spätere ethnograpische Daten und Analysen von Szenen eingebettet sind. Sie sind in detaillierter Form dargestellt, da es eine gleichermaßen systematische und ausführliche Beschreibung in der wissenschaftlichen Literatur in dieser Form bisher nicht gibt.[18] Der Inhalt beruht zu großen Teilen auf eigenem Forschungsmaterial, Beobachtungen und Informationen von Informanten, zu anderen Teilen auf der vorhandenen Literatur.

Das dritte Kapitel enthält den Palio als einen zentralen Bestandteil der Contraden-Kultur. Ich beschreibe den Ablauf des Festes, angefangen von den mehrtägigen Vorbereitungen, wie der Auslosung der Contraden, den Probeläufen und den Festmahlen, über den Tag des Rennens selbst mit der Segnung der Pferde und dem historischen Umzug, über den eigentlichen Lauf bis hin zu den Ereignissen nach dem Fest. Erläutert werden alle für den Palio bedeutsamen Hintergründe und Aspekte. Auch hier stütze ich mich in der Beschreibung vorrangig auf mein eigenes Material, ergänze es jedoch durch die vorhandene Literatur. Am Ende betrachte ich verschiedene Interpretationen des Palio-Rennens und diskutiere sie. Dabei hebe ich seine politische Dimension, seinen symbolischen Gehalt, seinen Charakter als Spiel und besonders seine Deutung als Ritual hervor. Auch dieses Kapitel dient wie jenes über die Contraden der notwendigen Rahmeninformation, hat aber gleichzeitig ethnographische Bestandteile und stellt vom Aufbau und der theoretischen Betrachtungsweise ein Fest in den Mittelpunkt, das Identitätsprozesse in Siena wesentlich bestimmt und sichtbar werden lässt.

Die Beziehungen der Contraden untereinander behandle ich im vierten Kapitel. Hier kommen die Theorien über kulturelle Identität anhand von konkreten Falluntersuchungen zur Anwendung. Es wird veranschaulicht, wie das Miteinander der siebzehn Gemeinschaften im Wechsel von Abgrenzung und Gemeinsamkeit im Gleichgewicht gehalten wird. Verschiedene Formen der Beziehungen wie Freundschaften und Feindschaften werden dargestellt. Ich erläutere, wie diese Beziehungen sich beim Palio und im Alltag auswirken. Außerdem zeige ich, wie die Contraden sich als einzelne Gemeinschaften konstituieren. Vor allem über

18 Eine Darstellung der Contraden, die diesen Anspruch erfüllt, findet sich am ehesten bei Dundes & Falassi (1994: 12-47). Mir ist es jedoch wichtig, auf meine eigenen Aufzeichnungen zurückzugreifen, die den Vorteil der größeren Aktualität bieten und nicht zuletzt den Forschungsprozess widerspiegeln, bei dem die Recherche der kulturellen Organisation, Symbole und Ausdrucksformen für die weiterführenden Untersuchungen unabdingbar war.

vielfältige Symbole, die in verschiedenen Kontexten auftauchen, werden Unterscheidungen von anderen Contraden vorgenommen, und über zusätzliche Merkmale werden die Mitglieder anderer Contraden erkannt und kategorisiert. Eine wichtige Funktion übernimmt dabei das Territorium, ein mit kulturellen Bedeutungen, Symbolen und Funktionen spezifisch besetzter Ort. Genauer betrachte ich in diesem Kapitel die Rivalitäten zwischen den Contraden. Ich analysiere, welche Funktion die traditionellen Faustkämpfe bei der Aushandlung rivalisierender Beziehungen übernehmen, wie sie von den Subjekten erlebt werden, welchen Stellenwert innerhalb des Contraden-Systems sie haben und wie sich in ihrer veränderten Praxis Generationskonflikte und gesellschaftliche Bezüge im Gesamtkontext spiegeln. Dieser Teil über die Praxis der Faustkämpfe stellt gleichermaßen das Kernstück des Kapitels dar.

Im fünften Kapitel schließlich untersuche ich die Beziehungen der Contraden zur Welt außerhalb. Da die Wahrnehmung von inneren und äußeren Bezügen bei der Konstruktion von Zugehörigkeit und Identität der Contraden eine große Rolle spielt, greife ich einzelne Aspekte heraus und interpretiere sie. Einen zentralen Stellenwert nimmt dabei die Auseinandersetzung zwischen Selbstsicht und Fremdsicht ein. Ich untersuche, wie Außenstehende die Welt der Contraden wahrnehmen und wie Contraden-Mitglieder die Fremdsicht einschätzen. Weiterhin ziehe ich zwei Gruppen heran, an denen sich der Diskurs über Fremde in besonderer Weise zeigen lässt, nämlich auswärtige Studenten und Touristen. Beide Gruppen stellen eine kontinuierliche Präsenz von Nicht-Sienesern in der Stadt dar, über welche die »Verteidigung des Eigenen« geführt wird. Gleichzeitig ist die Universität eine der größten Institutionen der Stadt und der Tourismus ein wichtiger ökonomischer Sektor. Anziehungspunkt für Touristen ist Siena unter anderem aufgrund seiner lokalen Traditionen, wie sie durch den Palio repräsentiert werden. Wie der Palio unter den Aspekten der wirtschaftlichen Vermarktung gesehen werden kann, stelle ich in diesem Kapitel ebenfalls dar. Ich schildere die kulturelle Praxis der Contraden-Mitglieder als ›Insider‹ und deren Beeinflussung bzw. Verwobenheit mit der Anwesenheit von Besuchern. Hierbei findet eine Verhandlung und Neubestimmung kultureller Identität statt. Einerseits ist der Tourismus Kennzeichen globaler Ströme, andererseits sind es die Medien, die Öffentlichkeit herstellen und den Palio zu einer publikumswirksamen Angelegenheit auch über die Landesgrenzen hinaus machen. Die Übertragung des lokalen Festes wird zum Medienspektakel, das entsprechende Reaktionen nach sich zieht, welche sich wiederum in den Medien, vor allem der Presse, formieren. Am Beispiel der Tierschutzdebatte, die seit einigen Jahren um das Palio-Rennen entfacht ist, stelle ich in diesem Kapitel dar, welche Argumente der Verteidigung der Traditionen zu Grunde liegen. Anhand der Kritik von außen treten Selbstbilder hervor, welche die eigene Identität als Contraden-Mitglieder zu bestärken scheinen. Aufmerksamkeit schenke ich in diesem Kapitel in Zusammenhang mit Grenzziehungsprozessen auch der internen Differenzierung. Ich stelle die Frage nach der Exklusivität von Contraden-Zugehörigkeit und nach Mechanismen der Integration und Ausgrenzung innerhalb der Gemeinschaften. Am Schluss dieses umfangreichen Kapitels erfolgt eine Zusammenfassung der hier gezeigten Ergebnisse, und in einem Schlussteil fasse ich Darstellungen und Ergebnisse der fünf Kapitel noch einmal zusammen.

Insgesamt baut die Arbeit in drei Teilen aufeinander auf: Ein theoretisches Kapitel, das die wissenschaftlichen Bezüge zur kulturellen Identität herstellt, steht am Anfang. Anschließend werden in Kapitel 2 und 3 auf der Basis von Literaturrecherche und selbst erhobenen Daten die wichtigsten Bestandteile des aktuellen Contraden-Lebens präsentiert. Hierbei fällt das Gewicht auf den Contraden-Alltag im Allgemeinen und das Palio-Fest. Beide Kapitel zielen bereits auf die Darstellung identitätsrelevanter Strukturen, Performanzen und Manifestationen ab. Der Überblick, den die ich in diesem Teil vermitteln möchte, ist die Voraussetzung, um anschließend die Fragestellung anhand konkreter Beispiele zu entfalten. Kapitel 4 und 5 schließlich bilden den Teil der Arbeit, in dem Deutungen vorgenommen und Materialien vertiefend analysiert werden. Hier erfolgt eine unmittelbare Anwendung der Theorien auf den »Fall« Siena und eine fallbezogene Auswertung. Im Vordergrund steht die Frage nach der Konstruktion von Identität und nach den verschiedenen Diskursebenen, auf denen kulturelle Identität verhandelt wird. Dabei werden Diskurse, die sich auf der lokalen Ebene abspielen (Kapitel 4), genauso betrachtet wie solche, die auf der Ebene des Globalen angesiedelt sind (Kapitel 5).

1. Kulturelle Identität, lokale Gemeinschaften und Globalisierung

In diesem Kapitel möchte ich die theoretischen Voraussetzungen über den Begriff der kulturellen Identität erläutern, die meiner Arbeit zu Grunde liegen. Kulturelle Identität ist ein sehr weitgefasstes Feld, und es liegt nicht in meiner Absicht, hier in Kürze eine umfassende Abhandlung zu liefern. Vielmehr werde ich die Punkte herausgreifen, die zum Verständnis der ethnographischen Abschnitte und der Struktur dieses Buches wichtig sind und auf die ich in späteren Kapiteln zurückgreife. Damit soll das Fundament gebildet werden, ein Vorverständnis, auf das in der Folge anhand der konkreten Beispiele aufgebaut wird. Ich werde also einige Dimensionen kultureller Identität aufzeigen, die für meine Herangehensweise an meinen Forschungsgegenstand beziehungsweise die Analyse des Materials bestimmend sind. Ein wesentlicher Punkt liegt dabei in der Unterscheidung ›kollektiv‹ und ›subjektiv‹, ein anderer in den Differenzierungsprozessen kollektiver kultureller Identität. Im Hinblick auf die kulturelle Identität der Contraden werde ich subjektiven Sichtweisen einen ebenso großen Platz einräumen wie kollektiven, weiterhin werden Vorgänge der Selbst- und Fremdzuschreibung und der vielfältigen Abgrenzungen im Prozess der Identitätsbildung und -aufrechterhaltung untersucht und beschrieben. Es handelt sich um Abgrenzungsprozesse, die sowohl innerhalb der einzelnen Contraden unter ihren Mitgliedern eine Rolle spielen (mit gemeinsamen Mustern), als auch zwischen den Contraden, sowie im Verhältnis zur Außenwelt. Worauf es mir ankommt, ist nicht die Betrachtung inner-sienesischer Identitäten, um ein essentialistisches Verständnis zu vermeiden, sondern die Bezüge zur Welt an sich, die Eingebundenheit in weitere soziale und kulturelle Kontexte und Abläufe, welche die Contraden-Identität zu weiten Teilen konstituieren. Insofern die Welt heutzutage durch Globalisierung gekennzeichnet ist und meine Fragestellung auch darauf abzielt, inwieweit die Identität traditioneller lokaler Gemeinschaften im größeren Zusammenhang der Weltgesellschaft gesehen werden kann, werde ich theoretische Fragen kultureller Identität in diesem Kapitel zusätzlich mit Theorien kultureller Globalisierung in Verbindung bringen. Was also ist in diesem Sinn ›kulturelle Identität‹ und welche Facetten hat sie aufzuweisen?

1. 1. Kulturelle Identität

Als grundlegende Faktoren kollektiver kultureller Identität hat Delanty (1999) die folgenden ausgemacht:

1) Identität hat etwas mit Grenzen zu tun. Sie basiert auf der Unterscheidung zwischen »Wir« und »Sie« und damit wesentlich auf gegenseitiger Anerkennung. Aus dieser Trennung folgen Prozesse der Inklusion und der Exklusion. Identität ist nicht unwandelbar, sondern konstituiert sich durch Konflikte und Beziehungskontexte. In der sozialen Interaktion werden Differenzen ausgehandelt und artikuliert.
2) Identität setzt eine institutionelle Ordnung, Gemeinschaft und Kommunikation voraus. Sie besteht nicht losgelöst von Zeit und Raum, sondern ist an die Kontinuität einer Gruppe gebunden, welche über kommunikative Strukturen verfügt.
3) Kollektive Identität beruht auf verschiedenen Kodes. Das sind zum einen eher restriktive Kodes, nämlich »primordiale«, »bürgerliche« und »kulturelle«.[19] Primordiale Kodes beziehen sich auf »natürliche« Unterscheidungen, bürgerliche Kodes umfassen institutionelle Ordnungen, während kulturelle Kodes sich auf transzendentale Vorstellungen wie Glauben und Vernunft beziehen. Zum anderen sind es »soziale« Kodes des Alltagslebens, wie materielle Werte, Statusstreben und ästhetische Präferenzen, und Kodes der »Diskursivität«, die Identitäten selbst auf reflexive Weise zum Gegenstand haben und damit andere Kodes aufbrechen und neue Kodes formen. (Delanty 1999: 268-271)

In ähnlicher Form tauchen diese von Delanty benannten Zugänge in anderen aktuelleren soziologischen und ethnologischen Beiträgen zum Identitätsbegriff auf. Denn eine allgemeingültige verbindliche Definition gibt es bislang nicht (vgl. Reese-Schäfer 1999: 15; Schmitt-Egner 1999: 129; Weller 1999: 255f.). Während ein essentielles oder substantielles Verständnis inzwischen weitgehend

19 Delanty bezieht sich dabei auf ein Modell von Eisenstadt und Giesen 1995, das als Grundlage zur Erforschung nationaler Identitätsbildung entwickelt wurde.

abgelehnt wird (vgl. Reese-Schäfer 1999: 7), birgt auch die Einsicht in die Prozesshaftigkeit von Identitätsbildung Schwierigkeiten im Hinblick auf reale essentialisierende Zuschreibungen. So ist der Einwand erfolgt, dass das Wissen um die Konstruiertheit der eigenen Identität in der Praxis nicht viel nützt, und der Hinweis darauf, dass Identitätszuschreibungen von außen oft ungewollt sind und im Hinblick auf Machtgefälle unter Umständen soziale Teilhabe verhindern können (Reese-Schäfer 1999: 7f.).[20] In diesem Sinn ist Identität von Erving Goffman (1963) als »Stigma« beschrieben worden (vgl. auch Jenkins 1996: 74). Nimmt man diese Einwände ernst und bleibt nicht bei der Erkenntnis stehen, dass Identität immer sozial konstruiert ist, bedeutet es, die Auswirkungen von Identität in Betracht zu ziehen und die Bedingungen des Handelns, die sich daraus ergeben.

Grundsätzlich gilt die Veränderbarkeit und Konstruktion in Abgrenzung zu anderen Individuen oder Kollektiven als bestimmendes Merkmal von Identität.[21] Schmitt-Egner nimmt demzufolge eine Definition von Identität als »prozessuale[r] Einheit in der Differenz« vor (1999: 130). Die Prozesselemente, die er in der sozialwissenschaftlichen Umgehensweise mit dem Begriff entdeckt, sind die Einheit in der Dualität; die Konstruktion dieser Einheit durch negative Abgrenzung und positive Eingrenzung; schließlich die permanente Interaktion zwischen »Innen« und »Außen«, Kontinuität und Wandel (ebd.). Angesichts der festzustellenden Häufigkeit der Frage, wie Identität produziert wird, wurde vorgeschlagen, den aktiveren Begriff der Identifikation zu verwenden (Reese-Schäfer 1999: 15; Baumann 1999: 137). Baumann stellt fest:

»All [...] cultural identities are thus processes of identification that turn out, in philosophical analysis as well as daily practice, to be dialogical: They result and get hardened, or they get used creatively and turn subtle, in the daily process of approaching so-called others.« (Baumann 1999: 138)

---

20 Reese-Schäfer nennt das Beispiel Antisemitismus, Ähnliches gilt aber auch für andere Formen des Rassismus. Im Hinblick auf den Ethnizitätsbegriff, der in ähnlicher Weise vom Wechselspiel der Selbst- und Fremdzuschreibung definiert wird, vgl. den gleichen Kritikpunkt von Warner 1997: 65. Auch hier wird darauf hingewiesen, dass Fremdbestimmung im Zusammenhang mit politischen und ökonomischen Machtstrukturen stärker sein kann als die Selbstbestimmung und ethnische Zuschreibungen zur kaum überwindbaren Barriere werden können.

21 Hall konstatiert: »To be English is to know yourself in relation to the French, and the hot-blooded Mediterraneans, and the passionate, traumatized Russian soul. You go around the entire globe: when you know what everybody else is, then you are what they are not. Identity is always, in that sense, a structured representation which only achieves its positive through the narrow eye of the negative. It has to go through the eye of the needle of the other before it can construct itself.« (1991: 21)

Im Prozess der Identitätskonstruktion werden entsprechende Bausteine zwar flexibel verwendet, sie werden jedoch gleichzeitig dazu genutzt, um eine Identität unabänderlich erscheinen zu lassen. Gerade in Situationen sozialen Wandels zeichnet sich Gemeinschaftsbildung durch einen Doppelcharakter aus: nämlich die Konstruktionsprozesse zu verbergen und die eigene Identität als traditional, historisch begründet und gleichsam naturgegeben darzustellen (Hettlage 1997: 11). Ich möchte mich dem Verständnis von Identität als einem dialogischem Prozess anschließen, mittels dessen manifeste Unterschiede zu erzeugen versucht werden, und ihn im Folgenden genauer auf kulturwissenschaftliche Zuordnungen hin spezifizieren.

Begriffsklärung

So fließend der Identitätsbegriff ist, so viele verschiedene übergreifende Einteilungen gibt es in der Sozialwissenschaft und in der Ethnologie, wenn von ihm gesprochen wird. Neben der individuellen Identität gibt es zum Beispiel die soziale Identität, die kulturelle Identität, die ethnische, die nationale, die regionale, die lokale, die territoriale, die geschlechtliche, die religiöse. Verbindliche Definitionen für die jeweilige Verwendung sind häufig nicht zu finden, sie orientiert sich augenscheinlich meist am Kontext der Untersuchung oder rührt aus dem jeweiligen Fachgebiet her. Entsprechend unterscheidet Schmitt-Egner (1999: 131f.) bei der Verwendung des Identitätsbegriffs zwischen verschiedenen Zugängen. Er nennt den philosophischen Zugang, der begriffslogische und ontologische Untersuchungen zum Ziel hat; den psychologischen, der sich mit Identitätsbewusstsein, emotionalen und kognitiven Faktoren beschäftigt; den soziologischen, der sich auf Gruppenidentitäten bezieht; den kulturwissenschaftlichen, der Sprache, Religion, Rituale und Lebensstil verfolgt; und den geographischen, der territoriale Konstruktionsprinzipien erforscht. Diese Einteilung ist recht willkürlich, insofern sich in ethnologischen, also kulturwissenschaftlichen, Untersuchungen durchaus sozialwissenschaftliche, psychologische oder geographische Aspekte finden lassen. Nationale Identitäten zum Beispiel, gewöhnlich eher Fokus in der Soziologie, sind auch Gegenstand in der Ethnologie, ebenso wie territoriale Identitäten.[22] Hinzuzufügen ist auch der politikwissenschaftliche

22 Zum Beispiel fasst Baumann (1999) sowohl nationale als auch ethnische und religiöse Identität unter dem Begriff des Kulturellen. Außerdem gibt es ethnologische Studien über europäische Identität ebenso wie Beiträge zur Identität politischer Bewegungen (z.B. Shore 1995).

Zugang zu Identitätsfragen, zum Beispiel im Kontext zu Fragen internationaler Beziehungen (vgl. Weller 1999). Es scheint in der Praxis angemessener, einen interdisziplinären Zugang zu verfolgen, der die Grenzen der Disziplinen gegenstandsbezogen durchbricht.

Wie schwierig die Unterscheidung ist, zeigt auch die weiterfolgende Bestimmung von Schmitt-Egner auf der Gegenstandsebene, auf der die Faktoren »innen« und »außen« unterschiedlich verortet werden (1999: 132f.). Die Gegenstandsebenen stellen für ihn gleichsam Folien von Identität dar. Personale Identität ist hiernach das Selbstkonzept des Individuums und Produkt der emotionalen und kognitiven Selbstwahrnehmung. Soziale Identität bezieht sich hingegen auf die inter-individuelle Identität in der Gruppe, auf internalisierte Werte, Normen und Verhaltensweisen und äußere Konformität. Kollektive Identität wiederum ist das Ergebnis von Abgrenzungsprozessen, die Einheit und Differenz zwischen mehreren Kollektiven reflektieren. Und kulturelle Identität beinhaltet eine Wertung der kollektiven Identität, indem in »Eigenes« und »Fremdes« eingeteilt wird. Schmitt-Egner fügt die historische Identität an, in der Entstehung, Dauer und Wandel kollektiver oder kultureller Identitäten Platz finden. Als territoriale Identität schließlich wird Identität als Ergebnis der Festlegung und Durchsetzung von räumlichen Grenzen bezeichnet. Je stärker territoriale und kollektive Identität korrespondieren, so Schmitt-Egner, desto mehr wirkt die räumliche Grenze als Abgrenzungsbarriere; je mehr territoriale und kulturelle Identität zusammenfallen, desto stärker dient sie der Ausgrenzung des Fremden.[23] Damit werden verschiedene Dimensionen des Identitätsbegriffs deutlich, die hier jedoch zu streng unterschieden werden. Gerade die Trennung zwischen kultureller und sozialer Identität scheint zweifelhaft begründet. Sinnvoller ist die Annahme, dass Identitätsprozesse sich vielfältig überschneiden und einzelne Ebenen in ihrer Gewichtung nur anhand des empirischen Gegenstands deutlich werden können.

Was die Contraden von Siena betrifft, so ist die Ebene der territorialen Identität wesentlich, insofern es sich um räumlich definierte Gemeinschaften handelt. Territoriale Grenzen als Bezugspunkte in der Interaktion, der Symbolisierung

23 Vgl. dazu Ipsen, der feststellt: »Alle Identitätsprozesse, die sich auf Räume beziehen, unterstellen nicht nur äußere Grenzen und bestimmen damit darüber, wer innen und wer außen ist. Sie unterstellen auch eine gewisse Homogenität der Überzeugungen und Verhaltensweisen in und für diesen Raum. Damit wird der innere Fremde produziert, der im Raum ist, aber nicht dazu gehört. Der Produktion des inneren Fremden entspricht die innere Fremdheit, die ihren Ausdruck in Distanz bis hin zur inneren Emigration führen kann. Um die innere und äußere Abgrenzung zu stabilisieren, tendiert die räumliche Identität zur Entfremdung.« (1994: 250f.)

und der Bestimmung von Identität stellen in diesem Fall ein grundlegendes Bestimmungsmerkmal dar. Gleichzeitig muss der Begriff der sozialen Identität Anwendung finden, da es sich um Gemeinschaften und Gruppenprozesse handelt. Kollektive Identität hingegen werde ich in meiner Arbeit synonym zu »Gruppenidentität« verwenden (vgl. auch Weller 1999: 265) und personale Identität mit gewissen Einschränkungen als Variante derselben behandeln (vgl. Erikson 1971; Jenkins 1996). Während sich diese Identitäten auf der Mikroebene der Gemeinde bewegen, soll gleichzeitig der Verlagerung der Grenzen Aufmerksamkeit geschenkt werden. Das heißt, die Contraden werden nicht nur systemisch als lokales soziales Gefüge betrachtet, sondern es wird vielmehr dargestellt, wie Identität in diesem Fall ebenso durch überlokale und nicht mehr territorial definierte Kontexte bestimmt wird.[24] Es bedeutet, dass nationale Identität eine Rolle spielt, darüber hinaus jedoch weitere soziale Zusammenhänge wirksam werden, die in territorialen oder kollektiven Begriffen nicht mehr zu fassen sind: nämlich der globale Raum. Bei der Betrachtung von Identitätsmustern vor Ort soll herausgestellt werden, inwieweit Identitätsbildung, Abgrenzungsprozesse, Selbstverständnis und »outgrouping« sich auf Prozesse erstreckt, die nur im Kontext der Globalisierung zu fassen sind. Die Gleichzeitigkeit von sozialen Identitätsbildungsprozessen, die ein lokales Territorium einschließt als auch darüber hinausweist und die sich auf Inhalte ritueller Performanz, historischer Begründung und kultureller Traditionen bezieht, bezeichne ich insgesamt als *kulturelle Identität*.[25] Zunächst sollen die genannten Aspekte des Anwendungsbereichs genauer betrachtet werden.

Territoriale und nationale Identität

Der Begriff der territorialen Identität kann sich auf einen Staat, eine Region oder eine andere fest umrissene territoriale Einheit wie eine Provinz beziehen. Sie wird jedoch meistens eher mit lokalen Gemeinschaften (oder Gemeinden) in Verbindung gebracht (vgl. Schilling 1994). Territoriale Identität bedeutet, dass bestimmte soziale Identitäten nur oder vorwiegend innerhalb des jeweiligen

24 Kokot & Drackle stellen fest, dass selbst klassische Gemeindestudien ohne die Berücksichtigung äußerer Einflüsse nicht mehr sinnvoll ist und das Konzept der »community« als abgegrenzter Untersuchungseinheit spätestens seit Mitte der siebziger Jahre in die Kritik geriet (1996: 3-7).

25 Vgl. z.B. Assmann (1994), die kollektive Identitäten unter den Begriff der kulturellen Identität fasst, und die Beiträge zur regionalen Identität in Lindner (1994), die unter dem Begriff der kulturellen Identität versammelt werden.

abgegrenzten Raums existent sind. Raum wird physisch erlebt und mit anderen geteilt, und er wird affektiv mit Gefühlen besetzt (Schilling 1994: 62). Raum bietet Schutz und Sicherheit und trägt zur Identitätsbildung bei, wenn bestimmte Bedürfnisse befriedigt werden:

»Identifikation mit einem Raum als Selbstvergewisserung hängt ab vom Grad der Satisfaktion des einzelnen oder von Gruppen in einem gegebenen Territorium. Um Heimat zu werden, muss ein Territorium die Bedürfnisse nach Wohnen und Arbeit, Teilhabe an Herrschaft, Kommunität und nach der Verlässlichkeit und Gestaltbarkeit der Bedeutungen in einer bestimmten Weise erfüllen. Die Modalitäten dieser Befriedigung sind kulturspezifisch, und das heißt, mit den Akteuren oder dem Raum eines Symbol- und Wertsystems ändern sich die Bedeutungen hinter den Dingen [...]« (Schilling 1994: 63)[26]

Dem Bedürfnis nach Verhaltenssicherheit im Alltag auf der Basis eines gemeinsamen Territoriums steht die Differenzierung der Arbeitswelt, Zuzug und Wegzug und Segregation der sozialen Gruppe entgegen. Dadurch beruht lokale Identität oft mehr auf dem Symbol der Gemeinschaft als auf der Gemeinschaft selbst (Schilling 1994: 66). Es sind kulturelle Symbole und Bedeutungen, die Identifikation erzeugen und den Raum als solches identifizierbar werden lassen. Solche Symbole können sowohl landschaftlicher Natur sein (das berühmte Licht der Provence), als auch auf architektonischen Besonderheiten (der Tower in London), Produkten oder Feste (der Karneval in Venedig) beruhen. Dabei können Orte über besondere und weit über den Ort hinausreichende Symbole verfügen, oder über Symbole, die nur für die Bewohner zum Identitätsträger werden, wie bestimmte Straßenecken, Gebäude oder Märkte. (Ipsen 1994: 240) Der bewohnte Raum ist »sozial konstruiert und markiert« (Lindner 1994: 221). Ipsen (1994: 241) weist darauf hin, dass die Gestalt eines Raumes und damit die Möglichkeit der Identifizierung immer von ökonomischen und politischen Machtverhältnissen bestimmt ist. Die Bewertungen eines Raumes können sich verändern und unterliegen historisch gebundenen positiven oder negativen Konnotationen.

Während die räumliche Grenze in diesen Ansätzen trotz der Betonung sozialen Wandels und der sich verändernden Bewertung von Orten eher fix erscheint, besteht für Goetze (1994) der Vorteil des Konzepts der territorialen Identität gerade darin, dass bei kollektiven Identitätsbildungsprozessen sich verändernde territoriale Bezüge berücksichtigt werden können. Der analytische Rahmen der territorialen Identität ermögliche, meint Goetze, das Erfassen verschiedener Ebenen der »möglichen relationalen Differenzkonstruktion«, wie in seinem Fallbeispiel Spanien die des Dorfes, der Gemarkung, der Stadt, der Provinz und der

26 Schilling verweist hier auf Greverus (1972

Autonomen Gemeinschaft (1994: 187f.). Identitätsbildende Prozesse seien situationsabhängig, insofern ein Dorf sich in einer bestimmten Situation in Opposition zu einem anderen Dorf befinden könne, während beide sich zu einem anderen Zeitpunkt unter Umständen gemeinsam gegen einen dritten Ort verbünden würden. Zeitraum und Dauer seien dabei variabel, es könnte zum Beispiel eine bestimmte Zeit im Jahreszyklus sein, in der Gegensätze betont werden. Goetze macht die Beobachtung, dass Wir-Gruppen sich ihren Gegenpart jeweils auf der Ebene des strukturell Gleichen suchen. Ähnlich wie bei der Ethnizität würde zum Beispiel Region als soziokulturelles Konstrukt durch Abgrenzung von ähnlichen Einheiten hergestellt. Es gäbe zwar Objektivationen wie Sprache, Religion, Institutionen, kulturelle Praktiken etc., aber sie hätte niemals Eigenschaften an sich. Es seien immer die sozialen Akteure, welche ihr Besonderheiten zuschrieben und sie zu Bewusstsein brächten (ebd.: 184ff.). Als die wichtigsten Punkte für die Charakterisierung territorialer Identität hebt Goetze folgende hervor: Erstens würden territoriale Identitäten durch Personen oder Gruppen zu einem bestimmten Zeitpunkt repräsentiert. Zweitens würden territoriale Identitäten trotz der Abgrenzung nach außen keine dauerhafte Einheit nach innen schaffen. Identifikationen der Personen gälten oft nur für bestimmte Situationen und würden dann wieder durch andere ersetzt oder überlagert. Schwierig würde dieser Zugang unter Umständen duch Zuschreibungen von außen, die nicht mit dem Selbstbild korrespondierten. Drittens würden territoriale Identitäten nicht nur im sozialen, sondern auch im physischen Bereich dargestellt. An Grenzen z.B. durch Grenzsteine, durch Kapellen oder Wegkreuzungen. Die materiellen Dinge würden dabei zu sozialen Symbolen. Schließlich wären territoriale Grenzen nicht immer mit administrativen Grenzen deckungsgleich (ebd.: 189).

Dem kann die weitere Grenzziehung auch innerhalb der sonst als kleinsten angenommenen lokalen Einheit, nämlich der Dorfgemeinschaft, hinzugefügt werden. Auch hier können unter Berufung auf verschiedene kulturelle Bezüge, wie Parteienzugehörigkeit oder religiöse Praktiken Fraktionen gebildet werden.[27] In Siena entspricht das der Existenz von siebzehn Contraden innerhalb der Stadtgemeinde und damit fest umrissenen territorialen und sozialen Grenzmarkierungen innerhalb der Stadtmauern.

Ähnlich wie bei der territorialen Identität bezieht sich auch die nationale Identität auf einen Raum, dessen Grenzen sich geschichtlich verändern, zu einem bestimmten Zeitpunkt aber fest gezogen sind. Nationale Identität ist in jedem Fall die Form der Identität, welche auf der politischen Ebene die wichtigste Rolle

---

27 Vgl. Palumbo (2000) für ein Dorf auf Sizilien; Hüwelmeier (1997) für ein Dorf in Hessen.

spielt (Reese-Schäfer 1999: 19). Nationale Grenzen sind von politischen Interessen bestimmt, und der Prozess kollektiver nationaler Identitätsbildung wurde und wird von Eliten angestoßen. Zur Herausbildung eines Wir-Bewusstseins wird auf Merkmale von Gemeinsamkeit gesetzt. Das können zum Beispiel geschichtliche Ereignisse sein, sprachliche Merkmale, religiöse, aber auch die politische Ordnung selbst. Eine wichtige Rolle bei der Begründung nationaler Identität spielt oft auch die Vorstellung einer gemeinsamen ethnischen Identität.[28] Gleichzeitig ist eine Übereinstimmung und Zustimmung auf Seiten der Bürger notwendig, auf deren Grundlage eine gemeinsame Identität begründet werden kann, also ein gewisser Wille zur Gemeinsamkeit (vgl. Reese-Schäfer 1999: 19). Ist eine nationale Identität am Anfang kaum gegeben und werden der Staatsgründung herangezogene Motive einer Führungsschicht zu Grunde gelegt, so gewinnt das Gefühl von Gemeinsamkeit im Laufe der Zeit eine unabhängige Gestalt und verankert sich im Bewusstsein der Staatsbürger. »Das scheinbar kontingente Konstruktionsprodukt ist zur sozialen Tatsache mutiert und beginnt nun als solche eigenständige und von den intellektuellen Konstrukteuren nunmehr nicht mehr kontrollierbare Wirksamkeit zu entfalten.« (Reese-Schäfer 1999: 20; vgl. auch Weller 1999: 261f.) Der »Mythos der Nation« ist entstanden.

Nach Anderson (1993) sind Nationen »vorgestellte Gemeinschaften« (*imagined communities*), weil die Mitglieder der Nationen einander nicht kennen, aber dennoch eine Vorstellung von Gemeinschaft haben, und damit ein kulturelles Produkt. Gemeinschaft und Gemeinschaftsbewusstsein, also Nation und nationale Identität wirken dabei gegenseitig aufeinander ein, insofern das Bewusstsein institutionelle Realitäten schafft, die ihrerseits die Reproduktion der Identität befördern.[29] Weller hebt hervor, dass die Bedeutung des Nationalstaats im Hinblick auf die Herausbildung kollektiver Identität besonders auf den Normen legitimer Gewaltanwendung beruht (1999: 262). Während physische Gewalt innerhalb des Kollektivs sanktioniert ist, wird sie gegenüber Mitgliedern anderer Gesellschaften gestattet. Die Legitimierung von Gewalt ist nicht ohne die Unterscheidung zwischen ingroup und outgroup zu denken und trägt ihrerseits zur existentiellen Unterscheidung bei (Weller 1999: 262f.). Unter Bezugnahme auf

28 Dass Nationen nicht naturwüchsig sind und ständig regulierender und produzierender Maßnahmen bedürfen, mit denen solche nationalen Gemeinsamkeiten hergestellt werden, wird vor allem mit einem Blick auf ihre Entstehung deutlich. In Italien zum Beispiel gab es zum Zeitpunkt der Entstehung des italienischen Königreichs keine gemeinsame Sprache. Als Nationalsprache wurde das Toskanische festgelegt, von dem sich andere Sprachen und Dialekte in Italien auch heute noch deutlich unterscheide

29 Vgl. Weller (1999: 262), der auf Estel (1994: 46) verweist.

Elias (1970) stellt Weller fest, dass diese Institutionalisierung der Ver- und Gebote von Gewaltanwendung die emotionale Bindung der Individuen stärkt und auch für andere kollektive Einheiten vor der Nationalstaatsbildung galt, wie Städte, Dörfer oder Stämme (1999: 262).

Eine erfolgte Nationalstaatsbildung bedeutet keine Garantie für eine entsprechende kollektive Identität und eine dauerhafte Staatsexistenz. Sowohl die Auflösung großer Staatssysteme (Sowjetunion), die Teilung von Staaten verbunden mit Staatsneugründungen (Tschechoslowakei), Staatsvereinigungen (Bundesrepublik Deutschland und Deutsche Demokratische Republik) als auch Sezessions- und Autonomiebestrebungen zeugen vom Wandel in der Staatenbildung und der ihr zugrunde liegenden nationalen Identität. Kann ein Staat für eine Weile bestimmte identitätsstiftende Gemeinsamkeiten mobilisieren (Beispiel: auf der Solidarität der Arbeiterklasse beruhende Identität in sozialistischen Staaten), können diese durch einen Wandel der Interessen und der Machtverhältnisse sehr schnell durch neue ersetzt werden. Es zeigt sich, dass zur Konsolidierung des gemeinsamen nationalen Bewusstseins genauso wie zur Begründung territorialer Ansprüche gerade die Bezugnahme auf historische Zusammenhänge wichtig ist (Serbiens Ansprüche auf den Kosovo; Deutsche Vereinigung) und ebenso die Bezugnahme auf gemeinsame Kultur.

Dass solch politisch motivierte Produkte nationaler Identität nicht immer aufgehen, zeigen gerade die Fälle Deutschland und Italien. Während in Deutschland zehn Jahre nach der Vereinigung im Bewusstsein der Bürger immer noch starke kulturelle Unterschiede zwischen Ost und West bestehen (vgl. Wieschiolek 1999), wird in Bezug auf Italien hinsichtlich der Trennung zwischen Norden und Süden und einem ausgeprägten Lokalismus oft auf eine verfehlte Nationalstaatsbildung hingewiesen (vgl. Dickie 1996: 19). Dies zeigt, dass nationale Identität nicht homogen ist, sondern eine Vielzahl verschiedener Identitäten und Interessen beinhaltet.[30] Dass nationale Identität eine Variable ist, deren Bedeutung in einigen Situationen stärker hervortritt als in anderen, zeigt wieder das Beispiel Italien mit einer ausnehmend national eingestellten Fussball-Leidenschaft.

---

30 Dickie (1996: 22) nennt vier Hauptmerkmale, durch die die Fiktion der Einheitlichkeit einer Nation aufrechterhalten werden: Erstens die Erzählung der Geschichte der Nation, ihrer Kämpfe und Triumphe; zweitens durch die Darstellung durch offizielle Symbole wie Flaggen oder Hymnen, und inoffizielle wie das Produkt Pizza; drittens durch die Vorstellung einer territorialen Integrität; und viertens durch Differenzierung und den Ausschluss dessen, was sie nicht ist.

Kollektive und subjektive Dimensionen

Die Ordnung der sozialen Umwelt findet durch die Einteilung in Gruppen statt. Es wurde festgestellt, dass die Zugehörigkeit zu Gruppen die individuelle Selbstwahrnehmung in der Gesellschaft und damit die soziale Identität bestimmt (Weller 1999: 265). Gemeinsame Zugehörigkeitsgefühle zu einer Gruppe lassen kollektive Identitäten entstehen. Kollektive Identitäten entspringen nicht dem Kollektiv an sich, sondern enststehen dann, »wenn sich die Mitglieder eines Kollektivs – jeweils individuell – dominant als Mitglieder genau dieses Kollektivs wahrnehmen.« (Weller 1999: 266) Damit ist die enge Verbindung zwischen personaler und sozialer Identität angedeutet. Nach Mead (1973) bildet sich die Identität des Individuums durch soziale Kontakte heraus, und Erikson (1973) begreift die personale Identität als Variante der Kultur, in der das Individuum sozialisiert wird. Grundlage für die Ausprägung von Gruppenzugehörigkeiten bilden soziale Kategorisierungen (auf die ich später eingehen werde). Soziale Identität ist sozusagen ein dialogischer Prozess zwischen Individuum und Gruppe. Dabei wird die Individualität keinesfalls ausgeschlossen:

> »Die Tatsache, dass sich jede Identität durch den oder im Hinblick auf den gesellschaftlichen Prozess bildet und sein individueller Ausdruck ist, [...] ist sehr leicht mit der Tatsche zu vereinbaren, dass jede einzelne Identität ihre eigene spezifische Individualität, ihre eigenen einzigartigen Merkmale hat, weil jede einzelne Identität innerhalb dieses Prozesses, während sie seine organisierten Verhaltensstrukturen spiegelt, ihre eigene und einzigartige Position innerhalb seiner formt und somit in seiner organisierten Struktur einen anderen Aspekt dieses ganzen gesellschaftlichen Verhaltensmusters spiegelt als den, der sich in der organisierten Struktur irgendeiner anderen Identität innerhalb dieses Prozesses spiegelt.« (Mead 1973: 245; Zitat übernommen von Weller 1999: 257)

Die Selbstbestimmung eines Kollektivs hängt immer von einem Diskurs ab, der verschiedene individuelle Sichtweisen vereint. Für die Individuen gibt es unterschiedliche Vorstellungen davon, welche Aspekte des Kollektivs wichtig sind und mit welchen sie sich folglich identifizieren (vgl. Reese-Schäfer 1999: 16). Im Gegensatz dazu steht die Zuschreibung von außen. Grundsätzlich gibt es beide Seiten: Die subjektive Dimension der sozialen Identität, die sich oft aus Zugehörigkeiten zu mehreren Kollektiven speist, und die kollektive Dimension, die zwar auf der Summe personaler Positionen beruht, aber auch durch den Diskurs bestimmt ist. Darüber hinaus muss für letztere eine »Identifizierbarkeit« vorgenommen werden können, die sich auf räumliche Lokalisierbarkeit und zeitliche Kontinutität gründet, also einer Einheitlichkeit, die auch beim Wandel der dazugehörigen Individuen erkennbar ist (ebd.).

Die Zugehörigkeit des Individuums zu einem Kollektiv kann wechseln. Personale Identität beruht nicht auf der unveränderlichen universalen Zugehörigkeit zu einer sozialen Gruppe, sei es die Nation oder die lokale Gemeinschaft. Vielmehr nimmt das Individuum aktive Identifikationen vor. In diesem Sinn stellt Reese-Schäfer folgende Definition von Taylor (1994: 55) vor. Dieser bestimmt »Identität hermeneutisch als das Wissen darum, innerhalb welchen Rahmens und Horizonts man von Fall zu Fall zu bestimmen versucht, was wichtig, gut und wertvoll ist, was getan werden sollte bzw. was abzulehnen ist.« (Reese-Schäfer 1999: 17) Ohne einen Rahmen sozialer Zugehörigkeit, in dem sich das Selbst entwickelt, geht allerdings die Orientierung verloren. Eine soziale Zugehörigkeit muss zur Identitätsausprägung notwendigerweise vorhanden sein, sie unterliegt jedoch der Interpretation und kann sich dadurch verändern. Einzelne Identitätsformen können zugunsten anderer aufgegeben werden, wodurch wiederum ein anderer Rahmen entsteht. (Ebd.) Nach Goffman sind diese Rahmen (*frames*) bestimmte soziale settings, innerhalb derer Interaktion stattfindet.[31] Das Individuum erlebt im Lauf seines Lebens verschiedene settings und kann jeweils ein sehr subjektives Verständnis von ihnen haben. Was die Gemeinsamkeit des geteilten sozialen Rahmengefüges ausmacht, ist immer noch konsistent genug, als dass innerhalb dessen die notwendige Interaktion möglich ist. Die Untersuchung sozialer Identität muss demzufolge einen Mittelweg finden zwischen der Berücksichtigung der Relativität und der sozialen Konstruiertheit, das heißt Situationsabhängigkeit, von Identität und der Anerkennung einer auf common sense beruhenden Ausdeutung, also der Realität dieses sozialen Gefüges. (Jenkins 1996: 70).

Was die Bedeutung des Individuums für die kollektive Identität weiterhin betrifft, ist die Tatsache, dass die Interaktion von ihm verkörpert wird, zumindest auf der Ebene der lokalen Gemeinschaft. Im Bereich der face-to-face Kontakte führt das Individuum die Interaktion aus, die als interaktionale Ordnung Bestandteil der Gruppenidentität ist. Es ist der einzelne Akteur, der nach Goffman ebenso wie körperlich auch räumlich verortet ist und anderen gegenübertritt. Er ist es, der die Interaktion des sozialen Alltagslebens ausführt, durch die sowohl die individuelle als auch die kollektive Identität manifest wird. (Jenkins 1996: 69f.) Diese Interaktionen sind nach Goffman durch Ordnung und Ritualisierung determiniert. Jenkins weist allerdings darauf hin, dass das Ordnungsprinzip fester Regeln zur Erklärung der Praxis unzureichend ist und ein großer Teil sozialer

31 Bei der Darstellung theoretischer Ansätze Erving Goffmans beziehe ich mich auf die sehr gute Aufbereitung von Richard Jenkins (1996).

Interaktion notwendigerweise auf Gewohnheit oder Improvisation beruht, da nicht alle Regeln ausreichend sind, um angemessen mit Unvorhersehbarkeiten umzugehen (ebd.: 70).

Nominelle und virtuelle Ebene, Kategorisierung und Abgrenzung

Aus dem Gesagten ergibt sich nicht, dass die soziale Identität vom Individuum unbegrenzt modelliert werden kann, denn:

»Das soziale Selbst spiegelt sich in den Anerkennungs- und Mißachtungsformen anderer. Es ist somit kaum jemals dem Subjekt frei verfügbar und gestaltbar. Die fremden Urteile müssen in die eigenen Interpretationsvorgaben integriert werden. [...] Die Selbstdefinition wird in einem doppelten und normalerweise nicht widerspruchsfrei verlaufenden Prozess der sozialen Bindung an und Perspektivenübernahme von anderen sowie der zugleich konstitutiv notwendigen Distanz zu ihnen gewonnen.« (Reese-Schäfer 1999: 18)

Der individuelle Versuch, Selbstbilder nach außen wirksam werden zu lassen, wird von Jenkins als *impression management* bezeichnet. Er stellt heraus, dass es, folgt man Goffmans Konzept von sozialer Interaktion als Drama oder Performance, sozusagen den ›backstage‹ Bereich gibt, in dem man frei von Präsentationsdruck die Selbstbilder der eigenen Identität aufrecht erhalten und einüben kann, während man ›frontstage‹ mit dem öffentlichen Bild konfrontiert ist, das man abgibt und sich damit im gegenseitigen Prozess der Identitätsprägung befindet. (Jenkins 1996: 71) Die als *labelling* benannte Zuschreibung einer bestimmten Identität von außen drückt das Moment der Unverfügbarkeit von sozialer Identität aus. Sie kann mit entsprechenden Erwartungen verbunden sein und mit handfesten Reaktionen und dadurch weitreichende Folgen haben. Sie macht einen Teil der intern-extern Bestimmmung aus, insofern Zuschreibungen von außen, seien sie positiv oder negativ, ins Selbstbild übernommen werden. (Ebd.: 76)

Jenkins unterscheidet auf dieser Grundlage zwischen einer ›nominellen‹ und einer ›virtuellen‹ Ebene sozialer Identität. Die nominelle Ebene ist das Label, unter dem das Subjekt von anderen identifiziert wird. Dabei genügt eine einmalige Zuschreibung allerdings kaum zur Ausprägung der entsprechenden Identität. Notwendig ist vielmehr ein zeitlich andauernder Prozess, im Laufe dessen das *labelling* Konsequenzen für das Individuum hat, umso mehr, wenn dieser Prozess institutionell verankert ist und sich auf das Verhalten anderer genauso auswirkt wie auf das Verhalten des Subjekts selbst. Was nicht bedeuten muss, dass alle Individuen des gleichen Labels von diesem Prozess gleichermaßen betroffen sind: »[...] in each of their lives, for myriad reasons, the consequences of being so identified – generated in the internal-external dialectic between the behaviour of others and their own actions – may differ widely. Being labelled is neither uni-directional nor determinate.« (Ebd.: 77) Die virtuelle Ebene ist die Bedeutung, welche die nominelle Identifikation für den Betroffenen tatsächlich hat. Sinnvoll erscheint diese Unterscheidung unter mehreren Aspekten. Zum einen ist Identität nicht nur in der formalen Benennung verankert, sondern macht sich ebenso an den Auswirkungen im persönlichen Leben des Einzelnen fest. Zum anderen sind Label und Selbstverständnis nicht immer kongruent, es sei denn durch weitgehende Internalisierung. Schließlich kann die Bedeutung einer bestimmten Identität sich abhängig vom Kontext und im Laufe der Zeit verändern, so dass eine nominelle Identifizierung verschiedene virtuelle Deutungen enthalten kann. Zuletzt sind individuelle Identitäten nicht nur das Produkt kollektiver Identitäten, sondern bestehen neben den kollektiven Gemeinsamkeiten aus einzigartigen Besonderheiten. Beide Ebenen, die nominelle und die virtuelle, sind in der sozialen Praxis nicht voneinander zu trennen und machen den realen Identitätsprozess aus. (Ebd.: 77f.)

Kategorisierung ist der Vorgang, durch den die soziale Welt nach Gruppen geordnet wird. Die Trennungslinie zwischen den einzelnen Kategorien ist die zwischen ›ingroup‹ und ›outgroup‹, das heißt, kollektive Identität beruht auf einer ähnlichen Strukturierung der sozialen Welt durch ihre Mitglieder und damit auf der Unterscheidung zwischen ›Wir‹ und ›Sie‹. Diese Differenzierung findet jedoch nicht in immer gleicher Weise mit dauerhafter Gültigkeit statt. Vielmehr geschieht hier, was bereits im Abschnitt zur territorialen Identität angedeutet wurde, nämlich eine variierende Grenzziehung in verschiedenen Kontexten. Bestimmte soziale Situationen bieten bestimmte Kategorisierungen an, und das Individuum nimmt sich jeweils als identisch mit einer bestimmten Gruppe wahr, die im Zug der Kategorisierung von anderen abgegrenzt wird. Wichtig sind dabei die Kriterien, nach denen die Selbstzuordnung und damit die eigene Identitätsbestimmung vorgenommen werden. Diese richten sich auf einer Meta-Ebene nach der Unterscheidung verschiedener Unterschiede. Bestimmte Merkmale werden dann als soziale Einheit kategorisiert und zur Identifikation herangezogen, wenn die Unterschiede innerhalb dieser Einheit im entsprechenden Kontext geringer sind als die Unterschiede zwischen dieser Einheit und anderen. Es gilt das Prinzip der jeweils signifikantesten Differenz. Soziale Kategorisierung wird bedeutend, wenn Unterschiede zwischen Gruppen hervortreten und Unterschiede innerhalb der Gruppe abnehmen.[32]

Gleichheit ist für die Ausbildung kollektiver Identität unverzichtbar, und da es Gleichheit nicht ohne Verschiedenheit gibt, bedingt Inklusion von Mitgliedern eines Kollektivs den Ausschluss von Nichtmitgliedern. Oft wird die eigene Gleichheit erst angesichts des Andersseins der anderen deutlich. In diesem gegenseitigen Prozess definiert Jenkins Kategorisierung in Anlehnung an soziologische Praxis als die Zuschreibung von Gruppenmerkmalen von außen, während er Gruppenidentität als das Selbstverständnis der Mitglieder versteht, das unter Bezugnahme auf Gleichheit und Differenz entsteht (Jenkins 1996: 83). Der äußeren, objektivierenden, Perspektive steht also die innere, subjektive, Perspektive gegenüber. Beide formen gleichermaßen soziale Identität, denn erst in der Anerkennung von außen gewinnt der Glaube an die Gemeinsamkeit einer Gruppe soziale Bedeutung. Eine Gruppe, die nur für sich existiert, hat wenig Chancen, tatsächlich eine Rolle zu spielen. Umgekehrt hat Kategorisierung nur Bedeutung, wenn sie Konsequenzen hat, auch wenn diese von den Betroffenen unter Umständen kaum wahrgenommen werden. Kategorisierung bildet somit eher das Potential zur Ausbildung von Gruppenidentität.

> »Rather than reify groups and categories as ›things‹, we should think instead about social identities as constituted in the dialectic of collective identification, in the interplay of group identification and social categorisation. In any particular case it is empirically a question of the balance between these processes. Group identification always implies social categorisation. The reverse is not always the case. Social categorisation, however, at least creates group identification as an immanent possibility.« (Jenkins 1996: 89)

Auf die Bedeutung der Grenzziehung zwischen Kollektiven hat Barth (1969) anhand seiner Theorie über Ethnizität aufmerksam gemacht. Indem dieser Ansatz auch auf andere soziale Identitäten angewendet wird, wird noch einmal deutlich, dass soziale Muster in der Interaktion entstehen und Gruppenbildung durch Verhandlung der Grenzen stattfindet. Mehr als auf einer abstrakten Struktur beruht Identität aus dieser Perspektive auf der Handlungsweise von Individuen. Gruppenzugehörigkeiten sind nicht unveränderlich gegeben, sondern werden interaktiv aufrechterhalten. Auch bei gleicher Gruppenzugehörigkeit verändern sich die Bedeutungen je nach Kontext und Gegenüber. Abhängig von der gegebenen Situation spielt eine spezifische Identität jeweils eine andere Rolle, oder sie kommt gar nicht zum Tragen. Nur anhand des Einzelfalls und seiner Rahmenbe-

32 Zur Kategorisierung vgl. Weller (1999: 268f.) mit Bezug auf Turner (1987) und dessen *Self-Categorization Theory* und Oakes et al. (1994).

dingungen kann festgestellt werden, wann welche Identitätsaspekte wirksam werden. In Bezug auf die Gesamtheit der sozialen Identität des Individuums betrachtet können in der Interaktion jeweils andere Merkmale aktiviert werden. (Vgl. Jenkins 1996; 90ff.)

Eine wichtige Rolle bei der Kategorisierung spielen Stereotype. Stereotypisierung ist die Zuschreibung bestimmter Merkmale für die Mitglieder einer Kategorie. Für gewöhnlich werden Stereotype als übergeneralisierte und vereinfachendende Bilder verstanden; sie werden mit einer Abwertung verbunden, die auf Unkenntnis und Gerüchten beruht, also Vorurteile darstellen. Ein anderes Verständnis verweist auf Stereotype als wertneutralem Bestandteil der Identitätsbildung (Rapport & Overing 2000: 345ff). Sie dienen damit deutlich dem Abgrenzungsprozess, den sie auf diese Weise sozusagen abkürzen und vereinfachen. Es ist festgestellt worden, dass Stereotypisierung immer einem dominanten Diskurs entspringt (McDonald 1993: 228). Stereotype sind Bestandteil der eigenen Identitätssicherung durch Unterscheidung von anderen, indem Verschiedenheiten klar markiert werden. Dadurch tritt die Gemeinsamkeit der Wir-Gruppe deutlicher hervor. Mehr noch als auf die Charakteristika der stereotypisierten anderen verweisen sie auf das Selbstverständnis der eigenen Person oder Gruppe. Sie nützen der Verortung in einer fest umrissenen sozialen Umwelt. Potentiell Unbekanntes und Fremdes kann durch die im Diskurs verankerten Stereotype eingeordnet werden und wird der eigenen Zugehörigkeit dadurch weniger bedrohlich. Stereotypen sind also fixe Punkte in der Kategorisierung anderer und erleichtern damit die soziale Orientierung. Wenn auch Bestandteil des sozialen Diskurses, sind Stereotype allerdings nicht unveränderbar, denn das Individuum passt die Stereotypen seiner eigenen Sicht an: »Stereotypes puncture acts of interpretation, serving as a structure, a syntax, a cement for what is constructed, but they do not determine those constructions.« (Rapport & Overing 2000: 347)

Gemeinsamkeit und Symbolisierung

Wichtig für die Herausbildung und die Beständigkeit sozialer Identität ist neben der Abgrenzung zwischen ›Wir‹ und ›Ihr‹ auch die Gleichheit, die Übereinstimmung von Mitgliedern eines sozialen Kollektivs. Es ist auf der Basis des Gemeinsamen, dass Kategorisierungen und Identifikationen vorgenommen werden. Wenn man, wie oben beschrieben, davon ausgeht, dass Gruppenzugehörigkeit nicht per se gegeben, sondern sozial konstruiert ist, stellt sich die Frage, wie solche Übereinstimmungen geschaffen werden. Ein Theoretiker, der diesbezüglich ein Modell für lokale Gemeinschaften erstellt hat, ist Anthony Cohen (1985). Ihm zufolge beruht Gemeinschaft auf einer symbolischen Konstruktion von Gleichheit.[33] Gemeinschaft wird als kulturelles Phänomen verstanden, dem nicht nur eine soziale Struktur und soziales Verhalten zu Grunde liegen, sondern das vor allem in der Vorstellung Gestalt gewinnt. Es sind demnach Symbole, die das Gefühl einer gemeinsamen Zugehörigkeit erzeugen, genauso wie wiederkehrende Rituale ein Symbol der Gemeinschaft sind und damit dem Zusammenhalt dienen. Weiterhin ist nach Cohen die Gemeinschaft selbst ein starkes Symbol, insofern Mitglieder sich rhetorisch und strategisch auf sie beziehen können. So kann man etwas »für die Gemeinschaft« tun, den Anspruch erheben, sie zu repräsentieren oder gemäß ihren Interessen zu handeln. In diesem Sinn hat Gemeinschaft einen ideellen Wert. Schließlich würde die Zugehörigkeit zu einer Gemeinschaft bedeuten, mit den anderen Mitgliedern eine bestimmte Interpretation der Dinge, also einen gemeinsamen symbolischen Bereich, zu teilen. Dies geschähe ungeachtet der tatsächlich differierenden Bedeutungen innerhalb der Mitgliedschaft, einigend sei durch die Stärke der Symbole allein die Vorstellung der gleichen Bezüge. Man kann also von einem symbolisch hergestellten gleichen Bezugsrahmen sprechen. Dazu gehört auch die Symbolisierung der Gemeinschaft in Form von Metaphern wie zum Beispiel dem menschlichen Körper (Jenkins 1996: 113).

Das Nominelle einer Gemeinschaft ist homogen und wird zum Beispiel durch Rituale, Wappen, Kleidung formal und materiell symbolisiert. Gleichzeitig ist die Gemeinschaft virtuell heterogen, insofern zum Beispiel verschiedene Meinungen und Weltanschauungen der Mitglieder normalerweise unvermeidlich sind. Diese internen Differenzen treten im Prozess der Abgrenzung nach außen zurück:

»They are masked by the appearance of agreement and convergence generated by shared communal symbols, and participation in a common symbolic discourse of community membership which constructs and emphasises the boundary between members and non-members. Thus members can present a consistent face to the outside world.« (Jenkins 1996: 108)

Jenkins zieht daraus den Schluss, dass die symbolische Konstruktion von Gemeinschaft Individuen eine Interaktion erlaube, bei der tatsächliche Differenzen nicht immer wieder offen zu Tage treten müssen (ebd.). Denn trotz der Gleichheit besteht eine Vielzahl unterschiedlicher Erfahrungen, deren Komplexität im internen, sozusagen »privaten« Bereich der Gemeinschaft ausgehandelt wird.

33 Ich beziehe mich bei der Darstellung von Cohens Theorie auf die Ausführungen von Jenkins (1996: 104ff.), der sie in einen Gesamtkontext über soziale Identität einfügt und kritisch ergänzt.

Ein letztes Argument von Cohen lautet, dass symbolische Grenzen in dem Maß wichtiger werden, als reale geographisch-soziale Grenzen im Zug der Nationalstaatenbildung verschwinden. Eine symbolische Betonung des Andersseins der lokalen Gemeinschaft würde um so mehr hervortreten, als der Druck der Integration in größere soziale und politische Gefüge zunehme. Dabei würde das Hervorkehren einer »traditionellen Identität« in einigen Fällen eher als Schutzmantel dienen, hinter dem Veränderungen sich konfliktfreier vollziehen könnten.

Cohens Ansatz, Gemeinschaft vor allem als symbolisch konstruiert zu sehen, kann durch die vorhergehenden Betrachtungen ergänzt werden. Jenkins hebt hervor, dass nicht nur das Denken, die Vorstellung, für die Konstruktion von Gemeinschaft bedeutsam ist, sondern ebenso das, was Menschen zusammen tun. Praktische gemeinsame Tätigkeiten erzeugen einen Sinn für Zusammengehörigkeit und geteilte Weltsicht, und auch das Sprechen über die Gemeinschaft ist ein Akt der Handlung, bei dem ihr symbolischer Wert reproduziert wird. (Ebd.: 109) Was die Eingliederung lokaler Gemeinschaften in größere Zusammenhänge betrifft, kritisiert Jenkins die Einschätzung der Homogenisierungstendenz auf Seiten des Nationalstaats. Brüche und Komplexität würden unterschätzt, und abgesehen davon ließe sich Cohens Modell ebenso auf die Nation als symbolisch gedachter Gemeinschaft anwenden. Trotzdem bietet Cohen seiner Meinung nach einen Erklärungsansatz für das stabile Moment bei der Verhandlung von Grenzen, nämlich die inhaltlichen Aspekte von Gruppenidentität. Ist die Gruppe nominell auch symbolisch bestimmt und damit vorgestellt, so bedeutet das nicht, dass diese Symbole irreal sind. Auch in der Identifikation mit Symbolen, in den Gefühlen und Reaktionen, die sie auslösen, wird soziale Realität manifest. Zudem wird die Zugehörigkeit zu einer Gemeinschaft als Entgegnung auf die Kategorisierung durch Außenstehende symbolisch ausgedrückt. Erst als Antwort oder Verteidigung auf äußere Sichtweisen wird die Gemeinsamkeit der Gruppe hervorgehoben und symbolisch gefestigt. Symbolisierung schließlich erleichtert die Ordnung der sozialen Umwelt, indem die Zugehörigkeit von Individuen und Gruppen auf eine abstrakte Ebene gehoben wird: »In condensing vast amounts of information about people into manageable forms, the symbolisation of identification also allows us [...] to think about and to model – in other words to imagine – collectivities and the relations between them.« (Ebd.: 114)

Organisation, Ritual und interne Differenzierung

Der Begriff der Gruppe wurde bisher flexibel gebraucht, um unterschiedliche Formen der Gemeinschaftsbildung zu bezeichnen und grundlegende Merkmale kultureller Identität zu kennzeichnen. Gruppenbildung kann auf unterschiedlichen Ebenen ablaufen und sich auf lose Interessensgruppen ebenso beziehen wie auf Nachbarschaften oder größere Kollektive wie Nationen oder Ethnien. Lokale Gemeinschaften stellen durch Ortsgebundenheit eine spezifische Art der Gruppenbildung dar, doch ist die territoriale Eingrenzung keine ausreichende Bedingung für eine Konstituierung als Gemeinschaft. Wesentlich für die Ausprägung kollektiver Identität sind die oben dargestellten Prozesse der Identifizierung und Kategorisierung, der Differenzierung nach außen und Übereinstimmung nach innen, wobei die Konstruktion von Gemeinsamkeit durch Symbole und Handlungen eine bedeutende Rolle spielt. Im Folgenden soll erläutert werden, welche Aspekte von Identität auf der Ebene der Organisation von Gemeinschaft zu beachten sind, da die Contraden von Siena sowohl lokale Gemeinschaften darstellen als auch soziale Organisationen oder Körperschaften im weitesten Sinne des Wortes.

Organisationen sind feste soziale Netzwerke, in der Mitglieder von Nicht-Mitgliedern unterschieden werden und in der Handlungen in institutionalisierter Form durchgeführt werden. Es besteht ein bestimmtes Wissen über einen Bereich geteilter Symbole, das den Mitgliedern über eine interne Sozialisation vermittelt wird, und es gibt eine interne Differenzierungen innerhalb der Mitgliedschaft, so wie es für gewöhnlich eine Aufgabenteilung gibt (Jenkins 1996: 139f.). Ein weiterer Faktor der organisierten Kollektivität sind Machtverhältnisse. Eine Organisation existiert nicht ohne ihre Mitglieder, beruht jedoch nicht auf individueller Teilnahme, weshalb In- und Ausschluss und die Zugewinnung neuer Mitglieder einen notwendigen Bestandteil darstellen. Wie also gewinnt eine Gruppe Mitglieder und kommt ein Individuum dazu, die Identität eines organisierten Sozialverbands zu teilen?

Jenkins (1996: 141f.) unterscheidet bei der »Angliederung« des Individuums zwei Wege. Zum einen vorgegebene Identitäten wie Verwandtschaft, Geschlecht oder Alter, die, obwohl sozial konstruiert, normalerweise als natürlich angesehen werden. Wird Mitgliedschaft auf diesem Weg konstruiert, wird sie in der Regel als etwas betrachtet, für das das Individuum kaum Verantwortung trägt und das quasi unvermeidbar ist. Der zweite Weg ist der der Freiwilligkeit und der Wahl. Mitgliedschaft wird in diesem Fall angestrebt und befestigt. Tatsächlich kann die Mitgliedschaft in Organisationen als eine Verbindung von beidem angesehen werden. Denn jede Rekrutierung seitens der Organisation, die aufgrund bestimmter Eigenschaften des Individuums erfolgt, ruft bei diesem eine Reaktion der Identifizierung, Nicht-Identifizierung oder teilweisen Identifizierung hervor. Die zugeschriebene Identität kann abgelehnt, internalisiert oder widerstrebend ausgehalten werden. Gruppenidentifizierung erfolgt also immer beidseitig. Im Fall der Rekrutierung muss die Zugehörigkeit normalerweise affirmiert und öffentlich bestätigt werden, zum Beispiel durch entsprechende Rituale der Taufe oder Initiation (›rites de passage‹). Dadurch wird die immanente zur aktuellen Mitgliedschaft. Die freiwillig erlangte Mitgliedschaft hingegen wird rationalisiert, sie muss in irgendeiner Weise gerechtfertigt und begründet werden. Ersteres entspricht gewöhnlich einem traditionellen Verständnis von legitimer Mitgliedschaft, letzteres einem modernen (ebd.: 143).

Wie Jenkins mit Bezug auf Turner und Durkheim feststellt, nehmen Rituale bei der Internalisierung der Identifikation eine bedeutende Rolle ein. Häufig wird die Zeremonie der Mitgliederaufnahme durch Symbole unterstützt und die neue Gemeinschaft emotional erfahrbar gemacht. Auch andere Rituale fördern ein Wir-Gefühl und bestätigen immer wieder von Neuem die Einheit der Gemeinschaft ungeachtet interner Differenzen.[34] Zugehörigkeit wird damit als essentiell konstruiert: »Organised collective identity is endowed, via collective ritual and ›communitas‹, with personal authenticity and experiential profundity. Inasmuch as public ritual is performative, it is a powerful and visible embodiment of the abstraction of collective identity.« (Jenkins 1996: 146) Im Ritual kann das Individuum an einer deutlich sicht- und spürbaren Gemeinschaft partizipieren, und die individuellen Verschiedenheiten werden von der symbolisierten Einheit überlagert.

Jenkins weist darauf hin, dass Zuschreibung von Identität bei organisierten Gemeinschaften nicht nur Prozesse der Inklusion, sondern auch der Exklusion beinhaltet. Selbst wenn die generellen Kriterien für eine bestimmte Zugehörigkeit gegeben sind, bedeutet das nicht, dass jeder, auf den diese Kriterien zutreffen, tatsächlich in die Gemeinschaft aufgenommen wird. Außerdem besteht innerhalb der durch Zuschreibung konstruierten Gruppe meist die Notwendigkeit, interne Positionen und Ämter erst aktiv zu erlangen. Jenkins spricht diesbezüglich von Kriterien der »Zulässigkeit« (*acceptability*) und der »Eignung« (*suitability*) (ebd.: 147). Zulässigkeit kann für die bloße Mitgliedschaft ausreichend sein,

34 Das betrifft nicht nur traditionale Gemeinschaften, sondern ebenso andere organisierte Gemeinschaften und neben sakralen auch säkulare Veranstaltungen, wie z.B. schwule und lesbische Umzüge, Karneval oder den Arbeitertag am 1. Mai (vgl. Jenkins 1996: 146).

während erst durch die Eignung eine organisationsinterne Position besetzt werden kann, wobei eine Eignung nicht unbedingt eine bestimmte Position garantiert. Organisationen bestimmen die Identität ihrer Mitglieder nicht nur durch die intern-extern Dialektik der Identifikation zwischen Mitgliedern und Nicht-Mitgliedern, sondern ebenso durch Inklusions- und Exklusionsprozesse innerhalb der Mitgliedschaft. Kategorisierungen finden auch gruppenintern durch hierarchische Differenzierungen statt. Organisationen sind damit immer »Netzwerke gegenseitiger Identifikation« (ebd.: 153). Als minimale Voraussetzung muss das Individuum von der Organisation selbst registriert sein, darüber hinaus setzt die Identifikation als Mitglied die Wahrnehmung durch andere Mitglieder voraus. Inwieweit Mitgliedschaft als übereinstimmend oder unterschiedlich wahrgenommen wird, hängt vom jeweiligen Standpunkt und den Dynamiken der Gleichheits- und Differenzproduktion ab. (Ebd.: 153-55)

1.2. Lokalität und kulturelle Globalisierung

Im vorangehenden Abschnitt wurde erörtert, welche Bedeutungsebenen der Begriff der kulturellen Identität haben kann, und damit ein theoretischer Rahmen für die Untersuchung von Gemeinschaften gebildet. Die lokale Gemeinschaft als Untersuchungseinheit ist in der Ethnologie spätestens seit Mitte der siebziger Jahre zunehmend obsolet geworden (Kokot & Dracklé 1996: 7). Die Veränderung der Welt in den letzten zwei Jahrzehnten und ein Wandel der wissenschaftlichen Paradigmen, am deutlichsten erkennbar in der Repräsentations-Debatte (z.B. Clifford & Marcus 1986; Abu-Lughod 1991; Berg & Fuchs 1993), haben zu veränderten Einsichten in den Gegenstand der Ethnologie geführt (z.B. Nadig 1997; Jensen 1995). Kultur wird nicht mehr als fest umrissen betrachtet, sondern in der Komplexität der (spät) modernen Gesellschaft verortet. Weg von den autochtonen Stammesgesellschaften erstreckt sich die Forschung inzwischen auf nahezu alle Bereiche menschlichen Miteinanders. Was die Veränderung der Welt betrifft, die im Hinblick auf die rasche Verbreitung des elektronischen Datenverkehrs, die wachsende Bedeutung transnationaler Beziehungen und die transnationale Ausweitung der Märkte mit dem Stichwort der Globalisierung umrissen wird, so stellt sich die Frage, welche Konsequenzen daraus für die Deutung und die Untersuchung von ›Kultur‹ folgen müssen. Geht man von einer weltweiten Homogenisierung aus oder von einer Diversifizierung, wie sie zum Beispiel in der Zunahme regionaler und ethnischer Identitäten zu beobachten ist? Folgt man den Netzwerken der ›global players‹ oder forscht man besser vor der eigenen Haustür?

Bei genauerer Betrachtung stellt sich heraus, dass scheinbare Gegensätze gerade im Kontext der realen Komplexität schwinden und Grenzen nicht mehr so leicht zu ziehen sind. Der Kulturbegriff ist schwierig geworden, wodurch dem Identitätsbegriff eine neue Bedeutung zukommt. Abu-Lughod (1991: 149) erklärt, dass der herkömmliche Kulturbegriff für heutige Forschungen, die sich zunehmend mit Verbindungen von Menschen, Waren und Kulturformen beschäftigen würden, nicht mehr hinreichend sei, insofern es die umgrenzten Einheiten, die er impliziere, nicht mehr gebe. Sie stellt fest, dass eine Untersuchung idealerweise grenzüberschreitend sein und sich mit wechselnden Gruppierungen und Identitäten befassen sollte. Auch Kearney (1995: 556ff.) beobachtet, dass die Komplexität globalisierter Gemeinschaften heutzutage eher mit dem Begriff der Identität erfasst wird. Individuen hätten ihren Platz nicht unbedingt in offiziellen sozialen Räumen, sondern könnten ebenso in informelle Wirtschaftsnischen, Grenzregionen und transnationale Netzwerke eingebunden sein. Identitäten, so argumentiert Kearny, seien nicht mehr eindeutig als einander ausschließend zu bestimmen, sondern müssten als eine sich verzweigende Struktur mit vielen verschiedenen Anknüpfungspunkten gekennzeichnet werden.

Das Identitätskonzept, so wie es oben beschrieben wurde, bietet eine solche Offenheit und Verzweigtheit an. Im Folgenden werde ich theoretische Grundannahmen darstellen, die lokale Gemeinschaften in den Kontext kultureller Globalisierung stellen und damit beide Ebenen im Hinblick auf Identitätsbildungsprozesse verbinden.

Dimensionen der Globalisierung

Im Allgemeinen werden mit dem Wort Globalisierung wirtschaftliche Veränderungen verbunden. Man benutzt diesen Begriff, um den zunehmenden Ausbau weltweiter Handelsbeziehungen und Finanzmärkte, die Auslagerung von Produktion aus industrialisierten in Entwicklungsländer und das Wachstum transnationaler Unternehmen zu bezeichnen. Auch die Verbreitung moderner Informations- und Kommunikationssysteme wie Internet oder Satellitenübertragung hat eine weltumspannende Dimension angenommen. Tatsächlich ist Globalisierung nicht nur ein ökonomisches Phänomen.[35] Auch kulturelle und soziale Prozesse sind Bestandteil dieses weltweiten Wandels. Ein offensichtliches Beispiel dafür stellen Migrationsbewegungen dar. Andere Bilder, die sich bei den Worten Globalisierung und Kultur einstellen, sind die von der Verbreitung westlicher Konsumgewohnheiten in alle Welt (McDonald's und Coca-Cola), aber auch Bilder von der Übernahme nicht-westlicher Traditionen in den europäischen und amerikanischen Industriegesellschaften (asiatische Heilkunde, östliche Meditationsarten). All das trägt zu einem zumindest im Westen verbreiteten Eindruck einer sich rasant verändernden Welt bei, in der Grenzen und Übergänge fließend sind.

Die Frage, welche Auswirkungen der globale Wandel auf Kultur- und Sozialsysteme hat, ist seit etwa zehn Jahren verstärkt Gegenstand kultur- und sozialwissenschaftlicher Theorie und Forschung. Dabei ist Globalisierung kein neues Phänomen. Vielmehr haben sich in der Geschichte große politische Veränderungen häufig in Dimensionen abgespielt, die territorial sehr weit gespannt waren.[36] Das Aufkommen der Globalisierungsdiskussion in den späten achtziger Jahren, einschließlich der Prägung des Begriffs, hängt mit neuen Formen und Aspekten zusammen. Darunter sind vor allem die Zunahme an Technisierung zu nennen, mit welchen die Verbreitung von Massenkultur durch die Medien zusammenhängt. Weiterhin eine andere Qualität internationaler Zusammenschlüsse auf politischer Ebene, die die Sicht auf die Souveränität der Nationalstaaten schwächen, und die veränderte Rolle transnationaler Unternehmen (vgl. u.a. Hall 1991: 24; Friedrichs 1997: 5). Generell ist mit dem Begriff der Globalisierung keine feste Definition verbunden und bleibt die Begriffsbestimmung entsprechend der Weitläufigkeit des Gegenstands meist vage:

»Globalisierung meint das erfahrbare Grenzenloswerden alltäglichen Handelns in verschiedenen Dimensionen der Wirtschaft, der Information, der Ökologie, der Technik, der transkulturellen Konflikte und Zivilgesellschaft, und damit im Grunde etwas zugleich Vertrautes und Unbegriffenes, schwer Begreifbares, das aber mit erfahrbarer Gewalt den Alltag elementar

35 Einen Überblick über die wirtschaftlichen Implikationen der Globalisierung liefert Friedrichs (1997); zur Bedeutung der *global cities* als Kontrollzentren der internationalen Märkte siehe Sassen (1991; 2000).

36 So macht zum Beispiel Hall darauf aufmerksam, dass die Geschichte des Vereinigten Königreichs von England ohne Prozesse der Globalisierung nicht denkbar ist (1991: 19). Und Robertson (1998: 200) führt den immer wieder erweckten Eindruck, Globalisierung sei ein Phänomen der Postmoderne, auf das »nostalgische Paradigma westlicher Sozialwissenschaft« zurück, dementsprechend einzelne, traditionell lebende Gemeinschaften von Globalisierungswellen regelrecht zerstört würden. Zu unterschiedlichen Datierungen des Globalisierungsbeginns vgl. auch Beck (1997: 43f.).

verändert und alle zu Anpassungen und Antworten zwingt. Geld, Technologien, Waren, Informationen, Gifte ›überschreiten‹ die Grenzen, als gäbe es diese nicht. [...] So verstanden meint Globalisierung: das Töten der Entfernung; das Hineingeworfensein in oft ungewollte, unbegriffene transnationale Lebensformen; oder – in Anlehnung an Anthony Giddens[37] definiert – *Handeln und (Zusammen-)Leben über Entfernungen (scheinbar getrennte Welten von Nationalstaaten, Religionen, Regionen, Kontinente) hinweg.*« (Beck 1997: 44f.)

In dieser Grenzüberschreitung liegt eines der wesentlichen Merkmale der Globalisierung. Sie bringt nach Beck vor allem eine Auflösung der bisherigen Einheit von Nationalgesellschaft und Nationalstaat mit sich. Überschneidungen, Konflikte und neue Verbindungen zwischen Staaten und transnationalen Akteuren entstehen, woraus folgt, dass andere Konzeptionen gesellschaftlicher Ordnung gefunden werden müssen (1991: 46f., 53). Auch für Giddens erhebt sich die Frage nach sozialen Ordnungen, die über Raum und Zeit hinweg bestehen, insofern die Ausbreitung der modernen Dimensionen umgrenzte Systeme überschreitet. Er stellt fest, dass die Abstandsvergrößerung zwischen räumlich und zeitlich entfernten Aktivitäten, also die veränderte Beziehung zwischen lokalen und andernorts stattfindenden sozialen Ereignissen, ein grundlegendes Merkmal der Globalisierung ist. Giddens definiert Globalisierung damit als »[...] eine Intensivierung weltweiter sozialer Beziehungen, durch die entfernte Orte in solcher Weise miteinander verbunden sind, dass Ereignisse am einen Ort durch Vorgänge geprägt werden, die sich an einem viele Kilometer entfernten Ort abspielen, und umgekehrt.« (1995: 85)

Um den Begriff der Globalisierung aufzufächern, werden verschiedene Dimensionen unterschieden. Beck zum Beispiel trennt zwischen kommunikationstechnischer, ökologischer, ökonomischer, arbeitsorganisatorischer, kultureller und zivilgesellschaftlicher Dimension (1997: 42). Er unterstreicht, dass die mit Globalisierung gemeinhin in Verbindung gebrachte Ebene, nämlich die wirtschaftliche, unverhältnismäßig überschätzt wird. Die genannten Dimensionen werden durch folgende Beispiele veranschaulicht: Die kommunikationstechnische Dimension wird anhand des Beispiels von der CNN-Übertragung einer Rede Jelzins in der Phase der Auflösung der Sowjetunion, die vom sowjetischen Rundfunk nicht gesendet wurde, bildlich gemacht. Nationale Grenzen würden von der Technik der Kommunikation also spielend überwunden.[38] Die ökologi-

37 Beck bezieht sich auf Giddens 1997: Jenseits von Links und Rechts. Die Zukunft radikaler Demokratie. Frankfurt a.M.: Suhrkamp. S. 23ff.

38 Man kann einwenden, dass dafür immer noch die physische Anwesenheit von Reportern samt ihrer technischen Ausrüstung notwendig ist. Deren Zugang zu Ereignissen kann kontrolliert werden und wird kontrolliert.

sche Dimension hingegen würde deutlich, wenn man Umweltkatastrophen betrachtete. Die ökonomische wiederum beinhalte den Markt transnationaler Finanzströme und Spekulationen. Die arbeitsorganisatorische Dimension spiegelt sich im Beispiel von der Lautsprecher-Ansage auf dem Berliner Flughafen, deren Stimme von einer Angestellten aus Kalifornien stammt, für die dort keine Zuschläge für Spätdienst sowie niedrigere Lohnnebenkosten bezahlt werden müssen. Die kulturelle Dimension von Globalisierung veranschaulicht Beck mit dem internationalen Erfolg der maghrebinischen Rai-Musik. Ein Beispiel für die zivilgesellschaftliche Dimension wird nicht genannt.

Ähnlich unterscheidet auch Appadurai (1990) mit seinem berühmt gewordenen Konzept der Sphären (*scapes*)[39] verschiedene Bereiche, in denen sich Globalisierungsprozesse abspielen. Anstelle einer geographisch festgefügten kapitalistischen Ordnung, die von einer Zentrum-Peripherie Dichotomie geprägt ist, tritt ein Konzept von kulturellen Strömen, die sowohl abhängig als auch unabhängig voneinander Staaten und Individuen verbinden. Hierbei handelt es sich um die »Ethnosphäre« (*ethnoscape*), mit der alle grenzüberschreitend in Bewegung befindlichen Personen gemeint sind; die »Technosphäre« (*technoscape*) der mechanischen und der Informationstechnologien; die »Finanzsphäre« (*financescape*), in der weltweit Geldgeschäfte getätigt werden; die »Mediensphäre« (*mediascape*), in der Informationen und Bilder global verbreitet werden; und die »Ideensphäre« (*ideoscape*), die Ideologien oder globale Konzepte wie Demokratie und Freiheit umfasst.

Verbunden mit der Betrachtung von Globalisierung ist die Frage, ob man von einer fortschreitenden kulturellen Homogenisierung (»die Welt als globales Dorf«) ausgehen muss. Gerade der populäre Diskurs geht von immer stärkerer Gleichheit aus, indem Kultur mit bestimmten Konsumgewohnheiten gleichgesetzt wird. Die Verbreitung ähnlicher Konsumgewohnheiten wie der Verzehr der Burger von McDonald's, das Tragen von Blue Jeans oder das Hören amerikanischer Popmusik ist allerdings keinesfalls mit kultureller Konvergenz gleichzusetzen, wie viele Wissenschaftler betonen. Es handelt sich eher um parallele Prozesse von Homogenisierung und Heterogenisierung. Auf der einen Seite gibt es zwar die phänomenale Ausbreitung von Konzernen samt ihrer Produkte (bekannte Beispiele wären »Colgate« und »Marlboro«), aber dass es diese Angebote gibt, heißt auf der anderen Seite noch lange nicht, dass sie auch von jedem überall konsumiert werden. Ähnlich gibt es zum Beispiel internationale Modetrends, was aber nicht bedeutet, dass alle Menschen überall gleich gekleidet sind. Und

---

39 Die Übersetzung »Sphäre« ist von Breidenbach & Zukrigl (1995: 26) übernommen.

auch die Reaktion auf bestimmte weltweit übertragene Medieninhalte unterscheidet sich in kultureller Abhängigkeit: »While particular television programmes, sport spectacles, music concerts, advertisements may rapidly transit the globe, this is not to say that the response of those viewing and listening within a variety of cultural contexts and practices will be anything like uniform.« (Featherstone 1990: 10) In der Wissenschaft verbreiten sich bestimmte Ideen weltweit, zum Beispiel in der Medizin, so dass man sicherlich von einem »pool of global knowledge« (Brumann 1998: 499) sprechen kann.[40] Dennoch wird dieses Wissen in verschiedenen Kontexten unterschiedlich angewandt. Was den Begriff der »globalen Verbreitung« betrifft, so gibt es ein Definitionsproblem. Dass bestimmte kulturelle Phänomene über nationale Grenzen hinausgehen, heißt nicht unbedingt, dass sie weltweit anzutreffen sind. Dinge, Ideen oder auch Wissensbereiche, die der globalen Sphäre zugeordnet werden, sind sicherlich nicht immer so gleichmäßig und breit verteilt, wie man es sich vorstellen mag. Genaue Aussagen darüber lassen sich nur anhand vergleichender empirischer Untersuchungen auf der Makroebene treffen (vgl. auch Hannerz 1995: 78f.).

Der Eindruck von Nähe und Distanz in der Welt scheint sich je nach Standpunkt und Sichtweise zu verändern. Brumann kritisiert, dass die großen Globalisierungstheoretiker ihre Feststellungen zu oft auf zufällige Beobachtungen und eigene Erfahrungen anstatt auf fundierte Untersuchungen stützen (1998: 498f.), und es scheinen gelegentlich tatsächlich eher Beispiele der eigenen akademischen Weltoffenheit und Mobilität zu sein, die plakativ pauschalisiert werden. Genauso fördert der Gedanke an ständig im Flugzeug sitzende Manager großer Unternehmen, überhaupt Unternehmenskultur und damit entstehende neue soziale Gruppen die Vorstellung von einer sich verdichtenden Welt. Im Gegensatz zu Beck, der die »Globalisierung von Biographien« als Normalfall darstellt (1997: 127ff.), meint beispielsweise Hannerz, dass dies für die meisten Menschen nur in geringem Maß zutrifft. Auch Ekholm-Friedman & Friedman (1995: 134) stellen fest, dass es allein der Kosmopolit sei, der aus der sozialen Distanz heraus kulturelle Differenzen sieht und hybride Identitäten ausmacht, besonders wenn seine eigene Identität die des Experten für Kultur ist, während das Alltagsleben an einem bestimmten Ort, hier in dem von ihnen untersuchten Dorf auf Hawaii, nach sehr einfachen Mustern abläuft. Tatsächlich muss zwischen dem Alltagswissen und -handeln vieler und dem Spezialwissen und Handeln weniger unterschieden werden. Der Zugang zu Technologien, Wissen, Ressourcen hängt

---

40 Zur globalen Verbreitung des Wissenschaftssystems siehe Stichweh (1996; 1999); zu Konzeptionen von Weltgesellschaft im Überblick siehe Wobbe (2000).

einerseits mit Macht und andererseits mit Wohlstand und damit auch Bildung zusammen. Beides trifft nur auf einen kleinen Teil der Weltbevölkerung zu.[41] Gerade die Teilhabe von Wissenschaftlern an einem wohlhabenden technisierten Umfeld und die Einbindung in den europäisch-amerikanischen Globalisierungsdiskurs fördert eine einseitige eurozentrische Sichtweise (vgl. auch Featherstone 1990: 11f.; Brumann 1998: 501).[42]

Bei aller Kritik an verallgemeinernden Sichtweisen auf Globalisierung wird betont, dass selbst relativ stabile Gemeinschaften von in Bewegung befindlichen Gruppen wie Touristen, Migranten, Exilanten und Gastarbeitern geprägt sind und dass Dynamiken der Enträumlichung in verschiedenem Maß und auf verschiedenen Ebenen überall stattfinden (Appadurai 1991: 192). Um diese beiden Pole, nämlich Enträumlichung und gleichzeitige Ortsgebundenheit, oder auch weltweite kulturelle Vernetzung und lokale Besonderheit der Symbole und Lebensstile dreht sich die Diskussion um Globalisierung und Lokalität.

Globalisierung und Lokalität

Häufig wird die Annahme einer weltweiten kulturellen Homogenisierung von soziologischen und ethnologischen Theoretikern abgelehnt (u.a. Brumann 1998: 499; Robertson 1992; Breidenbach & Zukrigl 1995: 27f.; Featherstone 1990: 10). Stattdessen herrscht ein dialektisches Konzept vor, nämlich eines, das Globalisierung mit Lokalisierung verbindet, also einer Betonung örtlicher Bezüge. Lokalisierung bedeutet De-Lokalisierung genauso wie Re-Lokalisierung. Dabei handelt es sich nicht lediglich um eine Renaissance der Traditionen, sondern um eine globale Verortung lokaler Besonderheiten (Beck 1997: 87). Eine Konzep-

---

41 Auch Hannerz stellt fest, dass es im Hinblick auf Globalisierung offenbar »Gewinner und Verlierer« gibt, alte und neue Ungleichheiten in Zentren und Peripherien. Er meint jedoch, dass es notwendig ist, diese Prozesse nicht nur ökonomisch, sondern auch »kulturell« zu verstehen. (1995: 83f.)

42 Dazu passt es, dass in der sozial- und kulturwissenschaftlichen Theorie derzeit stark auf die zunehmende Flexibilität personaler Identität in der Postmoderne hingewiesen wird (vgl. Reese-Schäfer 1999: 17f.). Soziale Identität gilt dabei nur noch begrenzt festgelegt und in immer größerem Maße individuell gewählt. Relativ stabile traditionale Identitäten werden von schnell wechselnden postmodernen Identitätsangeboten abgelöst. Auch diese neue Flexibilität erscheint im Hinblick auf Kontexte und materielle Ressourcen relativ. Wichtig dagegen ist die Besonderheit des reflexiven Bewusstseins von Identität. Im Sinne der Reflexivität, die Giddens (1995: 52ff.) als eines der wesentlichen Kennzeichen der Moderne ausgemacht hat, besitzen Individuen ein mehr oder weniger ausgeprägtes Wissen über ihre sozialen Handlungen.

tion von Globalisierung, die Prozesse der Lokalisierung berücksichtigt, unterscheidet sich nach Beck von allen älteren Ansätzen, wie zum Beispiel der Welt-System-Theorie Wallersteins (1974). Der Unterschied besteht darin, dass Globalisierung nicht nur in Phänomenen weltumspannender Vereinheitlichung gesehen werden darf, sondern im Gegenteil gerade in den scheinbar unbedeutsamen kulturellen Ausprägungen und Symbolen vor Ort erkannt werden muss. Beck formuliert das so:

»›Globale Kultur‹ kann *nicht statisch*, sondern nur als ein *kontingenter* und *dialektischer* (und gerade *nicht ökonomistisch* auf seine scheinbar einsinnige Kapitallogik reduzierbarer) *Prozeß* verstanden werden – nach dem Muster ›Glokalisierung‹, in dem widersprüchliche Elemente *in ihrer Einheit* begriffen und entschlüsselt werden. In diesem Sinne kann man von Paradoxien ›glokaler‹ Kulturen sprechen.« (1997: 91)

Paradoxien heißt, dass weltweit verbreitete Institutionen, Verhaltensweisen und Symbole neben der Hervorhebung lokaler kultureller Formen stehen. Als Beispiele nennt Beck das Nebeneinander von McDonald, Blue Jeans, Demokratie, Banken und Menschenrechten mit Islamisierung, Renationalisierung, deutschem Pop und afrikanischem Karneval in London.[43] Der von ihm benutzte Terminus der ›Glokalisierung‹ stammt von Robertson (1992; 1998) und bezeichnet die Verbindung der Ebenen des Globalen und des Lokalen.[44] Nach Robertson fallen beide im Lebensalltag sowohl von Gruppen als auch Individuen immer zusammen. Globalisierung kann nicht ohne den gleichzeitigen Prozess von Lokalisierung gesehen werden. Er stellt deutlich heraus, dass die Debatte, ob Globalisie-

---

43 Beck führt an, dass auch die wirtschaftliche Produktion nicht nur in ihrer globalen Dimension gedacht werden kann, sondern dass global arbeitende Firmen sich auf lokale Verhältnisse einlassen müssen. Dies sowohl zum Zweck der Produktion als auch zur Nutzung lokaler kultureller Symbole zum Zweck der Vermarktung eines Produktes (1997: 86f.). Ebenso stellt Robertson fest, dass die Anpassung globaler Waren-Produktion und Werbung auf lokale Umstände keine Reaktion auf existierende globale Vielfalt sei, sondern erst die Konstruktion von differenzierten Verbraucher-Traditionen und ein Mittel zur Bildung kulturellen Kapitals nach Bourdieu: »Um es sehr einfach auszudrücken, Vielfalt verkauft sich gut.« (1998: 198). Ebenso bemerkt Hall, dass es sich nicht nur um die Produktion von Massenkultur, sondern auch um segmentierte Märkte und Marktstrategien handeln würde, die auf identitätsspezifische Formen des Marketing abzielten (1991: 30). Vgl. dazu auch Fischermann in der ZEIT vom 2.11.2000, der deutlich macht, dass globale Marketingstrategien nur in wenigen Fällen erfolgreich waren (bei Luxusmarken wie Mercedes, typisch amerikanischen Produkten wie Coca-Cola und funktionalen Dingen wie Pampers), in vielen jedoch nicht (Beispiel: Der Marlboro-Cowboy wirkte auf die Argentinier wie ein Tagelöhner), und dass der Tendenz nach eine einheitliche Kernaussage in lokale Kampagnen übersetzt wird.

44 Die folgenden Ausführungen beziehen sich durchgängig auf Robertson (1998).

rung kulturelle Homogenisierung oder Heterogenisierung bedeutet, überholt ist und es stattdessen um die Formen der wechselseitigen Durchdringung dieser Tendenzen geht. Lokale Beständigkeit darf nicht gegen globale Hegemonisierung ausgespielt und traditionelle Kultur nicht im Gegensatz zu globaler Zivilisation betrachtet werden. Vielmehr sind die Begriffe global und lokal relative Größen, die sich nur im Vergleich zum Gesamtkontext konstituieren lassen. Robertson sieht keinen Sinn darin, Globalisierung auf der Makroebene unabhängig von den in ihr enthaltenen Einheiten zu betrachten und nennt das Lokale einen konstitutiven Bestandteil des Globalen. Gleichzeitig ist mit der Lokalisierung aber auch die »Erfindung« des Lokalen verknüpft.[45] Heimat-Ideologien zum Beispiel haben ihren Ursprung in der Verbreitung der Idee, dass durch globalisierende Prozesse eine Entwurzelung stattfindet. Mit Bezug auf die These vom kulturellen Imperialismus weist Robertson nach, dass sich historisch gesehen z.B. gerade unter kolonialen Bedingungen ein Bewußtsein für lokale Partikularität ausgebreitet hat. Weiterhin stellt er heraus, dass westliche Kultur zunehmend lokale Bedingungen aufnimmt und verarbeitetet, Hollywood-Produktionen z.B. mit multinationaler Besetzung und lokalen Settings arbeiten und Shakespeare durch vielfältige kulturelle Interpretationen nicht länger englisches Eigentum ist. Was als globale Massenkultur wahrgenommen wird, ist tatsächlich von einer Vielfalt kultureller Einflüsse geprägt. Robertson stellt in diesem Zusammenhang fest, dass der herkömmliche Kulturbegriff, der Kultur als scharf umrissen und bindend begreift, angesichts dieser Vielfalt nicht mehr zutreffend sein kann.

Eine kritische Überprüfung des Kulturbegriffs im Hinblick auf Bedingungen der Globalisierung nimmt auch Hannerz (1992; 1995) vor.[46] Menschen in Bewegung und die mediale Verbreitung von Kultur unterwandern die Einheit von kultureller Gemeinschaft und geographischem Raum. Die Prämisse von der Homogenität einer Kultur fällt, wenn man die Unterschiede der Erfahrungen und Biographien innerhalb einer Kultur betrachtet. Hannerz stellt fest, dass Kultur in ihrer populären Verwendung zum Gegenstand von Politik und Konflikten geworden ist. Das zeigt sowohl positive Auswirkungen, meint er, wie die Forderung nach kultureller Autonomie seitens indigener Völker, als auch negative, wie nationalistische Bestrebungen in Wohlfahrtsstaaten. Aus konservativer, essentialisierender Sicht gibt es den von Huntington (1996) vertretenen Standpunkt des »Clash of Civilizations« dabei genauso wie die Bejahung eines multikulturellen

45 Robertson bezieht sich damit auf Hobsbawm & Ranger (1983).

46 Die folgenden Ausführungen beziehen sich durchgängig auf Hannerz (1995).

Nebeneinanders bei vorhandenen Grenzen. Gegenüber diesen relativ starren Konzepten von Kultur hebt Hannerz hervor, dass dauerhafte gruppenspezifische Unterscheidungen nur eine Form der Verteilung von kulturellen Bedeutungen zwischen Individuen und Kollektiven darstellen und dass die jeweilige Verteilung nicht natürlichen Ursprungs ist, sondern permanent konstruiert und rekonstruiert wird. Er meint, dass Kulturwissenschaftler trotz seiner Popularität nicht darauf verzichten sollten, den Kulturbegriff zu verwenden, und schlägt folgende untersuchungsleitende Frage vor:

»Wie und in welchen Prozessen globaler Vernetzung organisieren sich Kulturen manchmal und auf verschiedene Art und Weise in solch geordnete Systeme und Bündel, als die wir Kultur lange begriffen haben? Und unter welchen Umständen nimmt Kultur völlig andere Formen der Verteilung an?« (1995: 68)

Zu Recht weist Hannerz darauf hin, dass es räumliche Vernetzungen auf der ganzen Welt bereits in der Vergangenheit gegeben hat und betont die Gefahr einer einseitigen Sicht zugunsten der modernen Veränderungen, bei denen hauptsächlich die Verkehrstechnologie und Medientechnologie bezüglich der Mobilität von Kultur Entscheidendes bewirkt haben. Er stellt fest, dass es weiterhin und immer noch die »alltagskulturellen Prozesse« gibt, bei denen Kultur in face-to-face Beziehungen geteilt und weitergegeben wird. Gleichzeitig haben jedoch die Situationen zugenommen, in denen unterschiedliche kulturelle Kontexte am gleichen Ort bestehen, z.B. durch Einwanderer oder Touristen. Daneben ist das alltägliche Leben für einige Menschen weniger ortsgebunden. Weiterhin nutzen die Nationalstaaten ihrerseits Mittel zur kulturellen Konstruktion von Ideen, und auch Waren werden zu Trägern von Bedeutungen. Ebenso zählt Hannerz soziale und kulturelle Bewegungen und Initiativen wie die Frauenbewegung, die Friedensbewegung, die ökologische Bewegung und religiös-fundamentalistische Bewegungen zu den Auslösern von neuen Kontexten, in denen Kultur verhandelt wird, und hebt hervor, dass sie gerade aufgrund technologischer Vernetzung erfolgreich sind. In Bezug auf die Ausdehnung und Verbreitung von Kultur sagt er:

»Es geht hier jedoch nicht nur um eine reine Gewinn- und Verlustrechnung in Bezug auf das gesamte und kombinierte kulturelle Inventar der Menschheit, sondern vor allem darum, wie uns ein immer größerer Teil dieses Inventars ganz persönlich in unseren privaten Lebensräumen erreichen kann, sei es durch sich verändernde Inhalte und Begegnungen des Alltags, durch den Einfluss des Staates, des Marktes oder sozialer und kultureller Bewegungen; sei es durch unsere eigenen Reisen, die anderer Menschen oder auf medialem Wege.« (1995: 73)

Hannerz' Meinung nach sind einzelne Orte allerdings nicht unbedingt so stark von räumlich entfernten Einflüssen geprägt, wie Giddens es annimmt. Der lokale Schauplatz, so Hannerz, bietet dem Individuum noch immer den Rahmen der konkreten sozialen Alltagspraktiken, die weitgehend unreflektiert ausgeübt werden. Kulturelles Wissen wird in direkten Begegnungen erworben und weitergegeben und langfristige Beziehungen beinhalten einen starken emotionalen Gehalt. Darüber hinaus hat der Ort eine einzigartige sinnliche Dimension nicht nur des Gehörten und Gesehenen, sondern ebenso des Geruchs, des Geschmacks und der Berührungen, die der Mensch körperlich wahrnimmt. Hannerz spricht vom Lokalen als »totaler Erfahrung« und folgert:

»Es [das Lokale, A.-K. W.] vermittelt ein Gefühl der Unmittelbarkeit, des Eintauchens, des Umschlossenseins. Fasst man all diese Punkte zusammen – den Alltag, das Intime und das Unmittelbare, die frühen und prägenden, sinnlichen und körperlichen Erfahrungen –, so scheint sehr viel für eine anhaltende Bedeutung des Lokalen zu sprechen.« (1995: 78)

Es sei falsch, sagt Hannerz, der Idee von der kulturellen Homogenisierung im Zuge der Globalisierung die antagonistische Vorstellung von Lokalisierung entgegenzusetzen. Er fordert vielmehr, die verschiedenen Kategorien des Lokalen und des Globalen jeweils aufzuschlüsseln. Orte, an denen verschiedene kulturelle Bedeutungen zusammentreffen, so Hannerz, sind nicht nur Grenzregionen. Sie können überall dort zu beobachten sein, wo Dinge bzw. Menschen zusammentreffen. Als Beispiele nennt er das Aufeinandertreffen des Wissens von Experten und Laien oder das Aufeinanderstoßen von Medien mit einer konkreten sozialen Situation. Verschiedene Kontexte von Kultur können sich auch im Leben einer Person überschneiden, nämlich dort, wo Alltag, Staat, soziale Bewegungen oder der Markt sich in ihren verschiedenen Logiken überschneiden. Mögliche Untersuchungsfelder sind Städte genauso wie transnationale Konzerne, Angehörige mehrerer Nationalitäten, diasporische Familiennetzwerke oder Berufsfelder der interkulturellen Kommunikation.

Auch Berking (1997) konstatiert bezüglich des lokalen Raums ein Ungleichgewicht im Globalisierungsdiskurs. Er macht die Beobachtung, dass »die Entwertung von Orten, Räumen, Grenzen und Entfernungen zu den öffentlichkeitswirksamsten Motiven einer Globalisierungserzählung gehört, die uns blind dafür macht, dass die Verschiebung sozialräumlicher Maßstäbe nicht gleichbedeutend mit deren Verschwinden ist.« (1997: 101) Berking meint, dass alle sozialen Zusammenschlüsse, seien es Streetgangs, soziale Bewegungen oder transnationale Unternehmen, das Bemühen um territoriale Kontrolle verbindet. Und er weist darauf hin, dass die Gegenüberstellung der Begriffe global-lokal eine direkte

Verbindung zwischen beiden Ebenen implizieren und dem Lokalen dabei immer die unterlegene Rolle zuzukommen schiene. Selbst der Begriff Glokalisierung formuliere nur eine scheinbare Symmetrie. Berking hingegen antwortet auf die Frage, was die Erfahrung von Lokalität in einer globalisierten Welt bedeuten kann, dass es gerade das Lokale als ein Ort der Vertrautheit und des Bekanntseins ist, das es erlaubt, nicht territoriale kulturelle Formen der eigenen Lebenswelt anzuverwandeln und ihre Images und Skripte zur Förderung der eigenen, ortsspezifischen Identität zu nutzen. Er schließt:

»Kurz: die globalen kulturellen Ströme sind eines, und ein Esel wäre, wer ihre Relevanz für die Transformation von Wirklichkeitskonstruktionen nicht wahrhaben wollte. Ihre Reterritorialisierung aber, ihre soziale und kulturelle Neu-Verortung ist etwas anderes, etwas, das auf die kontextgenerierende Kraft ortsbezogener, nicht ortsgebundener, kultureller Wissensproduktion und sozialer Praktiken verweist.« (1997: 103)

Als Beispiel für eine der größten und ständig wachsenden Bewegungen um den Globus gilt der Tourismus. Es gibt keine Gemeinschaft, keinen Ort und keine Nation, die nicht in irgendeiner Weise von Tourismus berührt wären. Zweifellos ist der Tourismus eine der größten internationalen Wirtschaftszweige. Im Westen haben immer billigere und schnellere Transportmittel, spezialisierte Reiseagenturen, ein Zuwachs an Informationen über andere Teile der Welt und ein neuer Stellenwert der Freizeit den Touristen als neue soziale Kategorie hervorgebracht. (Rapport & Overing 2000: 353f.) Vor allem in den vergangenen drei Jahrzehnten entstand das Phänomen des Massentourismus, bei dem immer mehr Zielgebiete in das touristische Netzwerk eingebunden wurden (Harmsen 1999: 38). Der Tourismusstrom vor allem ›from the West to the Rest‹ wurde häufig mit einer neuen Form der Kolonisierung verglichen, insofern der Tourist eine Konsumhaltung gegenüber der örtlichen Kultur einnehmen würde, welche ihrerseits seinen Bedürfnissen gerecht zu werden versuchen und Authentizität »abgepackt« verkaufen würde, wodurch ursprünglich intakte soziale Systeme zerstört würden. Dagegen ist einzuwenden, dass es unberührte homogene Einheiten, die unversehrt von Außeneinflüssen existierten, ohnehin nie gab. Zudem können Formen, Auswirkungen und tatsächliche Praxis des Tourismus nicht verallgemeinert werden, so wenig wie von einer einzigen homogenen, authentischen Kultur anstelle einer komplexen und intern vielfach diversifizierten Kultur ausgegangen werden kann. Wird die Kultur des Gastlandes oder -ortes eifersüchtig bewacht, so handelt es sich dabei oft um lokale Eliten oder Vermittler, die ihrerseits über die Steuerung des Tourismus politischen Einfluss zu gewinnen versuchen (ebd.: 357). Tourismus kann stattdessen von ethnologischer Seite im Kontext transkultureller Interaktion betrachtet werden, dessen Bedeutungen sehr unterschiedlich sind. Deutlich wird dies besonders im Hinblick auf den europäischen Tourismus und den Tourismus innerhalb eines Landes, bei dem das Wohlstandgefälle eine geringere Rolle spielt (abgesehen von der Grundkomponente, dass Touristen diejenigen sind, die Geld an Urlaubsort und Reiseziel ausgeben, und zwar für ihre Freizeit, ihre Erholung, ihren Urlaub, während die Leute vor Ort diejenigen sind, die durch die Bereitstellung der entsprechenden Kommoditäten Geld daran verdienen, für die dieser Erwerb schlichtweg Arbeit bedeutet). Aber auch innerhalb Europas wird »Kultur« ebenso wie Natur im Hinblick auf den Tourismus zum Standortfaktor. Strände, Kirchen und Festivals werden dem touristischen Besucher gleichsam als Attraktion angeboten, um von seinem Budget zu profitieren. Gleichzeitig kommt dem Erhalt von landschaftlichen und kunsthistorischen Ressourcen eine zunehmende Bedeutung zu. Und, wie der Fall Siena zeigt, auch von sozio-kulturellen. Externe Einflüsse durch Tourismus werden keinesfalls in jedem Fall unhinterfragt hingenommen, stattdessen findet in der Regel entweder eine Anverwandlung, eine Abgrenzung, ein Widerstand oder auch eine Revitalisierung lokaler Traditionen statt (Harmsen 1999: 88). Was die Wiederbelebung lokaler Kultur betrifft, so kann sie entweder eine Reaktion auf die Erfahrung von Entfremdung gerade durch den Tourismus bedeuten, also eine Art Rückbesinnung auf die eigene Kultur durch die Konfrontation mit dem Fremden, oder eine Quelle der Vermarktung und des Einkommens eben für die Touristen (ebd: 88f.; vgl. auch Boissevain 1996: 13). Dabei können diese beiden Prozesse, wie sich im Fall Siena zeigen wird, durchaus parallel laufen.

Tourismus als eine Form der Erfahrung des globalen Raums führt demzufolge nicht nur zur Auflösung, sondern im Gegenteil zur verstärkten Bewusstwerdung von lokaler Kultur und Identität. Die globale Vernetzung ist nicht gleichbedeutend mit weltweiter Homogenität, sondern hat vielmehr auch eine Neubewertung und -betonung des Lokalen zur Folge. Das mag eventuell eine Reaktion auf Verunsicherung und Wehrlosigkeit gegenüber der Globalisierung sein, der Ausdruck eines Bedürfnisses nach Sicherheit und Stabilität (Harmsen 1999: 82f.), kann interessanterweise aber auch in dem Rahmen gesehen werden, dass das neue kulturelle Selbstbewusstsein gerade aus der globalen Verbreitung des Wertes »Kultur« resultiert. Kultur und kulturelle Identität als universaler Wert an sich haben sich als Idee gerade im Zuge der Globalisierung etabliert. Globale Heterogenität wird deutlicher wahrgenommen als vorher, durch die Medien und die Bewegung von Menschen entsteht ein verändertes Wissen auch über entlegene Teile der Welt, und prinzipiell gibt es weltweit den Konsens des Rechts auf Selbstbestimmung und eigene kulturelle Identität. (Harmsen 1999:

83f.) Tourismus ist eine der gegenwärtigen Erfahrungen von Globalisierung: »Operating in a ›global ecumene‹ (Hannerz 1992: 34), a global socio-cultural, economic and cognitive space, tourism feeds into both the creolization of local identities and their reinventions and rebirths (cf. van den Berghe 1987).« (Rapport & Overing 2000: 360)

Forderungen an die ethnologische Forschung

Durch die Darstellung von Globalisierungstheorien ist deutlich geworden, dass das Lokale im Globalisierungsprozess eine wichtige Rolle spielt beziehungsweise beide Ebenen nicht voneinander zu trennen sind. Bei der Betrachtung globaler Ströme sind lokale Elemente zu berücksichtigen und bei der Untersuchung lokaler Gemeinschaften die globalen Bezüge, welche Bestandteil der dort stattfindenden sozialen Prozesse sind. Globale Zusammenhänge sind damit nicht nur als Kontext örtlicher Ereignisse zu sehen, sondern das Zusammenspiel zwischen beiden muss erkannt werden und lokale Kultur grundsätzlich als nicht eingegrenzt, sondern als spezifisch vernetzt begriffen werden. Formuliert man daraus resultierende Aufgaben der Forschung, so ist zum Beispiel in Berkings Sinn zu untersuchen, wie globale Ströme kulturell verortet werden. Auch Hannerz fordert für empirische Untersuchungen die jeweilige Aufschlüsselung des Lokalen und des Globalen (1995: 79). Nach Appadurai ist es die Aufgabe einer kosmopolitischen oder auch Makro-Ethnographie zu untersuchen, was Örtlichkeit als gelebte Erfahrung innerhalb einer globalen Welt bedeutet (1990: 196). Und Nadig (1997: 24) stellt für die konkrete Feldforschung fest, dass sie selbst eine soziale Situation darstellt, in der die Beziehung zwischen dem Ethnologen und den Informanten die Verbindung zwischen Lokalem und Globalem spiegelt. Diesem Zusammenhang sollte man sich sowohl methodisch als auch ethisch stellen, meint sie, indem Unbestimmtheiten, Ambivalenzen und Vieldeutigkeiten ohne übereilte Eingrenzung und Generalisierung ausgehalten werden sollten.

Nadigs Auffassung entspricht der Ansicht von Marcus (1992: 320f.), dass der Ethnograph seine Konzepte und seine eigene Identität im Forschungsprozess reflexiv zu überprüfen bereit sein sollte, da auch Globalisierung nicht zu einer einfach zu verstehenden Gesamtheit, sondern zu einer zunehmenden Verschiedenheit von Verbindungen zwischen unterschiedlichen Phänomenen führt. Ausgehend von Globalisierungsprozessen verändert sich für Marcus die gesamte Einordnung des und Herangehensweise an den ethnographischen Gegenstand. Während Gemeinschaft im Sinn geteilter Identität klassischerweise lokal verortet worden ist, ist jetzt die Erkenntnis gewonnen, dass lokale Identität nicht allein auf den beobachtbaren Aktivitäten an genau diesem Ort beruht. Vielmehr ist das Leben in der Nachbarschaft, mit Freunden und Verwandten, nur einer der sozialen Kontexte, in denen Identität hergestellt wird. Die Aufgabe moderner Ethnographie ist es, das herauszustellen und den verschiedenen Orten und »multiplen Identitäten« Rechnung zu tragen. (1992: 315) Für die Untersuchung ergeben sich unter anderem folgende Fragen:

»Which identities coalesce and under what circumstances? Which become defining or dominant and for how long? How does the play of unintended consequences affect the outcome in the coalescence of a salient identity in this space of the multiple construction and dispersed control of a person's or group's identities? And what is the nature of the politics by which identity at and across any site is controlled, perhaps most importantly at the site where identity in a literal sense is the embodiment of a particular human actor or group?« (Marcus 1992: 315f.)

Der Identitätsbegriff erfährt eine folgerichtige Erweiterung, indem er in den global-lokalen Kontext gestellt wird. Lokale kulturelle Identität basiert nicht nur auf räumlich eingegrenzten Mustern, sondern ebenso in der Einbindung in komplexe kulturelle Prozesse, die gerade im städtischen Kontext in einem europäischen Staat nicht ohne die Beachtung der globalen Komponente erfasst werden können. Die Untersuchung der kollektiven Identität organisierter Gemeinschaften kann nicht erfolgen, ohne Prozesse der Veränderung zu berücksichtigen, welche die dargestellten Phänomene der Globalisierung beinhalten.

Die hier dargestellten theoretischen Ansätze sollen in der vorliegenden Arbeit am Beispiel der sienesischen Contraden auf ihren empirischen Gehalt hin überprüft werden. Die verschiedenen Bedeutungsebenen von kultureller Identität werden sowohl anhand der Darstellung der Gemeinschaften und des Palio-Festes aufgefächert als auch anhand der Interaktionen und gegenseitigen Wahrnehmungsprozesse einzelner Contraden. Organisatorische Abläufe finden ebenso Berücksichtigung wie Ritual-Aspekte und Prozesse der Differenzierung nach innen und außen. Anhand der Fragen, wie kollektive Identität geschaffen wird, wie Gemeinsamkeit hergestellt wird, welche Symbolisierungen eine Rolle spielen und wie Handlungen eingesetzt werden, sind die folgenden Kapitel inhaltlich strukturiert. Vor allem in den Kapiteln 4 und 5 liegt die Aufmerksamkeit auf Prozessen der Selbst- und Fremdwahrnehmung und der Kategorisierung und Abgrenzung mittels verschiedener Diskurse, die teilweise überlokal sind und Contraden-Identität auf der sienesischen Ebene als Gesamtsystem begründen. Diese betreffen unter anderem den Diskurs über die Medien, die Touristen und die Studenten.

2. Die Contraden

In diesem Kapitel werde ich zunächst die historische Entwicklung der sienesischen Contraden darstellen. Eingebettet wird ihre Geschichte in einen geschichtlichen Abriss der Stadt, um die gesellschaftlich-politische Situation im Mittelalter verständlich zu machen, vor deren Hintergrund die Contraden entstanden sind. Die Kenntnis der realen historischen Bezüge erleichtert es, die im Alltagleben der Contraden dauernd auftretenden Verweise auf jahrhundertealte Traditionen einzuordnen. Denn die Identitätskonstruktion der Contraden beruht wesentlich auf ihrer Geschichte, welche eng mit der Geschichte der Stadt selbst verbunden ist. Die historischen Daten dienen damit als Folie, um die Verhältnisse, wie sie heute sind, in den entsprechenden Kontext zu stellen. Zudem ergibt sich bei vielen Phänomenen bezüglich der Contraden oft die Frage, wann sie entstanden sind, was an dieser Stelle komprimiert beantwortet wird. Zusätzlich stelle ich in diesem Abschnitt auch die Geschichte des Palios dar, welche mit der der Stadtteilgemeinschaften zusammenhängt und die damit eine klare Kontur erhält.

Anschließend an die historische Entwicklung von Contraden und Palio-Fest wende ich mich den Stadtteilgemeinschaften aus der heutigen Perspektive zu. Ziel dieser Kapitelabschnitte ist es, ihre grundsätzlichen Strukturen und Organisationsmerkmale darzustellen und kenntlich zu machen, in welchem Rahmen sich das Gruppenleben bewegt. Da die Contraden Sienas mit anderen Organisationen nicht unmittelbar zu vergleichen sind und es wenig entsprechende Übersichts-Literatur gibt, halte ich es für unerlässlich, die wesentlichen Merkmale darzustellen. Ihre territoriale Verteilung wird genauso wie Größe, Namen und Symbole zusammengefasst. Ich werde Regeln der Mitgliedschaft erklären, die interne Verfassung erläutern und den typischen Jahreszyklus mit seinen Festen und Ritualen aufrollen. Schließlich gebe ich einen Überblick über die hauptsächlichen Aktivitäten der Contraden. Dabei stelle ich die Tätigkeiten der einzelnen Gruppen dar, wie der Frauen- und Kindergruppen, und erläutere ihre Aufgaben und ihre Bedeutung innerhalb der Gemeinschaft. Die Contrada als soziale Organisation und ihre Bedeutung für die Mitglieder werden am Schluss des Kapitels diskutiert. In die Darstellung fließen Veränderungen der jüngeren Vergangenheit ein, denn zu einem nicht geringen Teil beruht die derzeitige Situation auf Entwicklungen, die sich seit den 1960er Jahren vollzogen haben. Die rapiden gesellschaftlichen und städtischen Wandlungsprozesse in der zweiten Hälfte des 20. Jahrhunderts haben auch in den Contraden zu Veränderungen geführt, welche bei der Zustandsbeschreibung berücksichtigt werden müssen. Insgesamt wird in diesen Abschnitten mit Blick auf die einzelne Contrada bereits deutlich, wie kollektive Identität sich gestaltet, auf welchen Handlungen sie beruht und welche Symbole dazu genutzt werden.

Die Daten, auf die ich mich beziehe, stammen teilweise aus der Literatur (in diesem Fall sind sie als solche kenntlich gemacht) und zu einem großen Teil aus meiner eigenen Forschung. Die Erkundung der Contraden als Organisationsform sehr spezieller Art, über deren aktuelles Leben es kaum Untersuchungen gab, stand am Anfang meines Feldaufenthalts. Fragen wie die nach den konkreten Aktivitäten der Frauengruppen und Kindergruppen wurden erst durch eigene Befragungen und Beobachtungen beantwortet. Auch die überragende Bedeutung der Gemeinschaft erfuhr ich durch eigene Anschauung. Und die beinahe dramatischen Konsequenzen, die sich aus den demographischen Veränderungen ergaben, waren Inhalt vieler Gespräche mit Betroffenen. So setzte sich allmählich eine Menge an Informationen zusammen, die sich im Verlauf meiner Untersuchungen stückweise vervollständigte. Die aus Beobachtungen, Interviews und Gesprächen gewonnenen Ergebnisse stelle ich hier systematisiert und komprimiert dar, um einen Überblick über die Breite des Contraden-Alltags und der Contraden-Festtage zu liefern, um die demographischen Veränderungen zu dokumentieren und um damit die Einordnung späterer Schwerpunkte und Analysen dieser Arbeit, welche in den Folgekapiteln vorgenommen werden, zu ermöglichen.

2.1. Ursprünge und Geschichte

Geschichte der Stadt Siena[47]

Der Legende nach ist die Stadt Siena von den Zwillingen Aschius und Senius gegründet worden, Söhnen von Remus, die auf der Flucht vor ihrem Onkel

---

47 Die Darstellung der Geschichte Sienas bezieht sich auf Catoni (1999); Cecchini & Neri (1958).

Romulus von einer Wölfin aufgezogen wurden. Eben jener Wölfin, die heute noch das Symbol der Stadt ist und von Künstlern in unterschiedlicher Form dargestellt wird. Tatsächlich waren es die Römer, die unter Kaiser Augustus an der Stelle einer etruskischen Siedlung eine kleine Militärkolonie (Saena Julia) errichteten. Gegen Ende des 4. Jahrhunderts verbreitete sich das Christentum, und inder Mitte des 8. Jahrhunderts (774) wurde die langobardische von fränkischer Herrschaft abgelöst, womit sich die ersten Adelsfamilien in Siena etablierten. Diese errichteten Sitze im Umland, dem »contado«, jeweils um eine Kirche und eine Burg (*castello*) herum. Zu jener Zeit entstanden auch die Burgen in Siena, die später die »Terzi« (Drittel) auf den drei Hügeln der Stadt bildeten, welche noch heute die Form des Stadtkerns prägen. Zwischen Adel und Bischöfen bestand eine enge Verbindung, doch der politische Einfluss des Bischofs nahm ab, als Siena auf die Seite der kaisertreuen Ghibellinen wechselte. Der Handel entwickelte sich und eigene Münzen wurden geprägt.

Ein Aufschwung in demographischer, wirtschaftlicher und politischer Hinsicht erfolgte ab Mitte/ Ende des 12. Jahrhunderts, als den mittel- und norditalienischen Städten endgültig Unabhängigkeit zugesprochen wurde. Der erste »*Podestà*« (Bürgermeister) der Stadt errichtete eine Regierung der Volksbeteiligung. Darin waren neben der Aristokratie auch Händler, Banker und die Zünfte vertreten. Zur Verwaltung der Staatsfinanzen wurde die *Biccherna* eingerichtet, außerdem entstand ein Staatsarchiv. Der Umstand, dass einige Adelsfamilien als Steuereintreiber für den Papst fungierten, führte zur Entwicklung einer langen Banktradition. Das Bankwesen florierte und erstreckte sich über die damals wichtigsten Handelsplätze Europas (Flandern, Champagne, England, Spanien). Eine Krise setzte dann nach dem Tod Friedrichs II. ein. Siena stellte sich an die Spitze der Ghibellinen in der Toskana und verwickelte sich in einen regionalen Krieg gegen das guelfische Florenz. Dieser gipfelte im August 1260 in der berühmten Schlacht von Montaperti, in der Florenz mit seinen Verbündeten (Arezzo, Lucca, Pistoia, Volterra) gegen Siena anrückte. Siena siegte trotz unterlegener Zahl am 4. September aus einem Hinterhalt über Florenz. Quellen geben Tausende von Toten an. Die Hoffnung, dass ghibellinisch gesinnte Familien die Herrschaft in Florenz übernehmen würden, wurde jedoch enttäuscht, stattdessen verfügte der Papst Sanktionen, die Handel und Finanzwesen Sienas in Schwierigkeiten brachten. Der Ghibellinismus der Regierung befand sich in Konflikt mit einigen Handelsfamilien, die Siena daraufhin verließen. Das aufstrebende Bürgertum forderte eine Vertretung in der Kommunalregierung, und 1287 wurde die »Regierung der Neun« eingerichtet. Die Regierungsvertreter stammten aus der Bürgerschicht und durften weder dem Militär, noch dem Notariat, der Medizin, oder dem Gericht angehören. Diese Oligarchie dauerte siebzig Jahre und war sehr fruchtbar. Die städtische Bevölkerung erreichte 50.000 Einwohner und die Piazza del Campo, der Palazzo Pubblico, der Torre del Mangia, der Dom und andere wichtige Gebäude, die das Bild der Stadt bis heute prägen, wurden errichtet. In dieser Zeit erlebte Siena auch eine Höhe auf künstlerischem Gebiet; so entstand das berühmte Bild des »*Buon governo*«, der »Guten Regierung«, von Ambrogio Lorenzetti für einen Saal im Rathaus.

1348 brach in Europa die Pest aus, welche die Bevökerung Sienas um vier Fünftel dezimierte und politische Unsicherheit mit sich brachte. 1355 wurde der Rat der Neun von einer »Regierung der Zwölf« abgelöst, die unter der Führung einiger Adelsfamilien herrschte. Die Regierungsvertreter wurden alle zwei Monate neu gewählt und stammten aus dem Adel, dem Kapitän des Volkes (*capitano del popolo*) und den zwölf Zünften (Schmiede, Wollhändler, Schuster, Richter und Notare, Fleischer, Wurst- und Käsehändler, Tischler, Seidenarbeiter, Banker, Altwarenhändler, Stoffhändler und Gewürzhändler). Die Unstimmigkeiten zwischen den einzelnen Fraktionen unter der Führung der Adelsfamilien Salimbeni und Tolomei war jedoch so groß, dass Versuche der Einigung scheiterten. In der Folge bildeten sich verschiedene Gruppierungen der herrschenden Familien, die »*Monti*«. Im Juli 1371 wurde eine Rebellion der Arbeiter der Wollzunft, angeführt von Domenico di Lano und Francesco d'Agnolo, genannt Barbicone, blutig niedergeschlagen. In dieser Zeit lebte auch Caterina Beincasa, die spätere Heilige von Siena. Im letzten Jahrzehnt des 14. Jahrhunderts unterstellte sich Siena dem Fürsten vom Mailand, um die eigene Position gegenüber Florenz zu stärken, und verlor dadurch an Macht. Nach dem Tod des Fürsten stellte Siena seine Unabhängigkeit wieder her und traf eine Friedensvereinbarung mit Florenz. Die Selbstverwaltung unter zehn »*Priori*«, von der die Zwölf wegen des Vorwurfs von Verrat ausgeschlossen wurden, gab der Wirtschaft neue Impulse. Die Familie der Piccolomini, aus der der humanistische Papst Pius II. (1458-1464) stammte, gewann an Einfluss. Der Ausbau von Institutionen wie des Hospitals, der Pilgerherberge Santa Maria della Scala und des Doms wurde zu Ende geführt und gegen Ende des Jahrhunderts wurden in Siena die ersten Bücher gedruckt. Das interne Gleichgewicht der »*Monti*« blieb instabil, Machtkämpfe wurden ausgefochten und eine Reihe kriegerischer Zusammenstöße mit anderen Städten schwächte die Macht der sieneser Adelsfamilien im Umland. 1526 errangen die Sieneser erneut einen Sieg über die Florentiner.

Zu Anfang des 16. Jahrhunderts willigte Siena in eine Schutzherrschaft durch Karl V. von Spanien ein, der im Jahr 1536 Soldaten in der Stadt stationierte, um die Interessen seines Reichs zu sichern. Im Laufe des folgenden Jahrzehnts sahen die Sieneser sich militärisch und politisch zunehmend unterdrückt. Sie rebellierten 1546 und zwangen die spanischen Soldaten, die Stadt zu verlassen. Als Karl V. 1552 in Siena eine Festung errichten ließ, löste das den Widerstand der Bevölkerung aus. Die Festung wurde zerstört, Karl V. sicherte sich die Unterstützung des von Cosimo de' Medici regierten Florenz, und Siena verbündete sich mit den Franzosen. Deren König Heinrich II. schickte Blaise de Monluc nach Siena, den Alexandre Dumas später als Vorlage für seine Figur des D'Artagnan nahm, um den Widerstand gegen die auf Siena anrückenden Spanier und Florentiner anzuführen. Im August 1554 verschanzten sich die Sieneser in der Stadt und wurden acht Monate lang belagert. Chronisten berichten von dramatischen, grausamen Szenen, die sich im Verlauf der Belagerung abspielten. Nicht waffenfähige Bewohner der Stadt wurden vor die Tore gejagt und damit dem Tod ausgeliefert. Am 17. April 1555 ergab Siena sich. Etwa tausend Sieneser flüchteten mit den Franzosen ins südlich gelegene Städtchen Montalcino, wo die Regierung der Stadtrepublik im Exil noch über vier Jahre hinweg aufrecht erhalten wurde. Der Fall der Stadtrepublik stellte jedoch eine entscheidende Wende dar.

Nach dem Ende der Stadtrepublik wurde Siena von Philipp II. von Spanien an Cosimo I. de' Medici verkauft, der sich zunächst Herzog von Florenz und Siena nannte und ab 1569 Großherzog der Toskana. Er erließ für seinen neuen Staat 1561 ein Gesetz, das den Sienesern die formale Macht einer Stadtrepublik garantierte, und zwar den Familien, die nach den Statuten von 1544 einmal Teil des Konsistoriums waren, und deren männlichen Nachfahren. Dieses Gesetz blieb bis zum Ende des 18. Jahrhunderts in Kraft. Ein Gouverneur, der direkt dem Großherzog unterstand, übernahm die florentinische Vertretung in der Stadt, und die von ihm ernannten Personen kooperierten in administrativen und juristischen Angelegenheiten. Unter den verbliebenen *Monti* der sienesischen Regierung kam es weiterhin zu Unstimmigkeiten und Verteilungskämpfen um Ämter und Aufgaben.

Die Banktradition der Stadt wandelte sich zum öffentlichen Finanzgeschäft, und so entstand aus dem 1472 gegründeten Leihhaus Monte di Pietà im Jahr 1624 das Bankinstitut Monte dei Paschi, das im Palast der Salimbeni auch heute noch seinen Sitz hat. Die Bank unterstützte vor allem die Schafhirten und Viehzüchter in der Maremma, aber auch einige städtische Einrichtungen, und erlaubte das Anlegen von Privatkapital. Aktivitäten außerhalb der Pfandleihe wurden durch den Besitz und die Rendite der Steuern der Schäfer-Zollbehörde gesichert, also durch die Einnahmen aus der Vermietung der staatseigenen Schafweiden in der Maremma. Die Rendite betrug jährlich 5 Prozent und ein Teil der Erträge wurde alle fünf Jahre zur Hälfte an Arme und Klöster der Stadt und zur anderen

Hälfte an arme sienesische Bauern verteilt. 1571 verfügte der Großherzog die Schließung des Hauses für jüdische Anleihen und ein Ghetto wurde errichtet, in dem etwa siebzig jüdische Familien eingeschlossen wurden, während die reicheren Familien in die entlegenen Orte Pitigliano und Sorano auswanderten. Erst 1777 wurde den jüdischen Familien wieder erlaubt, außerhalb des Ghettos zu wohnen.

Nach den Medici übernahm 1737 Habsburg-Lothringen die Macht und beschränkte den Einfluss des sienesischen Adels weiter. In den ersten Jahrzehnten dieser Herrschaftsphase gab es keine bedeutende Entwicklung in politischer und ökonomischer Hinsicht. Erst gegen Ende des Jahrhunderts entwickelte sich allmählich wieder der Handel. 1784 wurden die alten Magistraturen der Balìa und der Biccherna in einer Reform des Herzogs Pietro Leopoldo aufgelöst und eine neue Gemeindeverwaltung eingerichtet. Die Universität zeichnete sich durch rege wissenschaftliche Aktivitäten aus, doch gleichzeitig blieben soziale Spannungen bestehen. Reformerische Ideen im Zuge der französischen Revolution konnten sich nicht durchsetzen. 1798 wurde Siena von einem Erdbeben erschüttert und 1799 marschierten französische Truppen und Konterbanden für kurze Zeit in Siena ein. 1800 gab es bei Siena eine Schlacht der Neapolitaner gegen die Franzosen und 1808 wurde die Region von Napoleon inkorporiert. Ab 1815 regierten erneut die Habsburger unter Herzog Ferdinand III. Das Girokonto wurde erfunden und 1849 wurde die erste Eisenbahnstrecke von Siena nach Florenz eröffnet.

Als 1860 das vereinte Königreich Italien entstand, stimmten die Sieneser für die Einigung. 1861 gründeten Arbeiter eine Gesellschaft der gegenseitigen Hilfe und darüber hinaus wurde 1891 eine Liga der Eisenbahner gegründet, welche sich zum Zentrum radikaler und republikanischer Kräfte entwickelte. In der Folge wurden die Versuche der Industrie- und Landarbeiter, an politischem Einfluss zu gewinnen, vom Adel immer wieder niedergeschlagen. Der aufkommende Faschismus fand nach dem ersten Weltkrieg schnell zahlreiche Anhänger.[48] Bereits ab 1919 etablierte sich die faschistische Partei und die erste faschistische Studentenvereinigung Italiens wurde gegründet. Nach dem »Marsch auf Rom« ergriff Mussolini die Macht, Organisationen der Bauern und der Arbeiter wurden zerschlagen und das sienesische Leben veränderte sich zunehmend gemäß der politischen Ausrichtung des Regimes, dem 1945 nach der Zeit der deutschen Besatzung durch die Alliierten ein Ende bereitet wurde. 1920 enstand aufgrund steigender Bevölkerungszahlen das neue Viertel San Prospero außer-

48 Zu Siena und den Contraden in der Zeit des Faschismus siehe Luchini (1985: 245-271).

halb der ursprünglichen Stadtmauern, und 1930 wurden weitere Viertel errichtet. Die Bank Monte dei Paschi florierte und wurde 1937 Gesellschaft des öffentlichen Rechts. Neue Statuten verlangten, dass mindestens drei Drittel des Gewinns für Belange der Stadt Siena eingesetzt werden mussten. Mit der finanziellen Entwicklung ging auch eine Entwicklung des Handels und des Tourismus einher. Der landwirtschaftliche Sektor mit dem System der *Mezzadria* (Halbpacht) veränderte sich allerdings kaum. Nach dem Fall des Faschismus kehrte Siena relativ schnell zur Normalität zurück; fast alle Personen in öffentlichen Ämtern behielten ihre Posten und innerhalb eines Jahres wurden alle laufenden Verfahren beendet. 1945 gewann die kommunistische Partei in Siena großen Zulauf. Durch eintretende Landflucht veränderten sich die ökonomisch-sozialen Bedingungen auch auf dem Land. Der historische Stadtkern, bereits 1928 erstmals unter Schutz gestellt, wurde gemäß des neuen Bebauungsplans erhalten.

In den späten vierziger Jahren stieg die Einwohnerzahl durch Zuwanderung vor allem aus der ländlichen Umgebung von Siena rapide. Betrug die Bevölkerungszahl 1901 noch 29.217 und 1936 bereits 41.397 Einwohner (Park 1992: 86), so lebten 1955 allein im Zentrum etwa 27.000 Menschen (Magrini 1986: 25). 1956 verabschiedete die Kommune deshalb einen Plan zur Errichtung einiger weiterer Viertel im Norden der Stadt, u.a. Acquacalda, Petriccio, Torre Fiorentine, Vico Alto. In den 60er und 70er Jahren gab es eine zweite Einwanderungswelle, diesmal aus dem Süden Italiens. Die Einwohnerzahl stieg auf 62.525 im Jahr 1971, wovon 44.361 außerhalb der Mauern und 18.164 im Zentrum lebten (Magrini 1986: 25f.). 1981 erreichte die Einwohnerzahl eine Höhe von 64.089 (Park 1992: 86), wovon 14.675 im historischen Zentrum wohnten (Magrini 1986: 26). Bis 1986 nahm die Zahl auf 57.657 ab (Park 1992: 86). Der Anteil der innerhalb der Stadtmauern lebenden Bevölkerung Sienas war von 95% im Jahr 1901 auf 25% im Jahr 1981 gesunken (Ebd.). Seit Ende der 80er Jahre gab es Versuche, das Stadtzentrum wieder zu beleben. 1999 betrug die gesamte Einwohnerzahl nach Angabe der Stadtverwaltung 54.302. Die seit Anfang der achtziger Jahre ständig sinkende Einwohnerzahl ist durch eine niedrige Geburtenrate und eine größere Abwanderungs- als Zuwanderungsrate zu erklären (Liebscher 2001: 25). Dass die Zuwanderungsquote dennoch relativ hoch ist, liegt an dem Umstand, dass sich jährlich viele auswärtige Studenten an den beiden Universitäten einschreiben (ebd.: 25f.).

Neben dem landwirtschaftlichen Sektor liegen die wichtigsten ökonomischen Bereiche in der Dienstleistung, im Handel und im Handwerk, da Siena kaum über Industrie verfügt. Die Arbeitslosigkeit lag 1997 bei 4,8% (davon Männer 2,3% und Frauen 8,0%), unter Jugendlichen bei 15% (bei den jungen Frauen war die Arbeitslosenrate doppelt so hoch wie bei den jungen Männern). Eine wichtige Rolle im Dienstleistungsbereich spielt der Tourismus, da Siena ein touristisches Reiseziel ist. Auch die Bank Monte dei Paschi ist im ökonomischen Leben der Stadt nach wie vor ein bedeutender Faktor. Mehrere tausend Menschen arbeiten hier als Angestellte. Die Bank erfuhr 1995 eine weitere Neuerung der Statuten, indem sie in zwei Einheiten aufgeteilt wurde: Monte dei Paschi di Siena, Einrichtung des öffentlichen Rechts, und die Bank Monte dei Paschi di Siena S.p.A.. Erstere verfolgt weiterhin das Ziel der Unterstützung sozialer Zwecke, u.a. im wissenschaftlichen, künstlerischen und Gesundheitsbereich, und zwar vor allem in Bezug auf Siena und die Provinz. Die Bank wirbt mit ihrer Kundenfreundlichkeit und richtet sich an kleinere und mittlere Unternehmen. Sie verfügt über 21 Zweigstellen in Italien und verschiedene Filialen und Büros weltweit, sowohl in Europa als auch in China, Australien, Singapur, Japan, Russland, Ägypten und den USA. Ein weiterer großer Arbeitgeber in Siena ist die Universität, ein dritter schließlich der medizinische Bereich mit den großen Kliniken, der Ortskrankenkenkasse und einer pharmazeutischen Firma. Entsprechend ihrer wirtschaftlichen Bedeutung stellen Monte dei Paschi, Universität und Handelskammer – in dieser Reihenfolge – die wichtigsten Institutionen im politischen Machtgefüge der Stadt dar. Weitere sind die Gemeinde selbst, die Kirche, da Siena Bischofssitz und Wallfahrtsort ist, sowie die Contraden als zentrale Akteure des kulturellen Lebens. (Liebscher 2001: 26-44)

Geschichte der Contraden

Für keine Contrada existieren Dokumente, die Zeitpunkt und Grund der Entstehung präzise angeben. Ein Dokument aus dem Jahr 1200 spricht im Zusammenhang mit der Kerzenprozession zum Fest von Santa Maria im August davon, dass die Bürger sich nach der »Contrada« ordnen sollten, in der sie wohnten, und außerdem nach »Lira« (Verwaltungseinheit für Steuerabgaben). 1262 wird in der Verfassung festgelegt, dass der Bürgermeister einer Contrada sich um die Beaufsichtigung der Straßen und die Kontrolle der öffentlichen Ordnung zu kümmern hat. Die Zuordnung der historischen Ursprünge der Contraden wird durch den Umstand erschwert, dass in der Mitte des 13. Jahrhunderts gleichzeitig begonnen wurde, militärische Verteidigungseinheiten zu bilden, welche ebenfalls territorial organisiert waren. Diese Militärkompagnien waren um 1300 bereits institutionalisiert und werden häufig mit der Organisation der Contraden vermischt, indem beide Aufgaben gleichgesetzt werden. Tatsächlich aber handelte es sich um funktional verschiedene Einrichtungen. Die Gleichsetzung ist nur dann berechtigt, wenn die Einheiten sich territorial überschnitten, was gelegentlich der Fall war. Genauso überlagerten sie sich territorial mit den steuerlichen Verwaltungseinheiten, waren aber nicht mit ihnen gleichzusetzen.[49] Auch wenn die Ursprünge der Contraden gemeinhin auf das Mittelalter zurückgeführt werden, so ist der Begriff ›Contrada‹ in dieser Zeit sehr unbestimmt.

Der Herkunft des Begriffs ›Contrada‹ wird unterschiedlich gedeutet. Zum einen wird er auf die lateinischen Worte »con-strata«, das heißt die Vereinigung von Straßen, zurückgeführt (Verdone 1986: 78), zum anderen wird er von dem lateinischen Begriff „contrata" abgeleitet, einem Substantiv entstanden aus dem Verb „contrastare", um ein gegenüberliegendes Viertel zu bezeichnen (Fiorini 1990: 10). Es kann angenommen werden, dass es sich bei den Contraden um einen Terminus handelte, bei dem es in konkreter Hinsicht um eine soziale Bindung der Bewohner an ein bestimmtes Territorium ging. Dabei handelte es sich um das einfache Volk ebenso wie um die Aristokratie. Dies belegen einige Symbole, die deutliche Bezüge zu Wappen von Adelsfamilien aufweisen (zum Beispiel der Adler der Aquila – Mariscotti, Widder der Montone – Piccolomini, Spadaforte – Sticciano). (Balestracci 1990 o.S.)

Über die Zahl der Contraden gibt es unterschiedliche Angaben. Einerseits wird angenommen, dass jedes Stadtdrittel (*terzo*) ursprünglich zwanzig Contraden umfasste, es also insgesamt sechzig gab, deren Zahl sich nach der Pest in der Mitte des 14. Jahrhunderts zunächst auf 42 reduzierte und dann weiter verringerte (Dundes & Falassi 1994: 13; Cecchini & Neri 1958: 163ff.). Es wird von sechs Contraden als den »unterdrückten Contraden« (*contrade soppresse*) oder auch den »untergegangenen Contraden« (*contrade scomparse*) gesprochen, nämlich denen der Viper (*vipera*), des Hahns (*gallo*), des Schwerts (*spadaforte*), des Löwen (*leone*), des Bären (*orso*) und der Eiche (*quercia*). Sie hätten sich mit den größeren Contraden vereinigt und den eigenen Namen aufgegeben. Eine andere Einschätzung besagt, dass es kein Anzeichen dafür gibt, dass es jemals mehr als siebzehn Contraden gegeben hätte und dass das anonyme Dokument von 1723, »Relazione distinta delle Quarantadue Contrade...«, sich auf die Militärkompagnien beziehen würde. Die unterdrückten Contraden seien keine selbstständigen Einheiten gewesen, sondern hätten zeitweise Untereinheiten der größeren Contraden gebildet. (Grassi 1987: 11-14) Im Jahr 1729 gab es jedenfalls mit Sicherheit siebzehn Contraden. Zu diesem Zeitpunkt wurde von der damaligen Governatorin Prinzessin Violante Beatrice von Bayern ein Dekret

49 Vgl. Balestracci (1990); Grassi (1987: 5f.); Silverman (1979: 422).

verfügt, in dem ihre territorialen Grenzen festgelegt wurden, nachdem es immer wieder zu Gebietsstreitigkeiten gekommen war (vgl. Grassi 1950). Seitdem sind Grenzen und Anzahl der Contraden unverändert geblieben.

Die Herkunft der Namen ist nicht abschließend geklärt. Die erste namentliche Erwähnung einer Contrada findet sich am Ende des 15. Jahrhunderts. 1482 berichtete ein Chronist, dass die Einwohner des Bezirks San Marco eine große Schnecke aus Holz gebaut und mit den eigenen Farben bemalt hätten, die von darunter verborgenen jungen Männern durch die Stadt getragen worden wäre. Das Gleiche hätten die Einwohner von S. Pietro und Ovile mit einer hölzernen Raubkatze, die sie Giraffe nannten, getan. (Grassi 1987: 4) Eine Annahme besteht darin, dass auch die Namen der anderen Contraden sich auf die Tiersymbole beziehen, die die Contraden während der *Caccie dei tori*, Stierkämpfe, auf die Piazza del Campo brachten und bei denen es sich um hölzerne hohle Figuren handelte, in denen sich die Männer vor den angreifenden Stieren in Sicherheit bringen konnten (Grassi 1978: 8). Einige Namen waren allerdings bereits vor diesen Jagden bekannt, wie Chiocciola, Giraffa, Drago und Onda. Eine weitere Erklärung für die Namensgebung lautet, dass sie sich an Besonderheiten des Ortes anlehnten. Auf dem Gebiet der Oca, Gans, zum Beispiel gab es in der Umgebung des Brunnens Fontebranda sehr viele dieser Tiere. Der Name der Pantera, des Panthers, käme daher, dass auf diesem Gebiet viele Händler aus Lucca wohnten und ein Panther das Wappen dieser Stadt gewesen sei. Der Name der Onda, Welle, soll von den wellenförmigen Straßen des Viertels herrühren. Dieser Name blieb erhalten, obwohl das Tiersymbol ein Delfin war. (Ebd.) An anderer Stelle werden die Namen der Contraden auf eine Kirche, einen Weg oder eine Familie zurückgeführt oder durch eine geographische Besonderheit gekennzeichnet, wie etwa die Raupe durch ihre niedrige Lage (Verdone 1986: 9-12).

Ab 1546 sind die Embleme der modernen Contraden bekannt (Silverman 1989: 229). Die Symbole der Contraden sind Tiere oder beinhalten jeweils ein Tier. Diese Heraldik der sienesischen Contraden entstammt dem typischen »Bestiarium« des abendländischen Mittelalters, so wie es in ähnlicher Weise überall in Europa verwendet wurde. Allegorien und Tiere, die als aggressiv und kraftvoll galten oder sexuelle Kraft symbolisierten, wie die Gans, der Hahn, der Drache oder der Adler, finden sich als Symbole für Contraden zu jener Zeit genauso in anderen italienischen Städten, zum Beispiel in Pisa, Perugia oder Rom. (Balestracci 1990) Und Wappen und Insignien hatten auch die Zünfte, die Sechstel, Viertel oder Drittel, je nach Größe der Stadt (Grassi 1987: 9). Verschiedene Contraden-Symbole haben deutliche Assoziationen an andere Stadtstaaten: Ein Elefant, der einen Turm trägt, war zum Beispiel einmal römisches

Symbol; eine Gans das von Orvieto, ein Panther das von Lucca (Dundes & Falassi 1994: 17). Den Wappen der Contraden waren darüber hinaus Farben zugeordnet, die im Lauf der Jahrhunderte verschiedenen Veränderungen unterlagen (Grassi 1987: 9). Das hatte zumeist politische Gründe, welche mit der jeweiligen machthabenden Dominanz zusammenhingen. Zum Beispiel hatte die Oca 1546 ein grünes Wappen, änderte es 1702 in blau-weiß-rot, und musste das Rot 1799 in der Phase der französischen Besatzung herausnehmen, da die Farben mit der ungeliebten französischen Trikolore identifiziert wurden. 1849 bis 1859 musste die Oca die Farben weiß-rot-grün verändern, weil sie für die habsburgischen Machthaber im Kampf gegen die italienische Einigung zu patriotisch erschienen.[50]

Deutlich kristallisierten die Contraden sich erst im 16. Jahrhundert heraus. Sie tauchten vor allem im Zusammenhang mit Festen und Spielen auf, die als Volksvergnügen durchgeführt wurden. Diese mittelalterlichen Feste waren in der ganzen Region verbreitet und oft von der Konkurrenz verschiedener Gruppen, die häufig in politischer Rivalität standen, und von gewaltsamen Zusammenstößen geprägt. Es gab auch in Siena das Spiel der *Pugna* (Faustkämpfe), das auf der Piazza del Campo stattfand und bei dem zwei einander gegenüberstehende Gruppen sich so lange bekämpften, bis eine die andere vom Platz getrieben hatte. Auch die Spiele der *Sassi*, einer Art von Steinschlacht, und der *Elmora*, bei denen hölzerne Lanzen eingesetzt wurden, waren bekannt. Die *Pugna* erfreute sich unter der Bevölkerung besonders großer Beliebtheit; Chroniken geben an, dass die Handwerker unverzüglich ihre Werkstätten schlossen, sobald eine *Pugna* angekündigt wurde. (Balestracci 1990) Diese Spiele endeten fast immer in einem großen Tumult und hatten häufig Verletzungen oder gar Tote zur Folge.[51] Von einem Spiel im Jahr 1319 wird berichtet, dass viele Kompagnien und Signorien auf den Campo strömten und so wütend kämpften, dass keine Partei den Platz verließ. Steine wurden geworfen und es gab viele Verletzte. (Balestracci 1990) Ähnliches galt auch für andere Spiele der Region, wie zum Beispiel das *Gioco del Ponte* in Pisa: dort standen die Parteien einander gegenüber, bis eine der beiden von der Mitte der Brücke zurückwich. Es gab seitens der Regierung Versuche, die Gewalt der Spiele einzudämmen oder sie zu verbieten, wobei sie offenbar dennoch, zumindest gelegentlich, weitergespielt wurden (Dundes & Falassi 1994: 3f., nach Heywood 1899: 181, 210f.).

---

50 Zur Heraldik der Contraden vgl. Zazzeroni (1980).

51 Vgl. Dundes & Falassi (1994: 2,3) nach Heywood (1899: 119, 181) und Bowsky (1967: 6); sowie Balestracci (1990).

Andere Spiele des Spätmittelalters waren weniger gewaltsam. Wie das Spiel der *Pallone*, eine Art Fußball, das sogar während der Belagerung 1554 gespielt wurde (Dundes & Falassi 1994: 4), oder auch die verschiedenen *Caccie*, bei denen Tiere, zum Beispiel Stiere, gejagt wurden. *Caccie* fanden im 16. Jahrhundert in Siena genauso statt wie in Florenz und in der Mitte des 15. Jahrhunderts auch in Rom, Venedig oder Perugia. Ebenso gab es in der ersten Hälfte des 17. Jahrhunderts die *Bufalate*, Rennen auf Büffelrücken, und *Asinate*, Eselrennen.[52] Auch *Palii*, Pferderennen, wurden verschiedentlich abgehalten, wobei es sich jedoch um andere Formen als die heute bekannte drehte. Sie wurden mehrfach im Jahr vom Adel und reichen Privatpersonen veranstaltet und führten quer durch die Stadt (Balestracci 1990). Die Beteiligung der Contraden an den Palio-Rennen erfolgte erst spät und zunächst nur gelegentlich. Das erste Mal wird die Teilnahme von zwei Contraden an einem Palio für das Jahr 1489 in einem Dokument erwähnt (Balestracci 1990; Silverman spricht von 1482).

Eine regelmäßige Verbindung zwischen Palio und den Contraden etablierte sich erst in der zweiten Hälfte des 16. Jahrhunderts nach dem Ende der Stadtrepublik. Die Contraden hatten sich zu dem Zeitpunkt bereits als organisierte Einheiten herausgebildet, welche Anlehnungen an laizistische Bruderschaften hatten (Balestracci 1990).[53] Von 1611 an entstand in Siena ein Kult der Madonna von Provenzano, der zu Ehren ein Palio abgehalten wurde, und es begann sich ein verändertes Verhältnis zwischen Festen und Contraden zu entwickeln. Das Fest wurde religiöser, weniger gewaltsam und konzentrierte sich mehr auf das Pferderennen selbst, anstatt auf die Büffel- oder Eselrennen, die es begleiteten. 1632 wurde der erste Palio auf der Piazza del Campo veranstaltet (*il palio alla tonda*, im Gegensatz zum vorherigen *palio alla lunga*). Die Elemente der *Caccie*, wie Umzüge, Karren, Gruppen und Wappenträger wurden übernommen. Dies kann als der Beginn des modernen Palios der Contraden angesehen werden, bei dem sich mittelalterliche Elemente der Militärkompagnien mit denen der nach-repu-

52 Vgl. Balestracci 1990; Dundes & Falassi (1994: 4) nach Cecchini & Neri (1958: 101) und Heywood (1899: 153-156).

53 Was die weitere Existenz der Militärkompagnien betrifft, so gibt es unterschiedliche Deutungen. Während einerseits angenommen wird, dass sie sich mit dem Ende der Stadtrepublik mit der Eingliederung ins florentinische Großherzogtum auflösten, weil sie nicht mehr gebraucht wurden (Grassi 1987: 6), gibt es andererseits die These, dass sie im 16. und 17. Jahrhundert weiterhin existierten und von den Contraden inkorporiert wurden (Silverman 1989: 237f.). Silverman stellt fest, dass Dokumente von vor 1650 sich in administrativer Hinsicht auf kleinere örtliche Einheiten bezogen und die Contraden nur im Kontext von Festen auftauchten, während sie danach fast ausschließlich erwähnt werden (ebd.).

blikanischen Contradenorganisation vermischten. (Balestracci 1990; auch Grassi 128-131)[54]

Bei den Palios stellten »Protektoren« (*protettori*) aus dem Adel die Finanzierung sicher und vertraten die jeweilige Contrada gegenüber den Autoritäten und anderen Contraden. Die Festlegung von 1729 förderte die Entstehung interner Contraden-Strukturen, und auch zusätzliches Eigentum konnte aufgrund einer Verfügung gewonnen werden. Mit dem Beginn des 19. Jahrhunderts, als die Stadtregierung Organisation und Finanzierung des Palios übernahm, veränderten sich die Protektorate von persönlichem »Schutz« hin zu institutionalisierter Vertretung durch Wahlen. (Silverman 1989: 230f.) Bereits zum Ende des 17. Jahrhunderts verfügte etwa die Hälfte der Contraden über einen eigenen »Sitz« (*sede*), das war immer eine Kirche, und bis zum Ende des 18. Jahrhunderts hatten alle Contraden ihr soziales Zentrum errichtet (Grassi 1987: 18).

Hinsichtlich der Geschichte der Contraden wird oft auf ihre Existenz als Teileinheiten innerhalb der übergeordneten Einheit der Stadtgemeinde hingewiesen (u.a. Balestracci 1990). In einer ethnologischen Deutung historischen Materials fragt Silverman vergleichend nach den Strukturen und Bedingungen, unter denen korporative, hochorganisierte und relativ autonome territoriale Einheiten zur Geltung kommen, und stellt die These auf, dass die Tendenz zur organisatorischen und funktionalen Herausbildung von Einheiten innerhalb der Kommune umgekehrt proportional ist zur Stärke der politischen Einheit auf kommunaler Ebene (1979: 423). In der Zeit der Stadtrepublik wurden Aufgaben der vorher bedeutsamen Kirchengemeinden von der Regierung übernommen und es gab die Tendenz zur Fusion und Kontrolle von territorialen Gruppierungen. Contraden waren in dieser Zeit eher lockere Nachbarschaften ohne feste Grenzen als korporative Gruppen. Mit der Stärke interner kommunaler Kontrolle einher gingen große militärische Erfolge. Die Eingliederung ins Großherzogtum nach 1555 brachte Veränderungen. Die Regierungseinrichtungen der Stadt gaben ihre wesentlichen Aufgaben an übergeordnete Ämter ab, die von den Florentinern eingerichtet wurden. Als Verwaltungseinrichtungen organisierten sie unter anderem die Spiele und Feste in der Stadt. Zu dieser Zeit gewannen auch die Contraden an Bedeutung. Heywood spekuliert, dass Cosimo I., der regierende Medici, die Entstehung der Contraden gefördert hätte, um den Patriotismus der Sieneser auf diese Einheiten abzulenken und sie durch Feste und Spektakel zu beschäftigen

54 Park (1992: 93) bemerkt, dass andere Autoren das Datum für den ersten »modernen« Palio verschieden festsetzen; Angaben variieren dabei von 1583 (Cecchini & Neri 1958: 104), bis 1605 (Heywood 1962: 212).

(Heywood 1969: 198f. nach Silverman). Dieser Interpretation schließt sich Silverman von den Grundzügen her an. Für Silverman folgt daraus, dass die Contraden weniger ein Überbleibsel des Mittelalters sind, wie häufig angenommen, sondern vielmehr aus der Endphase der unabhängigen Stadtrepublik stammen und erst unter fremder Herrschaft Geltung erlangten. Sie fragt, warum es ausgerechnet ortsbezogene Einheiten waren, die Bedeutung erhielten, und keine Zünfte, also Berufsgruppen oder andere. Ihrem Erklärungsansatz nach waren Vereinigungen, die auf Klassenunterschieden beruhten, für die Machthaber zu gefährlich, da sie das Potential politischer Interessensformulierung boten und in der Vergangenheit immer wieder geboten hatten. Die Nachbarschaften hingegen waren von ihrer sozialen Zusammensetzung her gemischt. Contraden-Identität verhinderte in der Folge zwar nicht jegliche Klasseninteressen[55], behinderte sie jedoch in gewissem Maß. Sie verfügte über ausgesprochen integrative Kräfte, die auch heute noch zu beobachten sind. Die schicht-übergreifende Zusammensetzung der Mitgliedschaft wird als enormer Wert angesehen und durch Verhaltensweisen wie das gegenseitige ›Duzen‹ der Mitglieder gestützt.

Die kritische Betrachtung der Contraden-Geschichte durch Silverman beleuchtet den Zusammenhang zwischen politischer Macht und der Herausbildung gemeinschaftlicher Identität. Die Erkenntnis ist interessant, da in der heutigen Konstruktion von Contraden-Identität die Geschichte der Stadtrepublik und die der Contraden gleichgesetzt werden. In der Selbstdarstellung der Contraden wird ihre historische Existenz in die glorreiche Zeit der Republik, also von 1200-1555, versetzt. Dies zeigt sich unter anderem beim *Corteo Storico*, der dem Palio vorausgeht, und bei dem Symbole der republikanischen Institutionen zusammen mit den heutigen Contraden-Wappen präsentiert werden. Geschichtliche Ereignisse erscheinen als frei verfügbares Material, aus dem eine Untermauerung der aktuellen Identität gefertigt wird (vgl. 5. Kapitel). Dass diese Konstruktion mit tatsächlichen Ereignissen nicht unbedingt übereinstimmen muss, ist deutlich geworden, und dieses Faktum spielt für die Funktion der geschichtlichen Begründung letztlich keine Rolle.[56]

---

55 Dies geschah auch deshalb nicht, da Sienas Ökonomie neben dem Finanzhandel vor allem auf der Landwirtschaft beruhte, die Landarbeiter im Umland jedoch nicht den Contraden angehörten, welche ein städtisches Phänomen waren.

56 Zur Geschichte Sienas und der Contraden siehe auch Heywood (1969 und 1993), Balestracci & Barzanti & Piccinni (1978), Fiorini (o.J.); zur Geschichte Sienas im Mittelalter siehe Bowsky (1967a, 1967b, 1968, 1970, 1981), Rondoni (1968), Transano (1974); zur Geschichte im Faschismus siehe Orlandini (1993) und Pasquinuzzi (1995).

Der Name Palio wird vom lateinischen Begriff »pallium« abgeleitet. Er bezeichnete im Mittelalter ein Banner, das Schutzheiligen gewidmet oder als Preis bei einem Turnier oder Rennen verliehen wurde (Dundes & Falassi 1994: 1). Inzwischen ist der Name zum Begriff für das Rennen selbst geworden. Wie oben bereits festgestellt, gab es während des Mittelalters viele Arten des Pferderennens in Italien. Die erste Erwähnung eines August-Palio-Rennens in Siena findet sich für das Jahr 1238.[57] Pferderennen wurden mehrmals im Jahr zu Ehren von Heiligen veranstaltet (Balestracci 1990). 1306 wurde das Rennen zu Ehren des Heiligen Ambrogio Sansedoni eingerichtet (Dundes & Falassi 1994: 6, nach Cecchini & Neri 1958: 21); 1414 eines zu Ehren San Pietro Alessandrinos (ebd., nach Heywood 1899: 68). Im frühen 16. Jahrhundert gab es jährlich hauptsächlich vier religiös motivierte Rennen, nämlich eines zu San Ambrogio Sansedoni am 30. März, eins zu Santa Maria Magdalena am 22. Juli, eines zu Maria Himmelfahrt am 15. August und eines zu San Pietro Alessandrino am 26. November (Dundes & Falassi 1994: 6, nach Heywood 1899: 89). Palios konnten aber auch zu anderen Anlässen veranstaltet werden, zum Beispiel aufgrund eines besonderen Ereignisses, um andere Schutzheilige zu ehren, oder um einen militärischen Sieg zu feiern. Diese Palios verliefen *alla lunga*, also linear. Sie starteten vor den Toren der Stadt und endeten im Zentrum auf dem Domplatz. Der moderne *Palio alla tonda*, mit einer zirkulären Strecke, beschränkte sich hingegen auf die Piazza del Campo.

Über den Zeitpunkt des ersten Palios-Laufs auf der Piazza del Campo gibt es verschiedene Angaben, die vom Jahr 1583 bis zum Jahr 1632 reichen (vgl. Fußnote 9). In regulärer Weise fand der *Palio alla tonda* ab 1656 jeweils am 2. Juli statt (Cecchini & Neri 1958: 104) und war der Madonna von Provenzano gewidmet. Dieses Madonnenbildnis erlangte im 16. Jahrhundert Berühmtheit.[58] Ihm wurden Wunder zugesprochen und man ehrte sie am 2. Juli, dem Tag der »*Visitazione*«. 1595 wurde mit dem Bau einer Kirche für ihr Bildnis begonnen und zehn Jahre später beendet. Es wird angenommen, dass die linearen Palios am 15. August anlässlich Mariä Himmelfahrt weiterhin andauerten, und zwar bis

57 Vgl. Dundes & Falassi (1994: 2) ebenso wie Park (1992: 93). Beide beziehen sich auf Cecchini & Neri (1958: 20) und Douglas (1902: 124). Park (ebd.) stellt nach Bowsky (1981: 275) fest, dass die Regierung den Palio jedoch erst 1310 als Tradition registrierte.

58 Der Legende nach soll das Madonnenbildnis am 2. Juli 1552 von einem spanischen Soldaten beschossen worden sein, die Kugel wurde zurückgelenkt und verletzte den Schützen tödlich.

spät ins 19. Jahrhundert.[59] 1701 wurde vom Gewinner des Juli-Palios auch ein *Palio alla tonda* für den 16. August des gleichen Sommers organisiert. Das Gleiche geschah 1709 und weiterhin in unregelmäßiger Folge. 1802 übernahm die Kommune die Organisation dieses Palios. Zu Beginn des 19. Jahrhunderts löste der *Palio alla tonda* am 16. August in der religiösen Bedeutung also den *Palio alla lunga* vom 15. August ab, und damit waren die beiden Palios begründet, die bis heute gelaufen werden. Die Heilige Jungfrau, der die Rennen gewidmet sind, spielte in der Geschichte der Stadt als Schutzherrin immer eine bedeutende Rolle. So wird ihrer Unterstützung zum Beispiel der Sieg über Florenz bei der Montaperti-Schlacht von 1260 zugeschrieben.[60]

Neben den regulären wurden auch außerordentliche Palios (*palii straordinari*) organisiert. Diese fanden aus besonderen Anlässen statt, wie zum Beispiel ein Palio, dessen Startschuss am 1. Mai 1722 zu Ehren des Besuchs der Prinzessin Violante von Bayern fiel. Oder einer im Jahr 1739 zu Ehren des Heiligen San Francesco. Am 23. Oktober 1849 gab es einen außerordentlichen Palio zur Eröffnung der Eisenbahnstrecke Siena-Empoli, und am 26. September 1896 wurde die Enthüllung des Garibaldi-Denkmals mit einem Palio gefeiert, um nur einige zu nennen. Im 20. Jahrhundert gab es *Palii straordinari* unter anderem am 20.8.1945 zum Ende des zweiten Weltkriegs, am 18.5.1947 zur sechsten Hundertjahrfeier der Geburt der Heiligen Katharina von Siena, am 4.9.1960 zur Siebenhundertjahrfeier der Schlacht von Montaperti, am 21.9.1969 zur Mondlandung und am 17.9.1972 zum fünfhundertjährigen Jubiläum von Monte dei Paschi (Dundes & Falassi 1994: 10; Magi 1996: 137-141). Zuletzt fand am 9. September 2000 ein außerordentliches Palio-Rennen zur Milleniumsfeier statt. Ausgefallen ist ein Palio hingegen nur selten. Der Juli-Palio im Jahr 1798 wurde wegen des Erdbebens im Mai desselben Jahres nicht abgehalten. 1799 verhinderten Aufstände das Rennen, und für 1800 wurden die Palios von der französischen Besatzung verboten. Der August-Palio von 1855 fiel wegen einer Cholera-Epidemie aus und der im Jahr 1900 wurde wegen der Trauer um den ermordeten König Umberto I. abgesagt. Auch während der beiden Weltkriege gab es keinen Palio, also von 1915 bis 1918 und 1940 bis 1944. (Dundes & Falassi 1994: 11)

---

59 Cecchini & Neri (1958: 104) nach Heywood (1969: 89f.).

60 Als Erklärung für den endgültigen Sieg der Florentiner über Siena wurde die Tatsache herangezogen, dass die Sieneser »unnütze Münder« vor die Stadt geschickt und einem Massaker des Feindes überliefert haben (Dundes & Falassi 1994: 9, nach Heywood 1899: 93 und Douglas 1902: 259).

1721 erließ Prinzessin Violante Beatrice von Bayern ein Regelwerk für den Lauf, das die Grundlage der heutigen Regeln bildet. Unter anderem wurden erstmals die Auslosung von zehn Contraden als Teilnehmer festgelegt (Cecchini & Neri geben 1745 an). Mit beginnender Regelmäßigkeit des Palios in der Piazza del Campo ging dem Rennen auch ein Umzug, *Corteo*, voraus, bei dem geschmückte Pferde Festkarren, *carri*, zogen, die von Musikern und Contradenmitgliedern in Militäruniformen begleitet wurden (Park 1992: 82). Im frühen 19. Jahrhundert trugen die Begleiter spanische Militäruniformen aus dem 17. Jahrhundert, und die verschiedenen Wagen wurden durch einen einzigen, den *carroccio*, ersetzt. Der *Corteo* trug allmählich Anzeichen der Gesamtkommune anstatt einzelner Contraden und spielte auf die Vergangenheit der Stadtrepublik an. Dies war sowohl auf die Reformen Piero Leopoldos zurückzuführen, als auch auf die politische Debatte über die Befreiung Italiens von der Fremdherrschaft. Die Geschichte bot damit eine Vision von Unabhängigkeit, Wachstum und kulturellem Reichtum an (Park 1992: 82; vgl. auch Grassi 1987: 27). Im späteren 19. Jahrhundert wurden Kostüme des Quattrocento eingeführt und von 1878 an wurde der Palio in seiner bis heute aktuellen Form mit mittelalterlichem Charakter modifiziert. Der Palio-Marsch wurde von dem Musiker Formici komponiert und Repräsentanten der mittelalterlichen Zünfte begleiteten den Umzug ebenso wie Vertreter der unterdrückten Contraden, der Institutionen der Stadtrepublik und der mit Siena damals verbundenen Städte. (Park 1992: 82) Damit wurde die mittelalterliche Geschichte des Palios und der Contraden sozusagen erfunden. Gleichzeitig stieg das öffentliche Interesse am Palio und der sienesischen Geschichte, und durch entsprechende Publikationen wurde dem Palio eine Bedeutung verliehen, die er ursprünglich nicht hatte. (Park 192: 83; vgl. auch Silverman 1989: 231) In den 30er Jahren wurde der Palio von Siena als eines der wichtigsten traditionellen Feste Italiens anerkannt. Faschistische Berühmtheiten besuchten das Fest und 1935 wurde von Benito Mussolini auf Ersuchen des Bürgermeisters von Siena festgelegt, dass der Palio von Siena das einzige Pferderennen sein sollte, das den Namen Palio tragen darf (Luchini 1985: 249f.). Im Baedekker-Reiseführer wurde das Fest positiv beschrieben und Jahr für Jahr kamen viele Fremde nach Siena, um es zu erleben. Von 1930 an wurde der Palio auch im Radio übertragen. So wurde der Palio nach und nach zum wichtigsten Fest in Siena, in dem Gegenwart und Vergangenheit sich zu treffen schienen, und zwar sowohl für die Sieneser selbst als auch für Außenstehende. (Park 1992: 83)

Silverman (1979: 428) weist darauf hin, dass die sienesischen Contraden nicht so einzigartig sind, wie oft angenommen wird. Sie stellen vielmehr eine spezifische Version eines zentralitalienischen Modells dar, nämlich das des ritualisierten Wettbewerbs lokaler Einheiten innerhalb einer städtisch zentrierten politischen Einheit. Tatsächlich gibt es territoriale Einheiten, die entweder locker oder fest organisiert sind, auch in anderen Städten. Durch symbolische Merkmale werden an sich geringfügige Unterschiede stark herausgestellt, und die symbolische Rivalität wird durch Rituale und Feste ausgelebt, wie zum Beispiel beim *Calcio in costume* in Florenz oder bei der *Festa dei ceri* in Gubbio. Die meisten dieser traditionellen Feste, wie der *Calcio* oder die *Giostra del Saracino* in Arezzo, sind jedoch nicht mehr als sechzig Jahre alt und beinhalten keinesfalls die historische Kontinuität, auf die sie verweisen (Mugnaini 1997: 83f.). Veränderungen und temporale Brüche werden übergangen, und manchmal gibt es nicht einmal historische Ursprünge. Für das 1967 erstmalig stattfindende Eselrennen in Torrita di Siena beschreibt Mugnaini, wie »Anleihen« der Vergangenheit von anderen Städten übernommen wurden, indem Contraden erfunden und Elemente der berühmteren Feste eingeführt wurden, wie zum Beispiel ein *Corteo Storico* (ebd.: 84ff.).

2.2. Territorium, Sitz und Symbole

Territorium, Zahl und Größe

Die heutigen Contraden von Siena bestehen seit dem Dekret der Violante von Bayern im Jahr 1729 in unveränderter Zahl und Größe. Der historische Stadtkern Sienas ist innerhalb der Stadtmauern in siebzehn Stadtviertel aufgeteilt. Nur die zentral gelegene Piazza del Campo mit dem Palazzo Pubblico und dem Rathaus, der Dom sowie die alte Festung sind »neutrale« Plätze. Die Ausdehnung der Viertel ist unterschiedlich. Während die am Mauerring und an den Stadttoren gelegenen Gebiete größer sind, haben die Contraden in der Mitte deutlich kleinere Territorien. In der Relation schlägt sich die Größe des Territoriums teilweise auch in der Mitgliederzahl nieder. An den Toren gelegene Contraden dehnen sich in der Aquisition ihrer Mitglieder auf die umliegende Peripherie aus, die als zugehörig angesehen wird, während die umschlossen im Zentrum gelegenen Stadtteile weniger Personen verzeichnen. Das heißt, dass »große« Contraden wie Istrice oder Bruco bis zu 2.500 Mitglieder haben, während kleine wie Aquila oder Civetta dagegen nur aus mehreren hundert bestehen. Die Gebietsgrenzen der Contraden verlaufen unregelmäßig an Gebäuden und Gassen entlang. Innerhalb des Zentrums sind die Contraden den einzelnen Stadtdritteln, *terzi*, zugeteilt. Im Einzelnen sieht die Einteilung folgendermaßen aus: Das Terzo di Camollia umfasst die Contraden Lupa, Istrice, Oca, Drago, Bruco und Giraffa, das Terzo di Città vereint die Contraden Selva, Aquila, Pantera, Onda, Tartuca und Chiocciola, und im Terzo San Martino liegen die Contraden Nicchio, Valdimontone, Torre, Civetta und Leocorno.

Namen und Symbole

Die Namen der Contraden dienen der Individuierung der Stadtteile in großem Maß, zumal die Angehörigen der Contraden sich ebenfalls mit diesem Namen bezeichnen. So wie man die Mitglieder einer Contrada im Allgemeinen als *Contradaioli* bezeichnet (im Singular maskulin *Contradaiolo*, im Singular feminin *Contradaiola*), tragen auch die Mitglieder einzelner Contraden die *-aioli* oder auch *-ini* Endung. Letztere ist eine Verkleinerungsform, erstere dient der Kennzeichnung einer engen Verbindung. Die Angehörigen der Contrada del Bruco zum Beispiel nennen sich *Brucaioli*, die der Contrada dell'Aquila sind innerhalb Sienas als *Aquilini* bekannt, die der Contrada dell'Onda als *Ondaioli*, die der Contrada della Giraffa als *Giraffini* und so weiter. Dundes & Falassi weisen auf die quasi totemistische Beziehung zwischen Contraden-Mitglied und Contrada hin, die durch diese Bezeichnungen suggeriert werden (1994: 19). Normalerweise werden die Namen der Contraden in der verbalen Konversation verkürzt, man spricht von dem Drachen (*il Drago*), dem Wald (*la Selva*), der Raupe (*il Bruco*), der Welle (*l' Onda*) und so weiter. Im offiziellen Kontext allerdings wird der vollständige Name der Contrada genannt oder geschrieben, zum Beispiel: Contrada Capitana dell'Onda, Nobil Contrada del Bruco, Imperiale Contrada della Giraffa, Contrada del Drago. Der Zusatz »nobile«, den einige Contraden tragen, und auch der Zusatz »capitana«, »sovrana«, »imperiale« und »priora« stammen zumeist aus dem Mittelalter und wurden diesen Contraden aus bestimmten Anlässen verliehen.[61]

Die Contraden zeichnen sich jedoch nicht nur durch ihren Namen aus. Jede Contrada hat ein eigenes Wappen und eigene Farben. Die Wappen stammen aus

---

61 Die Giraffa erhielt ihren Titel »Imperiale« während des Faschismus, weil sie den Palio im Juli 1936 gewann, der den italienischen Siegen in Nordafrika gewidmet war. Die Civetta nennt sich »Priora« weil sie die erste Zusammenkunft der 17 Priori, die den Magistrat der Contraden gründeten, beherbergte. Die Aquila erhielt ihren Titel »nobile« von Karl V. im Jahr 1536.

der Heraldik des Mittelalters und beinhalten immer ein Tier, welches bis auf Selva, Onda und Torre auf den Namen der Contrada verweist (vgl. 2.1.). Auch die Namen dieser drei Contraden finden jedoch eine ikonische Entsprechung im Wappen. Genauso wichtig wie die Tiere sind die Farben der Contrada, welche in anderen Objekten wiederkehren, vor allem in den Fahnen (*bandiere*), und unter anderem für die Kostüme des *Corteo Storico* beim Palio verwendet werden.

Eine weitere symbolische Kennzeichnung erhalten die Contraden durch ein Motto, das jeweils aus einem kurzen Satz besteht. Die Contrada della Giraffa zum Beispiel hat das Motto: »Je höher der Kopf, desto höher der Ruhm.« (»*Più alta la testa, più alta la gloria.*«) Und die Contrada dell'Onda hat das Motto: »Die Farbe des Himmels, die Kraft des Meeres.« (»*Il colore del cielo, la forza del mare.*«) Oder die Contrada del Bruco: »Mein Name klingt nach Revolution.« (»*Come rivoluzion suona il mio nome.*«) Während dieses Motto sicherlich auf die Ereignisse im Jahr 1371 zurückzuführen ist, als ein Mitglied dieser Contrada eine Revolte anführte, die in die Geschichte einging (vgl. 2.1.), beziehen sich die Motti der anderen Contraden auf das Wappentier. Ausgedrückt werden mit den Sätzen die eigene Stärke und Überlegenheit, und tatsächlich haben die Motti Anklänge an Aufrufe zum Kampf.

Schließlich hat jede Contrada eine eigene Hymne, die ich der Kürze halber hier nicht alle wiedergebe. Diese mehrstrophigen Lieder greifen ähnlich wie die Motti die Symbolik von Wappen und Namen auf und besingen den Siegeswillen der Contrada beim Palio-Rennen. Nur ein Beispiel, die Hymne der Selva:

Nel nostro cuor	In unserem Herzen
vibra l'amor	bebt die Liebe
che trepidar ci farà.	wie uns das bangen lässt.
Si vincerà	Wir werden siegen
lo sento già	ich spüre es bereits,
e festa grande sarà.	und es wird ein großes Fest sein.
O Selva, Selvina va!	Oh Selva, kleine Selva lauf!
Il Palio si vincerà	Wir werden den Palio gewinnen
e quando in cielo saliranno	und wenn die Fahnen
le bandiere	in den Himmel steigen
la Selva prima giungerà	trifft die Selva in den Rennen
nelle carriere.	als erste ein.
O Selva, Selvina va!	Oh Selva, kleine Selva lauf!
Il Palio si vincerà	Wir werden den Palio gewinnen
con l'arancione il bianco e il verde	mit Orange, Weiß und Grün

ogni cuore sarà | jedes Herz in der Stadt
in festa nella città. | wird feiern.
Siam vincitor, | Wir sind Sieger,
dominato, | Herrscher,
il sogno è realtà. | Der Traum ist Wirklichkeit.
S'impazzirà, | Wir werden verrückt sein,
si brinderà, | wir werden anstoßen
e ognun ripeterà: | und jeder wird es wiederholen:
O Selva Selvina va! | Oh Selva, kleine Selva lauf!
Il Palio si vincerà | Wir werden den Palio gewinnen
e quando in cielo saliranno | und wenn die Fahnen
le bandiere...[62] | in den Himmel steigen...
| (Übersetzung der Verfasserin)

Im Einzelnen gibt es folgende Contraden mit ihren Wappen, Farben und Motti:

Nobile Contrada dell'Aquila (Adler)
Wappen: Ein zweiköpfiger Adler mit einer Krone auf dem Kopf und Globus, Schwert und Zepter in den Krallen.
Farben: Gelb mit schwarzer und blauer Dekoration.
Motto: »Vom Adler Schnabel, Kralle und Flügel.« (»*Dell'Aquila il rostro, l'ugna e l'ala.*«)

Nobile Contrada del Bruco (Raupe)
Wappen: Eine Raupe mit einer Krone, die auf einem Rosenzweig sitzt.
Farben: Grün und Gelb (mit blauer Dekoration).
Motto: »Mein Name klingt nach Revolution.« (»*Come rivolution suona il mio nome.*«)

Contrada della Chiocciola (Schnecke)
Wappen: Eine Schnecke in einem Feld mit den Buchstaben U. und M.
Farben: Gelb und Rot mit blauer Dekoration
Motto: »Schwer und mit langsamem Schritt steigt die Chiocciola zum Campo herab, um zu siegen.« (»*Con lento passo e grave, nel campo a trionfar Chiociola scende.*«)

Contrada Priora della Civetta (Eule)

62 Der Text der Hymne ist dem Kalender für das Jahr 2000 entnommen, der von den Jugendgruppenleitern der 17 Contraden für die Kinder der Contraden herausgegeben wurde.

Wappen: Eine Eule mit einer Krone auf einem Zweig sitzend.
Farben: Rot und Schwarz mit weißen Streifen
Motto: »Ich sehe in der Nacht.« (»*Vedo nella notte.*«)

Contrada del Drago (Drache)
Wappen: Ein aufgerichteter Drachen mit einer Krone, in einem Flügel einen Stab mit dem Buchstaben U haltend.
Farben: Rot und Grün mit gelber Dekoration.
Motto: »Das Herz, das in mir glüht, wird zu Flammen im Rachen.« (»*Il cor che m'arde divien fiamma in bocca.*«)

Imperiale Contrada della Giraffa (Giraffe)
Wappen: Eine Giraffe, die von einem »Mohren« geführt wird, darüber eine blaue Fahne mit dem Satz »Umbertus I. dedit«.
Farben:Weiß und Rot.
Motto: »Je höher der Kopf, desto höher der Ruhm.« (»*Più alta la testa, più alta la gloria.*«)

Contrada Sovrana dell'Istrice (Stachelschwein)
Wappen: Ein gekröntes Stachelschwein auf einem Stück Erde, an den Seite der Krone zwei Kleeblätter und darüber ein Malteserkreuz.
Farben: Rot, Blau und Schwarz auf weißem Hintergrund.
Motto: »Ich steche nur zur Verteidigung.« (»*Sol per difesa io pungo.*«)

Contrada del Leocorno (Einhorn)
Wappen: Ein weißes aufgerichtetes Einhorn in einem weißen Feld, umrahmt von den Worten »Humberti regis ratia«.
Farben: Weiß und Orange mit blauer Dekoration.
Motto: »Glaube und Heilung von der Waffe, die ich vorne trage.« (»*Fiede e risana al par l'arma c'ho in fronte.*«)

Contrada della Lupa (Wölfin)
Wappen: Die römische Wölfin mit einer Krone, an der Seite die Zwillinge, mit einer Fahne in den Farben der Balzana.
Farben: Weiß und Schwarz mit orangefarbener Dekoration.
Motto: (»*Et Urbis et Senarum Signum et Decus.*«)

Nobile Contrada del Nicchio (Muschel)
Wappen: Eine Muschelschale mit einer Krone, an beiden Seiten Korallenzweige.
Farben: Blau mit Rot und Gelb.

Motto: »Es ist das Rot der Koralle, das mir im Herzen brennt.« (»*È il rosso del corallo che m'arde in cor.*«)

Nobile Contrada dell'Oca (Gans)
Wappen: Eine weiße gekrönte Gans, um den Hals ein Band mit einem Kreuz.
Farben: Weiß und Grün mit roter Dekoration.
Motto: »Greift zu den Waffen.« (»*Clangit ad arma.*«)

Contrada Capitana dell'Onda (Welle)
Wappen: Ein schwimmender gekrönter Delfin.
Farben: Weiß und Hellblau.
Motto: »Die Farbe des Himmels, die Kraft des Meeres.« (»*Il colore del cielo, la forza del mare.*«)

Contrada della Pantera (Panther)
Wappen: Aufgerichteter gekrönter Panther, trägt ein Wappen mit dem Buchstaben U.
Farben: Rot und Blau mit weißen Streifen.
Motto: »Mein Schwung schlägt jedes Hindernis.« (»*Il mio slancio ogni ostacolo abbatte.*«)

Contrada della Selva (Wald)
Wapen: Ein Nashorn am Fuß einer Eiche, in deren Zweigen Jagdwaffen hängen.
Farben: Grün und Orange mit weißer Dekoration.
Motto: »Als erste die Selva auf dem Campo.« (»*Prima Selvalta in Campo.*«)

Contrada della Tartuca (Schildkröte)
Wappen: Eine Schildkröte auf goldenem Grund, von Blumen umgeben.
Farben: Gelb und Blau.
Motto: »Kraft und Beharrlichkeit durch das Haus.« (»*Forza e costanza albergo.*«)

Contrada della Torre (Turm)
Wappen: Ein Elefant, der einen Turm trägt, auf dem Rücken eine Decke mit einem Kreuz.
Farben: Dunkelrot mit weißer und blauer Dekoration.
Motto: »Über die Kraft hinaus die Macht.« (»*Oltre la forza, la potenza.*«)

Contrada di Valdimontone (Widder)
Wappen: Ein aufgerichteter Widder mit einer Krone, in der Ecke der Buchstabe U.

Farben: Rot und Gelb mit weißen Streifen.
Motto: »Unter meinem Stoß stürzt die Mauer zusammen.« (»*Sotto il mio colpo la muraglia crolla.*«)[63]

Gelegentlich werden den einzelnen Contraden auch die Militärkompagnien zugeordnet, die im Mittelalter mit ihnen verbunden waren (z.B. Magi 1996: 43 ff. nach Pepi 1979; Fiorini 1990: 80ff.), sowie die Zünfte, die ihren Ort auf dem Gebiet bestimmter Contraden hatten. Die Verbindung von Contraden und Zünften spielt insofern eine Rolle, als sie für die Identität im Hinblick auf soziale Schichtung auch heute noch von Bedeutung ist und häufig einen Bezug sowohl zum Schutzpatron als auch zum Wappentier aufweist. Die Contrada dell'Aquila zum Beispiel hat als Wappentier einen adeligen Adler und als Zunft die Notare, sie wird auch heutzutage mit sozial besser gestellten Berufen in Verbindung gebracht. Das Wappentier der Contrada del Bruco ist eine Raupe, die auf die Zunft der Seidenarbeiter verweist. Die Zuordnung der Contraden zu Zünften ist folgendermaßen (Fiorini 1990: 80ff.):

Aquila	Notare (*notai*)
Bruco	Seidenweber (*setaioli*)
Chiocciola	Lederhändler (*cuoiai*)
Civetta	Schuster (*calzolai*)
Drago	Bankiers (*banchieri*)
Giraffa	Maler (*pittori*)
Istrice	Schmiede (*fabbri*)
Leocorno	Goldschmiede (*orafi*)
Lupa	Bäcker (*fornai*)
Nicchio	Töpfer (*vasai*)
Oca	Färber (*tintori*)
Onda	Tischler (*falegnami*)
Pantera	Gewürzhändler (*speziali*)
Selva	Weber (*tessitori*)
Tartuca	Steinmetze (*maestri di pietra*)
Torre	Wollkämmer (*battilana*)
Valdimontone	Altwarenhändler (*ligrittieri*)

63 Die Angaben sind Fiorini (1990: 80-84) entnommen, Übersetzung der Verfass.

Innerhalb ihres Territoriums verfügen die Contraden über mehrere Gebäude, die oft zusammenhängen oder nahe beieinander liegen und das soziale Zentrum einer Contrada ausmachen. Ihnen kommen Funktionen der Verwaltung, des religiösen Lebens und der Freizeitgestaltung zu. Insgesamt werden diese Räume als *sede*, »Sitz«, bezeichnet, der sich vor allem aus drei Orten zusammensetzt, nämlich dem Museum, der Kirche und dem gemeinschaftlichen Treffpunkt, der *Società*.[64]

Das Museum stellt den wichtigsten Raum des Sitzes dar. Hier werden die gewonnenen Palio-Banner, die alten Kostüme, Erinnerungsstücke und andere Objekte wie *masgalani* oder Gemälde aufbewahrt. Außerdem finden in den Räumen des Museums Versammlungen und offizielle Zusammenkünfte statt, dies zumeist im *Sala delle Vittorie*, dem größten Saal des Musuems. Insgesamt ist das Museum der Raum, in dem die Contrada sich Besuchern[65], aber auch den eigenen Mitgliedern präsentiert und auf dessen Instandhaltung viel Geld verwendet wird. Die meisten Contraden erneuerten ihre Museen in den letzten zwanzig Jahren, zum Teil unter erheblichem Aufwand. So beauftragte die Contrada di Valdimontone zur Gestaltung ihres Museums einen national renommierten Architekten und eröffnete die Contrada dell'Onda die in der Krypta gelegenen Museumsräume im Frühjahr 2000 nach einer Renovierungsphase mit einer Ausstellung von Skulpturen des Künstlers Giovanni Duprè.

Die Kirchen der Contraden sind oft prächtig ausgeschmückt und sehr groß. In früheren Jahrhunderten fanden in den Kirchen die Versammlungen der Contraden statt. Die Nutzung von Kirchen als Sitzen vollzog sich zwischen Ende des 15. und Anfang des 18. Jahrhunderts nach und nach in allen Contraden. Die aktuellen Kirchen sind teilweise aus eigener Initiative errichtet worden, zum anderen Teil handelt es sich um Kirchen ehemaliger Klöster, Gemeinden oder Bruderschaften. Ihre Namen richten sich allerdings nicht nach der Contrada, sondern sind Aposteln und Heiligen gewidmet (z.B. Oratorio di San Giuseppe; Oratorio di Sant'Antonio da Padova; Chiesa di Santa Caterina da Siena; Chiesa di S. Giacomo Apostolo). In der Regel sind diese Heiligen auch die Schutzheiligen der jeweiligen Contrada. Denn jede Contrada hat einen Schutzheiligen oder eine Schutzheilige, den oder die sie beim Patronatsfest, der *Festa Titolare*, feiert.

64 Eine andere Unterteilung versteht unter *sede* nur die Versammlungsräume mit Kirche und Museum, und begreift die Società als eigenständigen Raum.

65 In den Museen und Kirchen finden auch Führungen statt.

Die Schutzheiligen der Contraden und ihre Tage sind in chronologischer Abfolge folgende:

Valdimontone	Madonna del Buon Consiglio	26. April
Oca	Santa Caterina da Siena	29. April
Drago	Santa Caterina da Siena	29. April
Giraffa	Visitazione di Maria SS.ma	1. Sonntag im Juni
Civetta	Sant'Antonio da Padova	13. Juni
Tartuca	Sant'Antonio da Padova	13. Juni
Leocorno	S. Giovanni Battista	24. Juni
Chiocciola	SS. Apostoli Pietro e Paolo	29. Juni
Bruco	Visitazione di Maria SS.ma	2. Juli
Onda	Visitazione du Maria SS.ma	2. Juli
Torre	S. Giacomo Apostolo	25. Juli
Nicchio	S. Gaetano da Thiene	7. August
Selva	Assunzione della Beata Vergine	15. August
Lupa	S. Rocco Confessore	16. August
Istrice	S. Bartolomeo Apostolo	24. August
Pantera	S. Giovanni Decollato	29. August
Aquila	Natività di Maria SS.ma	8. September

Das religiöse Leben der Contraden vollzieht sich in den Kirchen. Hier werden Hochzeiten und Taufen abgehalten, Messen gelesen und Gebete gesprochen. Jede Contrada hat ihren eigenen Priester, den *correttore*, welcher die zeremoniellen Handlungen vornimmt. Dieser ist meistens der Priester einer Gemeinde, und darüber hinaus für eine bestimmte Contrada zuständig.

Andere Räume des *sede* sind das Archiv, in dem alte Schriften, Bücher und Dokumente ebenso aufbewahrt werden wie Akten, Publikationen, Fotografien und audiovisuelles Material und das Sekretariat, in dem Bürotätigkeiten stattfinden. In weiteren Räumen werden die aktuellen Kostüme für die Umzüge verwahrt, die Schuhe und Perücken ebenso wie die Fahnen, die Trommeln, die Festleuchter (*braccialetti*) und alles andere, was die Contrada für die Feste und den Palio benötigt, wie zum Beispiel die *zucchini*, die bemalten Helme der *fantini*, der Reiter. Erwähnt werden muss auch der Contrada-eigene Stall, der für einige Tage im Jahr ein wichtiger Ort ist, wenn dort das Pferd untergebracht ist und sorgfältig bewacht wird.

Ein weiterer zentraler Ort innerhalb des Territoriums der Contrada ist der Brunnen (*fontana*). Bis auf die Contrada di Valdimontone besitzt jede Contrada einen eigenen Brunnen, an dem die Contraden-Taufe vorgenommen wird. Die Idee für die Brunnen entstand in den späten 30er Jahren, und in der Folge gestalteten die Contraden ihre eigenen modernen Brunnen oder nutzten bereits vorhandene, wie die Oca den großen alten Brunnen Fontebranda. Auf dem Brunnen befindet sich immer das Symbol der Contrada. Der Brunnen der Bruco zum Beispiel, am oberen Ende der Via del Comune, war bereits im 15. Jahrhundert in Funktion und wurde irgendwann zugemauert. Die Contrada restaurierte ihn und weihte ihn im Jahr 1978 feierlich ein. Das überdachte Brunnenrund enthält eine Statue von Barbicone, dem historischen »Helden« der Contrada, und aus dem Kopf einer Raupe fließt das Wasser. Dabeben befinden sich an der Mauer die Embleme der Militärkompagnien von San Pietro und Ovile und die *Balzana.*

Stellen Museum und Kirche die offiziellen Räume der Repräsentation, der Versammlungen und der religiösen Anlässe dar, so erfüllt die *Società* der Contrada Zwecke des alltäglichen Gemeinschaftslebens und der Freizeit. In den Räumen der Società finden Gruppentreffen statt und man geht dorthin, um andere Leute zu treffen, ein Schwätzchen zu halten, Karten zu spielen oder fernzusehen. Auch gemeinsame Essen oder Feste werden hier abgehalten. Die meisten Societàs verfügen über ausgedehnte Räumlichkeiten, zu denen eine Bar, Aufenthaltsräume, Eßsääle und eine große Küche gehören. Sie haben eigene Namen, die sich häufig an territoriale Punkte oder das Symboltier anlehnen (Rinoceronte heißt die Società der Selva, Giovanni Duprè die der Onda, l'Elefante die der Torre, Due Porte die der Pantera) und als Referenzpunkt in der Rede dienen (»*nella Duprè*« bedeutet dann: »In der Società Giovanni Duprè«).

Entstanden sind die Societàs (*le Società di Contrada*) in der zweiten Hälfte des 19. Jahrhunderts als Vereinigungen der gegenseitigen Hilfe (*società di mutuo soccorso*), um benachteiligte Mitglieder der eigenen Contrada im Fall von Armut, Krankheit, Alter, Arbeitslosigkeit oder Analphabetismus zu unterstützen. Das Symbol dieser Vereinigungen waren zwei Hände, die einander griffen. Gegen Ende des Jahrhunderts entwickelten sich die Vereinigungen zusätzlich zu Treffpunkten der Geselligkeit und des Festvergnügens. Während des Faschismus wurden sie Teil der nationalen Freizeiteinrichtung »Opera Nazionale Dopolavoro« und begnügten sich vornehmlich mit sportlichen und »theatralen« Veranstaltungen. (Vgl. Lucchini 1985: 249f.) Nach dem zweiten Weltkrieg wurden Ziele der gegenseitigen Unterstützung zwar wieder aufgenommen, im Vordergrund aber standen zunehmend Aktivitäten der Freizeit, wie Tanzabende, Sportturniere und Tombolas. Die Gebäude wurden renoviert und vergrößert, um der wachsenden Mitgliederzahl Platz zu bieten, häufig in Eigenarbeit und unter Engagement der Contradaioli. Einige Societàs haben auch große oder kleine Gärten, in denen im Sommer gegessen, getrunken und geredet wird. Die Società gilt als zweites »Zuhause«, als geschützter Raum, in dem sich Jugendliche genauso treffen wie Alte.[66]

Einerseits dient die Società also als Anlaufstelle im Alltag und ist manchmal schon nachmittags, zumindest aber am Abend geöffnet, so dass man nach dem Abendessen vorbeigehen und andere Mitglieder treffen kann. Andererseits werden hier die Feste gefeiert. Ein wichtiger Bestandteil des Aktivitäten in der Società sind in jedem Fall die gemeinsamen Essen. Neben großen Festessen zu besonderen Anlässen finden auch unter der Woche in vielen Contraden regelmäßig gemeinsame Abendessen (*cene*) statt. Das Kochen und Bedienen wird von Freiwilligen im Wechsel übernommen, und jeder Teilnehmende zahlt einen festgelegten Beitrag (etwa 10.000 bis 15.000 Lire) in die gemeinsame Kasse. Auch der Dienst an der Bar wird von Freiwilligen aus der Contrada geleistet, und jeder, der sich ein Getränk nimmt oder erhält, bezahlt es auch.

Eng verbunden mit der Società ist der Begriff des *rione*, des Stadtviertels. Während die Mitgliedschaft einer Contrada sich früher aus den Bewohnern des jeweiligen Viertels zusammensetzte, haben Wegzug in die Peripherie und die damit einhergehende Entleerung des historischen Zentrums die Struktur der Mitglieder verändert. Seit den sechziger Jahren ist die räumliche Nähe der meisten Mitglieder zur Contrada nicht mehr gegeben, wodurch eine regelmäßige Frequentierung erschwert wird. Basiert die Contrada jedoch nicht nur auf einem umgrenzten Territorium, sondern vor allem auf der Gemeinschaft der Contradaioli, so ergeben sich dadurch durchaus Probleme. Die Räume der Società ersetzen heutzutage die Straßen des Viertels, indem sie einen Treffpunkt und die Möglichkeit zur Kommunikation bieten. Auf die spezielle Situation der Contraden durch Veränderungen in der zweiten Hälfte des 20. Jahrhunderts, die vor

66 Die Ansichten hierüber gehen auseinander. Magrini (1986: 102) stellt fest, dass die Aktivitäten der Societàs zunehmend auf jüngere Leute ausgerichtet seien und eine Verdrängung der Alten stattfände, während Park (1992: 88f.) bemerkt, dass relativ wenig junge Menschen die Società frequentierten, weil sie vornehmlich von älteren Männern besetzt sei. Meinen Beobachtungen nach lässt sich weder die eine noch die andere Aussage bestätigen. Vielmehr variiert die anteilige Zahl älterer und jüngerer Personen je nach Anlass. So war eine Società, die ich öfter betrat, bei einem Kinderfest überwiegend von Kindern und deren Eltern besucht, während sich nach einem Sportturnier eher 30jährige einfanden, bei einem anderen Abend hingegen fast nur ältere Menschen anwesend waren. In einer anderen Società waren regelmäßig sowohl Jugendliche als auch Personen mittleren Alters und ältere Personen anwesend, die jedoch unterschiedlichen Aktivitäten nachgingen. Zum Beispiel spielten die älteren Männer Karten, während die Jugendlichen sich im Garten trafen.

allem mit ›Deterritorialisierung‹ zu umschreiben sind, werde ich weiter unten eingehen, zuvor jedoch Regeln der Mitgliedschaft und weitere Grundzüge des Contraden-Lebens erläutern.

2.3. Mitgliedschaft, Organisationsstruktur und Feste

Mitgliedschaft

Ursprünglich war es so, dass ein Bewohner der Stadt derjenigen Contrada angehörte, auf deren Gebiet er geboren wurde. Seitdem durch die Entleerung des Zentrums die wenigsten Contradaioli noch im Viertel der Contrada wohnen und die meisten Kinder in Kliniken außerhalb des Stadtzentrums zur Welt kommen, wird ihre Zugehörigkeit über die der Eltern abgeleitet. Gehören die Eltern unterschiedlichen Contraden an, so müssen sie einen Weg der Einigung finden. Feste Abstammungsregeln gibt es nicht, und so kursieren über Möglichkeiten der Bestimmung viele, teilweise amüsante, Geschichten. Zum Beispiel die, dass Angehörige dem Neugeborenen Erde aus ihrer Contrada unter das Bett legen, um seine Zugehörigkeit auf diese Weise sofort festzulegen. Oder auch, indem es auf eine Contraden-Fahne gebettet wird.[67] Eine andere Variante ist die, dass Eltern sich bereits vor der Geburt darauf einigen, dass ein zukünftiges Mädchen der Contrada der Mutter, ein Junge hingegen der des Vaters angehören soll. Eine Einigung müssen die Eltern in jedem Fall erzielen, und sei es, indem sie auf das Losverfahren zurückgreifen. Leichter wird die Entscheidung, wenn der Grad der Identifikation mit der Contrada bei einem Elternteil geringer ist als beim anderen, oder wenn für beide gute Gründe für die Wahl einer der Contraden sprechen, wie zum Beispiel ihre Größe. So erzählte eine jüngere Frau, dass der Vater ihrer Tochter den großen Wunsch hatte, dass sie wie er der Contrada della Selva angehöre, auch deswegen, weil sie eine kleine Contrada sei und Neugeborene deshalb bereits während der Schwangerschaft regelrecht umworben würden (»*Durante la gravidanza, tutti: ›Ah! Mi raccomando! È della Selva, è della Selva!‹*«)[68]. Sie sagte, dass diese Gefühlsbetontheit ihr als etwas Schönes erschienen wäre, und

---

67 Ein jüngerer Contradaiolo erzählte mir nach einem Besuch im Krankenhaus, wo das Kind eines Freundes geboren worden war, überrascht, dass an vielen Bettchen der Neugeborenen *fazzoletti*, Contraden-Tücher, hängen würden. Das sei auch für ihn neu gewesen.

68 »Während der Schwangerschaft sagten alle: ›Oh, ich möchte doch sehr bitten: Es ist aus der Selva!‹«

da sie selbst nie das Bedürfnis verspürt habe, dass ihr Kind unbedingt ihrer eigenen Contrada angehören müsse, hätte sie zugestimmt. Einen Vorteil hätte sie auch darin gesehen, dass jene Contrada kleiner ist und die Integration somit leichter wäre. Etwas Ähnliches berichtete eine andere Frau. Sie erklärte, dass sie einer großen Contrada angehören würde, in der sie nicht viele Leute kennt, folglich würde sie für ihr Kind die Mitgliedschaft in der kleineren, persönlicheren Contrada ihres Mannes befürworten. Indem die Zugehörigkeit des Mitglieds über die Zugehörigkeit eines Elternteils erworben wird, wenn sie nicht mehr territorial bestimmt werden kann, hat das Zugehörigkeitsrecht eine entscheidende Abwandlung erfahren. Zum »jus soli« ist das »jus sanguinis« getreten (Park 1992: 85). Auf diese Weise ist der Fortbestand der Contraden gesichert, die nicht mehr existieren würden, wäre die alte Regelung fortgesetzt worden. Wird ein Kind in eine Contrada geboren, so werden über den Eingang der Società Bänder gehängt: ein rosafarbenes für ein Mädchen, ein blaues für einen Jungen. Und nicht nur für die Contrada ist es wichtig, den Neuzuwachs zu verkünden. Eine Frau erzählte, dass das erste, was sie getan habe, nachdem sie das Krankenhaus verlassen habe, ein Gang durch die Contrada gewesen sei, mit ihrem Baby auf dem Arm.

Ein weiter Weg, Zugehörigkeit zu erlangen, besteht darin, sich aufnehmen zu lassen. Dieser Entschluss kann viele Gründe haben, wie den, dass Freunde in der jeweiligen Contrada sind, oder auch ein allgemeines Gefühl der Affinität zum Beispiel durch örtliche Nähe. Zur offiziellen Aufnahme werden Kinder und Erwachsene am Contrada-eigenen Brunnen getauft. Dabei wird das neue Mitglied vom *Priore*, dem obersten Repräsentanten der Contrada, mit Wasser besprengt und erhält das *fazzoletto*, ein Tuch mit dem Wappen der Contrada, sowie eine Schriftrolle, die seine offizielle Aufnahme bestätigt. Der *Priore* spricht dabei einige feierliche Worte, die je nach Contrada variieren. In der Contrada della Chiocciola zum Beispiel heißt es:

»Im Namen des Volkes von San Marco und mit der Zustimmung des exzellenten *Seggio*, weihe ich, *Priore* dieser Contrada, dich als Chiocciolino für das ganze natürliche Leben. Die kristallenen Wasser dieses Brunnens verleihen dir, mein Kind, die Treue unserer Ahnen und die Pflicht, sie an zukünftige Generationen weiterzugeben.« (»*In nome del popolo di S. Marco e con il beneplacito dell'eccellentissimo Seggio, io Priore di questa Contrada, to consacro Chiocciolino vita natural durante. Le cristalline acque di questa fontanina infondano a te, pargolo, la fede dei nostri avi e il dovere di tramendarla alle generazioni future.*«) (Fiorini 1990:52)

Diese feierliche Zeremonie ist nicht kirchlich, sondern weltlich, und wird einmal jährlich im Rahmen der *Festa Titolare*, des Patronatsfestes, abgehalten. Getauft werden in der Mehrzahl Babys, aber auch ältere Kinder und Erwachsene. Anwesend sind andere Contradaioli und »Pagen« in den Kostümen der Contrada. Eingeführt wurde die Contraden-Taufe (*il battesimo contradaiolo*) vor etwa fünzig Jahren. Die erste Taufe fand 1949 in der Contrada della Chiocciola statt.[69] Es handelt sich damit also um ein relativ neues Ritual, das sicherlich der Neukonstituierung der Contraden nach dem Faschismus und dem zweiten Weltkrieg Rechnung trug, aber auch als eine Maßnahme gegenüber den veränderten Bedingungen des Erwerbs von Mitgliedschaft und der zunehmend nicht mehr vorhandenen Ortsbezogenheit angesehen werden kann.

Mitglieder der Contrada zahlen einen jährlichen Mitgliedsbeitrag. Außerdem gibt es die sogenannten *protettori*, die »Protektoren«. Waren es in früheren Zeiten reiche Bürger und Adelige, die nicht unbedingt Mitglied der jeweiligen Contrada sein mussten, diese aber durch finanzielle Beiträge unterstützen, so werden heute nahezu alle Mitglieder als *prottetori* bezeichnet. Über den regulären Mitgliedsbeitrag und eventuelle weitere Beiträge tragen sie mit dem *protettorato* finanziell zum Erhalt der Contrada bei. (Vgl. Park 1992: 95) Die materielle Unterstützung der Contrada durch die Mitglieder wird hoch bewertet und ist sozusagen eine selbstverständliche »Ehrensache«, da die Contraden sich ausschließlich selbst finanzieren.

Die Contrada, so wird es oft in ein Bild gefasst, begleitet ihre Mitglieder von der Geburt bis zum Tod. Tatsächlich ist sie bei allen Übergangsriten formal anwesend. Bei der Geburt wird die Ankunft eines neuen Contradaiolo öffentlich angezeigt, bei der Contraden-Taufe steht ein Page bereit, bei Hochzeiten repräsentiert in der Kirche ein Blumen tragender Page die Contrada, und auch bei der Bestattung eines Contraden-Mitglieds begleitet ein Page den Trauerzug. Verstorbener Contradaioli wird bei der *Festa Titolare* und zu Allerseelen durch einen Besuch auf dem Friedhof gedacht, und an die in den Kriegen gefallen Contradaioli erinnert eine Gedenktafel in der Kirche. Viele der Gräber auf dem Friedhof sind mit kleinen Symbolen der Contraden-Zugehörigkeit des Verstorbenen versehen, mit kleinen Figuren des Wappentiers oder einem *fazzoletto*. Auf diese Weise wird die Erinnerung über den Tod hinaus aufrecht erhalten.[70]

Um Mitglied einer Contrada zu sein, ist die Taufe allerdings nicht notwendig. Es handelt sich dabei eher um eine symbolische als um eine formale Aufnahme. So haben vor allem einige ältere meiner Gesprächspartner angegeben, niemals

---

69 Andere Angaben besagen, dass die Contraden-Taufe 1937 in der Tartuca erfunden wurde und dass auch die Aquila die Idee der Contraden-Taufe für sich beansprucht (Luchini 1985: 320).

70 Zur Taufe und Präsenz der Contrada bei Übergangsriten siehe auch Liebscher (2001: 70-73, 76f.).

getauft worden zu sein. Es sei jetzt modern, sich taufen zu lassen, hieß es, ein Statussymbol, einer Contrada anzugehören. Wichtiger ist das Zahlen des Protektorates. Doch zwischen dem offiziellen Eingeschriebensein und sozial anerkannter Mitgliedschaft besteht ein Unterschied. Während das Zahlen des Protektorates hinreichend ist, um Mitglied einer Contrada zu sein, erfolgt die soziale Akzeptanz über die aktive Teilnahme. Diese Teilnahme besteht aus regelmäßigen Besuchen der Società, vor allem aber definiert sie sich über die »Dienste« (*servizi*), wie zum Beispiel Kochen, Servieren und Saubermachen bei den Essen in der Contrada, Bedienen an der Bar, Organisieren von Veranstaltungen und ähnlichen Aufgaben. Die saisonale Teilnahme nur zu den Festen im Sommer (*cena della prova generale*, *cena della vittoria*, *Festa Titolare*) wird von den ganzjährig aktiven Mitgliedern generell mit Ablehnung betrachtet. Hier wird eine interne Differenzierung deutlich, die sich auch an anderen Kriterien festmacht. So gibt es eine Unterscheidung zwischen Contradaioli, die innerhalb, und denen, die außerhalb der Stadtmauern geboren sind. Auf das Zentrum wird mit dem Begriff »*nelle lastre*«, auf den Pflastersteinen, referiert, und zwar mit einer positiven Konnotation.[71] Auf dem Gebiet der Contrada geboren worden zu sein, gilt gleichsam als Echtheitszertifikat, während die Geburt außerhalb des Contraden-Territoriums geringer geschätzt wird.[72]

Ein weiterer Unterschied besteht hinsichtlich der Abstammung. Die Abstammung von Mitgliedern der selben Contrada wird positiver vermerkt als die Abstammung von Mitgliedern anderer Contraden. Diese Differenzierungen sind keineswegs auf den »rechtlichen« Status bezogen, denn theoretisch sind alle Contradaioli gleich. Sie markieren vielmehr die interne soziale Ordnung. Jeder ist sich ihrer bewusst, und die dem Sport entlehnten Begriffe von *Serie A* und *Serie B* (Erster und Zweiter Bundesliga), das heißt denjenigen, die durch aktive Partizipation eine höhere Wertschätzung genießen bzw. sich selbst zuschreiben und denen, die seltener kommen, sind allgemein geläufig. Teilweise werden diese Unterscheidungen als gerechtfertigt angesehen, teilweise sind sie Gegenstand von Kritik und Bemühen um Integration (vgl. Kapitel 5). Der Begriff des »wahren« oder »echten« Contradaiolo (*il vero contradaiolo*) spielt eine enorme

71 Die Pflastersteine sind Symbol der Stadt gegenüber den ungepflasterten Straßen im ländlichen Gebiet (vgl. Dundes & Falassi 1994: 37).

72 Ein Informant erzählte, dass sein Großvater irgendwann 200 Meter außerhalb der Stadtmauern gewohnt hätte. Wenn man sich verabschiedet hätte, hätte er gefragt, wo man den hin wolle. Und wenn man dann sagte: ›Ich gehe in die Società‹, oder ›Ich gehe auf den Corso‹, hätte sein Großvater immer gesagt: ›Ah, du gehst nach Siena.‹ Siena sei für ihn nur das Gebiet innerhalb der Stadtmauern gewesen.

Rolle. Den kennzeichnet vor allem die Liebe zur eigenen Contrada (*l'amore per la Contrada*). Neben regelmäßiger Teilnahme und handfestem Engagement wird die Identifikation mit den Symbolen und dem »Geist« der Contrada als wichtigstes Merkmal eines echten Contradaiolo betrachtet. Ein Contradaiolo müsste man da sein, fasste es ein Mann zusammen – und legte die Hand aufs Herz. Grundsätzlich ist es zwar möglich, die Contraden-Zugehörigkeit zu wechseln[73], in der Praxis finden solche Wechsel jedoch kaum statt. Es wird schlichtweg als »unschön« angesehen, als etwas, was man nicht tut.

Organisation

Die organisatorischen Strukturen der siebzehn Contraden sind ähnlich, wenn auch nicht identisch (vgl. Dundes & Falassi 1994: 33). Es gibt jeweils eine Verfassung (*statuto*) und eine Regierung (*Seggio* oder *Sedia*), die aus gewählten Vertretern verschiedener Ämter besteht. Der Begriff der Regierung entspricht der Vorstellung von den Contraden als eigenständigen Republiken, damit wird ausgedrückt, dass jede Contrada eine unabhängige Einheit ist, die Souveränität über ihr Territorium besitzt. Der *Seggio* ist das ausführende Organ und wird in den meisten Contraden alle zwei Jahre, in einigen alle drei Jahre, neu gewählt. Das wichtigste und von der Gesetzgebungsgewalt her bedeutendste Gremium ist jedoch die Generalversammlung (*Assemblea Generale* oder *Consiglio Generale*), die alle wahlberechtigten Mitglieder der Contrada einschließt. Das Wahlrecht liegt in einigen Contraden bei 16, in anderen bei 18 Jahren. In der *Assemblea Generale* werden grundlegende Entscheidungen getroffen, die die Contrada betreffen, und die einzelnen Ämter übernehmen spezifische Leitungs- und Verwaltungsaufgaben. Alle diese Positionen werden ehrenamtlich ausgeübt. Die Contradaioli erhalten kein Geld für ihre Tätigkeiten, sondern übernehmen sie aus dem Bedürfnis nach Partizipation und Teilhabe. Wie bereits gesagt, finanzieren sich die Contraden hauptsächlich über ihre Mitgliedsbeiträge und zusätzliche finanzielle Zuwendungen. Weitere Einnahmequellen sind die Preise an der Bar und die Bezahlung der Essen. Auch die typischen, wöchentlich in der Società durchgeführten Tombolas tragen zur Aufbesserung der Kassen bei. Bei der Einwerbung von Geld sind die Contraden erfinderisch, so hat die Contrada della Torre einzelne Marmorplatten bei der Renovierung des Museums von Mitgliedern stiften lassen, deren Name dann in die Platte graviert worden ist.

73 Dafür gibt es sogar einen Begriff: ein »*rivenduto*« ist jemand, der die Contrada wechselt.

Angekündigt werden die allgemeinen Versammlungen sowohl durch Aushänge als auch durch Ankündigungen in der lokalen Tagespresse. Bestimmte Versammlungen finden regelmäßig statt, zum Beispiel im Zusammenhang mit dem Palio, andere werden je nach Bedarf abgehalten, ohne dass es feste Abstände gibt. Normalerweise gibt es eine Mindestanzahl an Personen, die anwesend sein muss, damit die Versammlung gültig ist (in der Contrada del Bruco zum Beispiel sechzig Personen im ersten und dreißig im zweiten Aufruf). Die Verfassung der Contrada ist teilweise über hundert Jahre alt und unterliegt aktuellen Änderungen. Sie gibt unter anderem Auskunft über die territorialen Grenzen und das Wappen der Contrada; über Bedingungen der Mitgliedschaft und der Protektorate; über die Bestimmungen für ordentliche und außerordentliche Versammlungen; über Wahlrecht und Wahlabläufe; über die Aufgaben des *Priore*, des *Capitano* und anderer Ämter; und über Zusammensetzung und Aufgaben des *Seggio*.

Da der *Seggio* einer Contrada recht komplex strukturiert ist, hier nur die wichtigsten Grundzüge und Ämter[74]: Oberster Vertreter einer Contrada ist der *Priore* (der in der Bruco *Rettore* und in der Oca *Governatore* genannt wird). Ihm folgt der *Vicario*, der dem *Priore* beisteht und ihn in seiner Abwesenheit vertritt. Der *Cancelliere* hat die Aufgabe eines Sekretärs, er protokolliert die Versammlungen, übernimmt die Korrespondenz und gibt offizielle Mitteilungen heraus. Als Schatzmeister oder Kassenwart fungiert der *Camarlengo*, er kümmert sich um die Verwaltung der Finanzen. Die jährlichen Abrechnungen hingegen besorgt der *Bilanciere*. Ein *Economo* kümmert sich um den Erhalt der Gebäude der Contrada sowie das Inventar und ist für die Schlüssel verantwortlich. Um die Verwaltung sämtlicher Akten und Dokumente von historischem Interesse sorgt sich der *Archivista*. Der *Correttore* ist das religiöse Oberhaupt der Contrada und der *Capitano* der entscheidende Repräsentant der Contrada in Angelegenheiten des Palios, dem von zwei *Mangini* assistiert wird. Weiterhin gibt es Beigeordnete wie die *provicari*, *vice-cancellieri* und *vice-economi* und einen Beirat, den *Sedia dei Maggiorenti*, der aus ehemaligen *Priori* und *Capitani* besteht sowie aus Ehrenmitgliedern. Andere Ämter beziehen sich auf bestimmte Aufgaben oder Gruppen innerhalb der Contrada. Die *addetti ai giovani* zum Beispiel sind die Verantwortlichen für die Kindergruppe, der *Curatore* ist für die Komparserie zuständig und die *Presidentessa del gruppo donne* vertritt die Frauengruppe. Innerhalb der Frauengruppen und Jugendgruppen gibt es viele weitere Ämter

74 Viele der Ämter-Bezeichnungen stammen aus dem Mittelalter. So der Begriff des *Priore*, der von dem alten Wort »prior«, der Erste, herrührt.

entsprechend ihrer eigenen Versammlungen. Dann gibt es noch verschiedene Ausschüsse, die sich um bestimmte Anlässe kümmern. Die *commissione elettorale* zum Beispiel bereitet die Wahlen vor, indem sie mögliche Kandidaten kontaktiert und eine Wahlliste aufstellt, und die *commissione festeggiamenti* die Feierlichkeiten nach einem gewonnenen Palio.

An sich sind alle Contraden unabhängig und unterstehen jede für sich direkt der Stadt. Es gibt jedoch einen Zusammenschluss, eine gemeinsame Ratsversammlung, und das ist der Magistrat der Contraden (*Magistrato delle Contrade*). Er wurde 1894 gegründet und besteht aus den *Priori* aller siebzehn Contraden. Einer von den anderen ernannter *Priore* steht ihm für jeweils ein Jahr als *Rettore* vor. Der Magistrat koordiniert gemeinsame Aktivitäten der Contraden und löst eventuelle Kontroversen. Weiterhin vertritt er die gemeinsamen Interessen der Contraden gegenüber der Stadt und pflegt die Beziehungen sowohl zur Stadtverwaltung als auch zu anderen sienesischen Institutionen.

Jahreszyklus und Feste

Über das Jahr hinweg finden der Contrada zahlreiche Aktivitäten statt. Das sind zum einen die Versammlungen, zum anderen die Veranstaltungen der einzelnen Gruppen, aber auch viele Feste, religiöse und andere, die das Jahr in einem festgelegten Rhythmus strukturieren. Das Contradenjahr beginnt am 1. Dezember. Dieser sienesische Feiertag zu Ehren des Schutzheiligen Sant'Ansano wurde 1968 vom Magistrat der Contraden offiziell festgelegt. An diesem Tag treffen sich die *Priori* aller siebzehn Contraden und der Sekretär des Magistrats der Contraden zum Mittagessen in einem guten Restaurant, zu dem auch der Bürgermeister, der Polizeipräsident, der Erzbischof und der Präsident der Bank Monte dei Paschi eingeladen werden. Im Verlauf des Essens werden Reden gehalten, anschließend werden im Rathaus Bekundungen unterzeichnet. Vom Rathaus geht es in einem Umzug, an dem auch andere Vertreter der Contraden und die Hauptpagen (*Paggio Maggiore*) der Contraden teilnehmen, zum Dom, wo eine Messe von den Priestern der Contraden abgehalten wird.

Andere religiöse Anlässe, an denen die Contraden offiziell teilnehmen, sind »Domenica in albis« zu Ostern und »Corpus Domini« im Mai oder Juni. Hauptsächlich ist es jedoch die Kerzenprozession (*processione dell'offerta del cero*) am 14. August, bei der auch das der Heiligen Jungfrau gewidmete Palio-Banner zum Dom getragen wird. Diese Kerzenprozession war bereits im Mittelalter Tradition, als alle Einwohner der Stadt verpflichtet waren, an diesem Umzug teilzunehmen und neben einer Kerze für die Kirche auch einen Geldbetrag für den Staat abzugeben. In den 20er Jahren erhielt die Prozession den Charakter der religiösen Ehrung durch die Contraden, und insofern sie mit dem Palio zusammenfiel, wurde bei dieser Gelegenheit das Palio-Banner zum Dom getragen.

Das wichtigste Fest neben dem Palio (vgl. 3. Kapitel) ist für die Contraden ihre *Festa Titolare*. Bei diesem Patronatsfest wird der oder die Schutzheilige der jeweiligen Contrada geehrt. Die Feste finden im Sommerhalbjahr von Ende April bis Anfang September statt und dauern mehrere Tage, zumeist am auf den Tag des Heiligen folgenden Wochenende. Der Charakter der *Feste Titolari* ist feierlich. Die Fahnen werden herausgehängt und die Gassen von *braccialetti* erleuchtet. Am Vorabend findet eine Mette in der Kirche statt, bei der auch Abgesandte befreundeter Contraden anwesend sind. Ihnen wird anschließend eine Erfrischung gereicht. Am späteren Abend treffen sich die Contradaioli in der Società, es wird gegessen, getrunken und für die Kinder werden Spiele veranstaltet. Am Sonntag dann unternimmt die Komparserie den sogenannten *giro*, das ist ein Rundgang durch die Stadt, bei dem die *protettori* geehrt werden.[75] Bis zu hundert Trommler (*Tamburini*) und Fahnenschwinger (*Alfieri*) gehen durch die Straßen und vollführen Fahnenschwünge (*sbandierate*) vor den Häusern der *prottetori* und vor den Kirchen der befreundeten Contraden. Der Einwohnerschaft wird ein gedichtetes Sonett zu Ehren des Heiligen der Contrada überreicht. Am Abend kehrt der Umzug in Begleitung anderer Contradaioli, die nicht an dem Umzug teilgenommen haben, zurück (*rientro*). Im Rahmen der *Festa Titolare* findet auch die Niederlegung von Blumen an den Gräbern der verstorbenen Contraden-Angehörigen statt, ebenso wie die oben beschriebene Contraden-Taufe. Und an den Abenden wird gemeinsam getafelt

Andere Feste haben zwar einen religiösen Anlass, werden jedoch eher weltlich- »contradaiolisch« genutzt und nicht in allen Contraden gefeiert. Das sind vornehmlich San Giuseppe am 19. März in der Contrada dell'Onda[76] und Santa Lucia am 13. Dezember in der Contrada della Chiocciola. Beide Feste sind Ereignisse, die von allen Sienesern besucht werden. Bei Santa Lucia findet vor der Kirche, die der Heiligen gewidmet ist, ein großer Markt statt, der sich durch die Gassen zieht. Stände mit Süßigkeiten, von Contradaioli hergestellte heiße Maro-

75 Im Zusammenhang mit dem Patronatsfest wird meist von *girare* gesprochen. Um zu sagen, dass eine bestimmte Contrada heute ihren Umzug hat, sagt man: *Oggi gira la...* Ähnlich wie das *si corre* (man läuft) beim Palio.

76 San Giuseppe ist der Schutzheilige der Tischler, er wird in der Contrada dell'Onda gefeiert, weil diese ursprünglich das Viertel dieser Handwerker war.

nen-Kuchen, Stände mit Spielzeugwaren und Auslagen mit den *campanine della ceramica*, den kleinen Keramikglöckchen, welche Symbol für das Fest[77] und mit den Farben der Contraden bemalt sind, ziehen sich durch die mit Menschen gefüllten Gassen. Während Santa Lucia bereits eine weihnachtliche Atmosphäre hat, ist bei San Giuseppe der Frühling im Kommen. Auch hier gibt es einen Markt mit Ständen von Süßigkeiten und Kunsthandwerk, der sich durch die Via Giovanni Duprè zieht. Begehrteste Objekte zu San Giuseppe sind die typischen *fritelle*, schmalzgebackene süße Bällchen aus Reismehl, und bei den Kindern die *carrettini*, hölzerne Wägelchen mit Rädern aus Pinienzapfen, auf denen drei Reiter aus Pappe sich ein Rennen liefern, bemalt in den Farben der Contraden. Es gibt weitere Feste, die von allen Sienesern besucht werden, allerdings ohne religiösen Anlass, wie »Bao Bello«, eine gastronomische Woche, welche die Contrada del Bruco im Juli in ihren Gärten veranstaltet (und die erheblich zur Aufbesserung der Finanzen der Contrada beiträgt).

Wiederum andere Feste dienen vornehmlich den Kindern, das sind die »Heiligen drei Könige« (»*Befana*«) am 6. Januar, bei denen Geschenke an die Kinder der Contrada verteilt, Spiele und Aufführungen veranstaltet werden, Karneval und die *Festa della Madonna* zu Maria Geburt am 8. September. Erfunden von der Touristenagentur in den fünfziger Jahren zu dem Zweck, das architektonische Erbe der Stadt zu betonen, wird dabei ein Wettbewerb für die Kinder ausgeschrieben, welche ein Tabernakel auf dem Gebiet ihrer Contrada schmücken. Die Preisverleihung findet dann im Dezember statt.

Ende November wird das Contradenjahr mit einem großen Bankett in jeder Contrada beendet.

2.4. Alltag und Gruppenaktivitäten

Wesentlicher Bestandteil des Contraden-Lebens im Alltag sind die Aktivitäten der Gruppen. Unter ihnen sind vor allem die Frauen- und die Kindergruppen zu nennen (*gruppo donne, gruppo piccoli*), welche es in jeder Contrada gibt[78]. Eine weitere feste Einrichtung in nahezu allen Contraden ist die Jugendgruppe (*gruppo giovani*), die Jugendliche und junge Erwachsene im Alter von etwa 14

77 Die Glocken kündigen in dieser dunklen Jahreszeit die Rückkehr des Lichts an und vertreiben die bösen Geister der Kälte.

78 In fast jeder, denn die Contrada del Montone hat keine Frauengruppe.

bis 24 Jahren umfasst. Während die Kindergruppen noch geleitet werden, haben die Jugendgruppen bereits ihre eigenen Gremien und organisieren sich selbst. Sie vertreten die Interessen ihres Alters, nehmen an Essen und anderen Veranstaltungen teil und organisieren Diskothek-Abende und Veranstaltungen, die eher ihrem eigenen Alter entsprechen. Neben diesen Gruppen gibt es in den Contraden generell Sportgruppen (*gruppo sport*) und Blutspendegruppen (*gruppo donatori sangue*). Letztere organisieren regelmäßige Blutspendeaktionen, die nicht nur den eigenen Contraden-Mitgliedern, sondern im Bedarfsfall allen Personen zugute kommen. Die Sportgruppen hingegen richten sportliche Aktivitäten aus. War der Sport der Contraden lange Zeit nahezu ausschließlich Fußball, so werden inzwischen auch andere Sportarten ausgeübt, wie Tennis, Volleyball oder Basketball. Sport wird hauptsächlich Contraden-intern ausgeführt, in Mannschaften, die manchmal bei einem Turnier gegeneinander antreten.

Frauengruppen

Die Frauengruppen spielen in den Contraden eine wichtige Rolle. Bis in die sechziger Jahre hatten die Frauen in den Versammlungen der Contrada keine Stimme und kein Wahlrecht. Sie besuchten bis auf seltene Ausnahmen weder die Società noch den *sede* und hielten stattdessen ihre eigenen Treffen im eher privaten Rahmen ab. Am Leben der Contrada nahmen sie teil, indem sie sich um die Ausrüstung kümmerten, *bandiere* nähten oder kochten. (Vgl. Luchini 1985: 301f.) Während es vorher zwar Versuche gab, die Dominanz der Männer zu durchbrechen[79], diese aber kaum etwas ausrichteten, änderte sich die Situation erst in den siebziger Jahren entscheidend. Angeregt von der Frauenbewegung forderten die weiblichen Mitglieder das Recht auf gleiche Teilnahme an den Gremien und an leitenden Ämtern, und die ersten Frauengruppen entstanden. Bis auf die Contrada dell'Oca, in der Frauen bis heute nicht das Wahlrecht besitzen und von den Versammlungen ausgeschlossen sind (böse Zungen behaupten, das sei der Grund dafür, dass die Oca die meisten Palios gewinnt), sind die Frauen in allen Contraden auf der Ebene der Entscheidungsbefugnisse beteiligt. Allerdings

---

79 Luchini (1985: 304f.) berichtet zum Beispiel, dass die Frauen der Onda im Jahr 1928 gegen die Ungerechtigkeit rebellierten, nicht an den Versammlungen teilnehmen zu dürfen, woraufhin sie als Zuhörerinnen zugelassen wurden. In der Oca hätten Frauen bereits 1903 ein eigenes Abendessen nur für Frauen organisiert, das nach dem Palio-Siegesessen stattfand, und ab dem zwanziger Jahren hätten sie dann in kleiner Zahl am Festessen selbst teilzunehmen begonnen.

ist es so, dass bislang nur selten Frauen das Amt des *Capitano* besetzt haben[80] und kaum jemals das des *Priore*. Auch die Ämter des *economo*, des *cancelliere* und des *bilanciere* werden überwiegend von Männern übernommen. Den männlichen Mitgliedern der Contrada vorbehalten sind auch die Tätigkeiten als *Alfiere* und *Tamburino*, ebenso wie die Beteiligung an der Komparserie, also die gesamte Darstellung nach außen.

Man kann sagen, dass die Contrada eindeutig männlich geprägt ist. Insgesamt gibt es eine Aufgabenteilung, die darin besteht, dass Männer eher die leitenden Funktionen übernehmen, während Frauen sich um klassisch weibliche Betätigungen wie Saubermachen, Kochen und Nähen kümmern. Diese Aufgabenverteilung ist allerdings keinesfalls absolut zu betrachten, im Gegenteil kochen und bedienen in der Società ebenso Männer. Über die Rolle der Frauen in der Contrada gibt es unterschiedliche Einschätzungen. Generell wird sie sowohl von Männern als auch von Frauen positiv betrachtet und affirmativ bestätigt. Die Begründung lautet meistens, dass es ja keinen Unterschied mehr gäbe und Frauen gleichberechtigten Zugang zu allen Ämtern hätten. Oft wird auch die besondere Arbeit der Frauen, eben Nähen, Putzen, Kochen, als unverzichtbar für die Contrada gewertet. Wenige Stimmen nur geben sich kritisch und empfinden einen Gegensatz zwischen Anspruch und Wirklichkeit. Ein 30-jähriger Mann stellt fest, dass Männer in Diskussionen immer die verbale Überhand hätten, eine ebenso alte Frau bemerkt verärgert, dass sich Termine in der Società nach den Fußball-Übertragungen richten würden, dem Interesse der Männer. Oft sind es jedoch gerade jüngere Frauen, die die traditionelle Rollenverteilung explizit gutheißen. Auch wenn sie im normalen Leben die moderne Gleichberechtigung schätzen, ist die weit konservativere Rollenzuweisung in der Contrada für sie Zeichen eines funktionierenden Gemeinschaftslebens, das sie nicht ändern möchten.

Wie auch immer die Einschätzung ist, so hat die Frauengruppe in der Contrada ein gewisses Gewicht. Sie ist oft sehr groß, hat ihr eigenen Versammlungen, Wahlen und Vertreter und ihre eigenen Aktivitäten. Unternommen werden zum Beispiel gemeinsame Ausflüge, das können Tagesausflüge sein, wie etwa nach Rom, aber auch mehrtägige Reisen. Die Frauengruppe der Bruco fuhr einmal nach Paris. Oder man organisiert Führungen innerhalb der Stadt, besucht gemeinsam ein Museum oder eine Sehenswürdigkeit. Ebenso gehören Karten-

80 Zum ersten Mal hatte 1947 in der Contrada del Nicchio eine Frau das Amt des *Capitano* inne und gewann auch prompt den nächsten Palio. Es folgte die Contrada del Leocorno mit einer Frau als *Capitana* in den 50er Jahren. Auch in der Torre gab es 1961 eine Frau.

turniere oder Tombolas zum Programm. In einer bestimmten Contrada wurden in einem Jahr ein Gymnastikkurs und ein Kurs für *bandieraie*, das ist die Tradition der handarbeitlichen Fahnenherstellung, angeboten. Eine andere Aktivität kann die Organisation einer Ausstellung sein, oder auch die eines besonderen Essens. So veranstalteten die Frauen der Contrada del Bruco einmal ein Abendmenü für alle Väter und alle Männer der Contrada. Überhaupt besteht in der Organisation von gastronomischen Ereignissen eine der Hauptaufgaben der Frauengruppen.

Das Gemeinschaftsgefühl als Gruppe innerhalb der Contrada ist ausgeprägt. Bei Essen und Veranstaltungen in der Società sitzen Frauen aus der Frauengruppe oft zusammen an einem Tisch. Diese Trennung nach Geschlechtern ist im Kontext der Contrada häufig zu beobachten. Sowohl im Alltag, also in der Società, als auch bei Festen. Am offensichtlichsten ist die Trennung beim Palio und den ihn begleitenden Festlichkeiten. Die Frauen sitzen an anderen Tischen als die Männer, die Frauen bilden eigene Gruppen bei den Umzügen und auf den Tribünen während des Rennens. Diese Trennung scheint eher »Tradition« zu sein als feste Regel, wie so vieles in der Contrada. Nirgendwo steht es geschrieben, aber »man macht es so«.

Altersgruppen und Freundschaften

Generell gilt gerade das gute Verhältnis der Generationen untereinander in der Contrada als Wert. Leute verschiedenen Alters zu kennen und zu treffen, ist für viele Contradaioli ausgesprochen wichtig, wenn sie erklären, warum sie sich in der Contrada wohl fühlen. Mit weitaus jüngeren Mitgliedern ebenso umzugehen wie mit den Älteren, ist etwas, was sie im Alltag sonst nicht gewährleistet sehen. Die Weitergabe von Erfahrungen ist dabei ein Garant für die Kontinuität, verschiedene Erfahrungen sind aber auch ein Zeichen, an dem sich Veränderungen zeigen. Besteht in der Contrada also kein Unterschied zwischen alten und jungen Mitgliedern, so findet in der Società oder bei Veranstaltungen dennoch häufig eine Gruppenbildung gemäß der Altersstufen statt. Dies ist einerseits den Gruppen verpflichtet, jedoch auch innerhalb der Frauengruppen oder Jugendgruppen sowie bei den Männern, die keine eigenen Gruppe haben, tendieren die Mitglieder verschiedenen Alters dazu, sich zusammenzufinden. Dies ist sowohl bei den Essen, als auch während des Palios, bei den Festen oder besonderen Aktivitäten wie Ausflügen zu beobachten. Es gibt immer wieder Abweichungen, aber grundsätzlich gilt ein interner Zusammenschluss nach Alter. Befragt nach einer Erklärung für dieses Phänomen, geben die meisten an, dass die Aufteilung nach Altersgruppen zufällig sei und dass sie einfach mit ihren Freunden zusammensäßen. Es sind die engen Freundschaften, die von klein auf mit Gleichaltrigen geschlossen werden, die im sozialen Alltag verbindend wirken und Präsenz strukturieren. Geschlossen werden die Freundschaften im Kindesalter, und es ist eines der erklärten Ziele der Kindergruppen (*gruppo piccoli*), die Entstehung solcher Beziehungen zu fördern.

Die auf diese Weise entstandenen Freundschaften kommen nicht nur in der Contrada zum Tragen, sondern wirken sich auch außerhalb der Società aus. Man geht mit seinen Freunden los, um zu singen, um etwas zu unternehmen, trifft sich an bestimmten Ecken und verbringt Zeit zusammen.

Kindergruppen

Die Kindergruppen (*gruppi piccoli*) sind dazu da, den Kindern die Werte der Contrada zu vermitteln, wie Freundschaft und das Einstehen füreinander. Neben diesen Werten soll den Kleinen der Contrada ganz allgemein die Liebe zur Contrada beigebracht werden. Dies geschieht, indem sie gemäß ihrem Alter an die Traditionen und Symbole der korporativen Gemeinschaft herangeführt werden und an wichtigen Ereignissen teilnehmen. Für die Kinder bis zum Alter von ungefähr 13, 14 Jahren wird sozusagen ein Gemeinschaftsleben innerhalb der Gemeinschaft organisiert. Es gibt Feste, die in allen Contraden Tradition haben, nämlich Karneval, »*Befana*« und die *Festa della Madonna* mit der Schmückung der Tabernakel, bei denen vor allem den Bedürfnissen der Kinder Rechnung getragen wird. Dann gibt es Veranstaltungen für die Kinder im Rahmen der großen Feste, wie z.B. Spielangebote bei der *Festa Titolare*, oder auch den gemeinsamen Besuch der Kleinen auf den Tribünen bei den Probenläufen für den Palio. Daneben werden von den einzelnen Contraden Ausflüge, Essen oder Aufführungen organisiert. Die Treffen der Kindergruppe finden meistens nicht regelmäßig, sondern zu den jeweiligen Anlässen statt, zumindest jedoch einmal im Monat. Geplant und durchgeführt werden die Aktivitäten für die Kinder von mehreren Jugendlichen und Erwachsenen der Contrada, den »Zuständigen für die Kleinen« (*addetti ai piccoli*).

Außerdem gibt es große Veranstaltungen, die für sämtliche Kinder aller Contraden gemeinsam abgehalten werden. Deren wichtigste ist zum einen das seit 1978 stattfindende »Ondeon«, ein Theaterspektakel mit sämtlichen Kindergruppen aller siebzehn Contraden im Stadttheater, die von der Contrada dell'Onda organisiert wird. Die Kinder führen dabei vorher eingeübte Stücke und

Darbietungen auf, welche sich phantasievoll um das Thema »Contrada« drehen. Die Veranstaltung dauert zwei Tage und das Theater ist mit Eltern und anderen Interessierten bis zum letzten Platz besucht. Zum anderen ist es der Wettbewerb des »Minimasgalano«, ein von der Contrada della Torre jährlich verliehener Preis für die kleinen *Tamburini* und *Alfieri* der Contraden. Weiterhin ist der von der Contrada di Valdimontone veranstaltete »Palio dei bambini« zu erwähnen. Genauso finden für die Kinder aller Contraden besondere Aktivitäten zu Weihnachten statt, zum Beispiel Märkte, bei denen von den Kindern hergestellte Gegenstände verkauft und der Erlös für einen gemeinnützigen Zweck gespendet wird, oder gemeinsame Besuche im Altenheim. Die gemeinsam durchgeführten Aktivitäten werden von einer Koordinationsgruppe aller Zuständigen für die Kindergruppen (*coordinamento gruppo piccoli*) geplant, die sich etwa einmal im Monat trifft. Eine weitere Aktivität für die Kinder und Jugendlichen sind die *campo scuola*, sogenannte »Feldschulen«, bei denen im Sommer eine Woche lang in einer Art Pfadfinderlager gemeinsam gelebt wird. Spiele, didaktische Projekte und vielfältige Unternehmungen haben sowohl das Vergnügen als auch die Schaffung eines gemeinsamen Erfahrungshintergrundes zum Ziel.

Generell wird für die Kinder viel getan, denn, wie ein übereinstimmende Ansicht lautet: Die Kinder sind die Zukunft der Contrada. Werden sie nicht bewusst an die Contrada herangeführt und wird ihnen nicht die Chance gegeben, eine enge Bindung und Identifikation zu entwickeln, so stirbt die Contrada. Denn auch die Situation der Kinder deutet wieder auf das allgemeine Problem der Deterritorialisierung hin. Wuchsen die Kinder früher auf dem Gebiet der Contrada auf und hatten damit Alltagsbeziehungen, die per se mit der Contrada verbunden waren, so ist diese Übereinstimmung heute nicht mehr gegeben. Wo die Kinder in Vierteln der Peripherie groß werden, teilen sie Kindergarten, Schule und Freizeit mit anderen Kindern, die keineswegs aus der selben Contrada kommen wie sie selbst. Vielmehr ist die Contrada weit entfernt und in geringerem Maß Thema im Alltag als innerhalb des Zentrums. Um dieser Entfremdung entgegenzuwirken, werden seitens der Contraden gezielte Angebote für die Kinder ausgerichtet. Sie sollen etwas über die Contrada lernen, sollen sie kennenlernen, sollen sie aber auch erleben und die Gemeinschaftlichkeit erfahren. Das Knüpfen von Freundschaften unter Gleichaltrigen wird dabei als wesentliche Grundlage für eine funktionierende Bindung an die Contrada gesehen. Eine wichtige Mittler-Funktion übernehmen die Eltern, denn sie sind es, die die Kinder in die Contrada bringen. In der Regel korrespondiert eine enge Bindung der Eltern oder eines Elternteils an die Contrada mit der Bindung, welche die Kinder entwickeln. Denn die Besuche in der Contrada sind nicht mehr Bestandteil des alltäglichen

Raums, sondern eine Aktivität unter vielen Freizeitaktivitäten. Negativ betrachtet kann man es so ausdrücken, dass die Contrada für die Kinder nicht mehr ist »als ein zusätzlicher Halt vom Auto der Eltern aus« (Sandrucci 1996: 2), tatsächlich aber gaben in einer Befragung 50% der Kinder an, die Contrada oft zu besuchen (ebd.: 1).

Demographische und territoriale Veränderungen

Die immer wieder beschworene Notwendigkeit, Kindern eine Identifikation mit der Contrada zu ermöglichen, spiegelt die Situation der Entvölkerung der Contraden-Territorien, die derzeit als das vordringlichste Problem angesehen wird.[81] Diese Veränderung ist nicht neu, sie kennzeichnet die Lage seit den sechziger, siebziger Jahren, doch sie hat an Aktualität nicht verloren. Das mag vor allem daran liegen, dass es immer weniger alte Contradaioli gibt, die die Contrada noch anders erlebten und lebendige Erinnerungen vermitteln. Aber auch an einer generell konservativen, rückwärtsgewandten Haltung der Contraden, durch die Schwierigkeiten bestehen, sich aktuellen Veränderungen anzupassen. Der problematische Punkt liegt darin, dass die Contrada nicht nur als Gemeinschaft der Contradaioli, sondern ebenso über ihr Territorium definiert ist. Und nicht nur das, sondern ihre Werte basieren wesentlich auf Formen des engen Zusammenlebens, der alltäglichen Vertrautheit und der Intimität des Gemeinschaftslebens. Sehen die Mitglieder aus Gründen der Entfernung einander nur selten, so ist die Bindungskraft der sozialen Beziehungen nicht mehr gegeben und die Gemeinschaft erfährt Auflösungserscheinungen.

Die demographische Veränderung setzte mit der Entstehung neuer Stadtviertel in der Peripherie und massenhaftem Wegzug aus dem historischen Zentrum in den sechziger Jahren ein. Im Stadtkern richteten sich in den Palästen Verwaltungen, Universitätsinstitute, Banken und andere Institutionen ein, in weiteren Gebäuden entstanden Büros und Geschäfte. Viele Zimmer wurden an Studenten vermietet und die Mietpreise stiegen. Für Familien waren Neubauwohnungen am Stadtrand attraktiver, zumal sie komfortabler waren als die dunklen engen Wohnungen in den mittelalterlichen Mauern. In Zahlen: Zwischen 1901 und 1981 sank die Bevölkerung innerhalb der Mauern von 95% auf 25%, während sie

---

81 Einer Umfrage der Zeitung *La Nazione* zufolge gaben 40% der Befragten die Wohnraumproblematik, verursacht durch hohe Mieten und Wohnraummangel, als Hauptproblem der Stadt an (Liebscher 2001: 45).

insgesamt um 150% stieg (Park 1992: 86). Gleichzeitig veränderte sich das Leben auch in anderer Hinsicht. Die Großfamilie wurde durch die Kernfamilie ersetzt (auch wenn es in Siena bzw. Italien immer noch üblich ist, dass Kinder bis zu dreißigsten Lebensjahr und darüber hinaus bei ihren Eltern wohnen, also bis zur Gründung einer eigenen Familie), die Arbeitszeit verringerte und das Freizeitangebot erweiterte sich. Während die Zugehörigkeit zur Contrada früher allein durch den Wohnort gegeben war, stellt sie sich heute als eine Wahlmöglichkeit dar. Und tatsächlich gehören nur etwa 40 % der Einwohner Sienas einer Contrada an, so fundamental die Contraden für das soziale Leben der Stadt erscheinen.

Von den meisten Contradaioli wird die Entleerung des Zentrums als dramatische Veränderung wahrgenommen. Häufig wird auf Erinnerungen an »früher« verwiesen, als die Frauen auf Stühlen vor den Hauseingängen saßen und schwatzten, die Männer sich an der Ecke trafen und die Kinder in den Straßen spielten. Vor allem das unbeschwerte Spielen in der Kindheit nimmt für viele Contradaioli einen zentralen Stellenwert in der Erinnerung ein. Das nicht mehr bewohnte Territorium der Contrada wird in Zukunftsvisionen als ihr allmähliches Verschwinden gedeutet. Park deutet darauf hin, dass die Contraden interessanterweise noch nie so viele eingeschriebene Mitglieder hatten, schätzt die Zahl der aktiv Teilnehmenden[82] jedoch auf nur 10% (1992: 88). Seine Erklärung dafür ist, dass einerseits steigendes Einkommen und die gestiegene Bedeutung des Palios viele dazu veranlassten, die Contraden als Institution von historischer Bedeutung in einer Stadt, der sie sich verbunden fühlen, zu unterstützen. Andererseits macht er die Entfernungen für die geringe Teilnahme am Leben der Contrada verantwortlich und veränderte Erwartungen vor allem Jugendlicher an ihre Freizeitgestaltung. (ebd.). Dies korrespondiert mit den Aussagen der meisten Contradioli und ist ›common sense‹ bei der Betrachtung des Problems. Die Entfernung zwischen Wohnort und Società stellt für viele Contradaioli ein entscheidendes Hindernis dar, regelmäßig an den Veranstaltungen teilzunehmen. Hinzu kommt das Problem der Parkplätze: Das Zentrum der Stadt ist für den Verkehr bis auf Anwohner-Lizenzen gesperrt, was nicht nur Wege von der Haustür bis zum Zentrum, sondern zusätzlich Fußwege von der Stadtmauer zum Sitz der Contrada bedeutet. Zudem sind Parkplätze teuer, da für fast alle Parkplätze pro Stunde gezahlt werden muss. Was die Jugendlichen betrifft, so herrscht die Meinung, dass sie keine Bindung mehr an die Contrada hätten. Ähnliches gilt für die Kinder, auch bei ihnen wird auf eine Vielzahl an Freizeitaktivitäten von Musik-

82 Diese Zahlen macht er an Mitgliedschaft in der Società und in den Frauengruppen fest.

unterricht und Sport bis zu Computer und Fernsehen verwiesen, welche dem Interesse am Contraden-Leben entgegenstünden.

Viele aktive Contraden-Mitglieder haben die Befürchtung, dass der Palio zum bedeutungsarmen Ereignis verkommen und das Contraden-Leben aussterben könnte, wenn die gegenwärtige Entwicklung anhält. Grundsätzlich wird es mit Zweifeln betrachtet, dass der Großteil der Contraden-Angehörigen die Società nur im Sommer frequentiert, nämlich während der großen Feste, ohne dass die Gemeinschaft ansonsten Auswirkungen im Alltagsleben hätte. Der Palio jedoch, so wird immer wieder betont, sei eben kein Sportereignis, sondern lebendiger Ausdruck des dahinterstehenden Gemeinschaftslebens. Weiterhin sehen die Betroffenen die soziale Kontrolle, die durch die Gemeinschaften der Contraden ausgeübt wird, schwinden, also die Gefahr von Diebstahl und Gewalt steigen. Anonymität und Fremdheit werden als Ursache für kriminelle Delikte ausgemacht, und Entfremdung und Individualismus-Streben des modernen Lebens werden als Bedrohung der gemeinschaftlichen Werte gesehen, auf denen das Zusammenleben in den Contraden beruht.

Die Contraden reagieren auf die Veränderungen der Deterritorialisierung mit verschiedenen Maßnahmen. Zum einen gibt es eine anhaltende Diskussion über die Erweiterung der Contraden-Grenzen oder die Bildung neuer Contraden in der Peripherie. Diese Überlegungen zeigten wegen zu vieler gegenläufiger Erwägungen bislang allerdings kein Ergebnis. Da die Ausweitung des Territoriums nicht funktioniert, wird ein Versuch der Wiederaneignung des bereits bestehenden Territoriums unternommen. Zum einen, indem die Contraden innerhalb des Zentrums Immobilien erwerben und renovieren, um sie eigenen Mitgliedern als Wohnraum zur Verfügung zu stellen. In diesem Zusammenhang gibt es immer wieder Forderungen seitens der Contraden, Einrichtungen vor allem der Universität sowie Studentenwohnheime aus dem Stadtzentrum auszulagern, um die Gebäude für Wohnraum nutzbar machen zu können. Forderungen, die nicht ohne Resonanz bleiben und von der Stadt teilweise umgesetzt werden.[83] Zum anderen wird versucht, die Zugänglichkeit der Societàs für die Mitglieder zu verbessern, indem sie mittels bestimmter Lizenzen freie Zufahrt ins Stadtzentrum erhalten sollen, wenn in den Contraden Versammlungen stattfinden.

83 Bei einer von der Contrada della Lupa organisierten öffentlichen Diskussion über die Grenzen der Contraden berichtete der Bürgermeister, dass der städtische Bebauungsplan von 1996 vorgesehen hätte, die Tendenz zur Tertialisierung des historischen Zentrums zu stoppen. Dass seitdem 330 neue Wohnungen im Zentrum der privaten Nutzung überlassen worden wären, wertete er als Erfolg. (*Corriere di Siena*, 20.3.2000, S. 10)

Eine weitere Maßnahme gegenüber diesen Veränderungen besteht darin, erzieherisch auf die jüngeren Generationen einzuwirken und das Contraden-Erbe so lebendig zu halten.[84] Dazu gehören, wie oben beschrieben, vor allem die regen Aktivitäten der Kindergruppen in den Contraden. Über eine bewusst gesteuerte Sozialisation und eine Vermittlung der Contraden-Werte durch die Erfahrung des Gemeinschaftslebens soll die Bindung zukünftiger Generationen begründet werden. Schließlich gehört die Archivierung von Dokumenten und Objekten, also die sorgfältige Kultivierung der Contraden-Geschichte zu den offensichtlichsten Maßnahmen, die der Auflösung durch die Deterritorialisierung entgegenwirken sollen. Ein Bewusstsein für die Kontinuität der Contraden wird geschaffen, indem ihre historische Existenz materiell objektiviert wird. Was das alltägliche soziale Leben betrifft, so wird die Vergangenheit in Erzählungen, Liedern und Anekdoten aufrechterhalten, und auch in den Contraden eigenen Zeitschriften finden sich stets Artikel, die die Ursprünge und Geschichte bestimmter Traditionen beschreiben. Neben der Rekurrenz auf die Historizität findet durch die Ausstellung von symbolisch bedeutsamen Objekten in den Museen eine bewusste Repräsentation von Contraden-Identität statt. Die Erneuerung der Museen in den letzten zwanzig bis dreißig Jahren ist ein Zeichen für den gestiegenen Bedarf an Symbolisierung und Sichtbarmachung der eigenen Kultur, die durch Prozesse der sozialen Fragmentierung an Bindungskraft zu verlieren droht. Wurden Palio-Banner früher in den Häusern der *Capitani* aufbewahrt, werden sie jetzt öffentlich ausgestellt, um die Bedeutsamkeit der Contrada hervorzuheben.

Gemeinschaft

Die Verbindlichkeit des Gemeinschaftslebens des Contraden fußt auf Werten der Freundschaft, Gleichheit und Solidarität untereinander. Das betrifft jedes einzelne Mitglied, aber auch das Zusammenleben der Generationen.[85] Am deutlichsten wird die erlebte Gemeinschaft in den Bildern, mit denen die Contrada von Seiten der Contradaioli am häufigsten charakterisiert wird: Die Contrada wird als

84 Ein Beispiel dafür ist die Herausgabe des Schulbuchs »Contrada è...« vom Comitato Amici del Palio, in dem Symbole, Traditionen und Gemeinschaftsleben der Contraden in kindgerechter Weise erläutert werden.

85 Und sogar die Beziehung zu den Verstorbenen, siehe Trapassi (1998) in »La Nobil Contrada del Bruco dagli antichi libri delle memorie e deliberazioni«, S. 11.

Familie (*famiglia*) bezeichnet, als Vaterland (*patria*), und auch als das Leben (*vita*). Vor allem die Analogie der Contrada als Familie deutet auf die engen Bindungen hin, die qua Geburt erworben werden und lebenslänglich andauern.[86] Ebenso verweist die Gleichung des Lebens auf die zentrale Bedeutung der Contrada für die gesamte physische und psychische Erfahrung einer Person. Der Begriff des Vaterlandes oder auch der Republik (*città-stato*) schließlich ist Sinnbild für die Treue und Loyalität gegenüber der Contrada, dem Heimatgefühl, das mit einem bestimmten Territorium verbunden ist. Hier wird die Souveränität der Contrada betont und ihre sozio-politische Eigenständigkeit auch als identifikatorische Einheit innerhalb der Stadt Siena.[87] Ein weiteres Bild zeichnet die Contrada als Mosaik, in dem jeder Contradaiolo ein unverzichtbares Teil darstellt, aus dem das Ganze zusammengefügt ist (Trapassi 1998: 11). Hier wird der Anspruch auf Gleichheit und Wertschätzung aller Mitglieder deutlich, die mit ihren individuellen Eigenheiten die Gesamtheit des Kollektivs bilden.

Grundsätzlich gilt, dass in der Contrada weder über Politik noch über Religion gesprochen wird, um Uneinigkeiten zu vermeiden. Auch die Herkunft nach sozialer Schicht zählt in der Contrada dem Wertekodex nach nicht, weshalb die Mitglieder einander in der Regel mit dem informellen *tu* (du) statt mit dem formellen *Lei* (Sie) ansprechen. Die angestrebte Gleichheit wird weitgehend praktiziert, wobei Parteizugehörigkeit oder Wahlverhalten eine geringere Rolle zu spielen scheinen als Schichtzugehörigkeit. Letztere ist insofern bedeutsam, als sie den Zugang zu Ämtern innerhalb der Contrada ermöglicht oder beschränkt. Leitende Positionen werden weitaus eher von finanziell besser gestellten Personen in angesehenen Berufen ausgeübt als von anderen.[88] In diesem Punkt sind die Meinungen ebenso polarisiert wie bezüglich anderer Aspekte realer interner Hierarchien, die es idealerweise nicht geben sollte. Während einige Contradaioli es als gegebene und gleichsam natürliche Tatsache akzeptieren, dass jemand mit öffentlichem Ansehen und den finanziellen Mitteln zur Zahlung von mit dem Amt anfallenden Ausgaben die Funktion eines *Capitano* oder *Priore* übernimmt, regt sich bei anderen Kritik an dieser Bevorzugung. Die einen argumentieren,

---

86 Park stellt fest, dass das häufig gebrauchte Bild der Contrada als Familie von einigen Contradaioli auch als zu missverständlich abgelehnt wird, weil es eine hierarchische Ordnung implizieren würde (1992: 84). Mir selbst sind solche Einwände nicht begegnet.

87 Was die Geschlossenheit der Contraden betrifft, so wird oft auf die Organisationsstruktur des mittelalterlichen Adels und die Geschichte der mittelalterlichen Stadtrepubliken verwiesen. Als soziale, politische und ökonomische Einheiten hätten sie genau die Autonomie gehabt, welche die Contraden im Kleinen widerspiegeln.

88 Siehe auch Park (1992: 89) und Liebscher (2001: 59).

dass eine besser gestellte Person eher dazu in der Lage ist, Vertrauen auf sich zu vereinen und eben die notwendigen Mittel hat, die Contrada zu unterstützen; die anderen verweisen darauf, dass gerade die Ausübung eines leitenden Amtes in der Contrada öffentliches Ansehen befestigen und innerhalb des städtischen Lebens persönliche Vorteile verschaffen würde. Letztere Meinung geht bis hin zu der Kritik, dass Ämter nur aus Gründen des Prestigegewinns angestrebt würden. An diesem Punkt zeigt sich, ähnlich wie bei den *cazzotti* (vgl. 4. Kapitel), eine Haltung gegenüber gesellschaftlichen Veränderungen, welche sich auch innerhalb der Gemeinschaften wiederfinden lassen. Persönliches Profitstreben und Individualisierung wird Veränderungen der »Außenwelt« zugeordnet, und diesem steht ein Ideal von Amtsbekleidung im Dienst der Gemeinschaft gegenüber, das nach Aussage einiger Contradaioli in der Vergangenheit auch gegeben war.[89]

Wie oben angedeutet, fällt jeder *rite de passage* unter die Präsenz der Contrada, sofern es sich um teilnehmende Mitglieder handelt. Und die Identifikation der Individuen mit ihrer Gemeinschaft ist sehr stark. Wie weit diese Identifikation reicht und was sie bedingt, soll vor allem in den folgenden Kapiteln ausgeführt werden. An dieser Stelle ist festzuhalten, dass die Contrada für diejenigen, die sie aktiv leben, einen wichtigen, wenn nicht sogar den wichtigsten, Bezugspunkt im Leben darstellt. Immer wieder werden die engen Freundschaften und die dauerhaften vertrauten Beziehungen hervorgehoben, wenn Personen die Bedeutung der Contrada in ihrem Leben beschreiben. Auch die Arbeit in der und für die Contrada ist ein Aspekt der Verbundenheit. »Es ist das Zusammensein...« sagte eine Gesprächspartnerin. »Mit den anderen zusammenzusitzen, Scherze zu machen, zu singen...« Die Geselligkeit gemeinsamer Abende, an denen in großer Runde zusammen gekocht und gegessen wird, die Vorbereitung von Veranstaltungen, das Feiern der Feste – all das ist Bestandteil dieses Gemeinschaftsgefühls. Darüber hinaus gibt es eine starke Identifikation mit den Symbolen der Contrada, mit ihren besonderen Traditionen und ihrer Geschichte. Diese Identifikation mit der Contrada selbst hat eine so stark emotionale Komponente, dass sie für die meisten Contradaioli jenseits des Beschreibbaren liegt. »Man kann es nicht erklären, man kann es nur erleben«, lautet eine häufige Aussage. Für das

89 Liebscher (2001: 82-86) charakterisiert die gegenseitige Hilfe und das solidarische Prinzip neben der Freizeitgestaltung als wichtigste Aspekte des Gemeinschaftslebens. Unterstützung anderer Contraden-Mitglieder würde sich unter anderem in »Empfehlungen« ausdrücken, mit Hilfe derer jüngeren Mitgliedern der Zugang zu Jobs erleichtert wird. Ich bin dieser Frage nicht nachgegangen, erhielt jedoch ebenfalls Hinweise darauf, dass eine solche Praxis üblich ist.

Individuum stellt die Contrada den sozialen Mittelpunkt dar, es ist ein System, unter dem gelebt, geliebt und gearbeitet wird, es bestimmt den Wunsch des Wohnorts genauso wie das Verbringen freier Zeit. Brüche ergeben sich dabei immer wieder, da keine Person außerhalb der realen Welt lebt und Veränderungen begriffen, übernommen und transzendiert werden müssen. Gemeinschaft wird immer wieder neu erfahren, und zwischen der Beständigkeit des Gefüges und den Neuerungen durch sich verändernde kulturelle Rahmenbedingungen wird ein Prozess der Identifikation vorgenommen, der immer wieder neu hervorgebracht wird. Um die Bewegtheit der Contraden zu erklären, werde ich mich jetzt dem Palio zuwenden, dem wichtigsten Fest der Stadtteile, zugleich Dreh- und Angelpunkt des Gemeinschaftslebens.

3. Der Palio

Es ist schwer, sich bei der Beschreibung des aktuellen Palios nicht auf vorgefundene Bilder zu stützen. Das Rennen stellt eine touristische Attraktion dar, die in vielen Reiseführern gewürdigt wird. Auch in speziellen Palio-Führern[90] wird der Ablauf mit Bildern ausführlich erklärt, genauso finden sich Erläuterungen auf der Website der Stadt Siena[91] im Internet. Das Schauspiel ist Gegenstand von Filmdokumentationen und Fernsehreportagen. In den Buchläden der Stadt und in der kommunalen Bibliothek findet sich eine Vielzahl an Literatur über einzelne Aspekte des Festes, wie journalistische Erinnerungen, die Abbildung der Kostüme, die Beschreibung seiner Geschichte, die Auflistung der Siege, die Lebenserinnerungen von Reitern.[92] Eine gewisse »Erzählstruktur« scheint fast notwendigerweise durch die Chronologie und die Dramaturgie der Festabläufe vorgegeben. Auch ich werde mich an diese Struktur halten. Mein Wissen über den Palio ist eine Melange aus dem Besuch dreier Rennen, also der unmittelbaren teilnehmenden Beobachtung, aus Gesprächen mit Contradaioli, aus der Lektüre des *Corriere di Siena*, einer lokalen Tageszeitung, die über den Palio ausführlich berichtet, und aus ergänzenden Informationen durch die Literatur (die in dem Fall ausdrücklich kenntlich gemacht sind). Bei der folgenden Darstellung stütze ich mich vor allem auf meine eigenen Erlebnisse und Anschauungen, das heißt auf meine Feldnotizen, und ergänze sie, wo es mir angebracht erscheint, durch andere Quellen. Ich werde den regulären Ablauf der Festlichkeiten in den Tagen

90 Z.B. eine genehmigte Veröffentlichung des *Consorzio per la Tutela del Palio*: »Erleben Sie den Palio. Führer mit 75 Farbabbildungen.« Storti Edizioni 1997.

91 Adresse zuletzt besucht am 17.05.2000: http://www.comune.siena.it

92 Zur Geschichte siehe z.B. Balestracci & Barzanti & Piccinni (1978), Betti (1992), Fiorini (o.J.), Profeti (1978), Rondini (1932); zum Fest: Catoni & Falassi (1982), Magi (1996), Magrini (1986), einen ausführlichen Überblick bieten Cecchini & Neri (1958); Anekdoten und Geschichten: Ciani (1986), Doretto (1994); Verzeichnis der Siege: Dolcino (o.J.); über die Reiter: Luchini (1992), Magrini (1982); über die Pferde: Profeti (1991), Tulini (1990).

des Palios beschreiben, Besonderheiten erläutern und einzelne Aspekte des Festes in ihrer Gesamtbedeutung diskutieren. Was also ist der Palio?

Das Palio-Pferderennen ist das wichtigste Ereignis im Contraden-Jahr. Und bei diesem Fest werden Gefühle der Identifikation mit der eigenen Contrada besonders deutlich. Denn es handelt sich um einen Wettkampf, bei dem zwar der Sieg der eigenen Contrada im Vordergrund steht, aber auch das Mit- und Gegeneinander der Contraden eine grundlegende Rolle spielt. Die Contraden treten hier als Gesamtsystem hervor. Denn obwohl jede Contrada, wie oben angeführt, ihre Eigenständigkeit betont, so stehen die Stadtteile untereinander in permanenter Beziehung. Dieses Beziehungsgefüge besteht aus Freundschaften, Feindschaften und neutralen Verhältnissen und stellt mit Blick auf das Bild der Contraden als Kleinstaaten sozusagen ihre Außenpolitik dar. Eine Contrada pflegt mit meist mehreren anderen Contraden freundschaftliche Beziehungen oder auch Allianzen, während sie in der Regel eine reziproke Erzfeindschaft hegt. Zum Rest der Contraden wird überhaupt keine Beziehung aufrechterhalten. Das Beziehungsgeflecht ist nicht unveränderbar, aber in den Grundzügen dauerhaft, und vor allem die Feindschaften reichen teilweise in die Geschichte der letzten Jahrhunderte zurück. Zum Ausdruck kommen die Beziehungen nicht nur beim Palio, doch das Ereignis ist insofern zentral, als sich im Kontext des Rennens Freundschaften und Feindschaften festigen, auflösen oder neu entstehen. Denn bei diesem Ereignis geht es nicht nur darum, dass die eigene Contrada gewinnt, sondern ebenso darum, dass die Rivalin oder Gegnerin (*la contrada rivale* oder *la contrada avversaria* im Alltagsgebrauch auch *la nemica*) nicht gewinnt. Zu diesem Zweck unterstützen sich die verbündeten Contraden (*contrade alleate*) in vorheriger Absprache. Da das System recht komplex ist und die Beziehungen zwar gegenseitig sind, einander aber überkreuzen, ist das unter Umständen ein schwieriges Unterfangen. Dazu kommt, dass natürlich die eigenen Interessen gewahrt werden müssen und die Ausgangssituation beim Rennen jeweils eine andere ist.

Das Palio-Rennen ist einerseits ein Spiel, bei dem Absprachen getroffen und im Zusammenspiel von Berechnung, Glück und Zufall Siege erzielt und Niederlagen eingesteckt werden. Auf der anderen Seite stellt er eine Form der Politik der Contraden dar, ein fokussiertes Zusammentreffen, welches das ganze Jahr über vorbereitet wird und wesentlich auf die Beziehungen untereinander Bezug nimmt. Drittens ist der Palio ein Ritual, das in einer spezifischen Weise immer zur gleichen Zeit abgehalten wird und sich nicht nur auf das Rennen selbst bezieht, sondern ebenso auf die Abläufe, die es umrahmen. In dieser mehrfachen Bedeutung ist der Palio für die Identität der Contraden als soziale Gemeinschaften absolut konstitutiv. Ohne den Palio wären die Contraden nicht, was sie sind, gleichzeitig existierte der Palio nicht ohne die Contraden. Mehr als nur ein Pferderennen und damit ein sportliches Ereignis, stellt die Palio das herausragende Merkmal der städtischen Identität dar. Und zwar einer Identität, die sowohl von außen wahrgenommen, als auch von den Beteiligten selbst als einzigartiges Ereignis und untrennbarer Bestandteil des lokalen Lebens angesehen wird. Palio, das heißt Warten auf den großen Tag, das Ereignis in aller Munde und intensive Vorbereitung. Vorbereitung auf ein Rennen, das nur anderhalb Minuten dauert, die Stadt in Festtaumel versetzt und mit gängigen Vergleichen nicht zu beschreiben ist. Gerade die Verbindung eines durchaus weltlichen Vorgangs mit religiösen Aspekten, der Einsatz profaner Mittel wie gegenseitige Behinderung, die Praxis von Bestechungen und das Wechselspiel von Glück und Geschick unterscheiden den Palio eindeutig von gewöhnlichen Pferderennen. Außerdem findet er nicht auf einer Rennbahn, sondern in der Mitte des historischen Stadtzentrums, auf der berühmten Piazza del Campo, statt.[93]

3.1. Die Tage vor dem Rennen

Auslosung der Contraden und Vorbereitung

»*Il Palio si corre tutto l'anno*«, den Palio läuft man das ganze Jahr über – mit diesem Satz wird deutlich, dass der Palio mehr als ein temporäres Spektakel und im Leben Sienas fest verankert ist. Er ist Gesprächsthema, er ist Markierung im Kalender und strukturiert den Jahresrhythmus, er ist das Ereignis, auf das das gesamte Contraden-Jahr hinsteuert. Die Vorbereitungen beginnen bereits im Frühling, wenn die *Capitani* Pferde bei den Rennen in der Provinz begutachten, Kontakte zu möglichen Reitern aufnehmen und ihre Beziehungen pflegen. Dann findet die Auslosung der Contraden (*estrazione*) statt, und zwar für den Juli-Palio jeweils am letzten Sonntag im Mai, und für den August-Palio jeweils am Sonntag nach dem Juli-Palio.[94] An jedem Palio nehmen aus Platzgründen nur

93 Dieser im 13. Jahrhundert gebaute Platz wird wegen seiner muschelförmigen Anlage und den Palästen, die ihn im Halbrund umgeben, immer wieder als der schönste Platz Italiens gerühmt. An seiner Stirnseite befindet sich der Palazzo Pubblico, das Rathaus, mit dem Glockenturm, dem Torre del Mangia. Er stellt die geographische Mitte der Stadt dar, an der die drei Hügelzüge zusammenlaufen.

94 Dundes & Falassi geben an, dass die Auslosung der Contraden nicht weniger als zwanzig Tage vor dem Rennen stattfinden dürfte (1994: 50).

zehn Contraden teil. Zu eng ist die Bahn um die Piazza del Campo, als dass alle siebzehn Contraden nebeneinander Aufstellung nehmen könnten.[95] Die sieben Contraden, die in einem Jahr nicht gelaufen sind, nehmen automatisch am Palio des folgenden Jahres teil, und die übrigen drei werden durch Losverfahren ermittelt. Juli-Palio und August-Palio werden dabei getrennt voneinander behandelt, so dass es geschehen kann, dass eine Contrada in einem Jahr beide Palio-Rennen läuft, eine andere hingegen gar keines. Keine Contrada jedoch muss auf diese Weise mehr als ein Jahr warten.

Am Tag der Auslosung hängen die Fahnen der Contraden, die von Rechts wegen laufen, vom Palazzo Pubblico. *Si corre* – mit dem einfachen Wort »laufen« wird die Teilnahme an einem Palio ausgedrückt, und jeder weiß, was gemeint ist. Der Platz füllt sich mit Menschen, die erwartungsvoll des Kommenden harren. Im Palazzo Pubblico sitzen in Anwesenheit des Bürgermeisters die *Capitani* der siebzehn Contraden. Aus einer Urne mit den Namen aller Contraden zieht der Bürgermeister drei, und die *Capitani* dieser drei Contraden ziehen in der Folge aus einer zweiten Urne mit den zehn Namen der offenen Contraden die drei zusätzlich teilnehmenden. Die Fahnen dieser Contraden werden aus den Fenstern des Palazzo Pubblico gehängt und von den Menschen auf dem Platz mit Jubel (oder auch Enttäuschung, das ist abhängig von der Beziehung zur jeweiligen Contrada) begrüßt. Der Bürgermeister zieht nacheinander auch die Namen der verbleibenden sieben Contraden, da dies später deren Reihenfolge im *Corteo storico*, dem historischen Umzug, bestimmt.[96] Auch die Fahnen dieser Contraden werden in die Fensterreihe über die anderen gehängt. Im Folgenden ein Ausschnitt aus meinen Feldnotizen über die erste Auslosung, an der ich teilnahm, der die Szene veranschaulicht und die spannungsgeladenen Beziehungen zwischen den Contraden deutlich macht (vgl. Kapitel 4.3.):

»Davide und ich spazieren zum Campo und bleiben an der Ecke Casato stehen. Ich wundere mich über die zwei Polizisten, die dort stehen. Davide erklärt mir, dass sie hier wären, weil Angehörige der Chiocciola und Tartuca an dieser Stelle oft aneinander gerieten. Die Feindschaft zwischen diesen beiden Contraden scheint besonders arg zu sein, ich erinnere mich, in der Zeitung gelesen zu haben, dass zwischen ihnen bislang nichts passiert sei. Aus der ersten Fensterreihe des Palazzo Pubblico hängen die Fahnen der Contraden, die im letzten Jahr nicht gelaufen sind, es sind Onda, Lupa, Nicchio, Bruco, Oca, Aquila und Pantera. Um den Platz

95 Die Beschränkung der Teilnahme auf zehn Pferde, also zehn Contraden, wurde 1721 von Violante von Bayern festgelegt.

96 Bei einem außerordentlichen Palio zieht der Bürgermeister aus einer Urne den Namen einer Contrada, der *Capitano* dieser Contrada zieht den nächsten Namen, dieser dann den dritten und so weiter (Dundes & Falassi 1994: 52).

ziehen Contradaioli der Oca mit dem frisch gewonnenen Palio-Banner. Ein kleiner Transporter fährt vorbei, auf der offenen Ladefläche sitzen junge Männer der Oca, trinken und singen. Sie haben ein Transparent entspannt, das den *fantino* der Torre verspottet. Die Oca wird auch am August-Palio teilnehmen und hat damit die Möglichkeit, einen ›cappotto‹ zu machen, einen zweifachen Sieg in einem Jahr, was letztes Jahr der Giraffa gelungen ist. Dann zieht die Bruco in Kostümen mit Trommeln und Fahnen vom Gebiet der befreundeten Torre ein. Sie hat heute ihre Festa Titolare. Gleichzeitig kommen junge Männer der Aquila von der Via del Casato aus unter Gesang auf den Campo.

Um 19 Uhr treten Trompeter ans Fenster des Palazzo Pubblico. Fanfarenstöße erklingen. Die Trompeter verstummen, es herrscht Stille. Man wartet. Dann Gemurmel auf dem Platz, als die Trompeter anzeigen, dass die erste Contrada gezogen worden ist. Es ist die Tartuca, die im letzten Jahr disqualifiziert wurde und deren Fahne deshalb an die obere Fensterreihe gehängt wird. Dann wieder Stille und erneut Trompetenstöße: Die orange-grüne Fahne der Selva wird aufgehängt. Die Leute aus der Selva jubeln. Es folgt die Fahne der Leocorno. Jungen laufen zum Palazzo Pubblico unter die Fahne, die weit über ihren Köpfen schwebt, bejubeln sie und singen. Schließlich wird auch die Torre ausgehängt. Davide ist beglückt, umarmt mich vor Freude. Die Torre hat seit 37 Jahren nicht gewonnen. Auf der anderen Seite des Platzes jubeln die Contradaioli der Torre, eine ganze Gruppe auf dem Platz voller Menschen reißt die Arme hoch. Auch die befreundete Bruco applaudiert. Die Männer der Torre stimmen laut und kräftig ihr Lied an, das über den ganzen Platz bis zur Oca schallt, ihrer Feindin. Nur weil die Tartuca disqualifiziert war, wurde der Torre dieses Glück zuteil. Dann werden in die obere Fensterreihe die Fahnen der Contraden gehängt, die nicht laufen. Ein junger Mann in der Nähe schimpft böse und stößt eine Tonne um, ich verstehe nicht, was er sagt, und bekomme Angst vor seiner Aggressivität. Wieder erklärt mir Davide den Grund: Er sei verärgert, weil die Tartuca gezogen worden wäre, die Chiocciola dagegen nicht. Die jungen Männer der Chiocciola um uns herum sind sichtbar enttäuscht und wenden sich ab. Ein vielleicht 13-jähriger Junge schlägt die Hände vors Gesicht und weint. Als die Fahne der Civetta sich beim Heraushängen nicht gleich entrollt, jubeln die Contradaioli der befeindeten Leocorno. Dann beginnt der Umzug der Bruco um den Platz.«[97]

Nach der Auslosung bereiten die Contraden sich endgültig auf den Palio vor. Vier Tage vor dem festgelegten Datum beginnen dann die eigentlichen Feierlichkeiten und Vorbereitungen. Die Ereignisse folgen nun dicht aufeinander und steuern auf das große Ereinis zu. Etwa eine Woche vor dem Rennen wird Erde auf den Platz geschafft. Die Erdbahn aus Lehm umringt die gesamte Piazza del Campo und wird innen von einem hölzernen Zaun begrenzt. An der Kurve San Martino stehen zum Schutz für Reiter und Pferde dicke Matratzen. Auf der Außenseite, an die Wände der Häuser und Palazzi gelehnt, werden steile Tribünen (*palchi*) errichtet, an denen während des Rennens rote Tuchbahnen hängen. Für die Sitzplätze auf den Tribünen werden Reservierungen verkauft. Der Preis eines Sitzplatzes ist abhängig von seiner Lage und beträgt bis zu mehr als 200.000

---

97 Feldnotiz vom 5.7.1998.

Lire. Auch auf Terrassen und Balkonen werden von den Eigentümern Plätze verkauft. Das Leben in der Stadt geht unterdessen weiter, Leute überqueren die Piazza, Studenten und Touristen sitzen wie immer auf den Steinen, die Tische der Restaurants stehen auch auf der Erdbahn, und morgens und abends wird die Erde mit Wasser besprengt, damit sie nicht austrocknet. In den Gassen hängen aus den Häusern die Fahnen der Contraden, was nur bei besonderen Anlässen wie dem Palio und der *Festa Titolare* der Fall ist, und die Hauswände sind mit hölzernen Leuchtern, den *braccialetti,* geschmückt. Das Palio-Banner wird der Öffentlichkeit im Innenhof des Palazzo Pubblico präsentiert. Diese längliche, an einer Stange befestigte Standarte wird für jeden Palio neu von einem anderen Künstler[98] bemalt und stellt immer in irgendeiner Form den Palio und die Madonna dar, der er gewidmet ist. Weiterhin finden sich auf dem Banner alle teilnehmenden Contraden symbolisiert. Am oberen Ende ist an der Stange ein Wimpel mit der *Balzana* befestigt.

Am vierten Tag vor dem Rennen findet morgens in aller Frühe auf der Piazza del Campo die inoffizielle *prova di notte* (Nachtprobe) statt. Zwanzig bis dreißig von den zuständigen Vertretern der Contraden ausgesuchte Pferde werden von Reitern in Gruppen von jeweils vier oder fünf auf der Bahn vorgeführt. Diese Probe wird hauptsächlich von interessierten Männern der Contraden besucht, es herrscht eine ernsthafte und ruhige Atmosphäre. Es gibt Galoppaden und langsamere Gangarten, und man beobachtet, wie die Pferde sich auf der unebenen Bahn verhalten. Am folgenden Tag, dem dritten vor dem Rennen, finden morgens offiziell die »Batterien« (*batterie di selezione*) statt. Es sind alle ausgesuchten Pferde anwesend, nachdem sie einer tierärztlichen Untersuchung unterzogen worden sind, um sicherzustellen, dass sie gesund sind, denn in der Folge, nachdem sie endgültig ausgewählt sind, kann ein Tier nicht mehr durch ein anderes ersetzt werden. In der Reihenfolge der Untersuchung werden die Pferde mit deutlich sichtbaren Nummern auf den Schenkeln versehen. Die Pferde werden von Jockeys (*fantini*) geritten, die unter Umständen später am Rennen teilnehmen, zu diesem Zeitpunkt jedoch noch neutral sind und deshalb schwarze und weiße Kleidung, also die Farben der Stadt, tragen. Sie präsentieren die Tiere in der gleichen Weise wie bei der Nachtprobe, also in Gruppen von vier oder fünf. Unter diesen Pferden wählen die anwesenden *Capitani* der siebzehn Contraden zehn annähernd gleichwertige aus. Da die Zuordnung der Pferde zu den einzelnen Contraden erst später erfolgt, besteht ein Interesse daran, die Chancen auf einen Sieg möglichst ausbalanciert zu halten. Sowohl schlechte als auch deutlich

98 Tatsächlich kaum einer Künstlerin, bisher waren es fast ausschließlich Männer.

überragende Tiere werden also aussortiert. Stärken, auf die geachtet wird, bestehen vor allem in Schnelligkeit, Ausdauer, Reaktionsvermögen und Anpassungsfähigkeit an die Bahn. Gerade die fast rechtwinkligen Kurven an der Stirnseite des Platzes neben dem Rathaus, San Martino und Casato, bergen in dieser Hinsicht Schwierigkeiten. Auch allzu nervöse Pferde werden ungern genommen. Während man früher Halbblüter, also schwerere Pferde für das Palio-Rennen benutzte, sind es heutzutage in der Regel Vollblüter.

Assegnazione und Probeläufe

Nachdem die *Capitani* die zehn Pferde ausgewählt haben, erfolgt dann am Mittag die *Assegnazione*, die Zuweisung dieser Pferde an die zehn Contraden. Ein Vorgang, der als gesamter unter der Bezeichnung *Tratta* bekannt ist. Vor dem Palazzo Pubblico wird auf einem Podest ein langer Tisch aufgestellt, an dem die zehn *Capitani* Platz nehmen. Anwesend sind auch der Bürgermeister und Pagen in Kostümen. An jeder Seite des Tisches hängt eine Urne. In der einen liegen die Namen der zehn am Palio teilnehmenden Contraden, in der anderen die Nummern der zehn ausgewählten Pferde, und zwar in der Numerierung 1 bis 10, die sie seit der Auswahl im Ohr tragen. Neben dem Podest befinden sich Stände für die Pferde. An der Front des Palazzo Pubblico ist eine Anzeigentafel befestigt, neben der zwei Männer auf Leitern stehen, die später die Zahlen der Pferde und die Namen der ihnen zugewiesenen Contraden für alle sichtbar aufhängen.

»Der Platz füllt sich, die Sonne knallt in der Mittagshitze. Standen die Leute erst nur dicht gedrängt im langsam wandernden Schatten des Torre del Mangia, so ist jetzt der ganze Platz mit neugierigen Zuschauern besetzt. Auf der Tribüne postieren sich fünf Trompeter. Der Bürgermeister steht am Mikrofon in der Mitte, sagt aber noch nichts. Die Pferde werden in die Stände geführt. Als alle Pferde bereitstehen, erklingen Fanfarenstöße. Die Männer (und eine Frau) stehen auf. Ein Kind zieht ein Los aus der rechten Urne. Der Bürgermeister verkündet, was darauf steht: »*Due*.« Gemurmel. Dann zieht das Kind aus der links hängenden Urne ein Los, und der Bürgermeister verliest in die Stille hinein: »Onda.« Um uns herum braust Jubel auf, Leute rennen in Richtung der Pferde, die Mädchen mit den hellblauen Halstüchern und den Delfinen auf den T-Shirts fallen einander in die Arme, eines vergießt Freudentränen. Gezogen worden ist das Pferd Lobis Andrea, genannt Penna Bianca, das als einer der Favoriten gilt. Die Prozedur wiederholt sich in rascher Folge. Zahlen und Namen sind aufgrund des Geräuschpegels nicht mehr zu verstehen, doch man sieht auf der Anzeigentafel, welche Pferde welchen Contraden zugewiesen wurden. An einem Teil des Platzes erhebt sich jeweils Jubel, ein Teil der Menge setzt sich in Bewegung und läuft los, um ihr Pferd abzuholen und wegzuführen.

Einige Contraden jubeln deutlich lauter als andere, ich erkenne Torre, Oca und Aquila. Nach einer knappen halben Stunde ist alles vorbei und die Tribüne wird sofort leer geräumt.«[99]

Das zugewiesene Pferd wird vom *Barbaresco*, das ist der offizielle Pferdepfleger der Contrada, vom Platz geführt. Ihm folgen die jungen Männer der Contrada, junge Frauen laufen hinter ihnen. Das Pferd wird zum Stall der Contrada gebracht, wo es ab sofort strengstens bewacht wird, um zu verhindern, dass jemand (vorzugsweise die verfeindete Contrada) ihm ungewollte »Bonbons« gibt, die schädigende Substanzen enthalten. Außer dem *Barbaresco* und seinen Helfern darf sich niemand dem Tier nähern. Denn wenn ihm irgendetwas zustößt, kann das Pferd nicht ersetzt werden. Es wird also gehegt und gepflegt und erfreut sich höchster Aufmerksamkeit. Ein gutes Pferd (*un cavallo buono*) um so mehr, aber auch in ein als schlecht erachtetes (*una brenna*) wird Hoffnung gesetzt. Besonders favorisierte Pferde haben in der Regel schon einmal einen Palio gewonnen oder sich in anderen Rennen als überlegen erwiesen. Und die Bedeutung der Stärke des Pferdes ist groß, obwohl sie, wie noch deutlich werden wird, keineswegs eine Garantie für den Sieg darstellt. Sie erhöht allerdings die Chancen.

Am Abend des selben Tages findet gegen 19 Uhr dann der erste Probelauf statt. Durch die Via Rinaldini ziehen die Gruppen der Contraden nacheinander auf den Campo ein. Sie kommen aus unterschiedlichen Richtungen und treffen sich alle an der Ecke Via Rinaldini / Banchi di Sotto, wo der *Barbaresco* das Pferd im Kreis führt, umgeben von einer dichten Zuschauermenge, die an die Häuserwände zurückweicht, wenn das Pferd nervös tänzelt und scheut. Am Kopf trägt es die *spennacchiera*, einen kleinen Schmuck in den Farben der Contrada. Dann wird das Pferd vorneweg auf den Platz geführt, während die jungen Männer der Contrada in erster Reihe hinterhergehen und laut ihren Gesang anstimmen. Dieser Gesang hallt kräftig und klar zwischen den Mauern wider, und die gleichtönige Melodie erinnert sowohl an Kirchen- als auch an Kampfgesänge, vor allem durch den Ruf am Ende. Während des Singens heben die Männer die Arme. Ihnen folgen Frauen und Kinder, die meisten tragen ihre *fazzoletti.*

Die Lieder der Contraden sind vielfältig, berühmt ist jedoch vor allem eine Melodie, die zwei vierzeilige Strophen umfasst, welche von allen Contraden gesungen wird. Die Texte, die für diese Melodie verwendet werden, variieren, da jede Contrada andere Verse singt. Diese Texte beinhalten immer eine Lobpreisung der eigenen Contrada und eine Herabsetzung der gegnerischen Contrada. Gelobt werden die Stärke und Schönheit der eigenen Contrada, ihre Überlegenheit gegenüber allen anderen und vor allem gegenüber der Rivalin. Je stärker die

99 Feldnotiz vom 13.8.1998.

Feindschaft zwischen zwei Contraden, desto vehementer die Beleidigungen. Die Melodie erscheint vordergründig sehr schlicht, zeichnet sich aber durch einen feinen Wechsel von Einstimmigkeit und Zwei- oder Dreistimmigkeit einzelner Zeilen aus, sowie von einem Wechsel von Solostimme und Gruppe. Gesungen wird während der Tage des Palios häufig. Nicht nur beim Einzug auf den Platz, sondern auch auf den Tribünen, wo die Gesänge quer über die Piazza schallen und jeweils an die Gruppen der gegnerischen Contrada gerichtet sind, sowie vor und nach den Proben.[100]

Insgesamt gibt es sechs Probeläufe (*prove*), jeweils am Morgen und am Abend der Tage vor dem Rennen. Bei der ersten Probe ist der Platz für gewöhnlich voller Menschen, die sie sich nach Feierabend und vor dem Abendessen anschauen. Es gibt Stände mit Popcorn und Getränken, die Leute reden, es sind Kinder dabei (die beim eigentlichen Rennen nicht mit auf den Platz genommen werden) und aus allen Ecken ertönen die Gesänge der Gruppen von Contradaioli. Auch auf den Tribünen sitzen Leute, sie schauen aus Fenstern und von Balkonen. Gruppen kleiner Contradaioli, die zusammen auf einer Tribüne sitzen, schwenken ihre Tücher, so dass es aussieht wie plötzlich in Bewegung geratene Pappelblätter. Der Platz ist bunt, anhand der Farben kann man einzelne Gruppen von Contraden-Mitgliedern ausmachen. Jede Contrada hat auf dem Rund des Platzes und den Tribünen ihren angestammten Platz, der jeweils in Richtung ihres Territoriums liegt.

Die Pferde mit den Reitern (*fantini*) befinden sich zunächst im Cortile del Podestà, dem Innenhof des Palazzo Pubblico. Dann wird die Bahn geräumt und abgesperrt. Ein Trommelwirbel erklingt und die Reiter kommen heraus. Ohne Sattel sitzen sie auf dem Pferd und tragen Kostüme in den Farben der jeweiligen Contrada und den *zucchino*, einen in den Farben der Contrada bemalten Helm. Die Reiter bewegen sich zum Start am oberen Ende des Platzes, der *mossa*, und drehen dort ihre Runden. Die Startlinie ist von zwei Seilen (*canape*) begrenzt, zwischen denen die Reiter sich einreihen müssen. Für einen ordnungsgemäßen Start müssen sie ordentlich nebeneinander stehen. Die Startreihenfolge wird vom *mossiere*, dem Startrichter, verlesen, der auf einem *verrocchio* genannten Podest steht[101]. Mittels eines Pedals läßt der Startrichter die mit einer Winde gehaltenen Seile im entscheidenden Moment fallen. Die Reihenfolge ist bei den Proben

100 Zu den Liedern der Contraden und vor allem dem genannten Gesang vgl. Dundes & Falassi (1994: 162-184) und Falassi (1980c).

101 Der *mossiere* wird von den *Capitani* für zwei bis drei Jahre gewählt und kommt in der Regel von außerhalb.

vorab festgelegt und wird beim Rennen selbst mit einem besonderen Instrument ausgelost.[102] Der *mossiere* ruft nacheinander die Namen der einzelnen Contraden auf, welche dann zwischen den Seilen Aufstellung nehmen. Das zehnte Pferd startet in *rincorsa*, es wartet hinter den anderen. Das dauert oft eine Weile, wenn die Pferde unruhig sind oder die Reiter sich gegenseitig bedrängen, um eine gute Position zu erreichen. Gerade wenn zwei verfeindete Contraden nebeneinander stehen, sind absichtliche Verzögerungen häufig, um die Unaufmerksamkeit des Nachbarn beim Start zum eigenen Vorteil zu nutzen. Erfolgt die Aufstellung nicht ordnungsgemäß, kann der *mossiere* die Reiter zur Ordnung rufen oder auch zum Verlassen der Startlinie auffordern und die Aufstellung erneut beginnen lassen. Bei einem ungültigen Start beendet ein Böllerschuss das Rennen vorzeitig. Sind die Voraussetzungen für den Start schließlich gegeben, gibt der *mossiere* dem zehnten Pferd ein Signal, es galoppiert los, ein Böllerschuss ertönt, das Seil fällt und auch die anderen Pferde starten.

Der Lauf geht drei Mal um den Platz, eine Strecke von jeweils 339 Metern, bevor ein weiterer Böllerschuss den »Sieg« anzeigt. Bei der Probe zählt der Sieg jedoch noch nicht, auch wenn er mitgeteilt wird. Es geht eher darum, die Fähigkeiten des Pferdes zu erproben und dabei kein Risiko einzugehen. Einige Reiter umrunden die Kurven schnell, viele aber zügeln ihre Pferde und versuchen sie in unterschiedlicher Geschwindigkeit in verschiedene Richtungen zu dirigieren. Denn beim eigentlichen Rennen geht es um alles, und dann ist es wichtig, dass der Reiter sein Pferd gut kennt und beherrscht. Die Proben finden statt, damit Reiter und Pferde mit der Bahn vertraut werden. Für die Reiter sind sie wichtig, um sowohl das eigene Pferd als auch die anderen Pferde kennenzulernen und einzuschätzen. Außerdem dienen sie eventuellen Absprachen untereinander. Aber auch für die Contradaioli sind die Proben von Bedeutung, um Reiter und Pferde in Aktion zu erleben und die Erwartung auf das Rennen zu steigern.

In den Tagen vor dem Rennen befindet sich die Stadt in einem Ausnahmezustand. Überall sieht man die Contraden-Tücher und Fahnen, immer wieder werden morgens und abends die geputzten Pferde zum Probelauf durch die Gassen geführt, und die Lieder erklingen an allen Ecken und Enden. Das bevorstehende Palio-Rennen ist einziges Thema in der Lokalpresse, auf den Straßen und in den

---

102 Die Reihenfolge des ersten Probelaufs korrespondiert mit der Reihenfolge, in der die Contraden zur Teilnahme am Palio ausgelost wurden. Die der zweiten Probe ist die Umkehrung der ersten; die der dritten Probe entspricht der Reihenfolge, in der den Contraden die Pferde zugewiesen wurden; die der vierten Probe ist die Umkehrung der dritten; die der fünften Probe wird durch die Nummern festgelegt, welche die Pferde zum Zeitpunkt der *Assegnazione* am Ohr hatten, und die Reihenfolge der sechsten Probe ist die Umkehrung der fünften.

Bars. Auch nachts sind Gruppen von Jugendlichen unterwegs, die singen und trommeln, und der Campo ist an den warmen Sommerabenden bis weit nach Mitternacht lebendig. Die Hauptstraßen auf den Gebieten der Contraden sind durch Absperrungen für den Autoverkehr gesperrt und abends wird dort an langen Tischen unter freiem Himmel getafelt. Beim August-Palio findet am 14.8. die Kerzenprozession statt. In einem Umzug, an dem Repräsentanten der Contraden mit Wappen und Kostümen teilnehmen, wird auf einem von weißen Ochsen gezogenen Karren eine große weiße Kerze zum Dom gebracht, und auch das Palio-Banner wird dort aufgehängt. Am 15. August, zu Mariä Himmelfahrt, wird im Dom dann eine Messe abgehalten, bei der die Contraden ebenfalls anwesend sind.

Essen der Generalprobe und Absprachen

Am Vorabend des Rennens findet die *prova generale*, Generalprobe, statt. Sie ist die wichtigste der Proben und gibt bereits einen Vorgeschmack auf den Palio selbst. Auf dem Platz befinden sich viele, viele Menschen, und nachdem die Bahn geräumt ist, geben zur Einstimmung berittene *Carabinieri* in Kostümen des 19. Jahrhunderts eine kleine Vorstellung. Sie reiten zweimal um den Platz, vollführen Figuren und verlassen ihn unter Applaus mit gezogenen Schwertern in gestrecktem Galopp. Nach einem Böllerschuss kommen die *fantini* aus dem Innenhof, gehen zum Start und die üblichen drei Runden werden gelaufen. Danach zerstreut sich die Menge. In den Contraden, die am Palio teilnehmen, finden an diesem Abend die Bankette der Generalprobe (*cene della prova generale*) statt. Plätze und Gassen sind festlich erleuchtet, lange Tischreihen sind aufgestellt und es gibt ein mehrgängiges Menü. An diesen Essen nehmen die meisten Contraden-Mitglieder teil, so dass mehrere hundert Personen, teilweise sogar über tausend, zusammen tafeln. Bereits einige Tage vorher werden Karten zur Platzreservierung verkauft, und an diesen Essen nehmen neben den Contradaioli fast immer Gäste teil, zum Teil recht illustre wie Politiker oder Schauspieler, aber auch normale Touristen. *Capitano*, *Priore* und *fantino* halten Ansprachen und verkünden ihre Siegesgewissheit, es wird gegessen und getrunken und immer wieder wird die Hymne der Contrada angestimmt.

In dieser Nacht finden auch die *partiti* statt. Das sind geheime Absprachen und Vereinbarungen zwischen den *Capitani* der am Palio teilnehmenden Contraden. Ziel dieser Verhandlungen ist die Sicherung des eigenen Sieges, aber auch die Verhinderung des Sieges der verfeindeten Contrada. Obwohl nach Artikel 89 des Palio-Reglements offiziell verboten[103], sind sie fester Bestandteil des Palios. Die Absprachen werden stets zwischen zwei Contraden getroffen, oder auch zwischen einer Contrada und einem *fantino*, sowie unter den *fantini*. Dabei werden für die Bereitschaft zur Unterstützung jeweils Geldsummen geboten. Eine Contrada, die ein gutes Pferd hat, kann zum Beispiel einer befreundeten Contrada, die ein schlechtes Pferd gezogen hat und deren Siegeschancen damit geringer sind, eine bestimmte Summe dafür versprechen, dass sie die Gegnerin der ersten Contrada während des Rennens behindert. Oder eine Contrada bietet dem *fantino* einer anderen Contrada Geld dafür, dass er sich während des Rennens zurückhält. Bei diesen Verhandlungen sind sehr große Geldsummen im Spiel, deren genaue Höhe niemand kennt. Die *partiti* sind Sache der *Capitani* und der *Mangini*, und die Mitglieder der Contraden werden erst einige Wochen später, nach dem Ausgang des Palios, über die Gesamtausgaben informiert. Aber auch die Verhandlungsführer der Contraden wissen nicht über jede Transaktion Bescheid, insofern die Vereinbarungen immer nur zwischen zwei Parteien geführt werden und niemand genau wissen kann, was zwischen den anderen besprochen wurde. Selbst am Start können die *fantini* noch schnelle Absprachen treffen. Von der Contrada, für die sie reiten, in bestimmter Weise instruiert, ist es möglich, dass ihnen von einem anderen *fantino* in letzter Minute mehr geboten wird und sie ihre Taktik für die Interessen dieser Contrada einsetzen.[104]

Die *fantini* sind der ungeliebte Teil des Palios. Von den Contraden werden sie als Söldner betrachtet, die dennoch ihren eigenen Interessen folgen. Und tatsächlich haben sie in der Regel keine Bindung an eine bestimmte Contrada und kommen meistens nicht aus Siena. Häufig aus Sardinien gebürtig und einer niedrigen sozialen Schicht angehörend, werden sie als ungebildet angesehen und tendenziell mit Misstrauen behandelt, weil ihnen die Identifikation mit einer Contrada fehlt und sie das tun, was für einen Contradaiolo undenkbar wäre, nämlich die Seiten und die Loyalität wechseln. Ihre Arbeit wird nicht als ehrlich erachtet, und das oft recht großzügige Leben von Geldern, die nicht versteuert werden, erzeugt womöglich Neid. Die Beziehung ist zwiespältig: Einerseits braucht man sie, andererseits verachtet man sie. Man versucht das Verhältnis zu ihnen möglichst positiv zu gestalten, so lange sie die Möglichkeit auf einen Sieg

---

103 Artikel 89 des *Regolamento per il Palio* (in der im Juni 1999 aktualisierten Fassung) besagt: »Jegliche Parteinahme oder Übereinkunft, die darauf abzielt, den Palio eine Contrada eher gewinnen zu lassen als eine andere, ist verboten.«

104 Zur ausführlichen Erläuterung der *partiti* siehe Dundes & Falassi (1994: 72-92).

verheißen, verlieren sie jedoch einen Palio und besteht der Verdacht auf »Verrat«, werden sie von wütenden Contradaioli auch gnadenlos verprügelt.

In der Regel sind es zumeist die selben Reiter, die an den Palio-Rennen teilnehmen. Sie reiten allerdings immer wieder für andere Contraden, wenn auch unter Umständen mehrfach für die selbe. Neben den erfahrenen *fantini* gibt es immer wieder jüngere und Neulinge. *Fantini*, die bereits mehrere Palios gewonnen haben, erlangen einen gewissen Ruhm, so wie zur Zeit die Reiter mit den Spitznamen Cianchino und Pesse – jeder *fantino* hat neben seinem bürgerlichen einen solchen Spitznamen – oder in der jüngeren Vergangenheit Aceto. Für ihre Dienste werden die Reiter von den Contraden bezahlt, und diese Summe richtet sich unter anderem nach deren Erfolg und Erfahrung. Die Wahl einer Contrada für einen Reiter ist zudem von der Qualität des zugewiesenen Pferdes abhängig. Eine Contrada mit einem guten Pferd wird versuchen, mit entsprechendem Angebot einen guten Reiter zu gewinnen, während sie die Mühe bzw. den finanziellen Aufwand bei einem schlechteren Pferd tendenziell nicht unternimmt.

3.2. Der Tag des Rennens

Letzte Vorbereitungen, Segnung der Pferde, *Corteo Storico*

Dann ist am 2. Juli oder dem 16. August der große Tag gekommen. Um 8 Uhr morgens findet in der Kapelle neben dem Palazzo Pubblico eine Messe für die Reiter statt, und danach wird der letzte Probelauf abgehalten. Dieser Probe, geringschätzig *provaccia* genannt, kommt kaum noch Bedeutung zu. Die Gefahr, dass die Pferde sich im letzten Moment verletzen oder zu sehr erschöpfen, ist zu groß, und sie ist nur mäßig besucht. Alles befindet sich bereits in Vorbereitung auf die Ereignisse am Nachmittag. Nach der Probe werden die *fantini* ins Rathaus begleitet und von den *Capitani* der Contraden offiziell vorgestellt (*segnatura dei fantini*). Bis zu diesem Zeitpunkt ist es noch unklar, welcher *fantino* für welche Contrada reiten wird. Selbst wenn bereits Vereinbarungen getroffen wurden und das Arrangement festzustehen scheint, können durch andere Vereinbarungen bis zu dieser Minute noch Änderungen eintreten. So kann es passieren, dass ein Reiter, der sämtliche Proben für eine bestimmte Contrada geritten ist, den Palio selbst in einer anderen Contrada reitet.

Am frühen Nachmittag beginnt in den Contraden mit Glockenläuten die Einkleidung. Alle Mitglieder der Komparserie ziehen ihre festlichen Kostüme an, die im Sitz der Contrada aufbewahrt werden, und bereiten sich damit auf den *Corteo Storico* vor, der dem Palio vorangeht. Diese prächtigen, ans Mittelalter angelehnten Kostüme wurden im späten 19. Jahrhundert eingeführt. Jede Contrada hat ihre eigenen handgearbeiten Kostüme in den jeweiligen Farben, bestehend aus Hose, Stiefeln, Wams und Kopfbedeckung. Sie werden ungefähr alle zwanzig Jahre erneuert, wenn Schweiß und Abnutzung ihnen zu sehr zugesetzt haben.

Derweil wird das Pferd noch einmal gestriegelt und anschließend zur Kirche gebracht. Die Segnung des Pferdes ist ein besonderes Ereignis, schließlich ist das Betreten einer Kirche für Tiere normalerweise nicht gestattet. Hier verbindet sich das Profane mit dem Sakralen, und selbst das Äpfeln des nervösen Pferdes an diesem heiligen Ort wird als gutes Omen betrachtet. Jede am Palio teilnehmende Contrada lässt ihr Pferd jeweils in der eigenen Kirche vom Priester der Contrada segnen.[105] Tatsächlich wird auch der *fantino* gesegnet, man spricht im Allgemeinen jedoch nur von der Segnung des Pferdes. Bei der Segnung sind viele Contradaioli anwesend, aber auch Touristen, die sich diese Attraktion nicht entgehen lassen wollen. Das Ereignis ist sehr bewegend, es ist vielleicht der eindringlichste Moment vor dem Beginn des Rennens:

»In der Via Giovanni Duprè stehen Contradaioli in kleinen Gruppen zusammen und gehen wie wir in Richtung Kirche. Viele von ihnen tragen die Farben blau oder weiß in ihrer Kleidung. Oben an der Straße bleiben wir vor der Kirche stehen, deren Tor noch geschlossen ist. Dann wird die große Tür geöffnet, und alle strömen hinein. Der barocke, blau, weiß und gold geschmückte Innenraum ist schnell voll. Der Priester tritt hervor und gebietet absolute Stille während und nach der Segnung. Für die ausländischen Touristen wird auf Englisch wiederholt, dass die Benutzung von Blitzlicht beim Fotografieren strengstens untersagt ist. Der Lärmpegel wird zu einem Murmeln, nur ein Kind spricht mit heller Stimme und wird von seiner Mutter lächelnd zur Ruhe gewiesen. Dann herrscht Stille und das Pferd wird hereingeführt. Es spitzt die Ohren, die Hufe klappern auf dem Boden. Es wird vor den Priester geführt. Neben dem Pferd steht der *fantino* in seiner Reitkleidung. Der Priester spricht ein Gebet und die Menge antwortet andächtig. Dann versprengt er Weihwasser und segnet Pferd und Reiter. Am Ende ruft er laut: »*Vai e torna vincitore!!*« (»Lauf und kehre als Sieger zurück!!«) Diese Momente bewegen mich sehr, ich muss die Tränen zurückhalten. Das Pferd wird in der Stille herausgeführt, wieder ist nur das Geräusch der klappernden Hufe zu hören. Dann ertönt der Ruf »O-O-Onda!!«, und die Menge strömt unter Reden heraus. Ein wenig später kommen auch die Komparsen aus der Kirche.«[106]

---

105 Dundes & Falassi geben an, dass die Segnung der Pferde in den Contraden-eigenen Kirchen wahrscheinlich die relativ moderne Ausprägung eines Brauchs aus dem 17. Jahrhundert ist, als alle den Palio laufenden Pferde am Eingang des Doms gesegnet wurden (1994: 94).

106 Feldnotiz vom 2.7.1998.

Nach der Segnung durchqueren die Komparserien der Contraden die Stadt und vollführen an verschiedenen Plätzen Fahnenschwünge (*sbandierate*). Und zwar auf der Piazza Salimbeni zur Ehrung von Monte dei Paschi, vor dem »Casino dei Nobili«, vor dem Palazzo Chigi, Gründer der Musikakademie Chigiana, und auf dem Domplatz zur Ehrung des Bischofs.[107] Dann formiert sich an der Prefettura beim Dom der *Corteo Storico*, von wo aus er sich in Richtung Piazza del Campo bewegt. Dort haben Polizisten die Bahn geräumt und die berittenen *Carabinieri* haben die gleiche Vorstellung gegeben wie am Abend zuvor. Die Glocke des Torre del Mangia, die *sunto*[108], hat langsam und stetig zu läuten begonnen und wird nicht stillstehen, bis der gesamte Umzug auf den Platz eingezogen ist und ihn umrundet hat. Diese Prozession zieht sich über zwei bis drei Stunden hin. Der Umzug besteht aus vierzehn Gruppen mit annähernd 700 Darstellern in Kostümen und symbolisiert die Geschichte der Stadtrepublik rückwärtsgewandt von ihrem Ende 1555 bis zur Schlacht von Montaperti 1260.[109] Dargestellt werden die verschiedenen Institutionen, Repräsentanten und Einheiten der Stadt. An die Contraden wird für ihren Auftritt beim Umzug später der *Masgalano* verliehen, ein silberner Teller, welcher der Komparserie zukommt, die sich am elegantesten und besten dargestellt hat.[110]

Die Reihenfolge des *Corteo Storico* sieht wie folgt aus:[111]

1. Gruppe: 6 Stabträger der Gemeinde; Fahnenträger der Gemeinde zu Pferd; 12 Trommler des Palastes; 18 Trompeter der Gemeinde; 30 Musiker des Palastes; 67 Fahnenträger der Stadt, der Gemeinden, Ländereien und Burgen der ehemaligen Stadtrepublik; Trommler, Fahnenträger und Armbrustschützen

---

107 Liebscher weist darauf hin, dass durch diese Ehrbekundungen die Machtzentren der Stadt, nämlich Bank, Kirche und Klinik (symbolisiert durch das traditionsreiche Krankenhaus Santa Maria della Scala am Domplatz), rituell in das Geschehen des Palios eingebunden werden (2001: 91).

108 Dieser Name kommt von *Assunta*, der Heiligen Jungfrau, der die Glocke geweiht ist.

109 Von daher auch der Name: *Corteo Storico* bedeutet historischer Umzug. Es ist anzumerken, dass die Eckdaten des Umzugs jeweils die Rivalität mit der Stadt Florenz bezeichnen, nämlich als erstes die endgültige Niederlage, angedeutet durch die Repräsentation der Stadt Montalcino, und am Schluss den berühmten Sieg, angedeutet durch den Triumphwagen (zu dieser Bedeutung des Triumphwagens vgl. Dundes & Falassi 1994: 108).

110 Bereits bei den mittelalterlichen *Bufalate* in Gebrauch, wurde der *Masgalano* 1950 vom *Comitato Amici del Palio* wieder eingeführt. Der Teller wird jeweils für ein Jahr verliehen und von der Stadtverwaltung, öffentlichen Einrichtungen oder sienesischen Familien gestiftet.

111 Aufstellung entnommen der Homepage der Stadt Siena: http://www.comune.siena.it. am 17.5.2000. Siehe auch das offizielle »Regolamento per il Palio«. Zur genaueren Beschreibung siehe außerdem Dundes & Falassi (1994: 103-108).

der Stadt Massa Marittima; Trommler, Fahnenträger und Bogenschützen der Stadt Montalcino.

2. Gruppe: Fahnenträger des *Capitano del Popolo*; 3 Pagen, die sein Schild, seinen Helm und sein Schwert tragen; *Capitano del Popolo* zu Pferd mit einem Reitknecht; 3 Bannerträger der *terzi* (Stadtdrittel) zu Pferd, mit Reitknecht; 3 Zenturionen der Stadtdrittel mit Reitknecht; 3 *Capitani* der an die Stadt angrenzenden Gebiete zu Pferd, mit Reitknecht.

3. Gruppe: Vertreter der Universität Siena – 2 Trommler, Fahnenträger, Rektor, 4 Dozenten, 4 Studenten.

4. Gruppe: Die Zünfte – 2 Trommler, Fahnenträger und 3 Richter der Handelskorporation; je 6 Vertreter jeder Contrada, davor jeweils ein Fahnenträger, der ein Banner mit dem Zeichen der Zunft oder des Gewerbes trägt, das charakteristisch für den Stadtteil ist.

5. Gruppe: Page, der den *Masgalano* trägt, 2 Pagen zur Begleitung.

6. Gruppe: Komparsen der zehn am Rennen teilnehmenden Contraden, jede der Gruppen bestehend aus einem Trommler, 2 Fahnenschwingern, einem *Duce* mit zwei bewaffneten Pagen, einem bannertragenden Hauptpagen (*pago maggiore*) mit zwei fahnentragenden Pagen, *fantino* auf dem Paradepferd (*sopralasso*) mit Reitknecht, Rennpferd mit Pferdepfleger.

7. Gruppe: 12 Pagen der Gemeinde, die eine Lorbeergirlande tragen.

8. Gruppe: Komparsen der sieben Stadtteile, die nicht am Rennen teilnehmen. Jede Gruppe bestehend aus einem Trommler, 2 Fahnenschwingern, *Duce* mit zwei bewaffneten Pagen, bannertragender Hauptpage mit zwei fahnentragenden Pagen.

9. Gruppe: 6 Reiter der nicht mehr existierenden Contraden (Hahn, Löwe, Bär, Eiche, Schwert, Viper) mit Reitknechten.

10. Gruppe: Fahnenträger der Armbrustschützen; Hauptmann der Armbrustschützen; 2 Trommler; 4 Schildträger; 4 Armbrustschützen mit großer Armbrust; 16 Armbrustschützen mit kleiner Armbrust.

11. Gruppe: Hauptmann der Justiz mit Pferd und Reitknecht; 4 Reserveinfanteristen mit Hellebarden.

12. Gruppe: Triumphwagen, gezogen von vier Ochsen, begleitet von vier Rinderhirten, darauf die »Vier der Balìa«, 6 Trompeter, ein Diener, der den Palio trägt, ein Page, der die Glocke läutet.

13. Gruppe: 6 Reiter mit Knechten, die sechs alte Adelsfamilien repräsentieren (D'Elci-Pannocchieschi, Piccolomini, Salimbeni, Salvani, Tolomei, Ugurgieri).

14. Gruppe: 6 Pagen der Gemeinde, die eine Lorbeergirlande tragen.

Die Straßen sind von Menschen gesäumt, welche den Umzug an sich vorbeiziehen lassen. Auch auf der Piazza del Campo stehen bereits viele, und immer dichter belebt sie sich. Durch die Gasse der Via Duprè, den letzten geöffneten Eingang, kommen immer noch mehr Menschen, bis der ganze Platz gefüllt ist. In den Fenstern des Palazzo Pubblico stehen Politiker und berühmte Gäste, auf den rotgesäumten Balkonen der Palazzi, in den Fenstern, sogar auf den Dächern – überall Menschen. Währenddessen zieht durch die Bocca del Casato immer weiter der Umzug ein und umrundet den Platz auf der frei gehaltenen erdigen Bahn. An sechs Stellen werfen die *Alfieri* der Contraden zu Trommelwirbel ihre Fahnen hoch[112] und schreiten dann gemessen weiter, bis die Komparsen in ihren bunten Kostümen auf einer mit weißem Tuch behängten Tribüne vor dem Palazzo Pubblico Platz nehmen. Der *Corteo* endet vor dem Palazzo Pubblico, wo die Fahnenträger der siebzehn Contraden ihre Fahnen hoch in die Luft werfen und wieder auffangen. Jubel ertönt aus der Menge, wenn eine Fahne besonders hoch geworfen wurde, es wird als gutes Omen für das Rennen genommen. Schließlich erklingen Trompeten und der von vier weißen Ochsen gezogene Triumphwagen (*carroccio*) kommt langsam auf den Platz. Auf ihm befinden sich

---

112 Diese Fahnenschwünge sind vielgestalt und die Figuren haben jeweils eigene Namen, wie die *alzata* oder die verschiedenen *fioretti* (zur ausführlichen Beschreibung vgl. Dundes & Falassi 1994: 116-119). Einerseits nach traditionellen Mustern ausgeführt, werden ebenso neu erfundene Figuren hinzugefügt (ebd.: 110). Ähnlich gibt es viele verschiedene Trommelrhythmen, und zwar für unterschiedliche Anlässe, wie den *passo della Diana*, der nur während des Corteo gespielt wird, oder den *suono a vittoria*, der nur nach einem Palio-Sieg ausgeübt wird (ebd. 110f.). Trommeln und Fahnenschwingen haben für jeden offiziellen Auftritt einer Contrada Bedeutung und werden bereits von klein auf geübt. Für die Teilnahme am *Corteo Storico* bedarf es besonderer Könnerschaft und nur langjährig Geübte werden dafür ausgewählt. In den Contraden finden entsprechende Kurse statt, und gelegentlich habe ich gesehen, wie Jungen und junge Männer auf Plätzen in der Stadt üben. Bei einem Umzug sah ich einen dreijährigen Jungen, der von seiner Mutter stolz ermuntert wurde, sich auf einer kleinen Contraden-Trommel zu versuchen.

sechs Trompeter, vier Repräsentanten der *Biccherna*, dem Finanzrat der alten Stadtrepublik, und ein Page, der eine kleine Glocke läutet, die *martinella.* Vor allem aber befindet sich auf ihm das Palio-Banner, das von den Contradaioli begrüßt wird, indem sie an den Abschnitten, wo er vorbeikommt, begeistert ihre Tücher schwenken. Das Banner wird dann zur Tribüne der Richter am Start getragen und dort hoch oben für alle sichtbar aufgehängt.

Das Rennen

Dann kracht ein Böller und die Reiter auf den Pferden kommen aus dem Cortile del Podestà. Am Ausgang erhält jeder von ihnen die *nerbo*, eine kurze Peitsche. Diese Peitsche dient sowohl dazu, das eigene Pferd anzutreiben, als auch gegnerische Pferde zu behindern, sowie andere Reiter zu attackieren. Sie werden nur beim Palio und nicht bei den Proben eingesetzt. Die *fantini* bewegen sich langsam zum Start und drehen dort ihre Runden. Die Startreihenfolge wird mittels eines besonderen Instruments ausgelost. Dieser Gegenstand besteht aus einem runden Hohlraum, in den zehn hölzerne Kugeln in den Farben der zehn teilnehmenden Contraden gegeben werden. Anschließend wird ein schmaler Zylinder darauf geschraubt, der zehn runde Öffnungen hat. Das Ding wird umgedreht, die Kugeln rutschen nacheinander in den Zylinder, und durch die Öffnungen sind die nebeneinander liegenden Kugeln zu sehen, welche zunächst allerdings durch eine drehbare Scheibe noch verschlossen sind. Erst kurz bevor die *fantini* die Startlinie erreichen, wird die Scheibe geöffnet und die Reihenfolge dem *mossiere* überreicht. Da die Kombinationen der möglichen Startreihenfolge unendlich viele sind, kann niemand sie im voraus wissen. Doch die Startfolge ist für das Rennen sehr wichtig. Die erste Position, also die innere, bringt den Vorteil einer kürzeren Strecke und eindeutig Siegeschancen, wenn der Start schnell erfolgt und die anderen Pferde abgehängt werden können. Auch die zehnte Position, die letzte, wird als vorteilhaft betrachtet, weil dieser Reiter den Zeitpunkt des Starts wählen kann. Vor allem aber ist die Reihenfolge von Bedeutung, weil sie darüber entscheidet, wer neben wem steht, wie also gegenseitige Unterstützungen und Behinderungen günstig oder ungünstig beeinflusst werden. Stehen zwei verfeindete Contraden direkt nebeneinander, so werden sie sich gegenseitig an einem vorteilhaften Start zu hindern versuchen. Damit ziehen sie sich unter Umständen direkt aus dem Rennen, wenn sie sich nämlich gegenseitig so sehr aufhalten, dass alle anderen Pferde derweil längst einen Vorsprung haben. Dies ist einer der

Faktoren, weshalb der Ausgang eines Palios nie vorhersagbar ist und auch schwächere Pferde und unerfahrenere Reiter durchaus gewinnen können.

Der *mossiere* ruft also die Namen der einzelnen Contraden auf, und die *fantini* lenken ihre Pferde nacheinander zwischen die Seile. Dort stehen sie Kopf an Kopf, einige nervös tänzelnd, andere mit stoischer Ruhe. Unordnung mag von einzelnen *fantini* provoziert werden, um den Start hinauszuzögern, in der Hoffnung auf einen besseren Moment. Ist der Rivale beim Start nur für Bruchteile von Sekunden abgelenkt, so bedeutet das bereits einen Nachteil für ihn, denn es ist schwer, andere Pferde später noch zu überholen. Man sieht die *fantini* am Start manchmal schnell miteinander reden, letzte Abmachungen werden getroffen. Noch in diesem Moment können Vereinbarungen der bereits getroffenen *partiti* zunichte gemacht werden. Unter Umständen zögert sich der Start über zwanzig Minuten und mehr hinaus. Der *mossiere* kann die Reiter mehrfach zurückrufen, wenn die Unordnung zu groß wird.[113] Das steigert die Spannung erheblich. Die Menge schaut nervös in eine einzige Richtung, und wenn alle Pferde nebeneinander stehen und der Reiter in der zehnten Position, *di rincorsa*, hinter den anderen seine Runden dreht, sie mit scharfem Blick beobachtend und nur auf den richtigen Moment wartend, um auf einmal loszugaloppieren, werden immer wieder aufgeregte Rufe laut: »*Vai!! Vai!!!*« (»Los jetzt, lauf!!«). Werden die Pferde zurückgewiesen und müssen sich erneut aufreihen, stöhnt die Menge auf, es setzt wieder Reden und Bewegung ein, bis die Reiter wieder am Seil stehen und alles in gespannter, bewegungsloser Aufmerksamkeit auf den Start blickt.

Irgendwann ist es dann soweit. Der Böller kracht, die Pferde galoppieren los. Was jetzt passiert, ist nicht vorauszusehen, da jedes Rennen anders verläuft. Der Pulk kann sich schnell auflösen, es kann aber auch passieren, dass mehrere Pferde dicht beieinander um die Bahn rennen. Gefährlich ist die erste Kurve, San Martino, die mit Matratzen gepolstert ist, um eventuelle Stürze abzufangen. Tatsächlich geschieht es meistens, dass an dieser rechtwinklig abfallenden Kurve mindestens ein Reiter fällt. Aber auch die zweite scharfe Kurve der Piazza, Casato, birgt das Risiko eines Sturzes. Unter Umständen fallen fast sämtliche Reiter vom Pferd, sonst vielleicht vier oder fünf, eventuell auch nur zwei. Das Reiten ohne Sattel, die Unebenheit der Bahn, die Enge der Kurven bei großer Geschwindigkeit, die Bedrängung durch andere Pferde – all das trägt zu der Gefahr eines Sturzes bei. Stürzt ein Reiter, ist sofort Ambulanz zur Stelle, das Rennen

---

113 Die Aufgabe des *mossiere* ist nicht einfach und wird in der Regel kritisiert. Contradaioli beschweren sich, dass er das Seil zu früh gesenkt hätte, oder zu spät...

jedoch geht unvermindert weiter. Denn auch für ein Pferd ohne Reiter (*cavallo scosso*) ist es möglich, den Palio zu gewinnen, und diese Fälle kommen vor.[114] Das Pferd, dessen Reiter gefallen ist, läuft zwischen den anderen einfach weiter, kommt jedoch meistens eher als zweites oder drittes ans Ziel. Das Ziel als zweites zu erreichen, gilt alles andere als erstrebenswert. Es gibt beim Palio nur einen Sieger, keinen zweiten oder dritten Platz. Im Gegenteil wird der Palio mit dem zweiten Platz als verloren betrachtet, es ist ehrenhafter, als letzter einzutreffen.

Insgesamt geht alles sehr schnell. Dreimal geht es im Uhrzeigersinn um den Platz, die Köpfe im inneren Rund des Campo drehen sich mit, Schreie und anfeuernde Rufe ertönen – und dann ist alles vorbei. Das siegreiche Pferd hat die Ausgangslinie erreicht, der Böllerschuss kracht und Menschen laufen zu den Pferden. Der *fantino* wird umringt, das Palio-Banner wird von den siegreichen Contradaioli heruntergeholt, und schon formiert sich im Getümmel der Siegeszug zum Dom (im August) oder zur Provenzano-Kirche (im Juli). Der Palio tanzt über den Köpfen und die siegreiche Contrada zieht zur Kirche, wo zum Dank ein Te Deum gesungen wird. Vor der Kirche werden Fahnen geschwenkt, und auch die Fahnen befreundeter und freundlich gesinnter Contraden sind darunter. Alle Mitglieder der Contrada sind dabei, dem Palio-Banner wird applaudiert, es wird in die Kirche getragen und dann wieder heraus und unter Triumph in die Contrada gebracht. Nachts brennen auf dem Palazzo Pubblico und einem anderen Palast viele Fackeln. Die siegreiche Contrada zieht mit Fahnen und Trommeln um den Platz und feiert ihren Sieg. In anderen Contraden ist es hingegen still, vor allem bei der Feindin der Sieger-Contrada. Eine andere Contrada ist vielleicht froh gestimmt, weil ihre Feindin totz gutem Pferd und Reiter nicht gewonnen hat und feiert ebenfalls.

Nach dem Rennen

Am nächsten Morgen wird der Tuff mit Wasserschläuchen weggeschwemmt, die Tribünen sind bereits abgebaut, ein normaler Arbeitstag beginnt. Die Diskussionen über das Rennen und die Euphorie der siegreichen Contrada aber halten an. Am Tag nach dem Palio macht die Sieger-Contrada am frühen Abend einen großen Umzug durch die Stadt. In Kostümen, mit Trommeln und Fahnen wird das Palio-Banner durch die ganze Stadt getragen. Mädchen bilden singende

114 Der letzte Palio, den ich kurz vor Beendigung dieser Arbeit mitbekam, war ein solcher: Das Pferd der Contrada Leocorno siegte am 2. Juli 2001, nachdem der Reiter gefallen war.

Gruppen, viele Contradaioli tragen eine Babyflasche oder Schnuller an ihren *fazzoletti*, welche die Wiedergeburt der Contrada symbolisieren. Kleinere Umzüge folgen auch in den nächsten Tagen, die Contrada feiert ihren Sieg ununterbrochen. Eine Woche nach dem Palio findet der offizielle Siegesumzug durch die Stadt statt, und Ende September feiert die Contrada ihren Sieg mit einem großen Bankett, dem *cena della vittoria*, bei dem auch das Pferd anwesend ist. Dieses Essen wird all die Wochen vorher vorbereitet, dauert Tage, insofern es mit kleineren Essen eingeleitet wird, und ist oft mit einer besonderen Idee verknüpft. So errichtete die Onda nach ihrem Sieg 1995 mitten auf der Piazza del Mercato eine überdimensionale Galleone, ein riesiges Schiff, in dem und um das herum gefeiert wurde. Die Nicchio baute 1998 auf einem Platz eine mittelalterliche Burg auf, indem sie sich durch den Namen ihres Pferdes, »Re Artù«, inspirieren ließ. Auch eine Zeitung wird erstellt, ein dickes Buch mit Fotos, Anekdoten, Karikaturen und Geschichten vom Sieg, die *Numero Unico*, in der auch die Feiern dokumentiert werden. Im Laufe der nächsten Monate, zu keinem festen Termin, aber vor dem folgenden Palio, findet dann das *cena del piatto* statt, mit dem die Festlichkeiten verlängert werden.[115]

Der Sieg bedeutet immer großes Glück. Besonders ersehnt ist er natürlich, wenn eine Contrada lange nicht gewonnen hat. Sie wird alles tun, um den Palio zu gewinnen. Diejenige Contrada, welche am längsten keinen Sieg mehr zu verzeichnen hatte, ist die sogenannte Großmutter (*nonna*). Siegt sie, dann überreicht sie die Großmutterhaube (*la cuffia*) symbolisch der nächsten Contrada. Die Anzahl der Siege insgesamt zählt nicht, jedes Jahr ist immer wieder neu, auch wenn häufige Siege im Bewusstsein der Contradioli registriert sind. Gleich nach dem Palio, noch am selben Abend, wenn Vertreter der anderen Contraden und Abgeordnete der Stadt in die siegreiche Contrada kommen, um ihr zu gratulieren, werden auch die *partiti* ausgezahlt. Die siegreiche Contrada zahlt die Summen, die sie befreundeten Contraden für ihre Unterstützung im Fall des Sieges versprochen hat. Das Geld dieser Summen, die in die Millionen Lire gehen, stammt von den Contradaioli. Sie wurden bereits vor dem Palio schriftlich gefragt, wieviel sie im Fall eines Sieges zu geben bereit wären. Zusätzlich wird das ganze Jahr über Geld für den Palio gesammelt und bereitgehalten. Einige Wochen nach

---

115 Das *cena del piatto* wurde 1925 von der Contrada della Chiocciola erfunden. Dabei wird der oben an dem Stab, an dem auch das Palio-Banner hängt, befestigte Teller benutzt, um ein Reisgericht zu servieren. Dieser Teller wird später an die Stadt zurückgegeben, er gehört der Contrada nur für die Zeit des Sieges. (Vgl. Dundes & Falassi 1994: 140)

dem Palio erstatten die beteiligten *Capitani* ihren Contraden in einer Versammlung Bericht über die erfolgten Ausgaben.

Einerseits eine Rechnung, geprägt von finanziellen Ausgaben und Strategien auf der Basis von Verhandlungen, spielt, wie bereits angedeutet, das Glück, *la sorte*, eine große Rolle beim Palio. Es ist jedoch nicht nur einfach Glück, das erhofft und von den zuständigen himmlischen Instanzen erbeten wird, sondern der glückhafte Zufall wird vielmehr als Schicksal gedeutet. Von Anfang bis Ende ist der Palio mit Fügungen des Schicksals behaftet, mit Magie und Beschwörung, Zeichen und Wundern. Das kann die Reihenfolge bei der Auslosung ebenso betreffen wie die vielfältigen Nummern der Pferde oder beim Start, aber auch Ereignisse wie das Sich-Lösen der Befestigung einer Lampe an den Tribünen genau über der Gruppe einer bestimmten Contrada wird als Zeichen gedeutet. Auch in die Farben des Palio-Banners werden Vorausdeutungen interpretiert. Zum Beispiel nahm die Aquila beim August-Palio 1998 ihren Sieg an, weil das Palio-Banner in gelb gehalten war. Sie gewann den Palio allerdings nicht, und so zeigen sich, wie Contradaioli mit Selbstironie betonen, die Zeichen mit Sicherheit ohnehin erst im Nachhinein. Dann werden magische Zusammenhänge gesucht und gefunden. Zum Beispiel eine Korrespondenz zwischen der Nummer des Pferdes, der Reihenfolge bei der Zuweisung der Pferde und der Anzahl der Siege. Oder wiederum in der Farbgebung des Palios. Aber auch die Gunst der Heiligen spielt dabei eine Rolle. Eine berühmte Geschichte berichtet vom Bild des heiligen Sant'Antonio:

Am 2. Juli 1896 entging der Chiocciola, die lange nicht gewonnen hatte, erneut knapp der Sieg. Ein junger Contradaiolo, wütend und enttäuscht, begab sich zum Stall der Contrada, wo ein Bild des heiligen Sant'Antonio Abate hing, und warf es in einen Brunnen. Die Chiocciola blieb viele weitere Jahre ohne Sieg, bis im Oktober 1910 die Frauen der Contrada beschlossen, das Bildnis aus dem Brunnen zu bergen und es zurück an seinen Platz zu hängen. Und am 2. Juli 1911 gewann die Chiocciola den Palio.[116]

Von der selbstverständlichen Einbeziehung der himmlischen Mächte in Angelegenheiten des Palios erzählt eine andere Anekdote aus den siebziger Jahren:

Ein alter Priester der Oca, der fanatisch hinter seiner Contrada stand, konnte an einem Palio nicht teilnehmen, weil er ein Begräbnis zu begleiten hatte. Während der Begräbnisprozession klang die Turmglocke vom Campo bis zum Friedhof, welche anzeigte, dass dort der *Corteo* in vollem Gang war. Das Begräbnis begann. Als der Sarg in die Erde gesenkt wurde, verstummte die Glocke und zeigte damit an, dass das Rennen unmittelbar bevorstand. Der Priester stand

116 Zu weiteren Geschichten von Glauben und Aberglauben siehe Luchini (1985: 273-300).

plötzlich auf und stellte sich vor das Grab mit den Worten: »Heiliger Geist, der du sicherlich zum Himmel gehst, sag, wenn du dort bist, dem Herrn, dass er die Torre nicht gewinnen lassen soll.«[117]

Aber über den Ausgang des Palios entscheiden nicht nur die Heiligen. Der Palio unterliegt, wie bereits angedeutet, einer offiziellen Regelung, dem *Regolamento per il Palio*, das aus 105 Abschnitten besteht und bei Bedarf aktualisiert wird. Und die Einhaltung dieser Regeln wird von der Stadt überwacht. Welche Contrada als Siegerin hervorgegangen ist, wird von drei Richtern entschieden. Und nach dem Rennen werden alle Unregelmäßigkeiten des Ablaufs diskutiert. Es gibt eine besondere Rechtssprechung des Palios, die *giustizia paliesca*, welche bei Unstimmigkeiten entscheidet und gegebenenfalls Sanktionen verhängt, wenn eine Contrada bzw. ein Reiter sich entgegen der Regeln oder zu gewaltsam verhalten hat. In diesem Fall können einzelne Contraden oder auch *fantini* für eine bestimmte Zeit vom Rennen ausgeschlossen werden.[118]

Zu erwähnen ist im Zusammenhang von Aktivitäten nach dem Rennen auch das *Comitato Amici del Palio*, ähnlich wie der *Magistrato delle Contrade* (vgl. Punkt 2.3.) und das *Consorzio per la tutela del Palio* (vgl. Punkt 5.4.) ein Contraden-übergreifender Zusammenschluss. Als ein Kommittee mit jeweils zwei Abgeordneten pro Contrada wurde das *Comitato Amici del Palio* 1947 gegründet, um die Traditionen des Palios wiederzubeleben und die sienesischen Werte aufrechtzuerhalten.[119] Es führte 1950 den *Masgalano* als Preis für das beste Auftreten beim *Corteo Storico* ein, und beschäftigte sich mit aktuellen Problemen der Contraden und des Palios. Eine größere Initiative des *Comitato* war die Herausgabe des Schulbuchs »Contrada è...« für die Kinder in den Elementarschulen. Weitere Aktivitäten sind Ausstellungen, geplant ist die Eröffnung eines »Palio-Museums«.

---

117 Entnommen Dundes & Falassi (1994: 44f.) Übersetzung der Verfasserin.

118 Dies ist ein Beispiel dafür, dass der Palio, wie Silverman zu Recht bemerkt, nicht das chaotische Pferderennen ist, als das er bei oberflächlicher Betrachtung erscheint, sondern im Gegenteil in einer subtilen legalen Form sehr genau geordnet und geregelt ist (1989: 229).

119 Begründer und erster Präsident des *Comitato Amici del Palio* ist Giulio Pepi, seinerseits Autor einiger Veröffentlichungen über den Palio und ehemaliger Direktor der Tourismusagentur Sienas.

3.3. Deutung und Bedeutung

Einerseits Gegenstand von geheimen Absprachen, Planungen und Strategien, andererseits Anlass für Schicksal und Gläubigkeit, außerdem eingebettet in feste Elemente gemeinschaftlicher Handlung, gibt es über die Bedeutung des Palios verschiedene Ansichten und Deutungsansätze. Wie der Palio in Bezug auf seine Symbolik, rituellen Elemente und anderen Eigenschaften bislang interpretiert wurde, soll im Folgenden dargestellt werden. Diese Deutungen sind Grundlage für eine weiterführende Interpretation des Festes, das so komplex erscheint, dass verschiedene Aspekte berücksichtigt werden müssen.[120]

Politik, Symbolik, Spiel

Einer meiner Informanten sagte: »Beim Palio herrscht Krieg,« und verdeutlichte damit den Ausnahmezustand, in dem sich die Gemeinschaften der Contraden in den Tagen des Palios befinden. Es geht um Sieg und Niederlage, und das Bild des Krieges ist gleichzeitig an die Metapher der Contraden als Republiken angelehnt. In den Mittelpunkt gestellt werden damit sowohl die Beziehungen untereinander als auch die Mobilisierung aller Ressourcen und Emotionen für ein gemeinsames Ziel. Das Rennen wird von diplomatischen Verhandlungen, Allianzen und Rivalitäten bestimmt, und besondere »Regierungsvertreter«, nämlich *Capitani* und *Mangini*, führen sie durch. Auch Elemente der Feierlichkeiten und einzelne Symbole erinnern an Krieg, wie das Läuten der *sunto* beim *Corteo Storico*, die Kostüme, der Triumphkarren, die Gesänge und Kampfrufe der Contraden. All dies sind Anspielungen und Verweise auf militärische Aspekte der sienesischen Geschichte.[121] Mit der Performanz des Palios sind symbolisch also viele politische Elemente verbunden und seine Organisation ist im übertragenen Sinn die Politik der Stadtteile. Auch im Hinblick auf den historischen Kontext kommt dem Palio eine politische Bedeutung zu, da es bei seiner Entstehung um die Organisation von Macht innerhalb einer Gesellschaft ging sowie die Handlungen, die den Zugang zu Ressourcen bestimmten. So jedenfalls deutet es Sil-

120 Dies bemerkt auch Silverman (1989: 236), die sich in ihrem Artikel auf die Dimensionen Spiel, Ritual und Politik konzentriert.

121 In diesem Sinn stellen Dundes & Falassi fest: »Thus whatever else the palio may mean, it does provide a recurrent view of the military, political and religious history of Siena at its apex [...]« (1994: 10).

verman. Ihrer Ansicht nach stellt der Palio ein politisches Phänomen dar, insofern die korporativen Einheiten der Contraden Klasseninteressen behindert hätten und von der florentinischen Regierung nach Übernahme der Stadtrepublik in ihrem vollen Entstehen erst unterstützt worden wären. (Silverman 1989: 234ff.)[122] Liebscher stellt fest, dass der Palio auch heute mit politischen Aspekten verbunden ist, insofern die Stadtpolitik durch die Zugehörigkeit ihrer Mitglieder zu Contraden und die Bedeutung der Gemeinschaften für die Stadt geprägt ist. Parteizugehörigkeiten wirken sich dabei teilweise auf die Wahrnehmung der Traditionen von Palio und Contraden aus. Der Palio würde zum Instrument politischer Polemik, insofern die mit ihm verbundene Traditionalität den Linksgerichteten, die maßgeblich für die vorherrschende politische Orientierung der Stadt sind, als Garantie für Stabilität und Kontinuität erscheint, während sogenannte Konservative in der Traditionsverhaftung ein Hindernis für Umbrüche und Entwicklungen sehen. Gleichzeitig sieht sie im Palio eine metapolitische und einigende Funktion, in der lokalpolitische Rivalitäten auf die Ebene der Nachbarschaften verschoben werden. (Liebscher 2001: 97f.) Zum Politikum wird der Palio auch, wenn der Bürgermeister sich gegenüber der Öffentlichkeit z.B. für die Stürze von Pferden verantworten muss (vgl. 5. Kapitel).

Eine weitere, der Ernsthaftigkeit von Politik entgegengesetzte Deutung des Palios ist die des Rennens als Spiel. Und diese wird von Contradaioli selbst getragen, wenn gesagt wird: »*In fondo è un gioco*.« (»Im Grunde ist es ein Spiel.«) Dundes & Falassi sehen einen Grund dafür, den Palio trotz seiner rituellen Elemente als Spiel zu charakterisieren, darin, dass der Ausgang des Rennens unbekannt ist (1994: 237). Auch Silverman vertritt die Ansicht, dass eine weitgefasste Definition von Spiel der Analyse des Palios angemessen ist (1989: 232).[123] Mit Bezug auf Bailey (1969: 19f.) führt sie vor allem das Set von Regeln an, das die Handlung bestimmt: Regeln für Preise, Personen, Führung, Teams, Regeln für den Wettbewerb, für das Gewinnen und für die Kontrolle. Auch die der Handlung internen Taktiken und »Politiken« werden mit diesem Modell des Spiels erfasst. Der Vorteil dieser Betrachtungsweise liegt meiner Ansicht nach darin, dass sie die Mischung aus Zufall, Glück und Strategie, das Nicht-Festgelegte beim Palio, das wesentlich zur Spannung der Beteiligten beiträgt, ebenso deutlich macht wie den Aspekt des Wettbewerbs.

---

122 Vgl. auch Silverman (1979) und Kapitel 2.

123 Während Dundes & Falassi von »game« sprechen, unterscheidet Silverman zwischen »game« und »play«. Letzteres zielt auf die Motivation der Akteure, während ersteres die Struktur der Interaktion betrifft (1989: 232).

Der Wettbewerbscharakter des Rennens nimmt auch für Husmann (2000) eine zentrale Stellung ein, der die sportlichen Aspekte dieses Ereignisses hervorhebt. Für ihn steht der Palio im Kontext ähnlicher Manifestationen traditionellen Sports im mediterranen Raum, die der permanenten Redefinition gemeinschaftlicher Identität dienen, wie der Regatta von Malta oder der »Regatta Storica« in Venedig. Die Contradaioli selbst lehnen die Bedeutung des Palios als Sport ab (vgl. auch Silverman 1989: 232), im Gegenteil wird darauf verwiesen, dass er eben mehr sei als ein Sportereignis. Das Rennen lediglich als Sport zu betrachten, heißt für sie, seine fundamental soziale Bedeutung, seine rituellen und religiösen Aspekte zu missachten, also seine übergeordnete Bedeutung für die Gemeinschaft zu verkennen. Andererseits greift diese herkömmliche Betrachtung von Sport als Selbstzweck physischer Leistung zu kurz. Ethnologische Untersuchungen kompetitiver sportlicher Ereignisse, wie zum Beispiel der Olympischen Spiele, zeigen auf, wie Sport, Spiel, Ritual und Krieg hier zusammenfallen (Bell 1997: 231) [124]. In Ergänzung zur Betrachtung des Palios als spielerischem Ereignis verdeutlicht die Betrachtungsweise als Sport die physische Komponente und die des Wettkampfs. Es gibt andere Parallelen – wie die Aufteilung von Zuschauern und Ausführenden, hier den Jockeys, die aggressive Selbstdarstellung der konkurrierenden Gruppen, die Nutzung von Hymnen, Flaggen und Fanfaren und die Wiederholung des Ablaufs –, welche eine Deutung des Palios als Sportereignis sehr reizvoll erscheinen lassen; dem kann aus Platzgründen an dieser Stelle allerdings nicht nachgegangen werden.

Eine symbolistische Deutung des Palios nehmen Dundes & Falassi (1994, Erstausgabe 1975) vor.[125] Im Versuch, den »Palio als eine Metapher der sienesischen Weltsicht« zu verstehen, werden Objekte, Handlungen und Vorgänge auf der Ebene des Religiösen, Sexuellen und Metaphysischen gedeutet. Sie erkennen im Palio eine binäre Struktur, die sich auf nahezu alle Elemente des Festes erstreckt. In Anlehnung an psychoanalytische Konzepte wird in vielem die Oppo-

---

124 Zu Aspekten des Rituals und der Identitätsbildung bei sportlichen Großereignissen, in diesem Fall dem Fußball, siehe z.B. auch Bromberger (1998).

125 Bei dieser Publikation handelt es sich um das bekannteste Buch über den Palio und die einzige bislang veröffentlichte größere ethnologische Arbeit. »La Terra in Piazza« ist in sämtlichen Buchhandlungen der Stadt auch in englischer und deutscher Übersetzung erhältlich und wird von Besuchern der Stadt ebenso wie Zugezogenen rezipiert. Alessandro Falassi ist Volkskundler und unterrichtet an der *Università per Stranieri* in Siena; selbst Contradaiolo und eingehender Erforscher der Bräuche und Traditionen in Siena und Umgebung ist er eine anerkannte »Autorität« des Palios in volkskundlicher Hinsicht.

sition zwischen Oralem und Analem gesehen. Zum Beispiel in der Architektur der Piazza del Campo: Steht der der Madonna geweihte Brunnen Fonte Gaia für eine Art von Brust, so symbolisiert der Ausgang bei der »Costarella« den Anus. Einen Beleg dafür finden Dundes & Falassi auch in der fäkalen Wortwahl, mit der die Verlierer des Palios belegt werden, während die Sieger-Contrada beim Feiern orale Genüsse zu sich nimmt. (Ebd.: 231f.) Ebenso häufig entdecken sie Phallus-Symbole ausgehend von der Überlegung, dass der Palio einem männlichen Initiations-Ritual gleichkommt, insofern Gruppen von männlichen Jugendlichen einander ihre Überlegenheit signalisieren und Rivalitäten ausüben. In diesem Zusammenhang sehen Dundes & Falassi das Phallus-Symbol im drohend emporgereckten Arm in Verbindung mit dem gebräuchlichen Wortfeld *incularsi* (analen Verkehr zufügen), das Unterlegenheit in einer Sache bezeichnet. Aber auch die kurze Peitsche der Reiter, die Schlegel der Trommeln, die Fahnen der Fahnenträger und die Kerzen bei der Kerzenprozession – all diese Gegenstände deuten gemäß dieser Sichtweise auf einen symbolischen Phallus. (Ebd.: 188-189, 193-196) Auch für die symbolische Wiedergeburt bei der Initiation sehen Dundes & Falassi deutliche Anzeichen. Zum Beispiel im Entkleiden der *fantini* von ihrer Festkleidung nach dem *Corteo*, während der dunkle Innenhof einen männlichen Bauch darstellt, aus dem sie anschließend neu gekleidet für das Rennen herauskommen. Der Sieg des der Madonna gewidmeten Palio-Banners hingegen bedeutet demnach den Sieg von Jungfräulichkeit. Durch die Rolle der Madonna, die für sie Mutter, Braut und Tochter symbolisiert, sehen Dundes & Falassi im Palio das traditionelle mediterrane Muster der Aufwartung und Eheschließung dramatisiert. (Ebd.: 197-199) Eine andere Gegenüberstellung im sienesischen Denken besteht nach Dundes & Falassi in der Innen-Außen-Opposition. Innerhalb der Stadtmauern würde zum Beispiel mehr zählen als außerhalb, und die Mitte sei immer der ehrenvollste Platz, sowohl auf Madonnengemälden als auch auf Balkonen. Ausgewählt würden nicht die besten und schlechtesten, sondern die Pferde mittlerer Qualität, außerdem liefen sie beim Rennen möglichst auf der inneren Seite der Erdbahn und so weiter. (Ebd.: 228-230) Verbunden mit der binären Struktur oral-anal bedeutet dies, dass die (positive) orale Einnahme den Weg nach innen nimmt, während die (negative) anale Ausscheidung nach außen führt. Diese metaphorischen Gegensätze schließlich führen Dundes & Falassi zur Deutung einer Opposition von Leben und Tod, die dem Palio unterliegt, insofern ›innen‹ mit dem Bild des Lebens verbunden ist und ›außen‹ mit dem des Todes. Im Palio treffen die verschiedenen Oppositionen (Dundes & Falassi erwähnen noch einige mehr) zusammen. So steht der Gewinner des Palios auf der Seite des

Lebens, der Verlierer auf der des Todes, beide jedoch sind durch das Ritual miteinander verbunden. (Ebd. 231-235)

Soweit in Kürze. Silverman (1979) kritisiert an der Interpretation von Dundes & Falassi die Unbegründetheit der Annahmen und damit die Unmöglichkeit einer Verifikation. Im Unterbewussten der Sieneser angelagert, erschließen sich, so Silverman, die Bedeutungen nur durch die Sicht der Ethnographen und sind keiner Überprüfung zugänglich. Silverman zweifelt an der Methode der Mischung von ungleichartigem Datenmaterial und der Analyse bloßer Formen ungeachtet ihrer jeweiligen praktischen Funktion. Ihrer Ansicht nach mangeln die Schlussfolgerungen an Plausibilität und historischer Begründung (ebd.: 417f.). Bei der Betrachtung historischer Quellen kommt sie zu dem Schluss, dass bestimmte Interpretationen nicht haltbar sind. Deuten Dundes & Falassi zum Beispiel den Gewinn des Palio-Banners als symbolischen Gewinn der Heiligen Jungfrau durch die Contrada, stellt Silverman fest, dass das Banner in der Geschichte des Palios nicht der Contrada ausgehändigt, sondern den *protettori* der Oberschicht gezeigt und nach einigen Tagen der Kommune zurückgegeben wurde. Die stabilen Strukturen, welche Dundes & Falassi im Palio entdecken, können laut Silverman nicht als essentiell betrachtet werden, wenn man sich die historische Prozesshaftigkeit verschiedener Beziehungen zwischen politischen und sozialen Einheiten vor Augen führen würde. Ihr fehlen an dieser symbolischen Interpretation die Einbeziehung der konkreten externen Bedingungen, unter denen die genannten Muster wirksam werden. (Ebd.: 431f.)[126]

Diese Kritik entspricht Silvermans historisch-politischer Perspektive auf den Palio (vgl. Kapitel 2.1.), ist jedoch unbegründet, insofern sich die Deutungen vor dem Hintergrund emischer Daten durchaus überprüfen ließen. Berechtigterweise lässt sich an Dundes & Falassi meiner Ansicht nach kritisieren, dass sie Daten, die aus der Sichtweise der Subjekte gewonnen wurden, schlichtweg nicht zur Verfügung stellen. Der Leser erfährt weder, wer ihnen Informationen gegeben hat, noch erhält er Aussagen im Wortlaut. Ihre Interpretation gründet weniger auf Aussagen von Sienesern, sie nehmen vielmehr eine außenperspektivische Deutung vor. In sich hat diese Deutung eine große Schlüssigkeit, inwieweit Aspekte dieser Perspektive jedoch für Angehörige der Contraden tatsächlich von Relevanz sind, bleibt offen.

---

126 Dundes & Falassi selbst reagieren im Vorwort zur Neuauflage 1994 ablehnend auf Silvermans Kritik und bekennen sich erneut zum symbolischen Gehalt der Palio-Traditionen und ihrer Überzeugung, dass er »die Seele Sienas ausdrückt« (1994: XVf.).

Eine weitere ethnologische Interpretation ist die des Palios als kultureller Performance, als eine ritualisierte Handlung, durch welche die sienesische Identität den Sienesern selbst und anderen vorgestellt wird (Logan 1978). Sie geht von Geertz aus im Sinne der »Geschichte, die die Sieneser über sich selbst erzählen«. Durch die symbolische Erweckung der Vergangenheit würde eine historische Kontinuität hergestellt und Siena als kulturelle Gemeinschaft abgegrenzt. Diese Deutung bezieht sich hauptsächlich auf den Palio als Gesamtereignis, das in der Inszenierung von Historie einen wesentlichen Fixpunkt der eigenen Identität findet (vgl. Kapitel 2.1.). Das Rennen selbst erscheint hier allerdings untergeordnet bzw. Bestandteil der mehrtägigen Performance. Der Aspekt der kulturellen Performanz jedoch ist im Sinne der Begründung von Identität und angesichts der Tatsache, dass bei einem Palio viele Zuschauer anwesend sind, von großer Bedeutung.

Vorrangig als öffentliches Ereignis deutet Handelman (1998) den Palio. Er geht weniger davon aus, dass das Fest direkt auf mittalterliche Traditionen zurückgeführt werden muss, noch dass es die sienesische Weltsicht wiederspiegelt, sondern legt den Fokus auf die Stadt (*comune*), welche durch den Palio verwandelt wird. Für Handelman liegt die Bedeutung des Palios in der »Selbstprüfung« (*self-testing*) im Hinblick auf die soziale Einheit der Stadt. Er sei eine wiederkehrende Erfahrung, bei der die »Lebensfähigkeit« (*viability*) und »Gültigkeit« (*validity*) der *comune* auf die Probe gestellt würde. Widersprüche und Gegensätze würden in scheinbarer Unvorhersehbarkeit aufgebrochen, um dann durch regulative Mittel wieder vereint zu werden. (Ebd.: 116f.) Handelman bezieht seine Daten über den Palio hauptsächlich von Dundes & Falassi, Logan und Silverman. Er erstellt daraus ein Modell des Palios auf verschiedenen Ebenen, das zwischen heiligen und weltlichen Instanzen, sowie spirituellen und irdischen Aspekten unterscheidet. Heilig und sprituell ist die Heilige Jungfrau, weltlich und spirituell die Stadt, heilig und irdisch das Pferd, weltlich und irdisch die Contrada. Durch den *Corteo Storico* und das Rennen gerät dieses Modell kreisförmig in Bewegung. (Vgl. ebd.: 126, 130) Dadurch, dass die Sieger-Contrada gleichsam zur Herrin der Stadt wird, wird die Stadt sozial sozusagen neu geboren. Handelman hebt hervor, dass die Bedeutung des Palios nicht nur die einzelne Contrada betrifft, sondern die Stadt als Gesamtheit, insofern alle siebzehn Contraden, die an dem Ereignis beteiligt sind, diese Gesamtheit virtuell ausmachen. Im normalen Alltag in einzelne Teile zerfallend, wird die Stadt durch den Palio als Ganzes wiederhergestellt und bewiesen. Contraden, Stadt und Palio existierten in wechselseitiger Abhängigkeit. – Diese Sichtweise bezieht als einzige explizit die Stadt mit ein und macht damit deutlich, dass die Contraden als

Gesamtgemeinschaft wesentlich die Identität der Stadt betreffen. Unschlüssig hingegen scheint mir die Aufteilung des Palios in verschiedene Ebenen, da sie zu eng (und zu unreflektiert, wie ich meine) an Dundes & Falassis symbolistische Interpretation angelehnt ist und den religiösen Aspekten ein unangemessen großes Gewicht verleiht. Die starke Betonung der spirituellen Ebene entspricht jedenfalls nicht meiner Einschätzung der Bedeutung, die der Palio für die Contraden-Mitglieder hat. Den Palio als öffentliches Ereignis zu deuten, stellt jedoch eine interessante zusätzliche Komponente für eine Ritual-Interpretation dar. Den Palio in seiner Gesamtheit als Ritual zu verstehen, scheint mir am zutreffendsten.

Ritual und Revitalisierung

Wenn ich Bekannten in Deutschland vom Palio erzählt habe, sind oft spontan Assoziationen zum Karneval geäußert worden. Betrachtet man das Fest als Möglichkeit, Rausch und Taumel, Triebhaftigkeit und Aggressionen in sozial akzeptiertem Ausnahmezustand auszuleben, trifft diese Analogie teilweise zu. Im Hinblick auf die äußere Form bestehen allerdings erhebliche Unterschiede. Was bei mündlicher Beschreibung und vielleicht auch auf den ersten Blick ungeordnet und extrem erscheint, ist tatsächlich in eine strenge Form gegossen, die weder Phantasievolles noch Exzessives an sich hat. Im Gegenteil ging es mir als Betrachterin so, dass ich in den Tagen vor meinem dritten Palio den Eindruck hatte, bereits alles zu kennen, und irritiert war von der Gleichförmigkeit der immer gleichen Abläufe nach den immer gleichen Mustern. Das dumpfe Trommeln Tag und Nacht, das Fahnenschwenken, die tief tönenden Lieder – es war schwer zu verstehen, wie dies zusammenpasste mit der Aufregung der Contradaioli, ihrer Leidenschaft und ihrer Siegesgewissheit. Boissevain beschreibt die ludischen Elemente öffentlicher Feierlichkeiten und stellt fest, dass es eine dynamische Beziehung zwischen Ritual und Spiel gibt (1992: 13ff.). Für viele der oft religiösen Feste in Europa macht er karnevaleske Aspekte der Verkleidung, der De-Maskierung und der Sexualisierung aus. Boissevain stellt das Ludische dem Rituellen gegenüber und charakterisiert dieses durch Formalität, Ordnung, Regelhaftigkeit, Hierarchie, während jenes durch Unordnung, Improvisation, Disrespekt vor Autoritäten, Innovation gekennzeichnet sei. Beides liefe in rituellen Festen zunehmend zusammen, meint er, das Populäre würde von Staat und Kirche nicht mehr sanktioniert.

Betrachtet man den Palio als Gesamtereignis, das sowohl die Vorbereitungen als auch das Pferderennen sowie die nachfolgenden Ereignisse umfasst, so sind seine rituellen Anteile nicht zu verkennen. Silverman (1989: 233) stellt in Frage, ob das Rennen selbst als Ritual gedacht werden kann, da es niemals in genau der selben Weise wiederholt würde. Sie sieht den Palio, den sie mit dem Rennen gleichsetzt, jedoch zweifelsohne von rituellen Aktivitäten umgeben. Dazu zählt sie u.a. die vorhergehende Prozession, die Segnung der Pferde und der Reiter und die Contraden-Feste (ebd.). Eine detaillierte und umfassende Analyse des Palios als Ritual taucht jedoch weder bei Silverman noch bei den anderen genannten Autoren auf. Die Bezeichnung des Ereignisses als Ritual erfolgt ohne explizite und ausführliche theoretische Begründung, wiewohl Dundes & Falassi die aus ihrer Sicht vorhandenen Symbole deuten und Logan den Performance-Aspekt vor dem Hintergrund der Identitätsbildung hervorhebt.

Ich meine, dass der Palio vortrefflich als Ritual gedeutet werden kann. Ja, mehr noch erschließt sich besonders in der Ritualanalyse die Mehrdimensionalität des Palios. Im Fall Siena wird die Verbindung verschiedener Elemente wie des Traditionalen, des Religiösen oder des Performativen deutlich. Die spezifische Struktur des Ereignisses kann mittels ritualtheoretischen Zugriffs ebenso erfasst werden wie seine Bedeutung für die Gemeinschaft. Sowohl der gesamte Ablauf als auch seine einzelnen Bestandteile treten klar hervor. Ich möchte vom Palio als einem Ritualkomplex sprechen, der in einzelne rituelle Komponenten unterteilt ist, die ihrerseits Rituale darstellen. Die Auslosung der Pferde, die Messe für die Reiter, die Kerzenprozession, der *Corteo Storico* oder die Danksagung im Dom sind rituelle Handlungen. Sie kennzeichnen die Eröffnungsphase des Rennens ebenso wie seine Beendigung und bilden den Rahmen für das eigentlich zentrale Geschehen. In Anlehnung an Turner kann der Wettkampf selbst als liminale Phase[127] betrachtet werden, in der sich alles umwandelt, in der die bestehende Ordnung sich auflöst, um im gleichen Akt neu geschaffen zu werden. Der Wettkampf selbst ist das Ereignis, durch das zumindest für eine Contrada eine einschneidende Veränderung, ein Statuswechsel stattfindet, indem sie den anderen Contraden für ein Jahr überlegen ist, weil sie den Palio gewonnen hat.

Insgesamt finden sich deutlich die fünf Komponenten wieder, die Michaels (1999: 30-39) als Merkmale von Ritualen ausmacht: 1. Ursächliche Veränderung (Anlass des Rituals ist eine stattfindende Grenzüberschreitung, eine Veränderung, ein Wechsel); 2. förmlicher Beschluss (es besteht eine feste Absicht, ein Bewusstsein der Ritualhandlung); 3. formale Handlungskriterien (erfüllt sein muss in jedem Fall, dass die Handlungen a) repetitiv, stereotyp und förmlich

---

127 Die Liminalität des Rituals wird seit van Gennep und Turner als sein Bestandteil angesehen, die gemeinschaftsstärkende Funktion seit Durkheim (vgl. Bell 1997: 24-46).

sind, b) dass sie unwiderruflich sind und c) dass sie öffentlich sind); 4. modale Handlungskriterien (darunter nennt Michaels »alle auf die Gemeinschaft bezogenen Funktionen eines Rituals« wie Solidarität, Kontrolle oder Normierung; weiterhin die auf eine höhere, geheiligte Welt ausgerichteten Absichten im Ritual, also die transzendenten Anteile; schlißelich nennt er die subjektiven Handlungsaspekte, welche die Wirkung des Rituals auf den Einzelnen berücksichtigen); und 5. der Statuswechsel (dieser Punkt entspricht dem ersten, mit dem Ritual muss eine erkennbare Veränderung von Identität, Rolle und Status eingetreten sein). Zwar grenzt Michaels Rituale durch seine genaue Definition dezidiert von »habituellen Handlungen«, denen er keinen Ritualstatus zusprechen möchte, ab und nennt dafür einige Beispiele (ebd.: 39), für den sienesischen Palio gelten jedoch alle dargestellten Merkmale. Er ist ein Ritual ›par excellence‹.

Im Hinblick auf die nicht-sienesische Zuschauerschaft und das Medieninteresse beim Palio scheint es, als ob gerade diese Ritualisierungen beim öffentlichen Betrachten des Festes tendenziell übersehen würden. Hier zählen die Aufregung, die der Wettkampf hervorruft, und die folkloristische Szenerie (vgl. 5. Kapitel). Dabei ist es gerade die Regelhaftigkeit in Struktur und Funktion, die eine solche Wirkung überhaupt möglich macht. Denn die einzelnen Rollen sind durch das Ritual zugewiesen und erhalten aus ritualtheoretische Sicht eine neue Bedeutung. Das Publikum, die Zuschauerschaft, übernimmt eine andere Rolle als die der Ausführenden, Handelnden. Unter der ersten Gruppe sind verschiedene Zuschauer zu nennen, voran die Contradaioli auf der einen und die Besucher auf der anderen Seite, aber auch die Contradaioli der verschiedenen Contraden auf verschiedene Abschnitten des Platzes und die geladenen hochrangigen Gäste. Zur zweiten Gruppe zählen die Repräsentanten der Contraden ebenso wie die amtlichen Würdenträger und Vertreter der Stadt sowie die Richter und die Reiter. Das Ritual gibt außerdem ein Abbild des Zusammenspiels der Institutionen der Stadt, die sämtlich in das Ritual einbezogen werden. Gerade diese Einheit und die Tatsache, dass ein Ritual anderen Gesetzmäßigkeiten folgt als gewöhnliche Ereignisse, indem es gleichsam durch sich selbst legitimiert ist, lassen die Öffentlichkeit und die Unnachgiebigkeit in der Auseinandersetzung mit der Außenwelt (vgl. 5.4.) in einem anderen Licht erscheinen. Die politische Dimension[128], die spielerische, die sportliche sowie die religiöse können unter ritual-

128 Zur Verbindung von Politik und Ritual siehe z.B. David I. Kertzer 1988: Ritual, Politics and Power. New Haven, London: Yale Univ. Press, oder David N. Gellner 1999: Religion, Politik und Ritual. Betrachtungen zu Geertz und Bloch. In: Caduff & Pfaff-Czarnecka (Hg.). S. 49-72.

theoretischen Gesichtspunkten miteinander verknüpft werden. Schließlich und nicht zuletzt erfährt die Verquickung des Individuums mit dem Kollektiv hier seinen treibenden Moment. Die ausgelösten Emotionen und das Erleben des Einzelnen sowie der Gemeinschaft erlangen durch die Ritualperspektive einen zentralen Stellenwert (vgl. den nächsten Unterpunkt sowie 4.3.). Die verschiedenen Dimensionen der Ritualanalyse können hier nur angedeuet werden, da diese Arbeit einer anderen Fragestellung nachgeht. Dennoch sind sie in diesem Kontext sehr interessant.

Unter dem Aspekt der Revitalisierung »traditioneller« Feste in Europa sollte der Palio an dieser Stelle ebenfalls betrachtet werden. In seiner Einleitung zu einem entsprechenden Sammelband stellt Boissevain (1992) fest, dass die scheinbar einzigartigen lokalen Ereignisse durchaus nicht ohne übergreifenden Bezug durch bestimmte gesellschaftliche Veränderungen sind (ebd.: 1). Da er einen Trend zur Wiederbelebung und »Neuerfindung« öffentlicher Rituale auf den Beginn der siebziger Jahre datiert und die siebziger Jahre gleichzeitig für die Contraden als Wendepunkt einschneidenden Wandels gelten (wie die angesprochene Deterritorialisierung und der gleichzeitige Zuwachs von Mitgliederzahlen), möchte ich seine Thesen genauer untersuchen. Viele der Faktoren und gesellschaftlichen Rahmenbedingungen, die er vergleichend für andere Gemeinde-Feierlichkeiten herausstellt, wie den der Medien-Öffentlichkeit, treffen ebenfalls auf den Palio von Siena zu. Das Konzept der Revitalisierung umfasst ähnlich wie das Konzept der »Erfindung von Traditionen« nach Hobsbawm & Ranger (1983) nicht nur definitiv neu eingeführte öffentliche Rituale, sondern auch rituelle Ereignisse, die bereits vorher existiert haben und vielmehr neu belebt worden sind. Für den Palio wäre der Begriff der »Retraditionalisierung« sinnvoll, den Boissevain für Feste anwendet, die niemals pausiert haben, sondern lediglich restrukturiert worden sind. (Ebd.: 7)

In welcher Weise kann man sagen, dass der Palio seit den siebziger Jahren eine Revitalisierung und Retraditionalisierung erfahren hat? Schließlich hat sich der Ablauf des Rennens im Lauf der letzten hundertdreißig Jahre nicht wesentlich verändert und der Palio wurde unmittelbar nach Beendigung des Zweiten Weltkriegs wieder aufgenommen.[129] Aber auch wenn das Fest an sich dasselbe

129 Während des Zweiten Weltkriegs, von 1940 bis 1944, fanden keine Palio-Rennen statt. Mit dem berühmten »Palio della pace«, dem Palio des Friedens, wurde am 20.8.1945 neben den beiden regulären nach Kriegsende gleich ein außerordentlicher Palio abgehalten. Dieser Palio wurde berühmt, da er keineswegs friedlich verlief, sondern in einer dramatischen Auseinandersetzung zwischen den Contraden Drago und Bruco endete.

geblieben ist, haben sich entscheidende Veränderungen des Kontextes ergeben. Zum einen ist in den siebziger Jahren die Anzahl der Contraden-Mitglieder angestiegen und damit auch die Menge der Besucher des Palios gewachsen. Während die Anzahl der teilnehmenden Contradaioli bei einem *cena della prova generale* nach Aussage eines meiner Informanten in den sechziger Jahren vielleicht 60 Personen betrug, also auf einen relativ intimen Kreis beschränkt war, nämlich der Männer, die den Palio organisierten, wuchs die Zahl in den siebziger Jahren stetig an, so dass heute bis zu zweitausend Personen zusammen tafeln, darunter viele Besucher und Contradaioli, die die Contrada ausschließlich zu diesem Anlass besuchen. Diese Präsenz von Mitgliedern beim Palio bei gleichzeitiger loc??kerer Bindung an die Contrada ist sicherlich, so wie Park (1992) anführt (vgl. weiter unten), auf die wachsende Bedeutung des Palios als ein zentrales kulturelles und identifikatorisches Symbol zurückzuführen, also nach Park ein Weg, um *Senesità*, Identifikation mit Siena, auszudrücken. Boissevain führt als gesellschaftliche Rahmenbedingung für die Revitalisierung von traditionellen Festen den wachsenden Lebensstandard in Europa an, mit dem gleichzeitig eine soziale Entfremdung einhergegangen sei, welche durch Feste in der Gemeinschaft zumindest für begrenzte Zeit zu mildern bestrebt worden sei (1992: 8). Das ist eine Entwicklung, die damit sicherlich zusammenhängt. Eine weitere Entwicklung, die nach Boissevain den Kontext darstellt, in dem die Erneuerung traditioneller Feste gedacht werden muss, ist die Verbreitung lokaler Festlichkeiten durch das Fernsehen. Anschauung zu haben vom Karneval in Rio zum Beispiel würde das Bewusstein der eigenen Traditionen steigern (ebd.: 9). Auch das trifft zu. Damit zusammen hängt meiner Meinung nach ein anderer Punkt, den Boissevain anführt, nämlich die relativ lange Friedensperiode nach 1945 und die Entwicklungen innerhalb Europas, welche die Aufmerksamkeit von den nationalen Grenzen auf die regionalen und lokalen verschoben hat. Tendenzen hin zu staatlicher Dezentralisierung und regionaler Autonomie hätten öffentliche Rituale zu lokalen kulturellen Ressourcen gemacht und deren Ansehen gesteigert. Ein letzter Punkt, der auch in Siena sehr deutlich zu beobachten ist und starke Auswirkungen auf das Palio-Fest hat, ist das Aufkommen des Massentourismus seit zwanzig bis dreißig Jahren (vgl. 5.3.). Der Besuch von Touristen, oft aus anderen Kulturen, hat eine Kategorie von Fremden und ein Publikum entstehen lassen, das es in der vorher eher geschlossenen Gemeinschaft nicht gab (ebd.), und hat die Entstehung eines neuen Selbstbildes gefördert. Gleichzeitig wird mit den öffentlichen Festlichkeiten eine Grenze zwischen Insidern, also der Kerngemeinschaft, den dauerhaften Einwohnern, und Outsidern, also Touristen oder Zugezogenen, markiert, womit eine Verhandlung von Identitätsmustern stattfindet (ebd.: 11f.). Während der Palio zwar eine längere Geschichte hat als andere ähnliche Feste auch in der unmittelbaren Umgebung (vgl. 2.1.), haben sich die gesellschaftlichen Rahmenbedingungen, die auch für andere traditionelle öffentliche Festlichkeiten in (Süd)Europa gelten und deren Revitalisierung gefördert haben, ebenso auf den Palio in Siena ausgewirkt. Die genannten Ursachen für eine verbreitete Zunahme derartiger Feste sind zu berücksichtigen, wenn es um die Frage geht, warum der Palio gegen Ende des 20. Jahrhunderts an Bedeutung eher gewonnen als abgenommen hat.[130]

Gefühle und Gemeinschaft

Park (1992) nimmt eine Betrachtungweise vor, die den Palio vor allem auf seine Bedeutung für die Institution Contrada bezieht. Seiner Ansicht nach wird die Contrada durch den Palio »physisch erneuert« (ebd.: 92). Und diese Erneuerung ist vor allem durch die emotionale Bindung der Sieneser an das System Palio und Contraden möglich. Park macht die Beobachtung, dass viele Menschen einen starken Einfluss des Palios auf sich selbst konstatieren. Und zwar einen quasi irrationalen, der den Intellekt übersteigt. Er berichtet, dass viele seiner Informanten davon sprachen, von der Macht des Palios gleichsam gefangen (»*caught / trapped*«) zu werden. Ein häufiger Vergleich sei außerdem der mit kollektiver Verrücktheit, mit einer Leidenschaft, die tief aus dem Herzen kommt. Park bemerkt, dass das extreme Verhalten der Sieneser beim Palio Ausdruck der Bindung an die Contrada ist. Je leidenschaftlicher die Reaktion auf den Palio, desto stärker sei die Identifikation mit der Contrada. Er weist darauf hin, dass dieses »verrückte« Verhalten sozial vollkommen akzeptiert sei, da es auf ein loyales, aufrichtiges und ehrenhaftes Verhältnis zur Contrada deute. (Ebd.: 90)

Im Hinblick auf die starken Reaktionen auf den Palio zieht Park drei Erklärungen heran, die den Palio im Kontext des Alltagslebens der Contraden beleuchten. Zum einen, meint er, sei die Identifikation mit der Contrada möglicherweise in den letzten Jahrzehnten gewachsen, und zwar gerade als Ergebnis der Deterritorialisierung. Den Palio dermaßen hochzuschätzen sei einer der wenigen Wege, *Senesità*, also Identifikation mit dem Sienesischen, auszudrücken. Eine zweite Begründung läge in der Erklärung des Palios als Ausdrucksmöglich-

130 Einflüsse von Tourismus und Medien auf sienesische Identität werden im 5. Kapitel ausführlich behandelt.

keit für individuelle Frustrationen. In den Grenzen des Rituellen wäre exzessives Verhalten sozial toleriert. Mehr noch: Normalerweise absolut inakzeptable Verhaltensweisen, die der sonst gültigen Norm der Selbstpräsentation und der Selbstbeschränkung widersprächen, würden von den Contraden kontrolliert und von der Stadt toleriert. Drittens sieht Park die heftigen Emotionen, die der Palio auslöst, in der Dramaturgie des gesamten Ablaufs angelegt. In der Art barocker Theateraufführungen hätte der Palio für die Zuschauer einen kathartischen Ausgang. Das Publikum nähme in allen Phasen der Performance willig teil, und gerade die Verbindung von Zufall und menschlicher Führung, die sich in den Abläufen wiederholt, erhöhe die Spannung. Die Bestandteile des Ablaufs der Ereignisse stünden fest und seien allen bekannt. Nach und nach, hauptsächlich während der Auslosung der Contraden und der *tratta*, würde das Schicksal der Contraden weiter festgelegt. Die Spannung steigere sich von Tag zu Tag und entfalte stetig die Emotionen, bis zum Rennen selbst. (Ebd.: 90ff.) Park stellt fest, dass die Intensität und Spontaneität der emotionalen Reaktionen auf den Palio für Außenstehende nicht zu reproduzieren sind und dass gerade die Reaktionen auf das Rennen einen exklusiv sienesischen Bereich innerhalb dieses öffentlichen Ereignisses darstellen (ebd.: 92).

Wichtig erscheint mir ebenso wie Park, nicht nur den Ablauf des Festes zu betrachten, sondern zu sehen, wie er von den Beteiligten erlebt wird, die emotionale Bedeutung zu betrachten, die der Palio für das Individuum hat. Denn die Emotionen beim Palio bilden die Beziehungen zwischen den Contraden ab, so wie sie im Alltag das ganze Jahr über vorhanden sind. Das festliche Ereignis Palio ist der Gipfel und die Zeit, in der Aggressionen und Wettbewerb über ein größeres Maß hinaus zugelassen werden, als es während des Jahres erlaubt ist. Gerade weil der Ablauf strengen Regeln, hoher Ritualisierung und festen Gewohnheiten unterworfen ist, findet in den Tagen des Palios ein kollektiver Ausdruck von Gefühlen statt, wie er in dieser dichten Form ansonsten nicht möglich ist. Der strenge rituelle Rahmen und die Dramaturgie der Ereignisse stellen eine Voraussetzung für die Äußerungen der Leidenschaft dar, auf deren Grundlage die »Enthemmtheit« erlebt und gleichsam abgesichert wird. Das betrifft die Gesänge und Lieder, auch die häufig auftretenden Faustkämpfe, die scherzhafte Verspottung der gegnerischen Contrada ebenso wie das leidenschaftliche Bezeugen der Zugehörigkeit zur eigenen Contrada (vgl. 4. Kapitel). Beim Palio sind alle Contraden anwesend. Und das ist im Jahresablauf ein ein (bzw. zwei-)maliges Ereignis. Jede Contrada tritt auf, präsentiert sich gegenüber den anderen und betont ihr Profil und ihre Einzigartigkeit. Diese Möglichkeit, sich öffentlich als Gruppe darzustellen, mobilisiert große Emotionen. In diesem Zusammenhang ist auch die enorme Bedeutung zu sehen, die dem Gewinn des Palio-Banners zukommt. Mit ihm ist kein materieller Gewinn verbunden, sondern es ist ein Symbol, das dadurch zum erstrebenswerten Gut wird, dass es Überlegenheit gegenüber den anderen Contraden, Begünstigung vom Schicksal und schließlich Existenzberechtigung bezeichnet.

Während in den Contraden die Vorbereitungen für das Rennen auf Hochtouren laufen, sind die Gefühlszustände der Beteiligten bereits außerordentlich. In den Contraden dominieren Aufregung und die nervöse Gespanntheit jedes Einzelnen. Das Organisieren der Essen und der Siegesfeiern, das Bereitstellen der Kostüme und Fahnen und die Diskussionen über den Fortschritt der Ereignisse bestimmen die Aktivitäten. Viele der aktiven Contradaioli nehmen in den Tages des Palios Urlaub, verbringen Tag und Nacht in der Società und helfen tatkräftig mit. In den Tagen des Palios, so erklären mir zwei Informantinnen, sei der ganze Tagesplan außer Kraft gesetzt. Man wäre ständig auf der Straße, würde keine Zeitung mehr lesen, man äße irgendwann zwischendurch und schliefe kaum. Es hielte einen nicht mehr zu Hause, man wolle ständig in der Contrada sein. Es sei wie eine Droge, aber für Siena eben normal. Ich frage nach den Gefühlen nach dem Rennen. Wenn man gewinnen würde, erklären die beiden, ginge das Feiern natürlich weiter, ansonsten hinge es davon ab, ob und wie die Contrada gelaufen sei. Generell aber würde ein physischer und psychischer Zusammenbruch stattfinden, eine große Erschöpfung und Müdigkeit, wie nach einem Marathon-Lauf.

Der Vergleich, dass der Palio wie eine Droge wirken würde, ist mir häufiger begegnet. Darin verdichten sich Empfindungen von Süchtigkeit, Rausch, Euphorie und höchster Intensität des Erlebens einschließlich der anschließend eintretenden Erschöpfung. Ebenfalls häufig ist die Beschreibung des Palio-Erlebens in der Metapher des Orgasmus (siehe auch Park 1992: 92), die auf den gleichen Zustand verweist. Eine Informantin, Laura, erklärt:

»Symbolischermaßen ist es wie ein Orgasmus, der Instinkt kommt heraus, man ist ganz man selbst. In diesen Tagen lebt man einzigartig. Ich habe geheiratet und mich getrennt, ich habe geweint – aber es gibt für mich kein stärkeres Gefühl, als den Palio zu gewinnen. Man kann das nicht erklären. Beim Sieg habe ich mir in die Hose gemacht, ohne es zu merken. Es ist wie eine Droge, und ich bin stolz darauf, das erleben zu können.«[131]

Die innere Anspannung und die Nervosität über den Ausgang führt bei einigen Contradaioli dazu, dass sie das Rennen selbst gar nicht besuchen. Stefano erzählt, dass er zum Zeitpunkt des Rennens gelegentlich in die Hügel hinausgefahren ist, dort abgewartet hat und dann in die Stadt zurückkehrt ist, um die Nach-

131 Interview vom 17.4.2000.

richt des Ausgangs zu vernehmen. Oder er wäre im letzten Moment durch die Absperrung um die Piazza del Campo geschlüpft und hätte sich irgendwo zwischen Touristenbeinen unter einer Tribüne hervorgezwängt. Das lange Warten, der *Corteo*, sagt er, das sei ihm alles zu viel, das würde ihn entsetzlich nervös machen. Aus seinen Worten spricht die Angst und die Vorstellung, die Intensität des Erlebens nicht auszuhalten. Andere Contradaioli sehen sich den Palio von vornherein nur im Fernsehen an. Doch selbst wenn viele den Palio zu Hause sehen, gibt es immer noch genügend andere – auch die weniger aktiven Contradaioli, die im Winter kaum in der Società anzutreffen sind –, die es auf den Campo zieht. Der Palio strukturiert den Jahresrhythmus und Pläne im Sommer ebenso wie die Ferienzeit, insofern der Reiseurlaub oft vor oder nach dem Palio genommen wird. Wenn es irgendeine Bindung an eine Contrada gibt, so scheint sie durch den Palio fast zwangsläufig aktiviert zu werden. Auch für Contradaioli, die sich ansonsten von der Contrada distanziert haben mögen, übt er eine starke Anziehungskraft aus. Und die Contrada nimmt ihre Mitglieder auf, bindet sie ein, lässt sie Teil der Gruppe werden. Ein 28-jähriger Informant, Daniele, befragt danach, ob er Siena verlassen würde, wenn er in einer anderen Stadt Arbeit fände, antwortet nachdenklich: »Ob ich weggehen würde? Ja, auf jeden Fall. Aber«, er lacht, »selbst wenn ich weggehen würde, wäre ich mit Sicherheit an den Tagen des Palios in Siena.«

Aus dieser großen emotionalen Bindung der Contraden-Mitglieder an das Ereignis Palio wird die starke identitätsbildende Kraft des Festes deutlich. Versteht man es als Ritual, so wird seine Wirkung besonders erhellend erklärbar. Was kulturelle Identität betrifft, so nehmen Rituale bei der Internalisierung der Identifikation generell eine bedeutende Rolle ein. Sie fördern das Gefühl der Zusammengehörigkeit und bestätigen immer wieder von neuem die Gemeinschaft, ungeachtet interner Differenzen. Zugehörigkeit wird damit als essentiell konstruiert (vgl. 1.1.). Im Ritual kann das Individuum an einer deutlich sicht- und spürbaren Gemeinschaft partizipieren, und die individuellen Verschiedenheiten werden von der symbolisierten Einheit überlagert. Eine zentrale Stellung kommt dabei der Bezugnahme auf die Historie zu, so wie sie beim Palio-Fest während des *Corteo Storicos* stattfindet. Hier wird die Vergangenheit als ruhmvoll und glorreich beschworen. Man kann diese Bezugnahme als Quelle der Vorstellungskraft deuten, bei der eine Kontinuität mit der Vergangenheit entsteht, eine Gemeinschaft mit den Vorfahren, durch die die gegenwärtige Gruppe sozusagen durch Kräfte von außerhalb gestärkt wird (vgl. Bell 1997: 136). Tatsächlich ist dies ein Kennzeichen vieler Ritualisierungen. Die Teilnehmenden beziehen sich auf die Tradition dessen, was sie tun, und benötigen wenig Erklärungen und

Rechtfertigungen für den Sinn eines spezifischen Rituals. Was nicht bedeutet, dass kein ausgeprägtes Verständnis für seine Symbole, Regeln und Bedeutungen vorhanden ist. Zu sehen, wie die Konstruktion von Tradition und Geschichtlichkeit vor sich geht, ist nicht Sache der Beteiligten, sondern des analysierenden Betrachters. Der Sicht der Teilnehmenden entspricht eher das Konzept der Reaktion auf gegebene Umstände. Diese Selbstverständlichkeit der rituellen Aktivität entsteht unter anderem als Effekt auf ihre Traditionalisierung und die Verankerung ihrer Legitimität in der Vergangenheit. Der Moment der Gegenwart wird in Beziehung zur Vergangenheit gestellt und damit machtvoll erhöht. Weiterhin verstärken Formalisierungen den Eindruck von Selbstverständlichkeit der rituellen Handlung. Je nach Grad der Ritualisierung eines Ereignisses werden die Werte und Kräfte, die es bestimmen, als jenseits der der unmittelbar Beteiligten liegend wahrgenommen. Appelliert wird an eine Ordnung, die jenseits der unmittelbaren Situation liegt. (Bell 1997: 167ff.)

Das Interessante am Palio ist meiner Ansicht nach, dass er mit seinen rituellen Abläufen zwar eine geschichtliche Begründung erfährt, seine Selbstverständlichkeit jedoch aus der Verankerung im Alltagsleben gewinnt. Die Vorbereitung des Rennens durch verschiedene Aktivitäten im Lauf des Jahres, wie die Auswahl von Pferden und Reitern; die Ausdehnung der Feierlichkeiten und die Bearbeitung des Ereignisses in unzähligen Gesprächen in den Contraden; die Hoffnung, die für jeden einzelnen auf einem Sieg ruht – all dies führt dazu, dass der Palio gleichsam, wie man sagt, das ganze Jahr über gelaufen wird. Aber auch die Auseinandersetzungen zwischen Mitgliedern einzelner Contraden und die sorgfältige Pflege ihrer Beziehungen zueinander, sind, wie im nächsten Kapitel gezeigt wird, das Fett im Getriebe des Palios. Gleichzeitig gewährt der Palio als Ritual die Kontinuität, die notwendig ist, um die oben beschriebenen Gefühle möglich zu machen und die bestehenden Werte der Gemeinschaft zu erhalten. Im Rahmen bestimmter sozialer Regeln wird das Ausleben sowohl von Aggressionen und Konflikten als auch einer Bandbreite von Gefühlen, über Traurigkeit und Freude hin zur starken Euphorie, gestattet. Die geteilte Erfahrung dieser intensiven Emotionen und Ereignisse bestärkt die Gemeinschaft und verleiht ihr für ihr Handeln den notwendigen Sinn.

4. *»Feindschaft in Grenzen und basta!«* – Beziehungen der Contraden untereinander

Jede Contrada ist, wie im zweiten Kapitel erläutert wurde, eine geschlossene Gemeinschaft, die über eigene Symbole gekennzeichnet ist und organisatorisch eine funktionierende Einheit darstellt. Immer wieder werden Eigenständigkeit und Spezifität jeder einzelnen Contrada seitens ihrer Mitglieder betont. Dennoch sind die Contraden von der Struktur her ähnlich, sind Werte, Traditionen und Selbstverständnis in einem gemeinsamen Rahmen übergeordnet. Die permanente Bezugnahme aufeinander wird, wie im vorangegangenen Kapitel gezeigt wurde, vor allem beim Palio deutlich. Die Contraden bilden als Gesamtes ein segmentäres System, dessen Teile nur im Zusammenspiel verstanden werden können. Über die gemeinsame Identifikation als soziale Gemeinschaften und gleichzeitig über die Abgrenzung und Differenzierung jeder einzelnen Contrada erfolgen Prozesse der Identitätsbildung. Die Identifizierung der Contrada als Kollektiv erfolgt doppelt: Zum einen in der Unterscheidung von anderen Contraden und zum anderen in der gemeinsamen Abgrenzung von allem Nicht-Sienesischen. Nimmt man spezifische Beziehungskontexte als grundlegend für die Konstituierung kultureller Identität an und sieht gleichzeitig eine institutionelle Ordnung und Gemeinschaft mit kommunikativen Strukturen als Voraussetzung dafür an (vgl. Delanty 1999: 268-271), muss das Beziehungsgefüge der Contraden bei der Untersuchung ihrer kulturellen Identität in jedem Fall einer genaueren Betrachtung unterzogen werden. Auf dieser intern städtischen Ebene spielt sich ein »Exzess der Differenzen«[132] ab, der einen Schlüssel sowohl für die enge Bindung von Individuen an ihre jeweilige Contrada, als auch für das Phänomen Palio sowie für die Geschlossenheit der einzelnen Contraden-Gemeinschaften darstellt.

Im Folgenden möchte ich das Spiel der Differenzen unter den Contraden von verschiedenen Seiten betrachten. Erläutert werden sollen die etablierten Strukturen traditioneller Freundschaften und Feindschaften ebenso wie die Wahrnehmung von Unterschieden im Alltagsleben, bei der die symbolische Markierung

132 Nadig, persönliche Kommunikation.

von Grenzen eine große Rolle spielt. Betrachtet werden sollen auch die gemeinsamen Aktionen der Contraden, in denen sie sich als Gesamtgemeinschaft zeigen. Das betrifft das Verhältnis zur Stadt ebenso wie koordinierte Aktivitäten. Kurz: Mein Ziel ist es, einen Blick auf das Miteinander der Contraden auch außerhalb der Tage des Palios zu werfen, und zwar sowohl aus einer abstrakten Sicht »from top down«, als auch aus der Sicht der Subjekte, um zu sehen, wie unterschiedliche Zugehörigkeiten im Alltagsleben erlebt, erkannt und in die soziale Interaktion eingebracht werden. Eine besondere Rolle spielen dabei die reziproken Rivalitätsbeziehungen und der Punkt der traditionellen Faustkämpfe einschließlich ihrer Bedeutung für die kollektive Identität.

4.1. Beziehungsformen und Territorium

Formen von Beziehungen

Wie im vorangegangenen Kapitel bereits angedeutet, unterhalten die Contraden verschiedene Formen der Beziehung zueinander. Das sind einmal Allianzen, welche meist zu mehreren anderen Contraden bestehen, zum anderen Rivalitäten und schließlich Neutralitätsverhältnisse.[133] Bei den befreundeten Contraden spricht man von *Contrade alleate*, verbündeten Contraden, oder auch *Contrade aggregate*, angegliederten Contraden. Allianzen zwischen den Contraden werden durch einen offiziellen Vertrag bestätigt (Dundes & Falassi 1994: 41). Sie dienen vor allem der gegenseitigen Unterstützung beim Palio und werden über das Jahr hinweg gepflegt. Im Rahmen ihres Patronatsfests, der *Festa Titolare*, zum Beispiel stattet eine Contrada ihren verbündeten Contraden offizielle Besuche ab und ehrt sie durch verschiedene Fahnenschwünge.[134] Weiterhin werden Reprä-

133 Dundes & Falassi unterscheiden zwischen Allianzen und Freundschaften, letztere weniger verbindlich als erstere, nennen also vier Formen von Beziehungen (1994: 40). Meine eigenen Informationen sind verschieden. Meist wurde nur auf drei Beziehungsformen Bezug genommen. Ein Informant jedoch erklärte, dass es neben den offiziell verbündeten und den offiziell rivalisierenden Contraden die Contraden gäbe, zu denen überhaupt keine Beziehungen aufrechterhalten würden, und andere, zu denen ebenfalls offizielle Beziehungen gepflegt würden, welche allerdings keine Allianz wären. Ich werde von den verbündeten Contraden synonym als »befreundeten« Contraden sprechen und von den rivalisierenden als »verfeindeten«.

134 Dundes & Falassi führen an, dass der Grad der Freundlichkeit des Empfangs je nach Stärke der Freundschaft subtile Variationen aufweist. So könnten seitens der besuchten Contrada lediglich einige *Alfieri* die Besucher an der Grenze des Territoriums empfangen, oder es könne zusätzlich

sentanten der verbündeten Contraden zu besonderen Anlässen im Sitz empfangen und die Fahnen der *alleate* bei Festen herausgehängt. Nach dem Sieg einer Contrada beim Palio sieht man die Fahnen der alliierten Contraden beim Zug zum Dom über die Köpfe ragen. Diese Contraden signalisieren damit ihre Verbundenheit zur siegreichen Contrada und partizipieren an deren Triumph. Zwei *Alfieri* tragen die Fahne bis zur Kirche der befreundeten Contrada. Die Freundschaften zwischen den Contraden sind veränderlich und können durch einen (tatsächlichen oder angenommenen) Vertrauensbruch beim Palio ein Ende finden. Manche überdauern jedoch Jahrzehnte und Jahrhunderte, wie zum Beispiel die Allianz der Chiocciola mit der Selva, die seit 1790, oder die der Bruco mit der Istrice, die seit 1665 besteht.[135] Auch die Rivalitäten sind veränderbar, halten sich augenscheinlich jedoch länger als die Freundschaften. Einige Rivalitäten sind bereits sehr alt, wie zum Beispiel die Feindschaft zwischen Oca und Torre, oder auch die zwischen Chiocciola und Tartuca und die zwischen Aquila und Pantera, welche aus dem 17. bzw. 18. Jahrhundert stammen. (Vgl. Dundes & Falassi 1994: 42f.) Andere, wie die Feindschaft zwischen Nicchio und Montone, sind jüngeren Ursprungs, ungefähr fünfzig Jahre alt. Auch die älteren Rivalitäten haben jedoch nicht immer durchgehend bestanden. So verzeichnet die Chiocciola immer wieder Phasen des Bündnisses mit der Tartuca, und auch die Nicchio war mit der Montone bis 1952 alliiert. Feindschaften können per Entschluss der Mitglieder einer Contrada sowohl erklärt als auch beendet werden.

Ebenso wie die Freundschaften stehen und fallen die Feindschaften mit der Gegnerschaft beim Palio. Dass Rivalitäten sich tendenziell als stabiler erweisen, mag daran liegen, dass die Gegnerschaften eine entscheidende Motivation für den Palio darstellen und leidenschaftlich bewahrt werden. Keine Feindin zu haben, bedeutet, dass einer Contrada ein Stück Herausforderung fehlt, indem der doppelte Triumph, wenn nämlich die Konkurrentin schlecht läuft, wegfällt. Immer wieder erklärten mir Leute, dass es schlicht langweilig sei, keine Gegnerin zu haben. Man braucht eine Gegnerin, um unmittelbarer in den Wettkampf einzutreten. Die Gegenseitigkeit der Rivalitäten setzt allerdings eine ungefähr gleiche Größe und damit Stärke voraus. So wurde die Feindschaft zwischen Bruco und Giraffa beendet, weil die Giraffa deutlich kleiner ist als die Bruco und damit

---

eine Gruppe von Contradaioli die Besucher begrüßen und zum Sitz der Contrada geleiten. (1994: 152)

135 Allianzen und Rivalitäten sowie ihre temporäre Dauer sind in dem Kalender für das Jahr 2000 aufgeführt, den die Verantwortlichen der Kindergruppen für die Kinder der Contraden erstellt haben. Er wurde nur innerhalb der Contraden verteilt.

ein Ungleichgewicht bestand. Und nicht immer führen Streitigkeiten beim Palio zwangsläufig zur Feindschaft. Zum Beispiel gab es 1989 nach einem Palio-Rennen eine handgreifliche Auseinandersetzung zwischen Bruco und Drago, die ernsthafte Probleme aufwarf und auch zu Disqualifizierungen führte, aber dennoch keine offizielle Gegnerschaft nach sich zog.

Auf die Feindschaften wird mit den Begriffen *Contrada avversaria*, gegnerische Contrada, und *Contrada rivale*, Konkurrentin, referiert. Im Alltag wird jedoch meist von *la nemica*, der Feindin, gesprochen. Während die Freundschaften sich auf mehrere andere Contraden verteilen, bestehen Rivalitäten in Paaren. Mit einer Ausnahme, nämlich der Torre, die sowohl mit der Oca als auch mit der Onda in Feindschaft steht. Die verfeindete Contrada ist bis auf die genannte Ausnahme Oca-Torre immer eine benachbarte, was häufig mit Grenzstreitigkeiten erklärt wird. Betrachtet man die Enge der Gassen, ist dies nachvollziehbar, ein ausreichender Grund scheint es mir jedoch nicht, da die Grenzen sich seit 1729 nicht mehr veränderten und, soweit ich weiß, auch keine Betrebungen bestehen, es zu tun. Ich vermute, dass durch die territoriale Nähe eher die Kultivierung der Feindschaft erleichtert wird. Zur Rivalin werden keine offiziellen Beziehungen unterhalten, oft wird sie sogar ausgespart, wenn eine Contrada im Rahmen einer Veranstaltung die anderen Contraden besucht. Wenn innerhalb der einzelnen Beziehungsformen formal auch keine Unterschiede bestehen, ist Feindschaft dennoch nicht gleich Feindschaft. Unterschieden wird häufig zwischen »stark empfundenen« und weniger stark empfundenen Rivalitäten. Eine stark empfundene Gegnerschaft gibt es vor allem zwischen den Contraden Nicchio und Valdimontone, Oca und Torre sowie Tartuca und Chiocciola, deren Feindschaften berühmt-berüchtigt sind. Weniger extrem ausgeprägte Rivalitäten herrschen eher zwischen den kleineren Contraden wie Leocorno und Civetta oder Aquila und Pantera.

Da sich die Beziehungen unter den Contraden immer wieder verändern, kann kein dauerhaft gültiges Bild der konkreten Beziehungsstruktur gezeichnet werden. Während meiner Forschungszeit von 1998 bis 2000 stellte sie sich wie folgt dar:

Contrada	*Gegnerin*	*Verbündete*
Aquila	Pantera	Civetta, Drago
Bruco	—	Chiocciola, Istrice, Leocorno, Nicchio, Torre
Chiocciola	Tartuca	Bruco, Istrice, Pantera, Selva
Drago	—	Aquila
Civetta	Leocorno	Aquila, Giraffa, Istrice, Pantera

Giraffa	—	Civetta, Istrice, Pantera
Istrice	Lupa	Bruco, Chiocciola, Civetta, Pantera
Leocorno	Civetta	Bruco, Pantera, Tartuca
Lupa	Istrice	—
Nicchio	Valdimontone	Bruco, Onda, Tartuca
Oca	Torre	—
Onda	Torre	Nicchio, Tartuca, Valdimontone
Pantera	Aquila	Chiocciola, Civetta, Giraffa, Leocorno
Selva	—	Chiocciola, Tartuca
Tartuca	Chiocciola	Leocorno, Nicchio, Onda, Torre
Torre	Oca, Onda	Bruco
Montone	Nicchio	Onda

Sämtliche anderen sechzehn Contraden werden ungeachtet der jeweiligen Beziehungen als *consorelle*, Schwesterncontraden, bezeichnet. Es ist wichtig zu sehen, dass es diese ausdrückliche Einheit neben der Differenzierung der einzelnen Beziehungen gibt. Sie weist auf die Struktur des Segmentären hin, auf die gemeinsame Identität gegenüber der Stadt und gegenüber anderen Gruppen, ebenso wie auf das Bewusstsein des Spiels mit den Identitäten. Dundes & Falassi nehmen an, dass die Gewohnheit, temporäre Bündnisse zu schließen, auf das Mittelalter und die Renaissance zurückzuführen ist. Damals schloss die Stadt Siena sich vorübergehend immer wieder mit anderen Stadtrepubliken zusammen, um sich gegenüber dem verfeindeten Florenz zu behaupten. Genauso wie sich ganze Städte verbündeten, schlossen einflussreiche Familien innerhalb Sienas wechselnde Abkommen zur gegenseitigen Unterstützung, um den Niedergang rivalisierender Familien zu beschleunigen. (Dundes & Falassi 1994: 90) Inwiefern die Annahme eines solchen Ursprungs der Fraktionenbildung berechtigt ist, mag dahingestellt sein, zumindest im engeren Kontext des Palios und der *partiti* scheint sie schlüssig zu sein. Im Hinblick auf das gesamte Beziehungsgefüge der Contraden besteht jedoch ein großer Unterschied, insofern es auch bei den Feindschaften weder um Machtkämpfe oder Vorherrschaft geht noch um den Sieg gegenüber einem externen Feind. So bedeutsam die Rivalitäten auch sind, sie stellen niemals die Existenz einer anderen Contrada in Frage oder versuchen sie zu verhindern. Im Gegenteil sind stabile Gemeinschaften aller siebzehn Contraden die Voraussetzung dafür, dass die Beziehungen in ritualisierter Form ausgelebt werden können. In vielerlei Hinsicht äußert sich die Konkurrenz scherzhaft und spielerisch, zum Beispiel in der Art und Weise, wie die befeindete Contrada nach dem Palio-Sieg verspottet wird. Gleichzeitig wird sie sehr ernst genommen, so ernst, dass die Ablehnung der gegnerischen Contrada vehement aggressive Formen annehmen kann. Was die Werte der Contraden selbst betrifft, so gibt es jedoch die Bemühung, gerade jüngeren Mitgliedern »den richtigen Geist« der Rivalität zu vermitteln, nämlich Fairness und grundsätzliche Gemeinsamkeit, die niemals die Grenzen der ernsthaften Verletzung überschreiten darf. Eine Anekdote veranschaulicht den Spielraum, mit der Rivalitäten betrachtet werden:

Kurz vor dem Palio starb der national bekannte Fußballspieler Artemio Franchi, der gleichzeitig *Capitano* der Torre war. Das Begräbnis fand während der Zuweisung der Pferde statt, und es wurde um eine Gedenkminute des Schweigens für den Verstorbenen gebeten. Die Menge auf dem Platz verharrte in Stille. Danach begann die Zuweisung der Pferde. Das erste erhielt die Oca, die Feindin der Torre, und zwar ein ausnehmend schlechtes Pferd. Eine Frau aus der Oca hob die Augen zum Himmel und sagte: »*Ecco*, Artemio ist gut angekommen.« (Magi 1996: 65, Übersetzung der Verfasserin)

Untereinander stehen die Contraden in einem permanenten Verhältnis des Wettbewerbs. Das betrifft nicht nur *la rivale*, sondern genauso die anderen Contraden. Welche hat den schönsten Brunnen, welche veranstaltet die schönsten Feste usw. Es handelt sich nicht um einen realen Wettbewerb, bei dem ein Preis verliehen wird,[136] sondern um eine Haltung und Betrachtungsweise des ständigen Vergleichs. Der Stolz auf die eigene Contrada führt dazu, sie als die schönste und beste zu sehen. Niemand möchte tauschen, und die eigene Contrada hat einen so absoluten Status, dass sie auch bei Kritik im Vergleich zu den anderen immer noch einzig dasteht.

Die Contraden arbeiten jedoch nicht nur einzeln, sondern es es gibt auch eine Anzahl übergreifender Aktivitäten. Das sind zum Beispiel die bereits erwähnten Veranstaltungen der Kindergruppen (vgl. Punkt 2.4.). Bei einem monatlichen Koordinationstreffen der Verantwortlichen aller siebzehn Contraden werden gemeinsam Ideen entwickelt, was man mit den Kindern zu Weihnachten, Epiphania oder anderen Festen unternehmen kann. Auch »*Ondeon*«, das jährlich wiederkehrende Theaterspektakel, das von der Onda organisiert wird und an dem Hunderte von Kindern aller Contraden teilnehmen, der »*Minimasgalano*«, bei dem die Kleinen für ihre Darbietung ausgezeichnet werden, oder der »*Palio dei Bambini*« sind Veranstaltungen für alle Kinder. Austausch besteht auch zwi-

136 Eine Ausnahme stellen der *Masgalano* und das Schmücken der Tabernakel durch die Kinder der Contraden zur *Festa della Madonna* am 8. September dar. Hierbei werden einer Contrada tatsächlich symbolische Preise für den besten Auftritt beim *Corteo Storico* bzw. das schönste Tabernakel verliehen.

schen den Sportgruppen der Contraden. Bei organisierten großen Volleyball- oder Fußballturnieren treten die Teams aller Contraden gegeneinander an. Kulturelle Aktivitäten können ebenfalls über die eigenen Contrada hinausreichen. Die Giraffa zum Beispiel veranstaltet jedes Jahr ein Konzert, an dem die Chöre aller Contraden teilnehmen. Ebenso werden Feste, Konzerte oder Ausstellungen, die eine Contrada durchführt, von den Mitgliedern anderer Contraden besucht.[137]

Beziehungen zur Stadt

Die Beziehungen der Contraden zur Stadt Siena sind eng. Denn Contraden und *Senesità* sind unmittelbar miteinander verwoben. Es gibt so etwas wie eine gegenseitige Anerkennung: Die Contraden erkennen die Stadtverwaltung als zivile Autorität des Palios an, die Stadt umgekehrt die Contraden als wichtigste soziale Einheiten der Stadt. In der Gestaltung ihres sozialen Lebens und ihrer Aktivitäten wird ihnen Autonomie zugesprochen. Was den Palio betrifft, so übernimmt die Stadt die gesamte Organisation und Leitung des Festes, und zwar nicht nur des Rennens, sondern aller begleitenden Ereignisse. In ihre Verantwortlichkeit fällt der Aufbau von Bahn und Tribünen genauso wie Sicherheitsmaßnahmen, die Bereitstellung von Polizei und Ambulanzen, die Entsendung von Festabgeordneten sowie die Abwicklung der legislativen Aspekte des Rennens. Dadurch, dass der Palio in die Verantwortung der Kommune fällt, wird er zum einzigen Fest der Contraden, welches weitgehend öffentlich ist. Entsprechend ist der Bürgermeister bei allen wichtigen Ereignissen auf neutralem Boden anwesend, wie zum Beispiel der Auslosung der Pferde, der Präsentation des Palio-Banners sowie beim Rennen selbst, und stellt er mit dem Erzbischof eine zentrale repräsentative Figur in dem Geschehen dar (vgl. Liebscher 2001: 94ff.). Durch die Palio-Justiz schließlich besteht eine enge Verbindung zwischen Contraden und Stadtrat, da es die Ratsmitglieder sind, die eventuelle Sanktionen diskutieren und beschließen (ebd.: 99-103).

Bedeutsam für die Beziehung zur Stadt ist außerdem die Frage nach dem Erhalt der Kunst- und Kulturgüter sowie städtischen Sanierungsmaßnahmen und der Verwendung von Immobilien im Stadtzentrum. Im öffentlichen Bebauungsplan (*piano regolatore generale*) der Stadt Siena ist vorgesehen, die Contraden als wesentlich Beteiligte zu berücksichtigen. Verbindungsglied zwischen

137 Diese Angaben entsprechen dem Stand meiner Informationen im Frühjahr 2000. Sicherlich gab und gibt es weitere Aktivitäten.

den gemeinsamen Interessen der Contraden und der Stadt ist der *Magistrato delle Contrade*, in dem die Obersten aller siebzehn Contraden vertreten sind. Er pflegt die Beziehungen zur Stadtverwaltung und den wesentlichen städtischen Institutionen wie der Kirche, der Universität und Monte dei Paschi.[138]

Die Bank Monte dei Paschi di Siena (MPS), seit 1472 in städtischem Besitz (vgl. 2.1.), steht ebenfalls in enger Beziehung zum Palio. Der Reichtum der Stadt Siena war immer auch mit dem Reichtum der Bank verbunden, so dass sie als finanzieller Sponsor gesehen werden kann: Früher durch die Protektoren der Oberschicht, heute durch direkte Zuwendungen an die Stadt und die Contraden (Silverman 1989: 236). Die Bank finanziert zum Beispiel die Kostüme, welche etwa alle zwanzig Jahre erneuert werden. Ebenso vergibt MPS Kredite an die Contraden zur Finanzierung ihrer Ausgaben. Aber die Beziehung beruht auf Gegenseitigkeit, denn der Palio bietet der Bank wertvolle *publicity*. Das in ganz Italien bekannte Fest ist hochgradig öffentlichkeitswirksam und verleiht Monte dei Paschi ein eigenes Profil gegenüber den Kunden. Wichtige Kunden zum Beispiel können zum Besuch des Palios eingeladen werden. Palio-Rennen und Bankwesen sind eng mit der Historie der Stadt vernüpft, zeugen also beide von langer Tradition. Da MPS seit der Gründung im Sinne öffentlicher Interessen wirksam war, haftet ihr das Image solider Zuverlässigkeit an. Die Identifikation mit der Stadt schafft Vertrauen und die Bank profitiert vom Palio ebenso wie die Contraden von der Bank und die Stadt von beidem.

Territorium, Raum und Grenzen

Die Contraden sind Gemeinschaften, die über ein bestimmtes Territorium definiert werden. Diesem territorialen Aspekt möchte ich nun Aufmerksamkeit schenken. Denn die räumlichen Grenzen sind genau abgesteckt, und ich gehe davon aus, dass sich anhand dieser territorialen Abgrenzung auch soziale Abgrenzungen vollziehen. Die Identität der Contraden ist in jedem Fall eine territoriale, insofern sie nur innerhalb eines bestimmten Ortes existiert, nämlich der Stadt Siena. Und auch die Identität der einzelnen Contraden ist streng räumlich begrenzt. Wenn man sich daran erinnert, dass es idealerweise die Bewohner eines Contraden-Territoriums sind, die als Contrada eine soziale Gemeinschaft bilden, wird der räumliche Bezug deutlich. Diese starke Fokussierung der Con-

138 Zu den Beziehungen der Contraden zur Stadtverwaltung siehe Magi (1996: 12-15) und Muzzi (1990).

traden auf den Ort führt dazu, dass er vielleicht noch stärker affektiv besetzt ist als es normalerweise der Fall sein mag (vgl. Schilling 1994: 62). Um einen hohen Grad an Identifikation zu erfüllen, muss die räumliche Umgebung Bedürfnisse von Schutz und Sicherheit genauso befriedigen wie die der Teilhabe an Kommunität und Gestaltung (ebd.: 63), und beides trifft für die Contraden zu. Der Raum ist für die Contraden-Mitglieder unmittelbar mit ihrer kulturellen Identität verknüpft. Die affektive Bedeutung des Raums für jeden einzelnen wird zum Beispiel dadurch deutlich, dass die meisten von mir befragten Contradaioli sich nicht vorstellen können, Siena zu verlassen und in eine andere Stadt zu ziehen. Immer wieder wird betont, dass sie ein Leben außerhalb Sienas niemals freiwillig wählen würden. Gab es eine vorübergehende örtliche Abwesenheit aus Berufsgründen, wird der starke Rückkehrwunsch hervorgehoben. Begründet wird diese Haltung damit, dass es sich in Siena angenehm leben ließe. Die Stadt sei ruhig und ungefährlich, und gerade wenn man Kinder hätte, wüsste man, dass sie unbeschadet aufwüchsen. Zusätzlich zu Gründen der Lebensqualität wird aber auch die Bindung an die Contraden genannt, die Gemeinschaft, auf die man nicht verzichten möchte.

Kulturelle Symbole erzeugen Identifikation und machen den Raum erst als solchen identifizierbar (vgl. Ipsen 1994: 240). Dies können unter anderem Örtlichkeiten sein. Einer der wichtigsten Orte mit kultureller Bedeutung in Siena ist die Piazza del Campo. Die runde Piazza ist geographisch die Mitte des historischen Zentrums; sie bietet mit dem 87 Meter hohen Glockenturm Torre del Mangia gleichzeitig den höchsten und weithin sichtbaren Punkt der Stadt; sie ist neutrales Territorium der Contraden, also gleichsam geteilter Besitz; sie ist der Ort des Palio-Rennens und seiner Feierlichkeiten; sie ist Sitz der Stadtverwaltung im Palazzo Pubblico; sie ist Treffpunkt nach Feierabend und Flaniermeile für alle; sie ist Ziel aller touristischen Reisegruppen. Der Platz ist also architektonischer, politischer, kultureller und sozialer Mittelpunkt (religiöser allerdings nicht, das ist der nicht weit entfernte Dom). Und in ästhetischer Hinsicht ist er so schön, dass es nicht schwerfällt, ihn als herausragendes Symbol zu betrachten. Mein eigener Zugang zur Stadt fand immer wieder über die Piazza del Campo statt. Zu Beginn nicht gerade angezogen von der steinernen Strenge des gepflasterten Platzes, bedrückt durch die Höhe und Geschlossenheit der Häuser um die sich absenkende Mitte, eröffnete sich mir später eine andere Perspektive:

»Als wir auf die Piazza del Campo kommen, beginnt Enrico zu schwärmen und die Schönheit des Platzes zu rühmen. Er sagt scherzhaft: »Dies ist die Mitte der Welt.« Auch ich muss den Platz bewundern. Federico betont, wie ruhig es in der Nacht sei und dass man auch dann ohne Probleme durch die Straßen laufen könnte. Er erzählt Enrico von einem Jungen, den sie offenbar beide kennen, dem bei einem Ausflug nach Florenz prompt seine Geldbörse gestohlen worden wäre. – Ich sehe die von einem warmen gelben Licht beleuchteten alten Paläste und erfahre an diesem Herbstabend durch meine Begleiter zum ersten Mal ein wenig von dem, was den Menschen in Siena ihre Stadt bedeuten mag. Mehr als durch den bloßen Anblick teilt es sich mir durch die angeregte freundliche Stimmung der anderen mit. Ich verstehe, dass sie die intime, persönliche Atmosphäre schätzen und dass die Sicherheit, die es ihnen erlaubt, zu jeder Tages- und Nachtzeit unbehelligt unterwegs zu sein, zu diesem Eindruck des Familiären viel beiträgt. Alles Bedrohliche – Kriminelle, Obdachlose, Ausländer, Drogensüchtige – ist außen vor. Der Platz hüllt einen warm ein, diese Ruhe der mittelalterlichen Steine, darüber der dunkle Himmel.«[139]

Aber auch die Territorien der Contrada selbst bieten solche symbolischen Kennzeichen. Es sind architektonische Symbole und Örtlichkeiten, die nicht wie die Piazza del Campo über Siena hinaus bekannt sind und die Stadt für jeden Außenstehenden identifizierbar machen, sondern welche, die nur für die Mitglieder der entsprechenden Contrada zu Identitätsträgern werden bzw. ebenso von Mitgliedern anderer Contraden als solche erkannt werden. (Vgl. Ipsen 1994: 240) Der bewohnte Raum wird »sozial konstruiert und markiert« (Lindner 1994: 221), indem eine Aneignung territorialer Bezugspunkte zur eigenen Identitätskonstruktion stattfindet. Das können bestimmte Plätze ebenso sein wie Gassen oder Gebäude. Oder auch ein Brunnen. Auf dem Gebiet der Oca befindet sich zum Beispiel der große, alte Brunnen Fontebranda, eine Sehenswürdigkeit Sienas und öffentlich zugänglich. Er wird von den Mitgliedern der Oca als der Brunnen ihrer Contrada betrachtet. Dort wird die Contraden-Taufe vollzogen, auf dem Platz neben dem Brunnen finden die großen Festessen der Contrada statt und dort üben die kleinen *Tamburini* die Beherrschung der Trommel. Der große Brunnen ist zum lokalen territorialen Identifikationssymbol geworden, was sich deutlich darin äußert, dass die Ocaioli sich selbst als »Volk von Fontebranda« bezeichnen. Auch die anderen Contraden referieren territoriale Kennzeichen, um sich als Gemeinschaften zuzuordnen. Meistens sind es zentrale Straßen des Contraden-Gebiets, auf die Bezug genommen wird. Und diese »Orte« der Contraden tauchen in verbaler Rede, in Zeitungsartikeln, in allen intern sienesischen Zusammenhängen, in denen von den Contraden die Rede ist, immer wieder auf.[140] »Die von Fontebranda«, oder »die Leute von Pispini«, oder »das Volk von Valle-

139 Feldnotiz vom 12.10.1998.

140 Eine Überschrift im *Corriere di Siena* nach dem Palio am 2.7.1999 lautete zum Beispiel: »*Trecciolino re di Fontebranda*« (»Trecciolino [der Name des Jockeys] König von Fontebranda«). (*Corriere di Siena*, 3.7.1999, S. 12) Wer die territorialen Bezüge nicht kennt, weiß nicht, um welche Contrada es sich handelt. Die territorialen Namen mit einzelnen Contraden zu verbinden, kostete auch mich oft Überlegung, während ich die Farben schnell zuzuordnen gelernt hatte.

piatta« wird gesagt, wenn die Contradaioli der Oca respektive der Nicchio und der Selva gemeint sind. Auch einige Mitglieder-Magazine der Contraden führen ihren Namen nach diesen Orten (»Malborghetto« heißt z.B. das Magazin der Onda, »Il Vallepiatta« das der Selva). Die typischen Orte der einzelnen Contraden sind folgende:

Aquila – Casato, Bruco – Via del Comune, Chiocciola – San Marco, Civetta – Castellare, Drago – Camporegio, Giraffa – Provenzano, Istrice – Camollia, Leocorno – Pantaneto, Lupa – Vallerozzi, Nicchio – Pispini, Oca – Fontebranda, Onda – Malborghetto, Pantera – Stalloreggi, Selva – Vallepiatta, Tartuca – Castelvecchio, Torre – Salicotto, Valdimontone – Servi.

Dundes & Falassi (1994: 23) bemerken, dass jedes Contraden-Territorium einen »Eingang« besitzt. Diese Eingänge haben nichts mit den Stadttoren zu tun, sind auch nicht architektonisch gekennzeichnet, sondern werden lediglich als Eingänge verstanden und liegen jeweils zur Mitte des Zentrums hin, also an einem Punkt, an dem man, von der Piazza del Campo kommend, dass Territorium dieser Contrada betritt. Genausowenig wie die Eingänge sind die Grenzen der Contraden gekennzeichnet. Ein touristischer Spaziergänger, der nicht weiß, auf welchem Gebiet er sich befindet, wird es nicht bemerken, wenn er vom Gebiet einer Contrada in das anliegende wechselt. Die territorialen Grenzen beruhen seit ihrer Festlegung im Jahr 1729 auf Übereinkunft. Dennoch gibt es Zeichen, dass man sich gerade auf dem Gebiet einer bestimmten Contrada befindet, wie kleine Embleme mit dem Contraden-Wappen an einer Hauswand, Anschläge mit Bekanntmachungen über Aktivitäten in der Società, oder auch die Brunnen der Contraden mit den Wappentieren. In den Tagen des Palios sind die Territorien deutlich durch die ausgehängten Contraden-Fahnen (*bandiere*) markiert. Die *bandiere* hängen im Zentrum der Contrada, an den Grenzen und außerdem an den Häusern von Contradaioli dieser Contrada. Das Aushängen der Fahne auf dem Gebiet einer anderen Contrada ist nur zum Anlass der *Festa Titolare* erlaubt.

Auch in den Liedern der Contraden wird auf das eigene Territorium, bzw. sein symbolisches Zentrum, Bezug genommen. Hier nur ein Beispiel:

Rione di San Marco	Das Viertel von San Marco
è certo un bel rione	ist ein schönes Viertel
siamo del Chiocciolone	wir sind aus der Chiocciola
siamo del Chiocciolone.	wir sind aus der Chiocciola.

Rione di San Marco	Das Viertel von San Marco
è certo un bel rione	ist ein schönes Viertel
siamo del Chiocciolone	wir sind aus der Chiocciola
ci dovete rispettà.	ihr müsst uns achten.
S'è sempre comandato	Wir haben immer befehligt
si fa quel che ci pare	wir tun was uns gefällt
siamo del Castellare	wir sind von Castellare
siamo del Castellare.	wir sind von Castellare.
S'è sempre comandato	Wir haben immer befehligt
si fa quel che ci pare	wir tun was uns gefällt
siamo del Castellare	wir sind von Castellare
il più bello della città.	dem schönsten (Viertel) in der Stadt.[141]

Das eigene Gebiet, das eigene Viertel (*rione*), wird in den Liedern hochgelobt und synonym für die Contrada gebraucht. Der territorialen Verortung kommt also eine besondere Identifikationskraft zu. Was nicht verwundert, wenn man bedenkt, dass gerade die Gebietsverteilung es ist, welche die Contraden deutlich voneinander unterscheidet, während sie sich von ihrer sozialen Struktur her ähneln. Diese extreme und bewusste territoriale Bindung steht deterritorialisierten Formen der Identität, wie sie im Kontext der Globalisierung zu beobachten sind (vgl. 1. Kapitel), auf jeden Fall entgegen. Es ist gerade das Lokale, das hier wirklich auf den Ort verweist und den Raum selbst benutzt. Identitätskonstruktion und Differenzierung findet explizit über Raummerkmale statt. Das Contraden-Territorium hat zum einen identitätsstiftende Bedeutung, weil es symbolisch für die Gemeinschaft steht, zum anderen verknüpft sich mit ihm die reale Erfahrung von physisch und sinnlich erlebtem Raum. Und zwar einem Raum, der mit anderen geteilt wird, die ihn auf ähnliche Weise mit Bedeutung besetzen.[142] Gilt die Contrada als »Familie« ebenso wie als »Vaterland« (vgl. 2.4.), so kommt ihrem Gebiet auf jeden Fall die Bedeutung des erweiterten Hauses zu. Und tatsächlich erzählen diejenigen Contradaioli, die innerhalb des historischen Zentrums und auf dem Gebiet ihrer eigenen Contrada aufgewachsen sind, dass sie

141 Fiorini 1990: 26, nach Falassi 1980c, Übersetzung der Verfasserin.

142 Auf die partikulare Bedeutung jedes einzelnen Viertels weist auch Park hin (1992: 87). Persönliche Erinnerungen, von denen Leute berichteten, etwa an Gerüche, Licht und Stimmungen sowie Aktivitäten oder besondere Eigenheiten, sagt er, würden sich zu bestimmten geteilten Attributen verbinden. Welche das sind, führt er leider nicht aus.

sich auf der Straße wie zu Hause fühlten.[143] Es ist die unmittelbare Umgebung, in der man jede Hausecke und jeden Pflasterstein kennt und in der man sich geborgen fühlt. Ein Gefühl, das sicherlich durch den hohen Grad der Partizipation am sozialen Leben des Viertels gestärkt wird. Zumindest theoretisch gehören die Bewohner des Viertels der selben Contrada an. Die Souveränität der Contraden über ihr eigenes Gebiet bieten dem einzelnen Contradaiolo die Sicherheit, an diesen Ort und keinen anderen zu gehören. Und die Nähe zum Ort wird gesucht:

»Stefano erzählt, wie er sich während seines Studiums tagsüber zum Lernen oft in den großen Garten zurückgezogen hätte, der zur Società seiner Contrada gehört. Ein anderes Mal gehen wir zusammen durch die Straßen, als er wortlos mit uns in die kleine Gasse einbiegt, an der der Stall der Contrada liegt. Wir stehen an einem Geländer, unter dem Gärten am abfallenden Hang liegen und die verwinkelten Dächer der braunen Häuser von oben zu sehen sind. Alles ist Contradengebiet. Stefano macht eine ausbreitende Gebärde mit der Hand. Er würde diese stille Stelle lieben, sagt er. Auch sein Haus kann man von hier aus sehen. Bei anderer Gelegenheit weist er auf seine enge Beziehung zu der Kirche hin, die man von den Gärten der Società aus sieht.«[144]

Stefano ging bei seinem Wunsch, auf Contraden-Territorium zu wohnen, so weit, dass er einen Kredit aufnahm, um in der Altstadt auf dem Gebiet seiner Contrada eine Wohnung in einem alten Haus zu kaufen. So konnte er die Società zu Fuß in wenigen Minuten erreichen. In der Società war er zu dem Zeitpunkt, als ich ihn traf, häufig. Er ging oft nach dem Abendessen hin, um einen *caffé* zu trinken, Freunde zu treffen oder an den Veranstaltungen teilzunehmen. Seine Tante wohnte im selben Viertel, ebenso seine Eltern. Auch sie waren in der Contrada aktiv, und seine Beziehungen zu ihnen wurden durch die räumliche Nähe erleichtert.

Stefano war auf Contraden-Gebiet groß geworden. Seine Bindung an das Viertel ging mit einem nostalgischen Blick auf vergangene Zeiten einher, die er selbst nie erlebt hat, in denen die Straßen belebt waren, man abends vor den

---

143 Ein Heimatgefühl auf dem Gebiet der eigenen Contrada konstatiert auch Liebscher und belegt es mit Interviewbeispielen (2001: 75f.).

144 Feldnotiz vom 24.9.1998. Stefano lernte ich über einen gemeinsamen Freund zu Beginn meiner Feldforschung kennen. Er hatte gerade ein betriebswirtschaftliches Studium abgeschlossen und war in seiner Contrada sehr aktiv. Von Kindheit an hatte er die Contrada, zunächst mit seinem Großvater und seinem Vater, besucht. Unsere Begegnungen erstreckten sich über den gesamten Zeitraum meiner Anwesenheit in Siena. Sie umfassten gegenseitige Besuche zu Hause ebenso wie Verabredungen in der Società. Zu diesem Zeitpunkt jobte er aushilfsweise und beschäftigte sich viel mit der Idee der Familiengründung.

Häusern saß, um zu plaudern. Er stellte sich vor, dass er auch den Sohn, den er sich wünschte, einmal in der Contrada großziehen würde.[145]

4.2. Symbole und Stereotypen

Symbole der Differenzierung

Wichtig für die Herausbildung und die Beständigkeit sozialer Identität ist einerseits die Abgrenzung zwischen ›wir‹ und ›ihr‹ und andererseits die Übereinstimmung, die Gleichheit von Mitgliedern eines sozialen Kollektivs. Es ist auf der Basis des Gemeinsamen, dass Kategorisierungen und Identifikationen vorgenommen werden. Wenn man davon ausgeht, dass Gruppenzugehörigkeit nicht per se gegeben, sondern sozial konstruiert ist (vgl. 1. Kapitel), stellt sich die Frage, wie eine solche Gleichheit hergestellt wird. Neben sozialem Verhalten und gemeinsamen Tätigkeiten gewinnt die Gemeinschaft nach Cohen (Cohen 1985; Jenkins 1996: 104ff.) vor allem in der Vorstellung Gestalt. Es sind demnach Symbole, die das Gefühl gemeinsamer Zugehörigkeit erzeugen. Diese Symbole wirken einigend und sind sozusagen Verankerungspunkte der eigenen Identität. In der Identifikation mit Symbolen, den Gefühlen und Reaktionen, die sie auslösen, wird soziale Realität manifest. (Jenkins 1996: 110) Darüber hinaus dienen sie der Festschreibung eigener Zugehörigkeit gegenüber Kategorisierungen von außen, sind also bewusst eingesetzte Markierungen von Identität in der Interaktion zwischen Gruppen und Individuen. Diese Festschreibungen erfolgen jedoch nicht einmalig, sondern werden in der aktuellen Situation stets neu vorgenommen. Abhängig von der Beschaffenheit der Situation und der jeweiligen Interaktionspartner nehmen die Symbole immer wieder einen anderen Stellen-

---

145 Probleme hinsichtlich dieser starken Identifizierung mit der Contrada entstanden dadurch, dass seine Freundin außerhalb Sienas wohnte und von dort auch nicht wegzuziehen bereit war, und dass seine Wohnung außerdem nur zwei Zimmer umfasste, für die geplanten Kinder also zu klein war. Als ich Stefano kennenlernte, wohnte er noch in der Stadt, hatte ein Zimmer an einen Studenten vermietet und verbrachte mehrere Tage in der Woche bei seiner Freundin auf dem Land. Anderthalb Jahre später hatte er seine Wohnung komplett untervermietet und war ganz zu seiner Freundin gezogen. Da seine Freundin nach eigener Aussage für ihn an erster Stelle stand, die Contrada dagegen gleich danach an zweiter, und aus praktischen Erwägungen heraus, hatte er den Konflikt ihr zugunsten gelöst. Dadurch fand er sich jedoch in genau der Situation wieder, die er hatte vermeiden wollen, dass er nämlich erst in die Stadt fahren musste, um die Società besuchen zu können.

wert ein. Zum einen handelt es sich dabei um äußere materielle Merkmale, anhand derer Zuordnungen markiert werden. Durch Rituale, Wappen oder Kleidung zum Beispiel wird die angenommene Homogenität, nach Jenkins das Nominelle einer Gemeinschaft, betont. Interne Differenzen treten in diesem Prozess der Präsentation kollektiver Identität nach außen zurück. Zum anderen werden auch nicht sichtbare Identifizierungsmerkmale, nämlich Vorstellungen über Kennzeichen der eigenen oder einer anderen Gruppe eingesetzt, um Unterscheidungen vorzunehmen. Zunächst möchte ich mich den materiellen Symbolen zuwenden, die die Contraden benutzen, um ihre jeweils eigene Identität gegenüber den anderen Contraden deutlich zu machen.

Der Kennzeichnung des Territoriums dienen, wie bereits gesagt, vor allem die Fahnen. Die Fahnen in den Farben und mit dem Wappen der Contrada markieren sowohl territoriale Zugehörigkeit als auch, bei dem Umzug einer Contrada, die Zugehörigkeit der Gruppe. Die individuelle Zugehörigkeit hingegen wird mit dem *fazzoletto* demonstriert, einem viereckigen Tuch ebenfalls mit dem Wappen und den Farben der Contrada. Dieses Tuch erhält ein Contradaiolo bei seiner offiziellen Taufe in die Contrada (vgl. 2.3.). Es wird meist locker um die Schultern gelegt und zu festlichen Anlässen wie dem Palio und der *Festa Titolare* (also allen Gelegenheiten, bei denen die Contrada öffentlich in Erscheinung tritt) getragen. Jede Person ist aufgrund ihres *fazzolettos* der Contrada zuzuordnen, der sie angehört. Vor allem in den Tagen des Palios sind die vielen Tücher fester Bestandteil des Straßenbildes. Junge Menschen tragen es genauso wie alte Leute, elegant gekleidete Damen ebenso wie Männer im Anzug, Kinder genauso wie Jugendliche. Das *fazzoletto* ist das Symbol der Contraden-Zugehörigkeit schlechthin und hat für seinen Träger oft eine persönliche Bedeutung.[146] Das Tuch ist jedoch keinesfalls exklusiv, es kann vielmehr an jedem Souvenirladen in der Stadt gekauft werden. Auch Touristen sieht man in den Tagen des Palios oft mit Contraden-Tüchern herumlaufen, ebenso wird es von Leuten benutzt, die sich zu einer Contrada hingezogen fühlen. Ursprünglich aus Seide, wird es meist aus Polyester gefertigt und ist zur Massenware geworden, zum Siena-Souvenirartikel, der allerdings für die Contradaioli und das Contraden-Leben unverzichtbare Bedeutung hat.

Das *fazzoletto* zeigt das Wappen. Wappentier und Namen sind die hervorragendsten symbolischen Merkmale der Contraden. In den Liedern wird immer wieder der Name der Contrada wiederholt, fast beschwörend, und die Selbstbezeichnung der Angehörigen einer Contrada mit eben diesem Namen bezeichnet

146 Siehe auch Liebscher (2001: 78f.)

den starken identifikatorischen Charakter. Die Mitglieder der Bruco nennen sich »Brucaioli«, die der Onda »Ondaioli«, die der Selva »Selvaioli« und so weiter. Verbunden mit dem Namen ist das Wappentier, und das Tier ist eines der häufigsten Symbole, mit denen Zugehörigkeit ausgedrückt wird. In den Tagen des Palios sah ich immer wieder Gruppen von Mädchen und Jungen, die Plüschtiere trugen, welche Ähnlichkeit mit den Tieren ihrer Contrada hatten. Aber auch außerhalb des Palios verrät häufig ein Gegenstand in Form eines Tieres die Zugehörigkeit. Eine Raupe als Anhänger um den Hals getragen, ein Delfin als Ohrstecker, auch die Tätowierung eines Delfins sah ich einmal am Oberarm eines jungen Mannes. Auch auf den Gräbern des Friedhofs stehen gelegentlich kleine Statuen wie Elefanten (Torre), Giraffen (Giraffa) oder Delfine (Onda) auf den Grabplatten, um an die Zugehörigkeit des Verstorbenen zu erinnern. Tierfiguren der entsprechenden Contrada finden sich ebenso zu Hause bei den Mitgliedern, auf einem Telefontischchen, auf einer Kommode oder in einem Regal. Besuchte ich Contraden-Angehörige zu Hause, fielen mir die Zeichen oft ins Auge. Eine ältere Gesprächspartnerin hatte eine beeindruckende Sammlung von Raupenfiguren vorzuzeigen, dem Wappentier ihrer Contrada. Selbst ihr Telefonhörer hatte die Form einer Raupe, und sie bat mich, ihr aus Deutschland Raupenfiguren mitzubringen, sollte ich auf welche stoßen. Auch ihre 8-jährige Enkelin achtete an den Spielzeugständen auf dem Weihnachtsmarkt vor allem auf Nashörner. Aber nicht nur als figürlicher Manifestation, auch mit dem realen Tier verbinden sich Gefühle der Identität. Eine junge Frau aus der Chiocciola schilderte, dass sie nicht dazu in der Lage wäre, eine lebende Schildkröte anzufassen, dem Symbol der Tartuca, der Erzrivalin der Chiocciola. Das Tier würde Abscheu in ihr erwecken, meinte sie.

Eine ebenso große Rolle für die Identifikation wie die Wappentiere spielen die Farben der Contrada. Die Farben sind mehr noch als das Wappen selbst kennzeichnender Bestandteil im Druck der *fazzoletti* und der *bandiere*. Weiterhin sind die Kostüme, Reitdress und Helm der *fantini* sowie die *spennachiere*, der Kopfschmuck der Palio-Pferde, in den Farben der Contrada gehalten. Die Farben der Contrada sind das Haupmerkmal äußerer Unterscheidungen und können vielfältig eingesetzt werden. Anstecknadeln mit einer Schleife in Contraden-Farben sind neben dem *fazzoletto* ein weiterer, weniger verbreiteter Gegenstand der Zuordnung. Oft wählen Contradaioli in den Tagen des Palios oder zu anderen festlichen Anlässen ihre Kleidung in den Farben ihrer Contrada aus und sind damit hinsichtlich ihrer Zugehörigkeit sofort zu erkennen. Bei einer Taufe der Bruco zum Beispiel, an der ich teilnahm, waren die meisten Kinder in Gelb und Grün gekleidet, den Farben ihrer Contrada. Bei einem Palio sah ich einige einheitlich gekleidete Gruppen junger Männer und Frauen, welche jeweils die gleichen T-Shirts trugen: Männer aus der Aquila trugen gelbe T-Shirts mit blauem Kragen, Männer aus der Drago grüne T-Shirts mit roten und gelben Streifen. Bei einem anderen Palio hatten Leute aus der Onda auf ihre Wangen jeweils einen weißen und eine hellblauen Streifen gemalt und sich eine weiße Feder ins Haar gesteckt: Hellblau und Weiß, die Farben der Contrada, und die weiße Feder eine Anspielung auf ihr Pferd Lobis Andrea mit dem Spitznamen »Penna Bianca« (»Weiße Feder«). Individuelle Varianten farblicher Kennzeichnung sind eher selten. So fiel ein Mann, der seinen Haarschopf in den Farben Grün und Orange, den Farben der Selva, gefärbt hatte, mir deutlich als Ausnahme auf. Genauso wie die Tiere haben die Farbkombinationen der Contraden auch im persönlichen Alltagsbereich feste Konnotationen. Eine jüngere Frau, Valentina, erzählte, dass sie beim Kleiderkauf niemals auf die Idee kommen würde, Stücke zu wählen, die die Farben der verfeindeten Contrada hätte. Sie empfände automatisch Abwehr, sie sei einfach konditioniert.

Aber nicht nur die Wappentiere der Contraden werden privat gesammelt, auch andere Symbole der Contrada sind mir bei Besuchen häufig ins Auge gefallen. Sei es die zusammengerollte Fahne, die in einer Ecke steht, um bei entsprechendem Anlass aus dem Fenster gehängt zu werden, sei es eine Trommel, ein bemalter Tonkrug in den Farben der eigenen Contrada oder auch ein Foto vom letzten Palio-Sieg – die Zugehörigkeit der Bewohner war aus diesen Gegenständen sofort zu schließen. Im Haus eines ehemaligen *Priore* einer Contrada hingen große Gemälde vom Sieger-Pferd und anderen Ansichten aus der Contrada sowohl im Wohnraum als auch im Arbeitszimmer. Ebenso wie in den Wohnungen finden sich symbolische Hinweise auf Contraden-Identitäten in Geschäften, Restaurants und Bars. Oft in einer Ecke, nicht auf den ersten Blick sichtbar, verraten sie die Zugehörigkeit des Besitzers bei genauerer Betrachtung der Einrichtung. Ein kleiner Leuchter an der Wand, eine gerahmte Fotografie, die Fahnenschwenker auf der Piazza del Campo zeigt, Zeichnungen von Pferden. Solche Gegenstände finden sich natürlich auch in den Societàs, dem Treffpunkt der Contraden-Gemeinschaft. Pokale, Gläser und Krüge mit Contraden-Wappen in Regalen hinter der Bar, Türknäufe in Form des Wappentiers, Gemälde, Fotografien und eingerahmte Dokumente.

Essentialisierende Merkmale und weitere Zuordnungen

Die sichtbaren Symbole machen Zugehörigkeiten kenntlich. Sie sind Ausdruck der eigenen Contraden-Identität und ermöglichen anderen die Kategorisierung. Kategorisierung ist der Vorgang, durch den die soziale Welt bei der Wahrnehmung nach Gruppen geordnet wird. Die Trennungslinie zwischen den einzelnen Kategorien ist die zwischen ›ingroup‹ und ›outgroup‹, das heißt, kollektive Identität beruht auf einer ähnlichen Strukturierung der sozialen Welt durch ihre Mitglieder und damit auf der Unterscheidung zwischen ›Wir‹ und ›Sie‹. Diese Differenzierung findet jedoch nicht in immer gleicher Weise mit dauerhafter Gültigkeit statt. Vielmehr vollzieht sich hier eine variierende Grenzziehung in verschiedenen Kontexten. Bestimmte soziale Situationen bieten bestimmte Kategorisierungen an, und das Individuum nimmt sich jeweils als identisch mit einer bestimmten Gruppe wahr, die im Zug der Kategorisierung von anderen abgegrenzt wird. Wichtig sind dabei die Kriterien, nach denen die Selbstzuordnung und damit die eigene Identitätsbestimmung vorgenommen werden. Diese richten sich nämlich auf einer Meta-Ebene nach der Unterscheidung verschiedener Unterschiede. Bestimmte Merkmale werden dann als soziale Einheit kategorisiert und zur Identifikation herangezogen, wenn die Unterschiede innerhalb dieser Einheit im entsprechenden Kontext geringer sind als die Unterschiede zwischen dieser Einheit und anderen. Es gilt also das Prinzip der jeweils signifikantesten Differenz. Soziale Kategorisierung wird dann bedeutend, wenn Unterschiede zwischen Gruppen hervortreten und Unterschiede innerhalb der Gruppe abnehmen.[147]

Im Kontext Sienas nimmt die Zuordnung zu Contraden einen großen Stellenwert ein. Auch außerhalb der sichtbaren Symbole wird nach Möglichkeiten der Kategorisierung von Personen gesucht. Viele Gesprächspartner erzählten, dass man jemanden, den man in der Stadt neu kennenlernen würde, als erstes fragen würde, welcher Contrada er oder sie angehört. Und dass man auch bei Personen gleichen Namens, wenn man von ihnen spräche, zur Unterscheidung die Contrada hinzusetzen würde. Zum Beispiel: »Die Simona aus der Nicchio." Im Unterschied zur Simona aus der Lupa. Ich selbst fragte Leute, mit denen ich bekannt gemacht wurde, mit meinem Forschungsinteresse ebenfalls schnell nach ihrer Zugehörigkeit, eine Sache, die mir sehr normal vorkam und die auch nie Irritation hervorrief. Während der *Assegnazione* bei einem Palio war ich Beob-

147 Zur Kategorisierung vgl. Weller 1999: 268f. mit Bezug auf Turner (1987) und dessen Self-Categorization-Theory und Oakes et al. (1994).

achterin folgender Szene, die ebenfalls auf das Bedürfnis nach klarer Einschätzung anderer Personen hinweist, sofern sie nicht bereits durch *fazzoletti* kenntlich sind:

»Auf dem Platz herrscht ein Gesumme wie im Wespennest. Die drei Jungen der Nicchio, die neben mir auf der Tribüne sitzen, stimmen einen Gesang nach dem anderen an. Ich bin genervt vom Gedränge des Jungen, der unmittelbar neben mir sitzt. Da entdecke ich Stefano, der die steile Tribüne hochsteigt, um einen Mann und ein Mädchen zu begrüßen. Ich rufe ihm zu, er sieht mich, kommt hoch und drängt sich noch dazwischen. Der Junge neben mir fragt ihn sofort, aus welcher Contrada er sei. Stefano erwidert: »Aus einer Contrada, die nicht läuft.« Der Junge insistiert: »Bist du aus der Montone?« Stefano verneint. »Aus der Torre? – Istrice? – Bruco?« Stefano verrät ihm seine Contrada. Er fragt scherzhaft: »Darf ich sitzenbleiben?«, und erkundigt sich nach dem Namen des Jungen.«[148]

Von klein auf, so erzählten die Leute mir, würde man lernen, Menschen in Siena anhand ihrer Contraden-Zugehörigkeit zu unterscheiden. Es gibt sogar die Ansicht, dass es möglich wäre, andere Contradaioli anhand physiognomischer Merkmale zu erkennen. Silvia behauptet:

»Ich weiß nicht, aber mir gelingt es wunderbar, die aus der Tartuca zu erkennen. Warum weiß ich nicht, aber ich kann sie unter Tausenden ausmachen. Auch die aus der Chiocciola sind meiner Meinung nach leicht zu erkennen. Weil... Ich weiß nicht, ich weiß nicht warum. Die aus der Chiocciola vielleicht, weil... Nun, ich möchte nicht beim Wort genommen werden (lacht), aber die aus der Chiocciola, so wie sie eben eine Contrada an den Toren ist, weshalb sie auch jenseits... und es gibt Leute, die vom Land sind. Wer auf dem Land wohnt, hat eine dunklere Hautfarbe, weil sie von der Sonne verbrannt ist oder durch die Witterung. Und ich erkenne die aus der Chiocciola, verstehst du? Es ist schwer, in dieser Hinsicht zu irren. Die aus der Aquila haben alle, fast alle, eine helle Hautfarbe. Ähneln eher nördlichen Typen, verstehst du. Dann, die Lupa, auch die Istrice... Die Istrice erkennt man vielleicht, weil sie sich immer in der Menge bewegen, es sind so viele, ich weiß nicht. Die aus der Nicchio: früher erkannte man die aus der Nicchio, weil besonders die jungen Männer die schönsten waren, die es in Siena gab. Und auch die aus der Nicchio erkennt man. Dann erkennt man die Civetta ziemlich gut. Aber dafür kann ich dir keine Erklärung geben. Die aus der Selva erkenne ich zum Beispiel nicht und weiß nicht warum. [...] Die aus der Aquila sind alle hell, die meisten, in der Torre hingegen sind sie alle dunkel, auch von der Hautfarbe her sind sie dunkel und haben Haare... Es ist wahr (sie lacht).«[149]

Ich bin überrascht von dieser Offenbarung, da ich selbst nie sichtbare Ähnlichkeiten bei Angehörigen verschiedener Contraden feststellen konnte.[150] Und ich

148 Feldnotiz vom 29.6.1999.

149 Interview vom 8.12.1998.

150 Das Gleiche bemerkt Park (1992: 87). Er geht davon aus, dass die verbreitete Annahme von physischen Ähnlichkeiten der Einwohner eines Viertels keine objektive Grundlage hat, in ihrer

hatte auch nicht den Eindruck, dass die Unterscheidung anhand körperlicher Eigenschaften sehr verbreitet ist. Bei gezielten Nachfragen stellte sich jedoch heraus, dass das Wissen darüber offenbar geteilt ist. Die 25-jährige Raffaela reagierte zuerst verneinend auf die Frage, ob sie andere Contradaioli anhand physischer Merkmale erkennen könnte. Sie war skeptisch und lehnte die Vorstellung genetischer Unterschiede zwischen den Contraden ab. Als ihre Freundin sie jedoch darauf hinwies, dass man es manchmal schon erkennen könne, dass viele aus der Onda zum Beispiel hellhäutig zu sein schienen und in der Nicchio sehr schöne Männer wären, stimmte sie zu.[151] Sie sagte selbst, dass die Leute aus ihrer eigenen Contrada, der Chiocciola, ländlich wirken würden, dunkelhäutig. Die Charakteristika, die sie und ihre Freundin nannten, entsprachen genau denen, die auch Silvia angeführt hatte. Eine übereinstimmende Begründung für die Beobachtung von Ähnlichkeiten unter den Contradaioli gibt es nicht. Eine Erklärung lautet, dass häufig innerhalb der Contraden geheiratet würde und es große zusammenhängende Familien gäbe. Silvia suchte die Ähnlichkeiten eher bei der sozialen Schichtung der Contraden. In der Lupa zum Beispiel seien alle immer gut gekleidet, weil sie aus Honoratiorenfamilien kämen. Sie überlegte auch, ob sie Personen eventuell deshalb wiedererkennen würde, weil Siena klein sei und sie Gesichter auf der Straße unwillkürlich den Fotografien zuordnen würde, die sie in der Zeitung gesehen hätte. Oder dass sich ein Gesicht mit dem dazugehörigen *fazzoletto* während des Palios als zugehörig zu dieser Contrada einprägen würde. In die gleiche Richtung geht die Aussage eines anderen Contradaiolo, der keine »rassischen« Unterschiede bemerkt und schlicht feststellt, dass er Personen auf der Straße erkennen könnte, weil er ein gutes visuelles Gedächtnis hätte und diese Personen beim Besuch anderer Contraden mal gesehen hätte. Die Überlegungen bezüglich der Ursachen für die schnelle Contraden-Zuordnung eines Individuums gehen also auseinander und reichen von genetischen Ähnlichkeiten über Ähnlichkeiten des Habitus bis zum bloßen Wiedererkennungs-Effekt. Biologisierende Stereotypisierungen sind offenbar verbreitet und werden im Bedürfnis nach Gruppen-Unterscheidung ebenso genutzt wie das Einordnen einzelner Personen, deren Zugehörigkeit man kennt.

Bedeutung der Befestigung real empfundener Verschiedenheit jedoch wichtig ist. Auch Dundes & Falassi weisen darauf hin, dass einige ihrer Informanten solche Züge zu erkennen glaubten, was ihnen selbst allerdings nicht gelungen wäre (1994: 26).

151 Eine andere Gesprächspartnerin sprach die schönsten Männer der Selva zu – ihr Mann war aus dieser Contrada.

Eine weitere Erklärung sichtbarer Gruppenmerkmale liegt in anerzogenen Verhaltensweisen. Genauso wie auch Raffaela vermutet Silvia, dass die Contradaioli sich gegenseitig beeinflussen und wie Freundesgruppen ein ähnliches Gebaren zeigen würden:

»Die aus der ... [*Name der Contrada*] betrachte ich vielleicht genauer, weil sie meine Feindin ist. Aber es gibt bestimmte Haltungen, zum Beispiel bei Jugendlichen, die ein ganz anderes Alter haben als ich, und es gelingt mir zu erkennen, ob dieser oder jener aus der ... [*Name der Contrada*] ist oder nicht. Wahrscheinlich, weil es bestimmte Haltungen gibt, Arten zu... was weiß ich? Vielleicht ist es ein Verhalten des Haufens, verstehst du? Wie bei den Tieren, verstehst du? Was weiß ich, die Wölfe jagen im Rudel, und wenn sie jagen, haben sie eine bestimmte Strategie. Und hier ist es wahrscheinlich genauso. Wenn du rausgehst, oder wenn du... dann ist dein Verhalten vielleicht genau das.«[152]

Die Wahrnehmung von Ähnlichkeiten beschreibt Silvia also auch mittels des Verhaltens, ohne dass sie es genauer begründen kann. Ihre Ansicht beruht eher auf unaussprechlichen Eindrücken als auf klar differenzierten Kriterien. Sie konkretisiert das kollektive Verhalten nur bei der Istrice, die ihrer Meinung nach immer in großen Gruppen auftritt – was möglicherweise damit zusammenhängen würde, dass die Istrice die größte der Contraden und in ihrem Auftreten zahlreicher sei als andere –, während die Onda, wie sie an anderer Stelle sagt, unter den anderen Contraden als »anarchisch« gelten würde.

Silvias Einschätzung der Contraden als Gruppen mit verschiedenem Verhalten korrespondiert mit der Tatsache, dass andere Contraden von den Contradaioli emotional unterschiedlich wahrgenommen werden. Während ich auf meine Frage, ob es Unterschiede zwischen den einzelnen Contraden gäbe und welche, stets nur die Antwort erhielt, dass die Contraden sich lediglich aufgrund ihrer Größe und ihrer finanziellen Lage voneinander unterschieden, bemerkte ich in der Beobachtung und in den Unterhaltungen durchaus unterschiedliche Haltungen gegenüber den anderen Gruppen. Bestimmte Contraden waren dem einen sympathischer, dem anderen weniger, und es gab auch ausgesprochene Antipathien.

Einen ersten Hinweis darauf erhielt ich durch eine Spiegelung meines eigenen Blicks, mit dem ich mich bestimmten Contraden zu Beginn meiner Forschung annäherte und anderen eher distanziert gegenüberstand. Als ich Daniele begegnete und wir über mein Vorhaben der teilnehmenden Beobachtung in einer Contrada sprachen, bot er mir an, mich mit einer Freundin aus der Istrice bekannt zu machen. Ich erwiderte impulsiv, dass die Istrice mir von allen Contraden am

---

152 Interview vom 8.12.1998.

wenigsten behagen würde. Daniele gab mir vorbehaltlos recht. Ich lachte und sagte, dass da ja wohl seine persönliche Meinung sei. Er hingegen versicherte mir ernsthaft, dass die Leute aus der Istrice arrogant seien und dass es gut wäre, dass ich einen Sinn dafür hätte, obwohl ich von außerhalb käme. Ähnliche Erfahrungen wiederholten sich. Sympathien für eine Contrada hängen einerseits wohl von den Personen ab, die jemand in dieser Contrada kennt, andererseits von der Art und Weise, wie sich eine Contrada öffentlich präsentiert, und schließlich von den Beziehungen, die die eigene Contrada zu ihr unterhält.

Auch Dundes & Falassi erklären, dass den einzelnen Contraden Charakteristika zugeschrieben werden (1994: 26ff.). Sie führen ein altes Lied an, das nicht mehr in Gebrauch ist, die vor allem negativen Bezeichnungen für andere Contraden jedoch deutlich kennzeichnet. In diesem Liedtext wird sowohl auf räumliche Konnotationen Bezug genommen (»*Ventricellai l'Ocaioli* – die aus der Oca, die mit Gedärm handeln«, das Schlachthaus Sienas lag auf dem Gebiet der Oca), als auch auf Merkmale des Symbols der Contrada (»*Collo lungo è Giraffini* – mit langem Hals, die aus der Giraffa«, das Symboltier der Giraffa ist die Giraffe; auch: »*Merda gialla l'Aquilini* – gelbe Scheiße, die aus der Aquila«, die Farbe der Aquila ist gelb), auf die Geschichte (»*Sangue d'ebrei è Torraioli* – mit jüdischem Blut, die aus der Torre«, das jüdische Ghetto lag auf dem Gebiet der Torre) oder auf angenommene Eigenschaften (»*Prepotenti è Tartuchini* – herrschsüchtig, die aus der Tartuca«; auch: »*Puzzolenti è Nicchiaioli* – sie stinken, die aus der Nicchio«).

Außerdem werden den Contraden bestimmte Zahlen zugeordnet, die bei der Tombola oder auch beim Lotto-Spielen benutzt werden: Aquila – 60, Bruco – 45, Chiocciola – 8, Civetta – 28, Drago – 50, Giraffa – 19, Istrice – 5, Leocorno – 22, Lupa – 72, Nicchio – 51, Oca – 9, Onda – 16, Pantera – 68, Selva – 76, Tartuca – 13, Torre – 3, Valdimontone – 90.

Andere Eigenschaften werden mit den Charakteristika der Tiere der Contraden verbunden, welche jeweils eine Tugend symbolisieren: Aquila – Kampfgeist, Bruco – Rührigkeit, Chiocciola – Besonnenheit, Civetta – Schlauheit, Drago – Eifer, Giraffa – Eleganz, Istrice – Scharfsinnigkeit, Leocorno – Weisheit, Lupa – Treue, Nicchio – Zurückhaltung, Oca – Umsicht, Onda – Frohsinn, Pantera – Kühnheit, Selva – Stärke, Tartuca – Festigkeit, Torre – Kraft, Valdimontone – Beharrlichkeit. (Fiorini 1990: 93) Ich hörte auch, dass es in den einzelnen Contraden sprachliche Unterschiede geben sollte. Das seien vor allem Ausdrücke und Begriffe, die in einer Contrada geprägt und von Mitgliedern einer anderen Contrada nicht verstanden würden.

Ebenso wie bei den zugeschriebenen physiognomischen Merkmale handelt es sich bei den Charakterisierungen der Contraden um Stereotypen. Stereotypisierung ist die Zuschreibung bestimmter Merkmale für die Mitglieder einer sozialen Kategorie. Für gewöhnlich werden Stereotype als übergeneralisierte und vereinfachendende Bilder verstanden; sie werden mit einer Abwertung verbunden, die auf Unkenntnis und Gerüchten beruht, also Vorurteile darstellen. Ein anderes Verständnis hingegen verweist auf Stereotype als wertneutralem Bestandteil der Identitätsbildung (Rapport & Overing 2000: 345ff.). Sie dienen damit deutlich dem Abgrenzungsprozess, den sie auf diese Weise sozusagen abkürzen und vereinfachen. Es ist festgestellt worden, dass Stereotypisierung immer einem dominanten Diskurs entspringt (McDonald 1993: 228). Stereotype sind Bestandteil der eigenen Identitätssicherung durch Unterscheidung von anderen, indem Verschiedenheiten klar markiert werden. Dadurch tritt die Gemeinsamkeit der Wir-Gruppe deutlicher hervor. Mehr noch als auf die Charakteristika der stereotypisierten anderen verweisen sie auf das Selbstverständnis der eigenen Person oder Gruppe. Sie nützen der Verortung in einer fest umrissenen sozialen Umwelt. Potentiell Unbekanntes und Fremdes kann durch die im Diskurs verankerten Stereotype eingeordnet werden. Stereotypen sind also fixe Punkte in der Kategorisierung anderer und erleichtern damit die soziale Orientierung. Wenn auch Bestandteil des sozialen Diskurses, sind Stereotype allerdings nicht unveränderbar, denn das Individuum passt die Stereotypen seiner eigenen Sicht an: »Stereotypes puncture acts of interpretation, serving as a structure, a syntax, a cement for what is constructed, but they do not determine those constructions.« (Rapport & Overing 2000: 347)

Die Abgrenzung erfolgt allerdings nicht nur über Symbole, Stereotypen und Zuschreibungen, sondern auch durch inneren Zusammenhalt gegenüber außen, was die eigene Politik und die sozialen Ereignisse betrifft. Die Gemeinschaft erreicht einen Zusammenschluss nach innen über den Konsens, dass Interna gegenüber Mitgliedern anderer Contraden streng verschwiegen werden. Es verwunderte mich oft, wenn Informanten beiläufig bemerkten, dass sie keine Ahnung hätten, was in anderen Contraden passiert, und manchmal nicht einmal Aussagen über allgemeine Strukturen machen konnten. Denn ich hatte angenommen, dass im Grunde alles bekannt wäre, schließlich sind die siebzehn Contraden nahezu gleich aufgebaut und organisiert. Tatsächlich aber wird ein Spiel mit Geheimnissen betrieben, in das auch die Ethnologin einbezogen wird. Deutlich wurde mir dieses Vorgehen, als ich unabhängig voneinander mit drei befreundeten Männern aus verschiedenen Contraden sprach. Sie waren sichtbar daran interessiert, von mir zu erfahren, was die jeweils anderen mir erzählt hatten. Ich blieb diskret, äußerte mich nur in Andeutungen und wunderte mich lediglich, da sie sich doch gut kannten und auch über die Contraden diskutierten, wie ich wusste. Was mir zu dem Zeitpunkt nicht klar war, war, dass bei solchen Diskussionen jeder nicht nur seinen persönlichen Standpunkt, sondern auch seine Contrada zu verteidigen hatte. Ihnen war bewusst, dass sie bestimmte kritische Äußerungen betreffend die Contrada, die mir als Außenstehender gegenüber getätigt wurden, in dieser Form selbst nie zu hören bekommen würden. Interessant war für sie auch zu sehen, welches Bild die anderen mir gegenüber zeichneten, was sie jeweils ausließen und was sie hervorhoben. Ich hatte das Gefühl, als ob ich getrennt voneinander drei Zeugen vernehmen würde, die zwar alle das Gleiche wussten, jedoch nicht sicher waren, welche Version die jeweils anderen mir erzählten und welches Bild daraus bei mir entstand.

Dass auch ich nur begrenzt Zugang zu Interna erhielt, wurde dann noch einmal anhand einer Unterhaltung deutlich, die ich mit einem von den dreien führte, nämlich Stefano, als wir bereits seit anderthalb Jahren in freundschaftlichem Kontakt standen. Ich besuchte ihn zu Hause, wir saßen beim Essen:

»Ich frage ihn nach der Contrada. Stefano sagt, dass es Schwierigkeiten zwischen den Jüngeren und den Älteren gäbe. Ich will mehr darüber wissen, doch Stefano meint, dass das für meine Arbeit uninteressant wäre. Ich bohre trotzdem nach, weil ich es jetzt natürlich erst recht wissen will. Stefano zögert, sucht nach Worten, windet sich ein bisschen. Also, es gäbe einen Konflikt zwischen den älteren Leuten, so ab 50, und den jüngeren, ungefähr bis 45. Die Alten wollten die Contrada führen und die Führung nicht an die Jüngeren abgeben, die Jüngeren dagegen wollten Veränderungen. Welche Veränderungen, frage ich? Keine Veränderungen beim Palio, nicht nur beim Palio, antwortet Stefano, sondern in der Contrada, in der Società. Aber welche?? Ich erfahre es nicht. Ich sage, dass es doch alle zwei Jahre Wahlen gäbe, die Jüngeren also in die Ämter gewählt werden könnten. Ja, das stimmt, meint Stefano, aber es wäre eine Frage von Rückhalt in der Contrada, von Stimmenzahl. Und bei den letzten Wahlen seien sie, die Jüngeren, noch nicht so entschlossen gewesen. Stefano erzählt, dass die, die jetzt so alt seien, in den siebziger Jahren selbst 30 Jahre alt gewesen wären und in den Contraden sozusagen eine Revolution gestartet hätten. Aber jetzt wollten sie selbst die Macht nicht an die Jüngeren abgeben. Damals seien zwei Fraktionen entstanden, und die Kinder der Leute aus den entsprechenden Lagern hätten jeweils auf der Seite ihrer Eltern gestanden. Um das zu ändern, hätten die Jüngeren sich zusammengeschlossen. Die Älteren, die ihre Macht nicht abgeben wollten, hätten sich daraufhin ebenfalls zusammengeschlossen. Aber das könne nicht von Bestand sein, meint Stefano, die Differenzen seien zu tief und zu alt. Er grinst: »Wir werden es schaffen.« Und das dürfte ich nicht in mein Buch schreiben?! frage ich lachend. Ich erkläre, dass solch ein Unterschied zwischen dem Ideal der Contrada (die Generationen leben friedlich zusammen) und der Wirklichkeit (es gibt Contrada-interne politische Auseinandersetzungen zwischen den Generationen) doch sehr interessant sei. Diese Auseinandersetzungen, meint Stefano, würden nicht bedeuten, dass die Generationen beim Essen nicht problemlos nebeneinandersitzen könnten. Er würde nicht auf die Idee kommen, deswegen jemanden nicht mehr zu grüßen. Nein, das dürfte ich nicht schreiben, denn das würde er jemanden aus Siena auch nicht erzählen. Vielleicht zwei, drei sehr guten Freunden, sonst niemandem. Was in seiner Contrada passiere, gehe niemanden aus einer anderen Contrada etwas an. Aber, auf einmal grinst er, er wüsste, was in der Chiocciola passieren würde. Das würde über verschiedene Leute durchdringen.«[153]

Stefano war generell bemüht, mir die Prinzipien der Contrada deutlich zu machen, aber Details der Politik durfte ich nicht erfahren. Dazu passte, dass ich auch an Versammlungen seiner und anderer Contraden nur dann als Beobachterin teilnehmen durfte, wenn keine politischen Angelegenheiten besprochen wurden. Er behielt sein Geheimwissen für sich und kontrollierte die Informationen, die er mir gab, selbst, ungeachtet meiner Neugier und meiner Nachfragen. Auf die Gemeinschaften bezogen wird hier eine klare Abgrenzungsstrategie deutlich, die Mitglieder von Nicht-Mitgliedern trennt. Wissen gilt als Kennzeichen von Zugehörigkeit, als Insider-Besitz und Schutz gegenüber Einmischung von außen. Nach außen muss die Contrada geschlossen erscheinen, ungeachtet ihrer internen Konflikte, seien sie auch noch so dramatisch. Wird Wissen weitergegeben, lösen sich die Grenzen auf. In der Realität eventuell konfliktgebeutelt, präsentieren die Contraden sich nach außen geschlossen.

4.3. Rivalitäten

Rivalitäten im Alltag

Im Folgenden möchte ich die Auswirkung der Beziehungen zwischen den Contraden genauer betrachten. Wie drücken sie sich in den Handlungen aus und wie werden sie ritualisiert? Eine besondere Bedeutung kommt dabei den Feindschaften zu, also den offiziell rivalisierenden Contraden, da Konkurrenz und gegenseitige Abgrenzung hier die deutlichsten Formen annehmen. Die Beziehung zur *contrada rivale* ist immer präsent, auch außerhalb des Palios. Und je stärker die Leidenschaft für die eigene Contrada ist, desto vehementer wird auch die Gegnerschaft erlebt. Eine Anekdote erzählt folgendes:

»Eine alte Frau aus der Torre starb und wurde auf dem Friedhof Laterino, außerhalb des Territoriums der Torre, beigesetzt. Das ihr zugewiesene Grab lag auf der Seite des Friedhofs, von dem aus man auf das Gebiet der Oca, der Erzrivalin der Torre, schaute. Ihre Tochter ruhte nicht, bis die überzeugte Torre-Anhängerin erneut in einer anderen Ecke des Friedhofs begra-

---

153 Feldnotiz vom 11.4.2000.

ben wurde, so weit wie möglich von der Oca entfernt.« (Tailetti 1967: 55, Übersetzung d. Verfasserin)

Das Gefühl der Rivalität wird bereits im Kindesalter genährt. Dundes & Falassi berichten von einer Beobachtung, da eine Mutter ihr Kind mit dem Löffel fütterte und dabei wiederholte: »Einen für Mama, einen für Papa, und einen für die Giraffa.« Dann hätte sie gesagt: »Und dieser ist für die Bruco«, (der ehemaligen Feindin der Giraffa) und den Löffel vom geöffneten Mund des Babys weggezogen. Sie erzählen auch, wie bereits kleinen Kindern beigebracht wird, die gegnerische Contrada mit obszönen Worten zu belegen. (1994: 43f.) Sicher ist, dass Traditionen und Werte der Contraden den Mitgliedern von Kindheit an vermittelt werden (vgl. Punkt 2.4.). Es sind vor allem die Eltern und andere Familienangehörige, die ihre Erfahrungen an die Kinder weitergeben und sie zur Teilnahme am Contraden-Leben motivieren. Schon kleine Jungen halten bei Umzügen und Manifestationen eine Trommel in Händen; die Kinder nehmen mit der Kindergruppe an den Probeläufen teil, indem sie wie die Großen in Gruppen auf den Tribünen sitzen und ihre Tücher schwenken; sie lernen durch die Kindergruppe Werte und Bräuche der Contraden kennen und tauchen durch die sinnliche Erfahrung von allem Sichtbarem und Hörbarem in die Atmosphäre der Contraden ein.[154] Spielerisch werden auch die Antagonismen beim Palio erlernt, indem er im Spiel nachgeahmt wird. Das Bekannteste ist das *barberi* Spiel, bei dem in Contraden-Farben bemalte Holzkugeln unter anfeuerndem Rufen eine abschüssige Gasse hinabgerollt werden, wobei die Kugel, die als erste unten ankommt, gewonnen hat. Ich beobachtete auch eine Gruppe von Jungen, die anhand ihrer zufälligen Kleiderfarben Zuordnungen vornahmen und im Rennen einen Palio imitierten. In der Sozialisation in die Contrada werden damit auch die Beziehungen der Contraden untereinander und die damit verbundenen Gefühle der Zu- oder Abneigung erlernt.

Manchmal ist es vielleicht ein Schlüsselerlebnis, das die institutionalisierte Gegnerschaft individuell erfahrbar macht. So erzählt die 32-jährige Marcella, zu besonderen Erinnerungen ihrer Kindheit in der Contrada befragt:

»Alle Kinder der Contrada gingen mit einer kleinen Dose los, um überall Geld zu sammeln. Wir klingelten an den Türen der Häuser und hielten die Leute auf der Straße an, um Geld für

154 Wie bereits dem Neugeborenen die Contrada sinnlich nahegebracht wird und seine ersten Eindrücke prägt, erzählte mir Silvia im Gespräch bei sich zu Hause: »Neben uns wohnt ein junges Paar mit einem kleinen Baby, gerade geboren, denn nachts weint es auf, schreit... und es ist aus der Oca. Ich sage dir, es ist aus der Oca, denn bevor sie es wieder hinlegen, singen sie ihm die Hymne der Oca vor!« Auch die Hymne ist ein Zeichen für die Erkennung von Zugehörigkeiten.

die *Festa della Madonna* zu sammeln, um das Tabernakel machen zu können, das Papier zu kaufen, den Klebstoff, die Scheren. [...] ›Geben Sie Geld für die *Festa della Madonna*? Geben Sie nichts für die *Festa della Madonna*?‹ Irgendwann traf ich eine Frau und ging zu ihr hin: ›Geben Sie nichts für die *Festa della Madonna*?‹ Um meine Dose hatte ich einen gelben und grünen Streifen gebunden. Wie diese Frau mich anguckte und zu mir sagte: ›Aus welcher Contrada bist du?' – ›Ich bin aus der Bruco. Geben Sie nichts für die *Festa della Madonna*?‹ – ›Nein‹, sagte sie, ›ich bin aus der Giraffa und für die Bruco gebe ich kein Geld.‹ Denn früher gab es eine Feindschaft zwischen Bruco und Giraffa, wir waren nicht verbündet. Und mir ging es so schlecht! Ich fing an zu weinen: ›Sie hat mir kein Geld gegeben, sie ist aus der Giraffa!‹ Eine Tragödie, ein Hass auf diese Contrada! Ich schien diesen Hass vorher nicht gehabt zu haben, vielleicht entstand er aus diesem Erlebnis. In der Tat blieb ich sehr elend zurück, ich erinnere mich daran, wie ich sagte: ›Aber wie, sie hat mir nicht einmal hundert Lire gegeben, um... nicht einmal einem Mädchen...‹ Das ist das, was ich sagen will. Das ist hängengeblieben, als etwas Typisches...«[155]

Während das kleine Mädchen um die Wirkung des Symbols noch nicht weiß und die Reaktion jener Frau nicht reflektieren kann, sind den Erwachsenen die sozialen Bedeutungen der eingesetzten Symbole bewusst. Das Kind erfährt die Ablehnung als persönliche Niederlage und erlebt das Ausmaß der institutionalisierten Gegnerschaft am eigenen Leib. Über ihre eigenen Gefühle in dieser Situation festigt sich die Haltung gegenüber der anderen Contrada.

Beim Palio nimmt die Feindschaft eine Form des Wetteiferns an, einer spielerischen Konkurrenz. Oft ist die Beziehung von Spott und Humor geprägt. Das äußert sich zum Beispiel in den Scherzen, die von ihrer Gegnerin über eine andere Contrada gemacht werden, wenn diese das Rennen verloren hat. So präsentierte die Onda anlässlich ihres Sieges (der, wie oben beschrieben, automatisch die Niederlage der Torre bedeutete) einmal einen Wagen, auf dem als Rockstars verkleidete Contradaioli in Anlehnung an die damals stattfindenden World-Aid-Konzerte Geld für die arme Torre zu sammeln vorgaben. Ein anderes Beispiel: Bei ihrem Palio-Sieg 1998 führte die Oca, die andere Feindin der Torre, bei der nachfolgenden Auslosung der Contraden für den nächsten Palio einen Transporter vor, auf dem junge Männer ein Transparent aufgehängt hatten, das mit einer verspottenden Anspielung auf die Zahlenmagie beschriftet war, mit der die Torre vor dem Rennen den Glauben an ihren bevorstehenden Sieg begründet hatte. *Prendersi in giro*, sich auf den Arm nehmen, davon wird im Zusammenhang mit der Rivalität häufig gesprochen. Gleichzeitig ist in dieser Form der Auseinandersetzung ein ernster Kern enthalten. Dass die Beziehungen zur gegnerischen Contrada nicht nur scherzhaft sind, erklärt Silvia. Interessanterweise benutzte

155 Interview vom 27.10.1998.

gerade sie den Ausdruck des Sich-auf-den-Arm-Nehmens sehr oft, wenn es um Beschreibungen des Verhältnisses zur Contrada-Rivalin ging. Als ich sie aber fragte, ob die Feindschaft also wie ein Spiel sei, situationsabhängig in der Intensität ihrer Stärke, antwortete sie:

»Nein! Die Feindschaft ist immer stark. Die Kritik an der Feindin gibt es immer. [Ich: »Kannst du in das Gebiet der verfeindeten Contrada gehen, ohne dich schlecht zu fühlen?«] – In den Tagen des Palios gehe ich dort nie entlang, selbst dann nicht, wenn man mich dafür bezahlen würde. An vielen anderen Tagen gehe ich dort ganz normal entlang. Vielleicht sage ich: ›Guck mal, was für ein komisches Ding der Brunnen ist‹, aber es ist nur so ein Kommentar. Ich bin zum Beispiel eine von denen gewesen, die, als ich gesehen habe, dass Jungen mit Sprühdosen auf den Brunnen dieser Contrada schrieben, der Sprühdose einen Fußtritt gegeben und sie weggeworfen hat. Unabhängig von der Tatsache, dass... Aber die Feindschaft ist immer da, denn sie ist in dir, verstehst du? – Dann gibt es die kleinen Kritteleien: ›Guck mal, sie haben draußen etwas aufgestellt, hoffen wir, dass es regnet‹, oder... ich weiß nicht... Sie machen eine Blumenausstellung: ›Schöner Schwachsinn‹. Kritik gibt es immer... dieses Gefühl von... Wenn »Ondeon« veranstaltet wird, sagen wir mit Sicherheit: ›Sieh nur, die aus der ... [*Name der verfeindeten Contrada*] sind die schlechtesten von allen gewesen!‹ Auch wenn es nicht wahr ist (sie lacht). Und die aus der ... [*Name der verfeindeten Contrada*] werden sagen: ›Die aus der ... [*Name der eigenen Contrada*] waren entsetzlich schlecht.‹ [Ich: »Aber das klingt ja eher scherzhaft.«] – Nein, nein (sie lacht). Ich weiß nicht, wie ich es erklären soll... Es ist wie... warte, vielleicht finde ich einen Vergleich... Es ist wie zwei, die getrennt in einem Haus wohnen, in dem Sinn, dass du zwangsweise ein ziviles Zusammenleben haben musst, aber wenn du kannst, wirfst du Stöcke zwischen die Räder... So ist es ein bisschen, und in den Tagen des Palios ist es dann eine ganz andere Sache, in dem Sinn, dass man dann alles noch schlimmer macht.«[156]

Das Verhältnis zur Feindin ist also immer das gleiche, findet in den Tagen des Palios und im Alltag nur verschiedene Ausdrucksformen. Während beim Palio alles erlaubt ist, um die Gegnerin zu verspotten, zu verhöhnen und dem Rivalitätsgefühl kollektiv eine Stimme zu geben, wird die Stimmung im Alltag gebremst. Es ist eine Rivalität, die immer brodelt, jedoch das Spiel, das Rennen benötigt, um ausgelebt werden zu können. Idealerweise beschränkt sich die manifeste, ritualisierte Gegnerschaft auf den Palio, also auf acht Tage im Jahr. Den Rest des Jahres gibt es Andeutungen in Worten, verbalen und mentalen Zusammenschluss untereinander, aber keine offene Konfrontation. Ähnlich wie Silvia berichtete auch eine ältere Frau aus der Bruco, dass sie natürlich in die Giraffa gehen würde, wenn diese ein Kartenspiel-Turnier für alle Contraden veranstalten würde. Sie hätte zwar Magenschmerzen dabei, aber sie würde hingehen. Ein anderer Brucaiolo äußert zur ehemaligen Feindschaft mit der Giraffa grinsend,

156 Interview vom 27.3.2000.

dass die Feindschaft zwar beigelegt sei, man sich gegenseitig aber immer noch nicht mögen würde. Wie das Verhältnis im Scherz Ausdruck findet, zeigt der Ausspruch eines anderen Mannes aus der Bruco, der in Gegenwart zweier Contradaioli aus der Giraffa zu mir sagte: »Früher war die Giraffa unsere Feindin – jetzt ist sie unsere Kolonie!« Wobei alle lachten.

Wie Silvia berichtet auch Valentina, eine 25-jährige Contradaiola aus der Chiocciola, dass sie das Territorium der verfeindeten Tartuca während des Palios nicht betreten würde, weil sie dann das *fazzoletto* trägt. Während des Jahres sei das kein Problem, es würde nicht Schlimmes passieren. Manchmal würde es ihr vielleicht ein Gefühl von Verdruss bereiten, wenn sie Leute aus der gegnerischen Contrada sähe. Aber das Schöne sei, dass man normalerweise zumindest die Namen der Personen kennen würde, welche die Contrada oft frequentieren, wenn man sie nicht sogar aus anderen Zusammenhängen wie der Schule kennt.

Das Element der Beziehungen zur verfeindeten Contrada wird ebenso ernsthaft verfolgt, wie auch der Palio betrieben wird. Der Palio ist ein großes Spiel, an dem die ganze Stadt teilnimmt und das alle mit Leidenschaft erleben. Wie im vorangegangenen Kapitel dargestellt, bedingen sich der Grad der Identifikation als Contradaiolo/a und die emotionale Intensität, mit der das Palio-Rennen erlebt wird, gegenseitig. Der Palio ist Grund und Anlass für die Existenz der verschiedenen Contraden, und die Einbindung in das Gemeinschaftsleben über das Jahr hinweg fördert die Identifikation mit dem Ereignis des Rennens. Gleichzeitig kann man den Palio als Folge des Contraden-Systems sehen, vielmehr als Folge des Bestehens verschiedener Gemeinschaften parallel zueinander. Er dient der notwendigen Abgrenzung und Einigung innerhalb der Gruppe in der Konfrontation mit den anderen. Man könnte sagen, dass Differenzen interaktiv hergestellt werden, um die Spannung des Spiels erleben zu können. Man kann aber auch annehmen, dass aktiv Differenzen konstruiert werden und wie im Fall der körperlichen Zuschreibungen und der Charakteristika oft eher vorgestellte als tatsächliche sind, um den Zusammenhalt der einzelnen Gemeinschaft zu intensivieren. Denn das Gefühl, das Erleben der Zugehörigkeit zu einer Contrada, also der Grad der Identifikation, wird in dem Maß stärker, als es die Nicht-Zugehörigkeit zu einer anderen Gruppe beinhaltet. Und diese gemeinsame Bindung der Individuen an eine Gruppe ermöglicht erst die engen Beziehungen des Alltags, durch die Erfahrungen von Nähe, Vertrauen und Geborgenheit real erfahren werden.

Exkurs:

Ich möchte an dieser Stelle noch einmal auf einen anderen Aspekt der Symbolisierung von Gemeinschaft eingehen. Tragen Symbole, wie oben beschrieben, genauso wie wiederkehrende Rituale zum Gefühl der Zugehörigkeit bei und dienen dem Zusammenhalt der Gruppe, so kann außerdem die Gruppe selbst ein starkes Symbol sein, indem Mitglieder sich rhetorisch und strategisch auf sie beziehen. So kann man etwas »für die Gemeinschaft tun«, den Anspruch erheben, sie zu repräsentieren oder gemäß ihren Interessen zu handeln. In diesem Sinn hat Gemeinschaft einen ideellen Wert. (Jenkins nach Cohen 1996: 104ff.) Die Contrada als symbolischer Wert an sich ist tatsächlich ein auffälliges Erkennungsmerkmal bei Erzählungen von Contradaioli über ihre Tätigkeiten in der Gemeinschaft. Der Wunsch und das Bedürfnis nach Engagement in der Società, bei der Übernahme von Ämtern oder Diensten beim Essen wird in der Regel damit begründet, etwas »für die Contrada« tun zu wollen. Lavorare per la Contrada, für die Contrada zu arbeiten, gilt als Wert an sich. Die Motivation wird nicht hinterfragt, da der Wunsch nach einem Beitrag zum funktionierenden Gemeinschaftsleben in diesem Kontext selbstverständlich ist. Es ist die Gemeinschaft an sich, die zählt. Befragt nach Vorteilen, die die Gemeinschaft bietet, werden vor allem die Aspekte des »Zusammenseins« (stare insieme), der »Freundschaft« (l'amicizia) und des »Vergnügens« (divertimento) genannt. Die Symbolisierung der Gemeinschaft in Form von Metaphern, wie im Fall der Contraden der Bilder der Familie, des Vaterlands und der Republik, fallen ebenso in den Bereich des symbolisch hergestellten gemeinsamen Bezugsrahmens (vgl. Jenkins 1996: 113). Auch die Vermittlung der Contraden-Traditionen an die Kinder erfolgt unter Bezugnahme auf die Contrada als Gemeinschaft. Werte wie das Einstehen-Füreinander, das Arbeiten für die Contrada und das Kennen von Contraden-spezifischen Bedeutungen erfahren keinen Metadiskurs. Dabei gelten die »Traditionen« ebenfalls als Wert an sich, deren Berechtigung niemand je hinterfragt. Die »Traditionen« sind sozusagen die Form, in der die Gemeinschaft lebt, sind die Regeln des Zusammenlebens und auch der Begründungsmythos der Gemeinschaft. Verfolgen die Contraden als korporative Gruppen keine anderen Ziele als die Durchführung des Palios und eben das zweckfreie Gemeinschaftsleben, so ist dem ein gewisser Druck der Rechtfertigung inne. Und zwar vor allem gegenüber der Außenwelt bzw. anderen Gruppierungen, die durch gemeinsame Ziele gekennzeichnet sind. Das Festhalten an den Traditionen wird zur Durchsetzungsstrategie der eigenen Existenz gegenüber einer Welt außerhalb Sienas, die diese Form der Gemeinschaftsbildung nicht kennt (vgl. 5. Kapitel). Und auch zur Begründungsoffensive innerhalb der Stadt, in der immer mehr Leute die Identifikation mit einer Contrada nicht mehr haben.

Insgesamt stellen die Contraden als soziale Organisationsform weder Interessensgruppen dar noch größere Kollektive wie Ethnie oder Nationen, sondern territorial eingegrenzte und lokal begrenzte Nachbarschaftsgruppen mit Abstammungsregeln und frei gewähltem Zugehörigkeitsrecht. Wesentlich für ihre Konstituierung als Gemeinschaften sind Prozesse der Identifizierung und der Kategorisierung, der Differenzierung nach außen und der Übereinstimmung nach innen, wobei die Konstruktion der Gruppe durch Symbole und Handlungen eine bedeutende Rolle spielt. Organisationen sind feste soziale Netzwerke, in der Mitglieder von Nicht-Mitgliedern unterschieden werden und in der Handlungen in institutionaliserter Form durchgeführt werden. Es besteht ein bestimmtes Wissen über einen Bereich geteilter Symbole, das den Mitgliedern über eine interne Sozialisation vermittelt wird, und es gibt interne Differenzierungen innerhalb der Mitgliedschaft, so wie es für gewöhnlich eine Aufgabenteilung gibt (Jenkins 1996: 139f.). Ein weiterer Faktor der organisierten Kollektivität sind Machtverhältnisse. Eine Organisation existiert nicht ohne ihre Mitglieder, beruht jedoch nicht auf individueller Teilnahme, weshalb In- und Ausschluss und die Zugewinnung neuer Mitglieder einen notwendigen Bestandteil darstellen.

Die Beziehungen und vor allem die Rivalitäten sind also von spielerischem Ernst geprägt und werden im Alltag aufrecht erhalten. Wie sie idealerweise dem Selbstverständnis der Contraden nach betrachtet werden sollten, macht eine Eintragung im Kalender deutlich, der für das Jahr 2000 von den Verantwortlichen der Kindergruppen für die Kinder aller Contraden erstellt wurde. Die Eintragung trägt den Titel »Der richtige Geist«. Zunächst wird darin die Bezeichnung »Feindin« für die Rivalin abgelehnt. Sie würde an Kriege erinnern und die Rivalität damit zum kriegerischen Ereignis stilisieren, bei der Schlachten und Schläge zum Einsatz kommen. Es sollte aber nicht nötig sein, den Willen der Verteidigung der eigenen Contrada, ihres Namens, Volkes und Territoriums mit Hass zu untermauern. Die sienesische Geschichte sei reich an Schlachten und Kämpfen, aber das wäre nur im Fall der Gefahr so gewesen. Heutzutage würde kein äußerer Feind mehr existieren, und es wäre ein Fehler, einen inneren erstehen zu lassen. Deshalb sollte von *rivali* und *avversari* gesprochen werden, um jeden Anklang an Feindschaft zu vermeiden. Denn am Ende müsste alle die tiefe Liebe zu Siena, seiner Geschichte und seinen Traditionen vereinen. Es könne immer noch das passieren, wovon die Großeltern erzählen, dass man sich nämlich nach einem schönen und ehrlichen Faustkampf am Tag danach träfe, um gemeinsam zu trinken.

Die Haltung soll also die eines ehrlichen und fairen Wettkampfs sein. Etwa in der Art eines Sportereignisses, bei dem die Gegner alles geben, um sich zu übertreffen, einander anschließend jedoch die Hand reichen. Dass es ähnlich wie beim Sport, beziehungsweise vor allem beim Fußball, dabei zu Abweichungen des als normal akzeptierten Verhaltens kommen kann, impliziert bereits die als notwendig erachtete Aufklärung der Kinder. Wie dünn die Grenze zwischen »richtigem« und »falschem« Verhalten ist und wie wichtig es ist, ein ausbalanciertes Gleichgewicht auch der rivalisierenden Beziehungen aufrecht zu erhalten, zeigt die Geschichte der *cazzotti*. Diese Faustkämpfe sind ritualisierter Bestandteil der Beziehungen gegnerischer Contraden und fallen als solche vor allem in die Zeit des Palios, sind aber ebenso in den Alltag integriert.

Die Cazzotti

Cazzotto bedeutet Faustschlag, und damit ist ein wesentliches Merkmal dieser körperlichen Auseinandersetzungen zwischen gegnerischen Contraden angedeutet, dass nämlich die Kämpfenden vor allem ihre Fäuste einsetzen. Diese Faustkämpfe sind weder offizieller Teil des Palio-Rennens noch werden sie in der Literatur erwähnt.[157] Auch in Gesprächen werden sie nicht zur Sprache gebracht, wenn es um eine positive Darstellung der Contrada geht. Obwohl ich davon gehört hatte, dass es sie geben sollte, war ich zu Beginn meiner Forschung irritiert, da ich keinerlei Hinweis auf die Existenz von Prügeleien finden konnte. Lange Zeit war mir nicht deutlich, ob sie tatsächlich stattfinden. Erst nach und nach erhielt ich spärliche Antworten, die ich dann durch gezieltes und wiederholtes Nachfragen vertiefen konnte. Die Unterschiedlichkeit der Aussagen und der Mangel an eigener Beobachtung (bis auf eine Ausnahme, auf die ich weiter unten eingehen werde) führten dazu, dass es lange dauerte, bis sich die Erklärungen zu einem Bild über diese Auseinandersetzungen zusammenfügten. Später erst wurde mir deutlich, dass das Ausklammern der *cazzotti* in Gesprächen mit mir die Faustkämpfe als »schlechtes« Thema für Fremde und die Öffentlichkeit widerspiegelte. Der Aspekt der Gewalt stand dem harmonischen Idealbild der Contraden-Gemeinschaften entgegen, und das Ausmaß der Kämpfe, das in der Praxis unerwünschte Formen angenommen hat, konnte mit der eigenen Identifikation nicht vereinbart werden. Da passte es, dass es ein Außenseiter seiner eigenen Contrada war, der mir zuerst etwas über das Problem der Zusammenstöße erzählte. Ebenso wie es folgerichtig erschien, dass ein sehr loyaler Contradaiolo, der die Existenz von Faustkämpfen mir gegenüber anfangs geleugnet hatte, mir

157 Eine Ausnahme stellt Luchini dar, der den *cazzotti* in seiner Publikation ein ganzes Kapitel widmet (1985: 185 ff.). Dundes & Falassi führen sie nur kurz an (1994: 67f.).

erst nach anderthalb Jahren unserer Bekanntschaft, aus der sich eine Freundschaft entwickelt hatte, kommentarlos eine verschwiegen kursierende Videoaufzeichnung solcher Faustkämpfe zeigte. Also erst, nachdem ich mich als Freundin erwiesen und als verantwortungsvolle Forscherin gezeigt hatte und er wusste, dass ich die Hintergründe der *cazzotti* inzwischen kannte. Es war eine Geste des Vertrauens ebenso wie der Wunsch, mir auch diesen Bereich seines Contraden-Lebens differenziert mitzuteilen.

Die Faustkämpfe haben Tradition. Und zwar finden sie üblicherweise in den Tagen des Palios auf der Piazza del Campo statt. Das heißt, sie können stattfinden, denn wie bereits gesagt gehören sie anders als die Lieder nicht zum festen Bestandteil der Palio-Ereignisse. Es können also mehrere Palios verstreichen, ohne dass es zu einem solchen Kampf kommt. Die *cazzotti* können auf dem Ring der mit Erde aufgeschütteten Bahn nach einem Probelauf oder dem Rennen selbst ausbrechen, wenn die Stimmung zwischen den Angehörigen rivalisierender Contraden aufgrund aktueller Geschehnisse mit Aggression aufgeladen ist. Dabei folgen die Kämpfenden, wie ich anhand der Videoaufzeichnungen erkannte, einem Ablauf, der mir wie eine feste Choreographie erschien. Zwei Gruppen von Männern formieren sich und stehen einander in einiger Entfernung in Reihen geschlossen gegenüber. Mitunter verharren sie eine Weile in dieser Stellung, bis eine Gruppe sich langsam nähert, dann tut jemand den ersten Schlag und auf einmal beginnen die Fäuste zu fliegen. Die Anzahl der teilnehmenden Männer kann bis zu zweihundert betragen. Die schnell eingesetzten Faustschläge sind kennzeichnend für den Zusammenstoß. Den einzigen Faustkampf, den ich nach einem Probelauf im August 1998 zwischen den Männern der Oca und der Torre real erlebte, erkannte ich nur aufgrund der fliegenden Fäuste über den Köpfen, mehr konnte ich von meinem Platz auf dem abschüssig gelegenen inneren Rund des Platzes durch die Menschen um mich herum nicht sehen. Einige Leute rannten in die Richtung, in der es plötzlich laut geworden war, andere wichen zurück. Ich machte mich davon und verließ den Platz, meinen einjährigen Sohn auf dem Arm, weil ich zu dem Zeitpunkt, am Anfang meiner Forschung, nicht einschätzen konnte, was dort passierte, und nur die ungeheure Spannung verspürte, die in der Luft lag. Ich brachte mich und das Kind also lieber in Sicherheit. In der Zeitung las ich am Tag darauf, dass die Contradaioli sich eine halbe Stunde lang bekämpft hätten, außer blauen Augen jedoch nichts passiert wäre. Als inoffizieller Bestandteil des Palios werden die *cazzotti* auf der Piazza del Campo von den Ordnungskräften toleriert. Sie gehören, so wurde mir erklärt, zur Tradition, es hätte sie immer gegeben.

Die großen Faustkämpfe auf dem Campo sind jedoch nicht die einzigen, die stattfinden, es gibt auch andere und kleine: *Fare a cazzotti*, Faustkämpfe machen, damit werden auch Zusammenstöße unter Jugendlichen verfeindeter Contraden beschrieben, die auf Contraden-Gebiet bzw. an den Grenzen der benachbarten Territorien ausgefochten werden. Von »Tradition« spricht in diesem Zusammenhang jedoch keiner. Vielmehr handelt es sich um eine Praxis, die zwiespältig betrachtet wird. Im Folgenden möchte ich mich den Erfahrungen und Einschätzungen einzelner Contradaioli genauer zuwenden, um die Praxis der Faustkämpfe und ihre Bedeutung für das Contraden-Leben aufzufächern. Welchen Stellenwert haben die *cazzotti* für den Einzelnen, wann und wie finden sie statt, welche Diskurse über die Gemeinschaft knüpfen sich daran und welche Ethik steht dahinter? Ich werde mich in der Darstellung sowohl am Verlauf meiner Erkundungen als auch an einzelnen Personen orientieren.

Am Anfang meiner Forschung stand, wie gesagt, der Hinweis auf stattfindende Kämpfe, ohne dass ich ihre Existenz sofort überprüfen konnte. Die Fäuste, die ich auf dem Campo fliegen sah, machten mir weder Regelmäßigkeit noch Häufigkeit ihres Vorkommens deutlich. Vielmehr: Ich hielt das Durcheinander, dessen Anfänge ich erlebte, für zufällig, für ein unangenehmes Vorkommnis im Chaos der Menschenmenge. Als ich Stefan kennenlernte, der mir viel über die Contrada erzählte und mich mit in die Società nahm, fragte ich ihn nach den Kämpfen. Er erklärte, dass es *cazzotti* gäbe, die auf der Piazza del Campo geduldet würden, bevor die Polizei einschreitet. Er verneinte hingegen, dass es woanders und außerhalb der Zeit des Palios Prügeleien gäbe. Da er über Geschichte, Abläufe und Traditionen der Contraden bestens informiert war, sah ich keinen Anlass, ihm nicht zu glauben, war über die Widersprüchlichkeit meiner Informationen jedoch irritiert. Später saß Lorenzo bei uns zu Hause beim Essen, der Freund einer Freundin und ebenfalls Contradaiolo, wenn auch nicht mehr sehr aktiv:

»Lorenzo ist 28, trägt modische Kleidung und längere Haare, ist tätowiert und hört, wie er sagt, am liebsten Heavy Metal. Er jobbt als Türsteher bei einer Diskothek und als Aushilfsfahrer, will Informatik studieren und träumt von einem eigenen Segelboot, um damit die Welt zu bereisen. Zu viert reden und lachen wir viel, in einer Mischung aus Englisch und Französisch kommuniziert Lorenzo lebhaft mit Jan, und irgendwann beginnt Lorenzo, von seinem Verhältnis zur Contrada zu erzählen. Er spricht schnell und viel, unterstreicht seine Worte mit vielen Gesten, und ich höre einfach zu. Lorenzo kommt fast sofort auf das Bild der Gewalt zu sprechen, das mit dem Palio dadurch verbunden ist, dass Pferde sterben. Und verbreitet sich darüber, dass leider nie ein *fantino* sterben würde. Ich bin überrascht, aber er meint es ernst, erläutert seine negative Meinung über die *fantini*, erzählt, dass er selbst schon welche verprügelt hätte, wenn sie sich unloyal verhalten hätten. Lorenzo erwähnt, dass er vor fünf Jahren Abstand von Prügeleien und Raufereien gewonnen hätte. Ich frage nach den Gründen. Es sei zu gefährlich geworden, sagt er. Er hätte Angst gehabt. In seinem Freundeskreis hätten sich die Anzeigen wegen Haschischbesitzes und *cazzotti* vermehrt, und das Risiko sei ihm zu groß geworden. Ein Cousin von ihm, der bei der Polizei arbeitete, hätte ihm unumwunden deutlich gemacht, dass er ihn mitnehmen würde, wenn er ihn bei Prügeleien erwischte. Durch Fotografien seien die Leute identifizierbar. Lorenzo erklärt, dass er sich von der Gewalt verabschiedet hätte. Dadurch hätten sich allerdings auch seine Gefühle für die Contrada verändert. Er sei einfach nicht mehr so involviert beim Palio, hätte mehr Distanz. In seinen Worten klingt Bedauern mit. Das Gefühl, durch eine Gruppe fremder Contradaioli zu gehen, sei ein ganz besonderes, sagt er. Woanders würde man einfach abgeknallt, sagt er, – Peng –, während es in Siena anders sei, hier würden gleichstarke Gruppen aufeinandertreffen. Er sei ein sehr aufbrausender Typ, wenn in diesem Moment jemand durch die Tür käme und ihm etwas wolle, würde er zum Messer greifen. Deshalb sei die ganze Sache für ihn zu riskant geworden. Lorenzo lässt sich lange darüber aus, dass es einfach nicht gut sei, eine Anzeige wegen Körperverletzung zu erhalten. Das sei alles verrückt, lacht er schließlich, die Italiener seien verrückt. Und die Leute in der Toskana hätten generell ein Bedürfnis nach Auseinandersetzung.«[158]

Am Schluss verortet Lorenzo die Prügeleien also kulturell. Und er grenzt sie in ihrer sienesischen Form von Formen der Gewalt an anderen Orten ab. Das Gleichgewicht der Kräfte in Siena führt zu einem heftigen, aber gerechten Kampf und wird von ihm positiv gewertet. Gleichzeitig macht Lorenzo aus seiner eigenen Tendenz zur Gewaltbereitschaft keinen Hehl. Als er auf Gewalt verzichtete, hatte er sich lediglich der polizeilichen Autorität gefügt. Das Bedürfnis nach körperlicher Auseinandersetzung mit anderen Contraden-Gruppen, das Erleben des Nervenkitzels und das Messen der eigenen Kräfte war durch Druck von außen beschränkt worden. Diese Auseinandersetzung wurde als positiv erlebt, entsprach seiner Identifikation mit der eigenen Contrada, in der er sozialisiert wurde. Seitdem dieses Ventil, diese Ausdrucksmöglichkeit fehlt, ist ihm auch eine gewisse emotionale Verbindung mit dem Palio verloren gegangen, der Reiz der Gegnerschaft kann nicht mehr physisch erfahren und ausgelebt werden.

Bei der nächsten Gelegenheit befragte ich Stefano bei einem Gespräch in der Società nach den Feindschaften zwischen den Contraden:

»Es sei eher ein Spiel, meint er. Während des Palios seien die Gefühle stärker, ansonsten würde man eher Scherze darüber machen. Wenn er zum Beispiel mit einem Freund aus der Nicchio [*die zu diesem Zeitpunkt den letzten Palio gewonnen hat*] telefonieren würde, würde der sagen:›Ätsch, ich habe den Palio gewonnen und du nicht!‹ In dieser Weise sei das spielerisch. Dann nimmt Stefano seine Brille ab und deutet auf eine gut sichtbare Narbe an der Nasenwurzel. Er hätte einen guten Freund aus der ... [*Name einer latent verfeindeten Contrada*], erklärt

158 Feldnotiz vom 31.8.1998.

er, welcher ihm bei einem Zusammenstoß zwischen Contradenmitgliedern diesen Schlag verpasst hätte, ohne richtig zu merken, wen er vor sich hatte. Am nächsten Tag hätte er ihn bedauernd angerufen und gesagt: ›Stefano, das nächste Mal musst du schneller sein als ich.‹ – Die Kämpfe hätten keine persönlichen Motive, sagt Stefano, es sei schwer, das jemandem zu erklären, der nicht aus Siena ist. Und er betont auch noch einmal, dass die Zusammenstöße nur während des Palios stattfänden, sonst nicht.«[159]

Mit dieser kleinen Episode veranschaulicht Stefano, dass auch Freunde in die Faustkämpfe involviert sei können, ohne dass es deren Freundschaft einen Abbruch tun muss. Es sind keine Auseinandersetzungen zwischen persönlich zerstrittenen Individuen, sondern kollektiver Ausdruck der Contraden-Rivalität, um die es sich hierbei handelt. Ähnlich wie Lorenzo rekurriert Stefano auf das ausgewogene Spiel der Kräfte und die Bereitschaft, Hiebe sowohl auszuteilen als auch einzustecken. ›Fairplay‹ unter Freunden, eine Sache des Moments ohne nachwirkende Folgen. Eine ausführlichere Beschreibung der *cazzotti* erhielt ich einen Monat später von Daniele.[160] Auch hier tauchten die gleichen Motive wieder auf. Im Gegensatz zu den unstrukturiert-emotionalen Aussagen von Lorenzo und dem bedächtigen Abschwächen des Themas seitens Stefanos bezieht er konzentriert Stellung und erläutert seine Haltung zu den *cazzotti* anhand von Beispielen eigener Erlebnisse.

Als erstes erzählt Daniele mir die Geschichte der Kämpfe außerhalb der Piazza del Campo. Früher, in den siebziger Jahren, schätzt er, hätte es weniger *cazzotti* gegeben, sie seien für gewöhnlich nur auf der Piazza del Campo durchgeführt worden, bis sie während der achtziger Jahre auch außerhalb des Campo zugenommen hätten:

»Das, *cazzotti* auf der Piazza del Campo zu veranstalten, während der Tage des Palios, ist eine reguläre Angelegenheit. Seitdem es den Palio gibt, gab es immer *cazzotti*, nicht? Einer macht *cazzotti*, und wenn er fertig ist, *basta*. Am Tag danach triffst du den, den du geschlagen hast, und gibst ihm die Hand. Seit den achtziger Jahren hingegen wurde es, vor allem durch die Schuld meiner Contrada, auch in diesem Punkt schlimm. Weil es nicht mehr die *cazzotti* zwischen Contrada A und Contrada B gab, sondern zwischen mir und dir. Also: Wenn ich aus Contrada A bin und du aus Contrada B und du mir unsympathisch bist, prügel' ich mich mit dir, aber das ist eine persönliche Sache. Aber wenn ich aus Contrada A bin und du aus Contrada B, und ich mit dir kämpfe, habe ich die ganze Contrada A hinter mir und du die ganze

159 Feldnotiz vom 18.9.1998.

160 Daniele lernte ich bei meinem ersten Aufenthalt in Siena über einen auswärtigen italienischen Studenten kennen, der mit ihm befreundet war. Er promovierte ebenso wie ich in einem geisteswissenschaftlichen Fach und erwies sich als grundsätzlich offen gegenüber Fremden. Bezeichnend für die Beziehung zu ihm war eine bestimmte Art gemeinsamen Humors. Wir begegneten uns öfter, ich führte mehrere Interviews mit ihm.

Contrada B[161], *capito*? Und das, weil persönlich geprägte Feindschaften begonnen haben, übrigens zwischen für mich komplett bescheuerten Personen. Aber das nur am Rand. Es war so, dass es die *cazzotti* in der Mitte der achtziger Jahre das ganze Jahr über gab, und das war nicht mehr regulär. Und da haben alle Leute in Siena kapiert, dass die Sache schief lief. Vorher, auch heute, geht man nie in die Ambulanz oder zum Richter, wenn man Faustkämpfe macht, nie. Aber seitdem diese persönlichen Feindschaften ans Licht kamen, gab es Prozesse. Die Leute haben angefangen, sich gegenseitig anzuzeigen. Das hat die Kämpfe für eine Zeit lang beendet. Zu Beginn der Neunziger war es nahezu unmöglich, *cazzotti* zu machen. Es war nicht unmöglich, aber es wurde als häßliche Sache angesehen. Es war nicht, wie soll man sagen... es war nicht mehr zivil.«

Daniele stellt fest, dass es in jenem Jahr zwei Mal Faustkämpfe auf der Piazza del Campo gegeben hätte und sagt, das sei für ihn eine sehr wichtige und schöne Sache gewesen. Diese Art der *cazzotti* sei in Ordnung. Und führt erneut seine eigenen negativen Einschätzungen gegenteiliger Erfahrungen als Jugendlicher aus:

»Aber, weißt du, in meiner Contrada zum Beispiel haben die Leute in den achtziger Jahren angefangen, ins Sportstudio zu gehen und Bodybuilding zu machen, nur wegen der Gewalt. Und das ist eine Sache, die in einer Contrada nicht sein darf, absolut nicht. Denn das ist Gewalttätigkeit. Ich zum Beispiel bin mit diesem Beispiel von Personen aufgewachsen, die damals vielleicht 30 Jahre alt waren, während ich 15 war. Und ich wuchs mit dem Vorbild dieser Leute auf, für die der einzige Zweck des Contraden-Lebens der war, *cazzotti* zu veranstalten. Es ist aber kein Zweck an sich, es ist eine Notwendigkeit, verstehst du? Man macht sie nur dann, wenn es nötig ist, aber wenn man sie nicht macht, ist es auch egal. Verstehst du?«

Ich frage Daniele, ob auch er an den Kämpfen teilgenommen hätte. Er lacht und antwortet:

»Es gibt eine Technik der *cazzotti*. Und ich bin nicht besonders groß, deshalb bin ich immer hinten gewesen. Aber ich erinnere mich an ein Mal... das war eine Sache, die mich von der Contrada entfernt hat. Es war während der Auslosung der Contraden. Alle gingen danach in ihre eigene Contrada, und ich ging also in meine Contrada und unterhielt mich mit meinen Freunden. Plötzlich gab es *cazzotti* mit denen aus der anderen Contrada. Sie taten etwas Irreguläres, denn sie drangen ins Territorium meiner Contrada ein. Das wird für gewöhnlich nicht akzeptiert. Die *cazzotti* finden normalerweise an den Grenzen statt, nie in einer anderen Contrada. Und das ist passiert, weil meine Contradaioli, die größten, bekanntesten, nicht da waren. Sie schauten einen *fantino* bei einem Rennen außerhalb Sienas an. Um die Contrada zu verteidigen, sind also alle Jungen meines Alters losgegangen, und ältere Leute. In diesem Moment

---

161 Daniele nennt die Namen seiner und der mit ihr rivalisierenden Contrada, ich gebe die Namen aus Gründen der Anonymisierung nicht wieder.

bin ich also losgegangen, um *cazzotti* auf diese Weise zu machen, zwischen dir und mir. Ehrlich gesagt, ich hatte große Angst.«[162]

Daniele erzählt, dass es nach diesem Vorfall heftige Diskussionen in der Contrada gab, und aus seinen Erzählungen wird deutlich, dass es ihn sehr geärgert hat, dass viele Leute weg waren, anstatt die Contrada zu verteidigen. Tatsächlich nimmt er an, dass dieses verfehlte Verhalten der Grund dafür war, dass seine Contrada anschließend zehn Jahre lang keinen Palio mehr gewann. Ein Palio lässt sich Danieles Meinung nach nur bei guter politischer Führung und vernünftigem Verhalten gewinnen. Doch trotz der starken Abwehr gegenüber unfairen Methoden und der entsprechenden Angst in bestimmten Situationen, stellten die *cazzotti* in seiner Zeit als Jugendlicher einen normalen Bestandteil des Alltags dar:

»Du gehst mit deinen Freunden los, um außerhalb zu essen, machst zwei Schritte, einer hat vielleicht ein wenig getrunken... es gibt die Gesänge der Contrada... Sagen wir, dass man das nicht tun dürfte. [Ich: Warum?] Weil das Teil der Praxis ist. Es ist keine Regel, sondern etwas, was man tut, verstehst du? Man sollte nicht in der Stadt singen, aber es passiert manchmal. Man sollte nicht in der Stadt singen, weil... Wenn wir eine Gruppe Contradaioli aus Contrada A sind und wir zum Beispiel an einem Samstagabend – und das ist oft passiert und passiert auch jetzt – an einen öffentlichen Ort gehen, eine Diskothek vielleicht, und ein Lied der Contrada singen.... Wenn ich an einem öffentlichen Ort singe: ›Runter mit Contrada B‹, und es ist dort eine Gruppe aus Contrada B, dann gibt es sofort Prügeleien. [Ich: Ja?!] (Daniele lacht.) Sicher. Fast sicher. [Ich: Wenn an einem Samstagabend eine Gruppe aus Contrada A durch die Stadt zieht und eine Gruppe aus Contrada B trifft, was passiert dann?] Dann kann alles passieren (lacht). Vor allem in den Gruppen der jüngeren Contradaioli passiert es oft, dass *cazzotti* stattfinden. Das könnte Giovanni dir prima erklären. Als er 16, 18 Jahre alt war, war er fast immer in der Oca und hatte eine große Freundesgruppe, die ich gut kenne. Ich bin oft auch mit ihnen ausgegangen, essengegangen. Und ich fand mich manchmal mitten unter ihnen wieder, wie sie sich mit einer Gruppe aus der Torre prügelten. Das ist oft passiert. In einer bestimmten Zeit sehr oft. Und dann entstehen Spannungen zwischen Oca und Torre, der ganzen Contrada. Das passiert manchmal. Zum Beispiel wenn eine Contrada eine Diskothek macht. Das ist für die Jüngeren, 15-, 16-Jährige. Es gehen viele Leute hin, und alle sind in Gruppen. Ich könnte zwar zu zweit mit meiner Freundin hingehen, aber das wäre seltsam. Und wenn es diese Gruppen von zwanzig, dreißig Leuten gibt, geschieht es sehr schnell, dass Spannungen entstehen.«

Ich stelle fest, dass man im Allgemeinen nicht davon spräche und sagen würde, dass es die *cazzotti* nur auf der Piazza del Campo gäbe. Daniele stimmt zu. Im Allgemeinen würde kaum jemand von außerhalb erfahren, dass es das ganze Jahr über *cazzotti* gäbe. Und es gäbe sie inzwischen auch seltener, aber vor einigen Jahren seien sie ein ernsthaftes Problem gewesen. Und erneut schildert Daniele

162 Alle vorangegangenen Ausschnitte stammen aus einem Interview vom 20.10.1998.

eine bestimmte Stimmung, in der die *cazzotti* zu Beginn der 1990er Jahre stattfanden und seine Erfahrung nachhaltig prägten:

»Es wurde auch schwierig in den Tagen des Palios. Das war wohl die traurigste Zeit, die ich beim Palio je erlebt habe. Es gab eine Zeit, 1993 oder 1994, glaube ich, die für ganz Italien sehr schwer war. Ich weiß nicht, ob du von »Mani Pulite« hast reden hören.[163] Es schien so, als ob die Regierung fällt. Es gab Attentate. In Rom, in Florenz, in Palermo, Straßenbomben. Und das passierte in der Zeit des Palios. Es war eine Zeit, in der es beim Palio oft Spannungen und viele Faustkämpfe gab. Die Leute hatten Angst auszugehen, weil es Gerüchte über Attentate auf dem Campo gab. Es gab viel Polizei... Und dann gab es anhaltende Spannungen zwischen den Contraden. Es gab Prügeleien, die etwas Unglaubliches waren. Sehr spät in der Nacht auf dem Campo waren dort vielleicht fünfhundert Leute, vielleicht mehr. Damals entstanden *cazzotti* aus unwichtigen Anlässen. Ein Junge aus der Istrice sagte etwas Schlechtes zu einem aus der Bruco, und sofort entstanden Prügeleien.«

Im Anschluss an diese Erinnerungen führt Daniele seine bewundernde Wertschätzung, auch seinen Stolz auf die Kämpfe an sich aus:

»Ich weiß nicht, ob du die Faustkämpfe jemals von Nahem gesehen hast, Kathrin. Aber ich kann dir versichern, dass sie beeindruckend sind. Denn in Siena gibt es Leute, die wissen, wie man *cazzotti* macht. Wenn du zwanzig Leute aus irgendeinem Teil der Welt nimmst und zwanzig aus Siena, die wissen, wie man das macht, gewinnen die aus Siena immer. Mit Sicherheit. Denn es gibt eine bestimmte Technik. Und dann sind die Leute sehr groß.«

Daniele ist davon überzeugt, dass die Faustkämpfe, richtig durchgeführt und »gemäß der Traditionen« etwas Gutes sind. Die *cazzotti* dürfen nur auf der Piazza del Campo stattfinden, sie dürfen nicht vorsätzlich sein und es darf nur mit den bloßen Händen gekämpft werden, ohne den Einsatz von Gegenständen wie Stöcken. Er lacht und meint, dass er damit etwas erzählt, das er mir nicht erzählen dürfte, nämlich dass es *cazzotti* außerhalb der Piazza del Campo gibt und dass es dabei unter Umständen zu Abweichungen kommt. Im gleichen Atemzug versucht er mir verständlich zu machen, dass die »traditionellen«

---

163 *Mani Pulite* bedeutet übersetzt »Saubere Hände« und bezeichnete eine Aktion, in deren Verlauf der Mailänder Staatsanwalt Antonio di Pietro und seine Kollegen zwischen 1992 und 1994 Korruptionsvorfälle ungeahnten Ausmaßes in der staatlichen Politik und großen Industrieunternehmen Italiens aufdeckten. Selbst Minister, Spitzenpolitiker und führende Wirtschaftsunternehmer wurden angeklagt, und aufgrund der immer neuen Enthüllungen rutschte die Politik Italiens in eine tiefe Krise. Sie mündete in die Ablösung der bis dahin jahrzehntelang führenden Partei Democrazia Cristiana und Neuwahlen im März 1994, die den auch heute wieder amtierenden Ministerpräsidenten Silvio Berlusconi für kurze Zeit an die Macht brachten. Im Gegenzug zu den weitreichenden Verhaftungen griff die Mafia damals zum Mittel der Attentate gegen den Staat, d.h. Politiker, Polizeibeamte und Richter.

Faustkämpfe akzeptierbar seien. Und dass sie für die Contraden etwas Positives bewirken würden:

»Zum Beispiel: Beim letzten Palio gab es die *cazzotti* zwischen Torre und Oca. Torre und Oca sowie Nicchio und Montone sind zur Zeit vielleicht die stärksten Feindschaften. Und die Oca wird als die Contrada angesehen, die die besten *cazzotti* durchführt. Dieses Jahr hat die Torre zwar nicht gesiegt, sie ist aber auch nicht zurückgewichen. Und das war der Grund für großen, sehr großen Stolz der Contrada della Torre. Die Contrada hat sich aufgrund dieser Tatsache sehr vereint. Das ist ein Fall dafür, wie die *cazzotti* auch eine sehr positive Sache für die Contrada sein können. Es ist nicht so, dass sie unbedingt negativ gesehen werden müssen, für eine zivilisierte Gegend.«

Daniele führt die positiven Seiten der Faustkämpfe noch weiter aus, indem der sie von Schlägereien im Fußballstadion abgrenzt. Dabei geht es um eine bestimmte ethische Betrachtung:

»Nein, sieh Kathrin, die *cazzotti*, die im Stadion stattfinden, sind für die Contradaioli eine Sache absoluter Abscheu. Weil sie oft in einer Weise durchgeführt werden, die nicht richtig ist, zum Beispiel mit Stöcken... für einen Contradaiolo undenkbar. Es ist nicht richtig, es ist nicht schön. Aber in der Realität, wenn du ins Fußball-Stadion gehst, sind die ersten, die *cazzotti* machen, die aus den Contraden. Das ja. Aber die Leute sagen, dass das keine ehrenhaften Faustkämpfe sind. Die *cazzotti* des Palios haben eine andere Würde, verstehst du?«[164]

Zur kulturellen Bedeutung der Cazzotti

Danieles Aussagen nach gibt es also zwei Arten von *cazzotti*, gute und schlechte. Die Unterschiede beziehen sich zum einen auf den Ort, zum anderen auf die Technik und außerdem auf die Absichten. Faustkämpfe auf der Piazza del Campo haben einen Platz innerhalb des Palios und sind sozial akzeptiert, während Zusammenstöße außerhalb der Piazza wenig erwünscht sind. Besonders dann nicht, wenn sie jenseits der Grenzen zwischen zwei Contraden stattfinden. Und ebenso wenig, wenn sie die Gefahr ernsthafter Verletzung bergen. Vorsätzlich gesuchte Gelegenheiten für Schlägereien werden abgelehnt, ebenso wie individuelle Feindschaften mit Missfallen betrachtet werden. Es gilt die Regel, dass man sich anschließend freundschaftlich begegnet. Die Aggressionen an sich werden nicht negativ beurteilt, so lange sie sich im fairen Rahmen gemeinsamer Übereinkunft halten. Es ist vielmehr die Regelverletzung, die zu Störungen führt. Genauso wie bei Lorenzo und Stefano wird bei Daniele Stolz auf die sienesi-

164 Die vorangegangenen Ausschnitte stammen aus einem Interview vom 9.11.1998.

schen *cazzotti*-Techniken deutlich, alle drei waren es gewohnt, sich an diesen Faustkämpfen zu beteiligen und alle drei betrachten sie als normalen Bestandteil des Palios. Während Stefano auch in der Folge niemals auf die Existenz von Kämpfen außerhalb der Piazza del Campo einging (mir allerdings bei unserer letzten Begegnung das unter der Hand kursierende Video mit zusammengeschnittenen *cazzotti*-Szenen der letzten dreißig Jahre auf dem Campo vorführte), erzählte Vincenzo freimütig von seiner Leidenschaft für diese Auseinandersetzungen, ohne dabei Unterschiede im Ausmaß zu machen. Einer Leidenschaft, die Daniele wiederum nicht teilt, im Gegenteil kritisch betrachtet, weil sie seiner Meinung nach die Werte der Contraden entfremden.

Die drei Männer behandelten die Faustkämpfe nicht als Tabuthema, durch Stefanos Verschweigen und Danieles Hinweise wurde jedoch deutlich, dass den Contradaioli nicht daran gelegen ist, dass Außenstehende von den *cazzotti* erfahren. Danieles wiederholter Hinweis, dass es auch für eine »zivilisierte Stadt« richtig sein kann, diese Auseinandersetzungen auf körperlicher Ebene in tradierter Form zu pflegen, lässt darauf schließen, dass die Gewohnheit, in Gruppen Faustkämpfe auszuführen, mit dem Bild von »Zivilisiertheit« für gewöhnlich nicht zusammenpasst.[165] Die Zivilisiertheit sieht er in der fairen Art und Weise, in der die Kämpfe normalerweise durchgeführt werden. Sie stellen einen Wert an sich dar, einen Ausdruck der Beziehung zwischen rivalisierenden Contraden. Eine regelhafte Weise, die Faustkämpfe durchzuführen, wird streng von einer als bedrohlich empfundenen Praxis abgegrenzt. In diesem Zusammenhang wird der Begriff der Gewalt benutzt. Gewalttätigkeit kennzeichnet in diesem Diskurs die nicht akzeptierte Form des Zusammenstoßes, während von Gewalt in Bezug auf die fairen *cazzotti* nur gesprochen wird, um eine Außenperspektive zu markieren. Außenstehenden wird die Fähigkeit zur Unterscheidung offensichtlich nicht zugesprochen bzw. mit Skepsis betrachtet, da Nicht-Sieneser eine ritualisierte Aggression »nach Art der Contraden« nicht kennen und jegliche Art der physischen Auseinandersetzung als Gewalt verstehen. Für diese Annahme spricht auch, dass bei den Fernsehaufnahmen vom Palio-Rennen und den Probeläufen die Übertragung eventuell stattfindender Faustkämpfe unterbunden wird (vgl. Punkt 5.4.). Für das Bild, das sich Außenstehende nach Einschätzung der Con-

165 Hier muss eingefügt werden, dass gerade *civiltà*, eben Zivilisiertheit, das ist, was die italienischen Städte in Mittelitalien (und auch im Süden) in den Augen ihrer Bewohner für gewöhnlich kennzeichnet. *Civiltà* ist ein hoher Wert an sich und wird mindestens mit Urbanität gleichgesetzt. Damit steht *civiltà* im Gegensatz zur ländlichen Umgebung, der andere Werte »traditioneller« Lebensweise zugeschrieben werden. (Silverman 1968: 16f.; vgl. auch Delamont 1995: 108)

tradaioli von den *cazzotti* machen, wird der Vergleich mit dem Fußballstadion angeführt. Diese Art der Kämpfe hat nach Daniele jedoch eine ganz andere »Würde«, sie seien nicht »ehrenhaft«, sagt er. Im Rahmen eines strengen Ehrenkodexes verstanden, stellen die *cazzotti* der Sieneser vielmehr eine hohe Form der Zivilisiertheit dar. Die Kenntnis der Regeln und die Eingebundenheit in das soziale System ermöglichen eine ritualisierte Performanz der Faustkämpfe, welche Sinn, Zweck und eine eigene Ästhetik haben. Es geht nicht um Sieg oder Niederlage oder darum, den Gegner zu verletzen, sondern um ein kontrolliertes Beweisen von Stärke im gemeinschaftlichen Verband.

Das Ausleben von Contraden-Beziehungen auch auf körperlicher Ebene gilt als »normal«, befindet sich im Rahmen der Normen, so lange keine Verletzung der Regeln erfolgt. Wichtig ist dabei allerdings, dass die Auseinandersetzungen in der Gemeinschaft, in der Gruppe, stattfinden und nicht in individuellen Zusammenstößen enden. Immer wieder wiederholte Daniele, dass die *cazzotti* nicht personalisiert sein dürften, dass es sich der Regel gemäß nicht um Feindschaften zwischen »mir und dir« handeln könne. Und auch Stefano macht deutlich, dass die Faustkämpfe keinerlei Auswirkungen auf der persönlichen Beziehungsebene haben (er stellt das Ideal als existierend dar, während Daniele Norm und Abweichung gegenüberstellt – was sich als Muster durch sämtliche Gespräche und Begegnungen mit beiden zieht). Die Kämpfe finden nur in der Gruppe statt, das heißt zwischen zwei Gruppen, und zwar zwischen zwei genau bestimmten Contraden-Gruppen. Auch wenn, wie Danieles Erinnerungen zeigen, Freundschaft und Zugehörigkeit zu einer Gruppe für den Moment zur Verwicklung in Kämpfe einer fremden Contrada führen können. Die individuelle Identität geht während der Faustkämpfe in der kollektiven Identität auf. Das Subjektive wird dem Kollektiven untergeordnet. Insgesamt werden die *cazzotti* als Ausdruck kollektiver Beziehungen betrachtet, wodurch, wie Daniele feststellt, genau diese Beziehungen gestört werden, wenn Einzelne sich regelwidrig verhalten. Der Einzelne ist im Konzept der *cazzotti* sozusagen nicht vorgesehen. In der Gruppe durchgeführt, herrscht idealerweise eine Kontrolle über Anlass, Ausführung und Ende der Auseinandersetzungen. Die Contrada als Gemeinschaft reguliert die Geschehnisse. Die im Rahmen des Erlaubten ausgefochtenen Kämpfe dienen dem internen Zusammenschluss als Gemeinschaft und damit der Aufrechterhaltung und Perpetuierung der eigenen Identität. Die Faustkämpfe wirken also bindend nach innen und bindend auch für das Individuum, insofern es sich durch die lustvolle und sozial anerkannte Form der Aggression mit der eigenen Contrada identifizieren kann, wie im Fall von Lorenzo deutlich wird. (Dass Daniele sich ambivalent verhält, mag auch daran liegen, dass er die physischen Voraussetzungen für die Kämpfe nur eingeschränkt mitbringt und in Bezug auf die Contraden sehr idealistisch ist.)

Wenn auch in der Gruppe durchgeführt, ist es trotzdem der individuelle Akteur, der die kollektive Aktion verkörpert. Im Hinblick auf die Aspekte des Subjektiven und des Kollektiven in Theorien sozialer Identität sind kollektive Identitäten dann wirksam, »wenn sich die Mitglieder eines Kollektivs – jeweils individuell – dominant als Mitglieder genau dieses Kollektivs wahrnehmen.« (Weller 1999: 266). Das Individuum führt die Interaktion aus, die als interaktionale Ordnung Bestandteil der Gruppenidentität ist. Es ist der einzelne, der nach Goffman ebenso wie körperlich auch räumlich verortet ist und anderen gegenübertritt. Er ist es, der die Interaktionen des Alltagslebens ausführt, durch welche die kollektive Identität manifest wird. Diese Interaktionen sind nach Goffman durch Ordnung und Ritualisierung determiniert. Jenkins weist allerdings darauf hin, dass das Ordnungsprinzip fester Regeln zur Erklärung der Praxis unzureichend ist und ein großer Teil sozialer Interaktion notwendigerweise auf Gewohnheit oder Improvisation beruht, da nicht alle Regeln ausreichend sind, um angemessen mit Unvorhersehbarkeiten umzugehen. (Jenkins 1996: 69f.) Was die Verkörperung der Interaktion durch den Einzelnen betrifft, so ist es einerseits das individuelle Erleben der Faustkämpfe, was die subjektive Dimension deutlich macht. Weiterhin sind bei den großen *cazzotti* nicht alle Contradaioli einer Gruppe gleichermaßen beteiligt, wie mir erklärt wurde. Vielmehr seien es vor allem die größten und stärksten Männer, die in den ersten Reihen stünden und welche die Fäuste fliegen ließen, während die in den hinteren Reihen oft nur »nachschieben« würden.

In diesem Sinn legt die Contrada bzw. »die Tradition« zwar Zeitpunkt, Ort und Technik der *cazzotti* fest, als es wären die Tage des Palios, die Piazza del Campo und das Kämpfen mit Fäusten, doch erfasst diese Regel nicht alle Aspekte der Durchführung. So scheint mir aus der Anschauung des Video-Materials sowohl der jeweils individuelle Einsatz der Fäuste, als auch der Verlauf der Kämpfe tatsächlich auf Gewohnheit und Improvisation zu beruhen, da es dafür keine genauen Regeln gibt. Ein anderer Punkt, der nicht festgelegt ist, ist der genaue Zeitpunkt, zu dem die Faustkämpfe ausbrechen. Die Tage und Nächte des Palios sind lang, und ein Faustkampf zwischen zwei Gruppen kann jederzeit entstehen, wenn die Spannung groß ist. Bestehen also innerhalb der ungeschriebenen Regeln Spielräume, so sind die Regeln weiterhin ausdehnbar. Denn auch die *cazzotti* außerhalb der Piazza del Campo werden von den Contraden akzeptiert, so lange sie sich an bestimmten Orten, nämlich den Grenzen der Territorien, zu bestimmten Anlässen, nämlich beim Aufeinanderstoßen von Jugendlichen zu Gelegenheiten wie der Auslosung, und unter einer bestimmten Technik, nämlich erneut der der Fäuste, abspielen. Zum Tabubruch kommt es bei anderen Methoden, anderen Orten und anderen Anlässen, nämlich der gesuchten Konfrontation außerhalb jeglicher Palio-Ereignisse, welche die Aggression rechtfertigen. Wenn das Geordnete ins Ungeordnete übergeht und sich der Kontrolle entzieht, ist die Regelverletzung offensichtlich. Ihre Spannung beziehen die *cazzotti* aus der Gratwanderung zwischen dem Ausleben von Aggressionen und dem Einhalten von Grenzen. Aus der Flexibilität der Regeln entsteht eine Dynamik, die für alle Beteiligten ein Höchstmaß an lustvoller Spannung birgt. Genau wie das Palio-Rennen (vgl. 3.3.) haben die *cazzotti* Elemente des Spiels. Passenderweise sind die *cazzotti* normalerweise an das Palio-Ritual gebunden. Unter Einhaltung bestimmter Regeln findet ein Probieren und Messen der eigenen Kräfte statt, das unter gewöhnlichen Umständen nicht erlaubt wäre und sonst nur im Bereich des Sports gestattet ist, hier unter dem Zeichen des Contraden-Symbols jedoch eine Ausdrucksmöglichkeit findet. Damit wird eine kathartische Wirkung erzielt.

Es stellt sich die Frage, wie die Contraden auf die oben geschilderten Regelverletzungen reagieren. Die Contraden müssen die Jugendlichen und jungen Männer im Griff behalten, da die Gewalt sich sonst ausdehnt, müssen regulierend bzw. normierend eingreifen, da indirekt die ganze Gemeinschaft bzw. die Beziehungen untereinander betroffen sind. Wie kontrollieren sie die Aggressionen? Zum einen offenbar durch die Zuhilfenahme staatlicher bzw. städtischer Ordnungsmacht, also der Polizei. Wobei es scheint, dass nicht die Contraden diese Kontrolle gesucht haben, sondern Polizeibeamte von selbst dort eingriffen, wo gewaltsame Auseinandersetzungen nicht mehr im Rahmen der »Traditionen« toleriert werden konnten. Die aktive Rolle von Contradaioli scheint darin bestanden zu haben, dass sie selbst Anzeige erstattet haben. Zum anderen ist die Palio-Justiz ein Mittel, um Ausschreitungen bei den *cazzotti* zu sanktionieren. Contraden, die zu viele Faustkämpfe durchführen, können von einem Rennen disqualifiziert werden, was für eine Contrada sehr schlimm ist. Eine weitere Gegenmaßnahme auf der Ebene des kollektiven Diskurses schließlich besteht in der ethischen Ächtung der Regelverletzung. Da einzelne Personen niemals aus der Contrada ausgeschlossen werden, sondern ihr lebenslang angehören, besteht die praktische Konsequenz vor allem in erzieherischen Maßnahmen, also dem Versuch, durch Einflussnahme innerhalb der Gemeinschaft auf das soziale Verhalten einzelner Mitglieder einzuwirken. Um diesen Punkt zu untersuchen, werde ich mich einer Informantin aus einer anderen Contrada zuwenden, auf die ich in der zeitlichen Abfolge meiner Forschung anschließend traf.

Von einer Veränderung der *cazzotti* in den achtziger Jahren berichtet auch die 42-jährige Silvia.[166] Sie stellt fest, dass sie selbst auf dem Gebiet der gegnerischen Contrada aufgewachsen ist, was damals kein Problem für sie gewesen sei:

»Ich bin mit denen aus der [... *Name der gegnerischen Contrada*] aufgewachsen und zur Schule gegangen. Ich habe Freunde in der [... *Name der gegnerischen Contrada*] und es ist für mich kein Problem, mich ihnen gegenüber zu verhalten, weil wir immer zusammengelebt haben. Wenn wir auf die Straße gingen, klar, da waren wir nah beieinander. Wenn wir auf die Piazza gingen, war dort jemand aus der [... *Name der eigenen Contrada*], jemand aus der [... *Name der gegnerischen Contrada*], jemand aus einer anderen Contrada. Von daher war ich daran gewöhnt, dort zu spielen, dort dann zur Schule zu gehen, dort in engem Kontakt zu sein. Die Freundschaft war eine normale Sache. Oder jedenfalls das gute tägliche Zusammenleben, das ist es, selbst wenn jemand... Aber insgesamt: Ich habe Leute aus meinem Alter, mit denen ich heute noch befreundet bin, ohne Probleme.«[167]

In den achtziger Jahren hätte es jedoch auf einmal einen Einschnitt gegeben, erinnert Silvia sich. Über scherzhafte Störungen der gegnerischen Contrada beim Palio hinaus seien Mitglieder der anderen Contrada in fremdes Territorium eingedrungen, und es hätte einen unglaublichen Tumult gegeben. Stöcke, Eisenstücke und Steine seien geflogen, so wie sie es nie zuvor erlebt hätte. Und auch Silvia stellt heraus, dass die Gebiete der Contraden ihrem Verständnis nach geschützt seien und dass eine Konfrontation mit der Rivalin nur in den Tagen des Palios angemessen sei:

»Für mich fängt der Palio am 29. Juni an und endet am 2. Juli, beginnt am 13. August und endet am 16. August. Fertig. Auch wenn ich gewinne, kann ich dich danach auf den Arm nehmen, kann dich... aber ohne je ins Gemeine, ins Schlechte zu verfallen. Für diese Jüngeren dagegen ist es, als ob diese Feindschaft zu einer persönlichen Angelegenheit geworden wäre, und es gibt dann diese Gelegenheiten, bei denen sie sich ignorieren, wenn sie sich in Gruppen begegnen, zum Beispiel wenn sie in die Diskotheken gehen. Manchmal genügt ein Nichts, eine geringfügige Sache... was weiß ich... Einer tanzt vielleicht und wird angestoßen und das ist die

---

166 Silvia begegnete ich erstmals auf einer Veranstaltung der Kindergruppen-Koordinatoren. Sie bot mir ihre Hilfe an und blieb mir durch ihre deutliche Art als besonders in Erinnerung. Ich hatte den Eindruck, dass sie genau das meinte, was sie sagte. Zwei Wochen später rief ich sie an. Zwischen uns etablierte sich ein offenes und herzliches Verhältnis. An Silvia beeindruckten mich u.a. die Vielzahl ihrer Aktivitäten, ihre Tatkraft, ihre uneitle Direktheit und ihr Humor. In häufigen Begegnungen und Interviews erfuhr ich viel über ihre Ansichten, ihre Lebenshaltung und ihre Position in der Contrada. Sie arbeitete bei einer Bank und lebte mit ihrer Familie im Stadtzentrum.

167 Interview vom 26.11.198.

Vorgeschichte, um dann *cazzotti* zu machen, eine Sache, die ich absolut nicht gutheiße. Und so gibt es diese Jugendlichen, die diese Feindschaft wirklich fast alltäglich leben. Oder besser: Sie treffen sich auf der Straße und sie schauen sich böse an. Sie sehen sich feindselig an, ohne etwas zu tun. Weil es nicht die Möglichkeit des Kontakts mit den Gleichaltrigen der anderen Contrada gibt.«

Silvia erklärt, dass sie nicht wüsste, wie sich dies bei anderen Contraden verhalten würde, dass es für ihre Contrada jedoch ein großes Problem sei. Sie als Verantwortliche der Kindergruppe würden versuchen, wenigstens die Kleinen nicht die Belastung spüren zu lassen, die die 25-Jährigen mit sich tragen, und den Kindern die eigene Erfahrung nahezubringen. Natürlich gäbe es Sympathien und Antipathien, unabhängig von der Contrada, meint sie, aber es gäbe die Möglichkeit der Toleranz, anstatt zu sagen: ›Du bist aus Contrada C, du bist aus Contrada D, du bist eine Schande.‹ Silvia stört es, dass eine Nichtigkeit genügt, um Prügeleien auszulösen. Es sei auch ärgerlich, als Erwachsene dieses Durcheinander bei den Diskotheken beruhigen zu müssen und dabei selbst Prügel zu erwischen, meint sie. Vor allem aber sei es ärgerlich, weil dabei die Werte der Contrada verloren gingen:

»Es ist sehr hässlich, weil es die Contrada meiner Meinung nach auf eine Gruppe fanatischer Anhänger wie im Fußball-Stadion reduziert. Während die Werte und die Prinzipien der Contrada andere sind. Sie haben nichts mit dem zu tun, was diese *ragazzi* zeigen, verstehst du? Sie erwecken den Eindruck, als ob sie absolut nichts von dem verstanden hätten, was die Contrada ausmacht.«

Aber es sei nicht leicht, mit den Jugendlichen zu reden und sie darauf hinzuweisen:

»Wenn du selbst es gewohnt bist zu handeln, wie es dir passt, natürlich in den Grenzen des Möglichen, ist es schwierig, zu den anderen zu sagen: ›Aber was habt ihr da gemacht?!‹ Die, wenn es dir gelingt, darüber zu reden, auch oft und gerne die Schuld erkennen, die sie zwei Minuten vorher noch den anderen zugeschoben haben. Es sind immer die anderen, die anfangen, nicht? Aber wenn es dir gelingt, darüber zu reden, erkennst du, dass es durchaus nicht alles die Schuld der anderen war. Auch sie erkennen dann, dass sie sich nicht gerade ehrenhaft verhalten haben. Ein bisschen was ist schon da. Aber dieses Bisschen, das dir bleibt, dieses bisschen Gute, das sie in sich haben im Sinn der Contrada, lassen sie nicht in den Momenten raus, in denen sie einen Aufstand anzetteln. Und das liegt mir... weil es bereits eine persönliche Angelegenheit zwischen mir und dir geworden ist. Es gibt immer einen Antagonisten gleichen Alters.«

Silvia erklärt auf meine Frage hin, dass es bei gemeinsamen Unternehmungen mit den Kindern aller Contraden nie Schwierigkeiten gegeben hätte. Es seien die Älteren, die 20- bis 25-Jährigen, die Probleme machen würden. Den Kindern, so erklärt sie erneut, hätte sie die Sache mit der Rivalität stets in anderer Weise nahezubringen versucht. Und dass die Feindschaft in den Tagen des Palios bestehen bleiben würde, sei richtig. Sie würde sich ohne Feindin nicht amüsieren, weil sie so sehr daran gewöhnt sei, eine Feindin zu haben, dass sie nicht einmal wüsste, wie sie sich verhalten sollte, wenn sie keine hätte, lacht sie. Die Feindschaft sei sozusagen das Salz des Palios.[168] Auch wenn sie sie selbst manchmal zu sehr beschäftigen würde. Aber: »Feindschaft in Grenzen und *basta*. Die anderen Tage sind dann normale Tage, es endet beim Palio.« Der grundsätzlich positiven Haltung gegenüber den Gegnerschaften zwischen den Contraden entspricht auch Silvias Bewunderung der Faustkämpfe auf der Piazza del Campo:

»Also, früher habe ich *cazzotti* gesehen, aber sieh, schöne, schöne, so schöne. Es gab phänomenale *cazzotti*, und dabei blieb es. Wer dich auseinanderbrachte, das war vielleicht die städtische Polizei und fertig. Aber sieh, so schöne Kämpfe... Du sahst die Leute danach mit blauen Augen, die Hände völlig zerstoßen, oder die Nase eingedrückt, eine schöne Nase... aber nichts weiter. Du hast dich wieder getrennt ... und damit hat es geendet. Am 3. Juli oder am 17. August hast du den wiedergetroffen, der dir einen Fausthieb aufs Auge gab und... nichts. Du hast vielleicht zusammen mit ihm gearbeitet, und du bist ganz ruhig mit dem zur Arbeit gegangen, der dir ein blaues Auge gehauen hat.«

Das sei in den sechziger und siebziger Jahren so gewesen, erinnert sich Silvia. Die Veränderungen seit den achtziger Jahren seien dann auch dadurch ausgelöst worden, meint sie, dass Polizeipräsidenten aus dem Süden oder großen Städten nach Siena gekommen wären, wo ein anderes Verständnis öffentlicher Ordnung herrschen würde. Die Polizei und die Carabinieri, die sich auf die Piazza del Campo begeben hätten, um die kämpfenden Gruppen zu trennen, hätten sich verteidigt, und zwar mit Schlagstöcken, den Waffen, die sie hätten, und in der Art, wie sie eben gelernt hätten, sich zu verteidigen. Silvia sagt, dass diese Polizisten von außerhalb den Palio einfach nicht verstanden und sich falsch verhalten hätten:

»Und diese armen, unglückseligen Polizisten und Carabinieri, die nicht anderes tun als das, was man ihnen befohlen hat, weil das ihre Arbeit ist, werden in die Mitte dieser entfesselten Verrückten geworfen, die nur Verrückte unter sich sind. Und sie legen dieses Durcheinander bei,

168 Ein 31-jähriger Contradaiolo aus der Selva, einer Contrada ohne Gegnerin, beschreibt die Lage ähnlich: Ohne Rivalin gäbe es nicht die emotionale Intensität und Zufriedenheit wie mit einer Feindschaft, sagt er. Das sei für einige Contraden-Mitglieder entspannend, für die Jüngeren und auch ihn selbst jedoch unbefriedigend. Er hätte für eine Feindschaft mit der Drago gestimmt, als es in den achtziger Jahren zur Disposition stand, letztlich aber negativ entschieden worden wäre. Auch Personen aus der Bruco, ebenfalls ohne Gegnerin, äußerten lachend, dass ihnen eine Feindin gut täte.

wie man es ihnen beigebracht hat. Mit Knüppeln. Wir sehen sie mit Kriegsausrüstung, mit Knüppeln, mit Helmen mit Visier, mit Tränengas. Das hat es vorher nie gegeben. Nun ist das leider auch das zur Gewohnheit geworden, aber das wird von einem Contradaiolo absolut nicht toleriert. Es wird schlecht aufgenommen, weil du nicht anders handeln kannst. Weil es etwas ist, das deiner eigenen Realität fremd ist und das sie uns nun in die Mitte geworfen haben.«

Silvia erklärt, dass die Anwesenheit von nicht-sienesischer Polizei, die mit den *cazzotti* nicht umzugehen wüssten, einer der Gründe dafür sei, dass die Aueinandersetzungen immer gewaltsamer geworden wären. Weitere Gründe liegen für sie in der Entleerung der Contraden-Territorien, wodurch die Einwohner sich nicht mehr persönlich kennen würden, und der Tatsache der Personalisierung der Faustkämpfe unter jungen Leuten. Zusätzlich hätte es dann Anzeigen und Gegenanzeigen gegeben. Und die nachfolgenden gerichtlichen Prozesse könnten sich über Jahre ziehen, meint sie. Silvia erzählt von zwei Richtern aus Neapel, die in Siena wohnen würden, Contraden-Mitgliedschaft angenommen hätten und die sienesischen Traditionen verstanden hätten. Doch auch ihnen, so erklärt sie, seien die Hände gebunden, wenn es sich um formale juristische Abläufe handeln würde, also Anzeigen, die sie rechtsmäßig verfolgen müssten. Immer wieder betont Silvia, wie sehr sich die Faustkämpfe verändert hätten:

»Das sind Sachen, die es früher auch nicht gab. Und das kommt meiner Meinung nach alles, alles, alles durch die Entvölkerung der Viertel. Weil es sie vorher nicht gab, verstehst du? Und dann... die Realität ist anders als die vor zwanzig, dreißig Jahren. Die Dinge haben sich sehr verändert, zu sehr verändert. Auch wenn wir für den Rest der Welt in einer ziemlich anomalen Realität leben, ist es klar, dass uns das berührt, was außerhalb passiert. Zwangsläufig berührt. Sonst wäre das hier ein vollkommen anderer Planet. Verglichen mit anderen in einer geringeren Weise berührt auch uns das, was... Die Art und Weise des Lebens außerhalb... auch das bringt einen ein bisschen dazu, alles schlimmer zu machen, als es sein sollte. Heutzutage ist alles übertrieben, alles geht bis zum Exzess. Auch normalerweise ist das so, ich amüsiere mich manchmal, wenn ich die Leute reden höre. In Italien gibt es die Legende vom Fischer und vom Jäger, nicht? Wenn ein Fischer solch einen Fisch fängt (sie zeigt eine Spanne), muss er dir zwangsläufig erzählen, dass er solch einen gefangen hat (sie zeigt die doppelte Spanne). Und wenn ein Jäger zwei Vögel getötet hat, muss er dir zwangsläufig erzählen, dass er zwanzig erlegt hat. Immer gibt es die Übertreibung, versteht du? Alles wird übertrieben. Auch ich selbst, es ist nicht so, dass ich frei von Schuld bin, oft übertreibe ich in Anbetracht bestimmter Dinge. Es ist nicht so, dass ich... Aber ich versuche hart zu bleiben, weil mir das nicht gefällt. Aber es ist unvermeidlich. Und die Verschlimmerung der *cazzotti* ist ein bisschen all dem geschuldet. Aber auch, weil man aus dem Blick verloren hat, was die Contrada als Familie ist. Leider wird das aus dem Blick verloren. Wenn man das zurückholen könnte, wenn es einem gelingen würde, das zurückzuholen, Besitz zurückzuholen, meiner Meinung nach wäre das die einzige Sache, die... Der Besitz dessen, was das historische Zentrum ist. Ich habe dir gesagt, dass Siena eine wunderschöne Museumsstadt werden wird, weil es im Zentrum nur noch die Universität, Verwaltungsbüros, Stadtverwaltung und Monte dei Paschi oder Banken im Allgemeinen geben wird. Ich weiß nicht, ich würde gerne eine Statistik erheben, aber ich glaube, dass wir hier mehr Banken haben als Genf. Gemessen an der Größe, der Einwohnerdichte und der Anzahl an Banken, glaube ich, dass Genf ein Witz gegen uns ist.«

Silvia führt weiter aus, dass sie nichts gegen Leute von außerhalb hätte, dass ihrer Meinung nach der einzige Weg, die Contraden zu erhalten, jedoch darin bestünde, wenn die Sieneser in die Stadt zurückkehren und das historische Zentrum wieder bewohnen würden. Sie glaubt, dass auch die *cazzotti* sich dann allmählich wieder auf das Normalmaß verringern würden, auch wenn es wohl nie mehr so werden würde wie in den sechziger, siebziger Jahren. Denn dafür gäbe es »zu viel Einfluss von der Welt, des alltäglichen Lebens«. Aber mit einer Person, zu der man Kontakt hätte, die man täglich sehen würde, sei es schwierig, an den Punkt übersteigerter Gewalt zu kommen:

»Wenn ich jemandem, den ich nie gesehen habe, einen Fausthieb geben muss, macht mir das weniger Skrupel, als wenn ich jemandem gegenüberstehe, den ich jeden Tag sehe, was weiß ich, den ich beim Brot kaufen treffe, verstehst du?«[169]

Anschließend kommt Silvia auf die Entleerung des Stadtzentrums zu sprechen und findet bei diesem Thema kein Ende. Die nicht wahrgenommene Verantwortung der Stadtpolitik, die ungeheuren Mietpreise, die Unmöglichkeit für normalverdienende Familien, Wohnungen im Zentrum zu kaufen, die Schwierigkeit auch für die Contraden, Häuser zu erwerben, die in städtischem Besitz sind, und die Vermietung des Wohnraums an Studenten sind ihre Themen.

Deutung des Diskurses

Ebenso wie Daniele spiegelt auch Silvia die Ansicht wieder, dass es reguläre Faustkämpfe gibt, die sich von den irregulären unterscheiden. Die traditionellen Faustkämpfe auf der Piazza del Campo bezeichnet sie ebenso nahezu euphorisch und mit tiefer Bewunderung als »schön«. Damit wird sowohl eine ästhetische Qualität gekennzeichnet, als auch die uneingeschränkte Kontrolliertheit in der Ausführung und der sozialen Eingebundenheit. Auch Silvia macht die achtziger Jahre als den Zeitpunkt fest, da die Praxis der *cazzotti* sich verändert hätte.[170]

---

169 Die vorangegangenen Zitate sind Ausschnitte eines Interviews vom 26.11.1998.

170 Das scheint zum aktuellen Zeitpunkt lange her, ist es aber weniger, wenn man bedenkt, dass die als Bedrohung für das Contraden-Leben empfundene veränderte Praxis bis in die neunziger Jahre anhielt und ich meine Interviews 1998 führte. Zu dem Zeitpunkt hatte sich die Situation zwar

Und zwar sowohl auf dem Campo als auch außerhalb. In den siebziger Jahren und vorher sei die Ethik des Kämpfens die gewesen, dass man sich danach wieder versöhnte. Beziehungsweise gar nicht erst versöhnen musste, da es selbstverständlich war, dass die Auseinandersetzungen mit dem Moment ihres Endes beigelegt waren. Sehr klar unterscheidet Silvia zwischen den Tagen des Palios, in denen die Aggressionen ausgelebt werden, und dem Rest des Jahres, in denen ein gewöhnliches Alltagsleben und Zusammenleben gewährleistet ist. Sie erklärt sich damit mit einer Anschauung konform, die das Gemeinschaftsleben der Contraden im Alltag regelt und deutlich vom Palio trennt. Das Auftauchen dauerhafter Konflikte zwischen Jugendlichen und jungen Leuten über den Rest des Jahres erlebte sie als Einschnitt, als eine ganz neue Phase der bis dahin geltenden Regeln und Gewohnheiten. Und sie erfuhr es nicht nur als persönliches Ärgernis, Streitigkeiten in der eigenen Società schlichten zu müssen, sondern vor allem als Verlust von Werten. Nämlich genau den Werten, auf denen das gemeinsame Zusammenleben sowohl innerhalb einer Contrada als auch zwischen den Contraden beruht. Als da wären Freundschaft und Achtung und Respekt vor den Traditionen, welche Übergriffe außerhalb des Palios verbieten. Für sie haben sich bei den Jüngeren, welche unter Rückgriff auf die Contrada Schlägereien anzetteln, die Ziele verändert. Besteht der Sinn der Contrada für Silvia im gemeinschaftlichen Zusammensein samt all dem, was es impliziert, sieht sie bei jenen den Zweck der Contrada nur noch in Prügeleien verankert.

Silvia grenzt sich nicht von den Feindschaften an sich ab. Im Gegenteil betont sie, dass sie selbst diese Rivalität stark empfindet und nicht auf sie verzichten möchte. Bei ihr sind Lust und Vergnügen an der Auseinandersetzung deutlich spürbar. Wichtig sind für sie allerdings die Grenzen. Genau die Grenzen des sozial akzeptierten Verhaltens, das auch in den Gesprächen mit Daniele auftauchte. Die Normalität des gelebten Alltags liegt ihrer Ansicht nach im selbstverständlichen Umgang mit den geregelten Formen der Rivalität. Und damit gibt sie auf jeden Fall die Norm wieder. Wohl wissend und hervorhebend, dass die Normalität der Contrada eine spezifische ist und nicht der anderer Städte und sozialer Zusammenhänge entspricht, dass die Formen der Auseinandersetzung eben nach Contraden-Regeln erfolgen und nicht an allgemeingültigen Maßstäben gemessen werden können, weist sie immer wieder auf ihr Funktionieren innerhalb Sienas hin. Die Verrückten, die auf der Piazza del Campo Faustkämpfe durchführen, seien Verrückte für sich, sagt sie, also Verrückte unter sich, die

entspannt, jedoch nicht erneuert, und die Erfahrung von vor einigen Jahren wirkte genauso nach wie die *cazzotti* unter Jugendlichen auch weiterhin anhielten.

man lassen könne, ohne Schlimmes befürchten zu müssen, Verrückte, die wüssten, was sie tun.

In diesem Zusammenhang macht Silvia den externen Einfluss durch Carabinieri und Polizeibeamte, die nicht aus Siena stammen, als eine der Ursachen für die Zunahme an Gewalt aus. Dadurch seien die größeren Faustkämpfe auf der Piazza del Campo in den achtziger Jahren zu einem Ereignis gemacht worden, das ihrem Wesen nicht angemessen sei. Der Einsatz mit polizeilicher Ausrüstung und unter polizeilichen Mitteln hätte die Kämpfe dramatisiert und die Atmosphäre zusätzlich angeheizt. Die eigene Sicht- und Handlungsweise wäre dadurch empfindlich gestört worden. »Es ist etwas, was sie uns in die Mitte geworfen haben«, aus dieser Ausdrucksweise von Silvia spricht die Wahrnehmung eines destruktiven Fremdkörpers inmitten eines funktionierenden Gefüges. Und da es sich um staatliche Autorität handelt, der Ärger, mit der Einschränkung zwangsläufig umgehen zu müssen. Während physische Gewaltanwendung in der Regel sanktioniert wird, gibt es in Siena diesbezüglich eine rechtliche Grauzone der traditionellen Faustkämpfe beim Palio. Es sind die Traditionen, durch die Aggression innerhalb des Systems sanktioniert und mit Einschränkungen belegt wird. Voraussetzung für einen regelgerechten Umgang ist die Teilhabe am internen symbolischen System, welche von der Polizei nicht geteilt wird. Durch die Anwendung anderer Mittel, beruhend auf extern normierten Wertvorstellungen, entstanden Störungen. Das Hinzukommen juristischer Maßnahmen ist ein weiterer damit zusammenhängender Punkt, den Silvia zwar nicht außen verortet, aber als Bestandteil der Veränderungen bei den *cazzotti* sieht. Anzeigen und Gegenanzeigen hätten sich gemehrt und den Faustkämpfen damit eine Dimension verliehen, die sie vorher nicht gehabt hätten und idealerweise nicht haben dürften. Anzeigen, deren Abwicklung sich über einen langen Zeitraum zieht und die personalisierte Anklage bestehen lässt, stehen der Regel einer Versöhnung unmittelbar nach dem Kampf entgegen.

Der Tabubruch der Jugendlichen stellt in dem Diskursgefüge, das Silvia repräsentiert, eine einschneidende Veränderung im Kontext des Contradenlebens dar. Und eine, die mit Abwehr und eindeutigem Unmut betrachtet wird. Mit starken Ausdrücken belegt Silvia diese Jugendlichen und bezeichnet sie als fanatisch (*tifosi*). Damit ist sie nicht die einzige, der Vergleich fanatischer Sportbegeisterung wird häufig gezogen, wenn es um diese Art der *cazzotti* geht. Charakterisiert wird damit eine beängstigende Gewaltbereitschaft, die auf blindem Anhängertum beruht. Es wird eine deutliche Abgrenzung vorgenommen, der die positiven Werte der Stadtteilgemeinschaften gegenüberstehen. Gleichzeitig handelt es sich bei diesem Jugendlichen um Mitglieder der eigenen Contraden. Als eine der Leiterinnen der Kindergruppe und in relativ engem Kontakt auch mit den Jugendlichen versucht Silvia, erzieherisch auf diesen Personenkreis einzuwirken. Sie versucht die Werte, nach denen sie lebt, auch den Jüngeren zu vermitteln. Mit geringem Erfolg, nur gelegentlicher Einsicht. Letztlich gibt Silvia auch nicht den jungen Contradaioli die Schuld an ihrem Verhalten, selbst wenn sie bei ihnen Einsicht in die Eigenverantwortung ihres Handelns zu erwecken versucht, sondern sieht die Gründe für die Veränderungen bei den *cazzotti* in der allgemeinen Veränderung der Deterritorialisierung. Ihrer Ansicht nach ist hauptsächlich der mangelnde Kontakt im Alltag die Ursache dafür, dass Feindschaften stärker erlebt und mit zunehmender Gewaltbereitschaft einhergehen würden. Der Schlüssel für die Behebung der Probleme liegt für sie in einer Wiederbevölkerung der Contraden-Gebiete. Also einer Neubelebung der Contraden durch Inbesitznahme von Wohnraum durch die Contraden-Mitglieder, um ein enges soziales Zusammenleben im Alltag zu gewährleisten. Die anschließende weitläufige Ausführung von Schwierigkeiten und Möglichkeiten der Entleerung und Wiederbelebung des Stadtkerns macht das Grundproblem sehr deutlich.

Die geschilderten Äußerungen geben einen Diskurs wieder, in dem die Faustkämpfe als verborgener agierter Ausdruck gesellschaftlicherVeränderungen auftauchen. In der Wahrnehmung traditionsbewusster Contradaioli handelt es sich bei den »entfremdeten« *cazzotti* um eine Krise im Contradenleben, die als solche ebenso bewusst erlebt wird wie die Entleerung der Territorien und damit in Zusammenhang gebracht wird. Nicht nur Silvia ist der Meinung, dass die veränderte Praxis der *cazzotti* auf die Entfremdung der Personen zurückzuführen ist, die daran teilnehmen. Auch andere Contradaioli weisen darauf hin. Während Leute der benachbarten Stadtteile einander früher gekannt hätten und an der Aufrechterhaltung guter persönlicher Beziehungen im Alltag interessiert gewesen wären, würde die Tatsache, dass Jugendliche aus der Peripherie kämen und sich nicht mehr kennen würden, die Schwelle zur Gewaltanwendung senken, ist eine häufig geäußerte Meinung. Die Feindschaft sei im Gegensatz zu früher eine anonyme und würde nicht von normalen Begegnungen des Alltags abgeschwächt.[171] Interessanterweise werden dafür die nicht mehr vorhandenen persönlichen Beziehungen verantwortlich gemacht, während die *cazzotti* gleichzei-

171 Im Gegensatz zu dieser verbreiteten These merkt Luchini (1985: 186) an, dass die Gewalt früher unter Umständen sogar größer gewesen wäre. Er berichtet von großen Schlägereien, die im Lauf dieses Jahrhunderts auch vor den achtziger Jahren stattgefunden haben, und meint, dass Gegenstände, die die Kämpfenden mit sich trugen, wie zum Beispiel Arbeitswerkszeuge, im Zweifelsfall auch damals in Gebrauch genommen worden wären.

tig personalisiert erscheinen. Die Kritik an den Faustkämpfen »zwischen mir und dir«, der gleichaltrige Gegner, der immer gesucht wird: Es scheint fast, als würden die fehlenden persönlichen Beziehungen, die gleichwertige Gegnerschaft auf der Ebene der körperlichen Auseinandersetzungen gesucht. Eine Hypothese, die mir dazu einfällt, ist die fehlende Befriedigung von Jugendlichen durch die Contrada, eine unbefriedigende Einbindung in den sozialen Zusammenhalt und unbefriedigte Handlungsmöglichkeiten. Mehr noch als Silvia, die zu den Jugendlichen Kontakt hat und sie in der Contrada erlebt, äußerte eine andere Informantin ihre Meinung, dass jene jungen Männer, die *cazzotti* anzettelten, nicht einmal mehr wüssten, was die Contrada sei, wo sie läge und was sie machen würde. Es gibt also eine innere Spaltung, die als bedrohlich erlebt wird, auch mit Wut, zumindest als bedauerlich. Die *cazzotti* stellen im Kontext dieses Diskurses eine der Gefahren für die Contrada dar, eine der Veränderungen, mit denen die Contraden nur schwer zurecht kommen. Im Gegensatz zur Medienöffentlichkeit, Touristenmassen und demographischen Veränderungen ist es allerdings eine, die gegenüber Fremden wenig thematisiert wird.

Deutlich wird bei diesem Thema, dass es sich sowohl um einen Generationen-Konflikt handelt als auch um eine Spiegelung des Verhältnisses zur Außenwelt. Es sind die älteren Vertreter der Contraden, welche Normen und Werte der Gemeinschaft aufrechterhalten und an die Jüngeren weiterzugeben versuchen. Das abweichende Verhalten der Jugendlichen – und auf sie wird das Problem der *cazzotti* im Wesentlichen projiziert – markiert einen Bruch in der Gemeinschaftserfahrung. Während die Einheit von Territorium, Contraden-Gemeinschaft und sozialen Regeln für die älteren Generationen gewährleistet war und dadurch eine Kohärenz zumindest in der Vorstellung entsteht, spiegelt sich im Erleben der Jüngeren, so wie es von den Älteren betrachtet wird, die Auflösung sowohl der räumlichen Nähe als auch des Wertefüges wieder. Silvia äußert die Ansicht, dass das exzessive Betreiben der *cazzotti* unter anderem auf die allgemeinen gesellschaftlichen Veränderungen der letzten zwanzig Jahre zurückzuführen wäre. Damit kennzeichnet sie einen Wandel der Erfahrung, der die jüngeren Generationen prägt und veränderte Voraussetzungen des sozialen Handelns geschaffen hat. Was den Jüngeren aus der Sicht der Älteren oft fehlt, ist die Bindung der Gemeinschaft und der Traditionen, an deren Stelle nun Vereinzelung und die »modernen« Werte individueller Überlegenheit stehen. Der Metapher des Zentrums, des Territoriums, kraft dessen die Einbindung stattfinden soll, steht die Peripherie als Bild dezentralisierter Kraft gegenüber. Die *cazzotti* bilden damit den Stand des Gemeinschaftssystems im gesellschaftlichen Zusammenhang ab, sie sind ein Gradmesser für das Funktionieren des Kollektivs. Auf sie werden gesellschaftliche Entfremdungserscheinungen projiziert, die dem Ideal des normierten, ausbalancierten Zusammenlebens entgegengesetzt sind. Die Kenntnis der Traditionen, welche die Jüngeren vorgeblich nicht besitzen, sind Sinnbild für losgelöste Identifizierungen, die nicht mehr in die Gesamtheit der sozialen Erfahrung eingebettet sind. Aufgrund dieses Wandels kommt es zu zielgerichteten vorsätzlichen Aggressionen, die das Gleichgewicht der Beziehungen der Contraden stören und mit dem Ideal des ritualisierten Kräftespiels nicht mehr im Einklang stehen.

Konstruktion durch die Geschlechter

Den Angaben nach sind es vor allem Männer, welche sich in Faustkämpfen engagieren. Auf der Piazza del Campo sind es ausschließlich Männer, deren Alter etwa zwischen 18 und 40 Jahren beträgt. Außerhalb des Campo scheinen es eher die jüngeren zu sein, bis maximal 25 oder 30 Jahren. Was aber ist mit den Frauen? Wie drücken sie gegnerische Gefühle aus? Welche Rolle kommt ihnen bei der Demonstration von Männlichkeit im Kontext der *cazzotti* zu? Schließlich erleben Frauen die Feindschaft genauso wie die Männer, diesbezüglich konnte ich in den Berichten und Erzählungen von Informantinnen und Informanten keine Unterschiede erkennen. Sind es während des Palios allein die Männer, welche repräsentative Rollen übernehmen, also den *fantino* und das Pferd begleiten und bei den Umzügen die Kostüme tragen, so sind die weiblichen Mitglieder der Contrada bei öffentlichen Ereignissen trotzdem durchaus präsent. Junge Frauen bewegen sich ebenso wie die jungen Männer in Gruppen durch die Stadt und auf der Piazza del Campo, sitzen zusammen auf den Tribünen und singen Lieder. Überwiegen die Stimmen der Männer bei den Gesängen auf den Campo, schienen mir die weiblichen Stimmen bei Umzügen durch die Straßen und abendlichem Durch-die-Gegend-Ziehen denen der männlichen Contradaioli in nichts nachzustehen. Auch die jungen Frauen sangen, pfiffen und lärmten, um die gegnerische Contrada zu provozieren oder ihre Siegeseuphorie zu bekunden. Ich hatte sogar den Eindruck, dass eine Gruppe von Mädchen oft viel ungestümer singt und tanzt als eine Gruppe junger Männer, die sich geordneter und ruhiger bewegt. Diesen Eindruck fand ich in einem Gespräch mit einer älteren Contradaiola über die Rolle der Frauen in der Contrada bestätigt. Sie schob den Audruck des Singens ausdrücklich auf das Alter der jüngeren Generation:

»Wenn sie uns bei der Auslosung ein gutes Pferd gegeben haben, das gut läuft, so dass man hoffen kann, sind alle zufrieden. Aber die Mädchen drücken die Freude natürlich stärker aus, weil sie jünger sind. Sie äußern es mit den Liedern, wenn sie hinter dem Pferd gehen... sie äußern es in spontaner Weise, einer, die näher an der Realität der Mädchen ist. Ich bin natürlich auch zufrieden, wenn wir ein gutes Pferd haben, und jubiliere, aber ganz bestimmt ist es nicht so, dass ich mich zum Tanzen auf die Straße begebe. Das machen sie, wenn sie zwanzig sind, verstehst du?«[172]

Genauso wie sich die jüngeren Männer direkt mit denen der gegnerischen Contrada konfrontieren, tun es also auch die jüngeren Frauen, nur auf ihre Weise. Nämlich sehr expressiv durch körperliche Präsenz und verbale Lautstärke. Die älteren halten sich dabei zurück. Eine 24-Jährige erzählte, dass es zwischen den Mädchen verfeindeter Contraden auch im Alltag immer Beleidigungen gäbe, Boshaftigkeiten. Die Feindschaft wird also nicht physisch, sondern eher verbal ausgelebt.

Dennoch scheinen die jüngeren weiblichen Mitglieder auch Handgreiflichkeiten nicht unbedingt abgeneigt. In einem Gruppengespräch mit Jugendlichen äußerten diese, dass auch die Mädchen sich gelegentlich prügeln würden. Und eine erwachsene Frau erinnerte sich fassungslos, wie es ihr als Dreizehnjährige beim Palio geschah, dass ihr ein anderes Mädchen aus Ärger über den Sieg ihrer Contrada einen Hieb versetzte, weil deren Contrada als zweite eintraf, obwohl sie nicht ihre Feindin war. Wiederum eine andere ältere Frau bestätigte, dass auch die Frauen manchmal *cazzotti* veranstalten würden, allerdings unter sich. »Manchmal«, betonte sie ausdrücklich. Eine andere Frau meinte ebenfalls, dass das vorkommen würde, selten allerdings. Auch eine 24-jährige Frau aus der Chiocciola erwähnte junge Frauen im Zusammenhang mit den *cazzotti*. Trotz meiner jeweils ausdrücklichen Frage, ob auch Mädchen bzw. junge Frauen sich an den *cazzotti* beteiligten, fiel die Antwort immer knapp aus, als ob es dazu nicht viel zu sagen gäbe, und wurde in den Zusammenhang des Themas *cazzotti* an sich, also den von Männern ausgeführten, eingefügt. Eine deutliche Differenzierung zwischen weiblicher und männlicher Aggression fand nicht statt.

Es sind beide Geschlechter, die an der männlichen Überlegenheitsdemonstration in Form der Faustkämpfe beteiligt sind. Indem sie die Kämpfenden unterstützen und in ihrem Vorhaben bestärken, tragen die Frauen zum Spiel genauso bei wie die Männer. Wenn ihre Rolle in der Regel auch nicht die der aktiv Ausführenden ist, so stellen sie dennoch eine treibende Kraft im Hintergrund dar. Sie identifizieren sich genauso wie die Männer mit ihrer Contrada und erleben

172 Interview vom 23.10.1998.

die Möglichkeit des physischen Ausdrucks als Mittel des Aushandelns von Beziehungen. In diesem Sinn erklärte eine 32-jährige Frau, dass junge Frauen *cazzotti* zwar nicht selbst durchführen würden, aber durchaus Anlass für eine Schlägerei liefern könnten, indem sie die Männer dazu anfeuerten:

»Die Mädchen können... *cazzotti* schüren, also der Grund dafür sein, was weiß ich... Sie singen gegen eine andere Contrada und gehen dann vielleicht zu den Jungen und sagen es ihnen, und die gehen dann los, um *cazzotti* zu machen. Das ja. Das ist etwas, was passieren kann, dass sie die Ursache für *cazzotti* sind. Der Grund, ja...«[173]

Und eine 26-jährige angehende Anwältin aus einer anderen Contrada gestand ihre eigene Involviertheit in die Faustkämpfe:

»Die Gewalt gefällt mir nicht, auch wenn ich bemerke, dass es Momente gibt, in denen... diese Leidenschaft, die ich empfinde, stärker ist als mein Verstand und mich mitreißt. Das Höchstmaß an Gewalt unterstütze ich nicht, aber es gibt Momente, in denen die Contrada mich übersteigt und ich empfinde... vielleicht etwas gegen meine Gegnerin. Natürlich gehe ich nicht los, um *cazzotti* zu machen. Ich bin eine Frau, Frauen tun das nicht. Aber es gibt Momente in denen... (sie lacht) Es ist nicht schön, dir das zu sagen, aber in denen ich wünschte, dass meine Contrada auch in dieser Hinsicht überlegen ist.«[174]

Deutlich wird hier ein Bedürfnis nach Teilhabe am Kampf durch die Identifikation mit männlicher Kraft. Die Überlegenheit, die diese junge Frau sich wünscht, erstreckt sich auch auf den Bereich des physischen Vergleichs. Durch ihre soziale Geschlechtsrolle sind ihr Beschränkungen auferlegt, was den eigenen körperlichen Einsatz betrifft, doch sie unterstützt das Vorgehen der Männer, die das Kräftespiel in ihrem Sinne ausführen.

Zusammenfassung: Beziehungen der Contraden untereinander

Ähnlich wie der Palio selbst bilden auch die *cazzotti* ein Ritual, das der Festigung der Identität, der Stärkung der Gemeinschaft und der Bindung des Individuums an die Contrada dient. In der Gruppe durchgeführt, stellen sie eine kollektive Handlung dar, die im Sinne absoluter Identifikation mit der Contrada vollzogen wird. Die territoriale Komponente erhält dadurch ein Gewicht, dass die Faustkämpfe zumindest symbolisch der Verteidigung des Territoriums dienen und an den Grenzen der Stadtteile ausgefochten werden. Auch auf der Piazza del Campo gilt als Niederlage das Zurückweichen einer Gruppe, also der Verlust

173 Interview vom 4.12.1998.

174 Interview vom 7.7.1999.

von Terrain. Wenn man annimmt, dass kollektive Identitäten entstehen, wenn jedes Mitglied sich individuell als zugehörig vor allem zu diesem Kollektiv begreift (vgl. 1.1.), sind die *cazzotti* ein Moment starker kollektiver Identitätsbindung. Entsprechend gilt es als Regelverlust, wenn einzelne Personen persönliche Feindschaften pflegen, indem sie sich zwar des Kollektivs bedienen, jedoch auf das Individuum anstatt die Gruppe abzielen. Die Loslösung aus dem Gruppenverband zieht den oben analysierten Diskursen zufolge unerwünschte Konsequenzen nach sich. Verloren geht damit vor allem eine bestimmte ethische Haltung, welche die unbedingte Unverletzbarkeit des Individuums und der persönlichen Beziehungen vorsieht. Faustkämpfe, die dieser Ethik genügen, werden mit der ästhetischen Qualität des »Schönen« beschrieben. Wichtig ist hierbei eine kollektive Versöhnung nach dem Kampf. Im Vergleich mit sportlichen Ereignissen betrachtet, kommt der Fairness eine wichtige Rolle zu. Die Regeln der *cazzotti* sind nicht niedergeschrieben, aber informell verbindlich festgelegt. Sie sind Bestandteil des kollektiven Wissens, wie diese Kämpfe abzulaufen haben. Wird nach diesen Regeln gehandelt, funktioniert das Aufeinanderstoßen zweier verfeindeter Gruppen sehr gut. Da es sich um eine rein sienesische Form der Auseinandersetzung handelt, und zwar basierend auf dem ebenfalls lokalen Contraden-System, sorgen Einmischungen äußerer Personen und Instanzen in der Wahrnehmung engagierter Contradaioli für empfindliche Störungen. Einerseits ist das die Verlagerung des hauptsächlichen Lebensmittelpunktes der Contraden-Mitglieder außerhalb des Zentrums, d.h. in die Peripherie. Die nicht mehr vorhandene Verbundenheit mit der Gemeinschaft und deren Einbindung in den Alltag würden zur Entfremdung und zu negativen Haltungen führen. Außerdem werden von außen kommende Polizeibeamte, d.h. eine diesem System »fremde« Justiz, sowie Richter für eine Eskalation der Gewalt verantwortlich gemacht. Eine allgemeine kulturkritische Sicht schließlich spiegelt sich in der Meinung, dass jüngere gesellschaftliche Tendenzen der Individualisierung und des Wettbewerbs auch zu entsprechenden Entwicklungen in den Contraden geführt hätten.

In den verschiedenen Beziehungs- und Anerkennungsformen der Contraden lässt sich ein System erkennen, welches die Teile des Ganzen im Gleichgewicht hält. Es ist wichtig zu sehen, dass die Contraden nicht nur in gleicher Weise nebeneinander existieren, sondern dass sie darüber hinaus in ein aktives Geflecht gegenseitiger Beziehungen eingebunden sind. Erst indem sie sich gegenseitig anerkennen und in Interaktion treten, gewinnen sie an Singularität und Besonderheit. Hier wird vor allem die nominelle Ebene wirksam. Um diese Besonderheiten herauszustellen und sich von den jeweils anderen Contraden abzugrenzen, werden vielfältige Differenzierungsmerkmale eingesetzt. Das sind zum einen die Symbole der Contraden wie Wappen, Wappentiere und Farben. Diese markieren sowohl Personen als auch Gebietsgrenzen oder öffentliche und private Räumlichkeiten. Auch der Ort an sich, das Contraden-Territorium, ist symbolisch besetzt und dient gleichermaßen selbst der symbolischen Zuordnung der Contrada. Durch die fast ausschließliche Begrenzung der Aktivitäten der Contraden auf ihr Territorium und durch die lebensgeschichtliche Bindung vieler Contradaioli an diesen bestimmten Raum gewinnt die kulturelle Identität der Contraden eine ausgesprochen territoriale Dimension, wodurch man ebenso von einer territorialen Identität sprechen kann (vgl. 1.1.). Während gegenseitige Zuordnungen vor allem während des Palios vorgenommen werden, finden Stereotypisierungen und Kategorisierungen auch im Alltag statt. DieMitglieder der Stadtteilgemeinschaften konstruieren unter anderem essentialisierende Merkmale, wie phänotypische Ähnlichkeiten, um Angehörige anderer Contraden zu identifizieren. Diese biologisierenden Zuschreibungen sind nicht durchgängig und individuell unterschiedlich, werden in einigen Zügen jedoch geteilt. Andersartigkeit wird auch über die Kategorisierung von Verhalten und Charakterisierungen ganzer Contraden hergestellt. Im gegenseitigen Prozess der Kategorisierung, welche unter Verwendung dieser Kriterien stattfindet, bilden sich die Identitäten der einzelnen Contraden.

5. *Il mondo fuori* – Beziehungen zur Welt außerhalb

Im letzten Kapitel wurden die Abgrenzungen der Contraden untereinander beschrieben. Grenzziehungen, Symbolisierungen, Selbst- und Fremdbilder wurden genauso deutlich gemacht wie Stereotypisierungen und Identifikationsprozesse, die zum »Spiel der Differenzen« beitragen. Dadurch wurde sichtbar, wie die Identitäten einzelner Contraden auf Unterscheidungsprozessen (vgl. 1. Kapitel) beruhen, die innerhalb Sienas regelrecht ritualisiert sind und die eine genau bestimmte Zuordnung und Identifikation ermöglichen. In diesem Kapitel soll nun untersucht werden, wie sich das Verhältnis der Contraden zur Außenwelt gestaltet. Denn in dem Maße, wie die oben dargestellten Abgrenzungsprozesse zur Identitätsbildung der einzelnen Contraden innerhalb des Gesamtsystems beitragen, so findet durch Grenzziehungen zwischen den Contraden als Gesamtsystem und der übergeordneten Ebene des Nicht-Sienesischen eine weitere Präzisierung spezifischer Contraden-Identität statt. Betrachtet man kulturelle Identität sozusagen als ein Schachtelsystem von Zugehörigkeiten auf verschiedenen Ebenen, in dem durch Exklusions- und Inklusionsprozesse Einheit hergestellt und repräsentiert wird, dann wird deutlich, dass der Grenze zwischen den Contraden als solchen und der Welt außerhalb eine entscheidende Bedeutung bei der Herausbildung und Aufrechterhaltung ihrer kulturellen Identität zukommt. Im Folgenden sollen verschiedene Aspekte dieser besonderen Grenzziehung beleuchtet werden. Es soll dargestellt werden, wie der Diskurs über die Außenwelt geführt wird, welche Faktoren ihn bestimmen und welche Auswirkungen er auf die Selbstwahrnehmung der Contraden-Mitglieder und auf ihre sozialen Handlungen hat. Ich werde dabei einzelne Schwerpunkte setzen, an denen das Wechselspiel von Fremd- und Selbstsicht und seine Folgen deutlich werden.

Zum einen handelt es sich um die Palio-Debatte. Da bei den Palio-Rennen immer wieder Pferde sterben, ist eine anhaltende Diskussion um die Praxis des Rennens entstanden, welche in der Öffentlichkeit geführt wird und bei der die Verteidigung des Festes in seiner spezifischen Weise Kritik von außen gegenübersteht. Prozesse der aktiven Rekonstituierung der Gemeinschaft als sozialer

Einheit mit einer eigenen kulturellen Identität, die sich grundlegend von anderen Identitäten unterscheidet, werden in dieser Konfrontation mit externen Einschätzungen deutlich sichtbar. Und es geht dabei nicht nur um Meinungen über den Palio, sondern ebenso um die konkrete Verhandlung des kulturellen sozialen Rahmens der Contraden als Gemeinschaftssystem.[175] Verbunden mit dem Punkt der Palio-Kritik ist die Präsenz der Medien beim Rennen. Eine weitreichende Öffentlichkeit der sienesischen Traditionen wird durch Fernsehübertragungen, Dokumentationen und Berichterstattung in den Printmedien hergestellt. Wie die Contraden auf diese mindestens nationale, wenn nicht internationale, Öffentlichkeit reagieren und ihr eigenes Selbstbild gegenüber fremder Anschauung zu steuern versuchen, soll in diesem Zusammenhang betrachtet werden. Aber nicht nur durch die Medien wird Öffentlichkeit hergestellt, sondern auch durch die massenhafte Anwesenheit von Touristen in der Stadt. Welcher Diskurs über die Touristen geführt wird und wie sie als Kategorie des Fremden von den Sienesern wahrgenommen werden, ist ein weiterer Punkt dieses Kapitels. Auch hier kristallisiert sich die Beziehung zur Außenwelt, durch die die Contraden als geschlossenes System aufgebrochen werden. Eine weitere Kategorie anwesender Fremder stellen die auswärtigen Studenten dar, über die ebenfalls ein eigener Diskurs geführt wird. Auch er wird genauer untersucht, um die Contraden im Verhältnis zur Außenwelt zu beleuchten. Damit wird gezeigt, welche Auswirkungen die Anwesenheit Außenstehender auf die Identität der Contradaioli hat und wie das Selbstverständnis als soziales Kollektiv über Abgrenzungsstrategien verläuft. Schließlich werde ich mich den Integrationsprozessen seitens der Contraden zuwenden und fragen, inwieweit die soziale Geschlossenheit die Öffnung gegenüber Nicht-Sienesern erlaubt und wie die Gemeinschaft sich als Gruppe durch Aufnahme und Ausschluss konstituiert. Dadurch wird eine weitere Ebene von Exklusionsprozessen hervorgehoben.

---

175 Was für das Individuum gilt, gilt auch für die kollektive Identität: »Das soziale Selbst spiegelt sich in den Anerkennungs- und Mißachtungsformen anderer. Es ist somit kaum jemals dem Subjekt frei verfügbar und gestaltbar. Die fremden Urteile müssen in die eigenen Interpretationsvorgaben integriert werden. [...] Die Selbstdefinition wird in einem doppelten und normalerweise nicht widerspruchsfrei verlaufenden Prozess der sozialen Bindung an und Perspektivenübernahme von anderen sowie der zugleich konstitutiv notwendigen Distanz zu ihnen gewonnen.« (Reese-Schäfer 1999: 18; vgl. Hettlage 1997; vgl. auch Jenkins 1996: 71)

5.1. Komplementäre Positionen

Selbstsicht und Fremdsicht

»I senesi sono chiusi« – »Die Sieneser sind verschlossen«, so lautet ein Satz, der einem in Siena immer wieder begegnet. Als sachliche Feststellung geäußert, mit Bedauern gesagt, mit Erstaunen oder Ärger, charakterisiert sie vor allem das Verhältnis Außenstehender zu den Sienesern. Die Nichtteilnahme an sämtlichen Contraden-Aktivitäten, die für das Leben der Stadt so bedeutsam sind, die für Außenstehende fremden und befremdlichen Gemeinschaften, zu denen sie keinen Zugang haben, lassen die Grenze zwischen ›innen‹ und ›außen‹ deutlicher werden als es vielleicht an anderen Orten der Fall sein mag. Das soziale System der Contraden ist sienesisch und befindet sich gleichsam ausschließlich innerhalb der Stadtmauern. Dahinter endet es, und wer von außen kommt, gehört nicht mehr dazu.[176] Wie stark diese kulturelle Grenze mehr noch von Italienern als von Besuchern oder Zugezogenen anderer Nationalitäten empfunden wird, wie sehr die Contraden-Identität als lokalspezifische getrennt von der nationalen Identität besteht, wurde mir in Gesprächen immer wieder deutlich.[177] Aber auch Contradaioli selbst räumen ein, dass sie *un po' chiusi*, »ein bisschen verschlossen«, seien. Die Kategorisierung von außen ist ins Selbstbild aufgenommen worden. Dieses ist allerdings nicht statisch, sondern wird in Bezugnahme auf die Außensicht ständig reformuliert. In einem dialogischen Diskurs wird die Grenzziehung zwischen Sienesischem und Nicht-Sienesischem permanent aufrechterhalten. Die Positionen werden immer wieder neu bestimmt, wobei die Verteidigung des Eigenen ebenso vehement geführt wird wie auf der anderen Seite die Irritation über das Fremde ausgedrückt wird. Unter Rückgriff auf Stereotypisierungen werden Selbst- und Fremdbilder verhandelt. Dabei geht es nicht nur um Inhalte, sondern ebenso um Macht, also die Verfügbarkeit des Diskurses. Wie eigene und fremde Sichtweisen auf die Contraden und auf Außenstehende zusammentreffen

---

176 Vgl. auch Liebscher (2001: 48), die genau diese Einteilung bemerkt.

177 Zu Beginn meiner Forschung erklärte mir ein Student aus Kalabrien überzeugt, er sei in Siena genauso fremd wie ich aus Deutschland oder meine Freundin aus Japan. Eine Aussage, die ich zu dem Zeitpunkt nicht verstand, die mir aber nachhaltig im Gedächtnis blieb. Als ich nach Beendigung der Forschung auf einer internationalen Tagung einen Vortrag hielt, fragte jemand aus dem Publikum, ob es für mich als Deutsche nicht sehr schwierig wäre, die Contraden zu untersuchen, ob es nicht sinnvoller wäre, ein Italiener würde das tun, der mit den Verhältnissen dort vertrauter wäre. Ein anwesender italienischer Ethnologe lächelte und verneinte entschieden, dass jemandem, der nicht aus Siena käme, die Verhältnisse dort in irgendeiner Weise vertraut sein könnten.

können, möchte ich anhand einer Szene aus meinen Feldnotizen verdeutlichen, die sehr typisch ist und bereits einige der Elemente enthält, die ich genauer untersuchen werde. Es handelt sich um eine Situation, in der acht Personen anwesend waren, sowohl Contradaioli als auch Nicht-Contradaioli, einschließlich mir als Ethnologin, die abends gemeinsam in einem Restaurant beim Essen saßen:

»Am Abend fahren Jan und ich in die Stadt. An der verabredeten Ecke treffen wir zu meiner Überraschung nicht nur Stefano, sondern auch seine Freundin Simona und einige andere, die Stefano uns vorstellt: Hubert, einen Schweizer Studenten, der seit acht Monaten bei ihm zur Untermiete wohnt; dessen Freundin Giulia, eine Studentin aus Montalcino, und Stefanos Freund Mario aus Sizilien, der in Rom wohnt und in Siena studiert. Stefano führt uns zu einer Pizzeria, in der er den Wirt kennt, der aus der selben Contrada ist. Wir nehmen Platz und bestellen Pizza. Ich frage Stefano, wie es in der Contrada liefe, er fragt nach meiner Arbeit. Hubert ruft mir über den Tisch hinweg zu: »Wenn du etwas über die Contraden wissen willst, musst du mit mir reden!« Die Sieneser würden sich nämlich vor dem Rest der Welt verschließen, ist seine lautstark vertretene Ansicht. Stefano widerspricht ihm. Hubert nimmt dessen Äußerung sofort als Beweis dafür auf, dass die Sieneser sowieso keine Meinung außer der eigenen gelten lassen würden. Fremde Meinungen würden generell mit zwei Argumenten abgewehrt, stellt Hubert fest: »Erstens: Du bist hier nicht geboren und kannst sowieso nicht verstehen, was die Contraden bedeuten! Zweitens: Was gehen dich die Contraden überhaupt an?!« Hubert meint, dass er dagegen sehr wohl etwas über die Contraden wüsste, weil er nämlich immer wieder Leute aus Contraden getroffen hätte und Stefano bei ihnen zu Hause jeden dritten Tag davon reden würde. Er denkt, dass die Sieneser engstirnig seien, ihm würde diese Art der Traditionalität nicht gefallen, sagt er. Hubert gestikuliert überschwänglich, mit jugendlicher Selbstsicherheit, und scheut sich nicht, deftige Audrücke zu benutzen. Auch Stefano gestikuliert ausladend: »Du weißt überhaupt nichts über die Contraden, weil du dich nämlich nur in Kinos, Bars und Kneipen rumtreibst, um Mädchen kennenzulernen! Von mir hast du jedenfalls noch nichts erfahren! Und in die Contrada gehst du doch auch nur, um Fußballspiele anzuschauen!« Stefano bestreitet, dass die Sieneser sich der Außenwelt gegenüber verschließen würden. In den Kneipen, sagt er, würden sich die sieneser Studenten doch genauso aufhalten wie die Studenten aus dem Ausland oder dem übrigen Italien. Giulia wirft leicht erbittert ein, dass die Sieneser in den Kneipen jedoch immer in Grüppchen zusammensein würden. Und wenn sie erführen, dass sie aus Montalcino käme, bekäme sie zu hören: *»Ah, sei un contadino.«* (»Ach, du bist ein Bauer.«) Roberto, der Wirt, bleibt an unserem Tisch stehen und meint: »Das ist normal. Die Florentiner bezeichnen die Sieneser auch als Bauern. Florenz ist eben reicher.« Er fragt Hubert, warum die Leute von außerhalb immer der Meinung seien, sie müssten die Sieneser bekehren. Die Engländer seien am Wochenende traditionellerweise immer betrunken – was sei daran schlechter als an den Traditionen des Palios?! Roberto sagt, dass ihn die Einmischung von außen fürchterlich ärgern würde. Hubert und Simona weisen einstimmig darauf hin, dass die Stadt schließlich davon profitieren würde, dass Touristen sich den Palio ansähen. Roberto erwidert: »Es kümmert mich nicht, ob während des Palios Touristen da sind oder nicht. Die Touristen sind von April bis September da, nicht nur in den vier Tagen des Palios. Man soll uns unsere Traditionen lassen, man soll uns einfach in Ruhe lassen.« Mit seiner ruhigen, langsamen Stimme wiederholt er ein ums andere Mal den gleichen Satz: »Es gibt nichts, vor dem man uns retten muss.« Es sei nicht wahr, sagt er, dass die Sieneser sich vor dem Rest der Welt verschließen würden. In der Theorie sei das so, ja, aber in der Praxis würden sie genau wie alle anderen Menschen leben. Stefano stimmt ihm entschieden zu. Auch Mario will die Contraden verteidigen. Er hebt das Positive des Gemeinschaftslebens hervor, die Solidarität untereinander, die Geborgenheit der Kinder und die lebendigen Traditionen. Simona ist es wiederum, die Mario zu bedenken gibt, dass nicht alle Contradaioli so involviert seien, wie er es bei Stefano erleben würde. Das seien sogar nur sehr wenige. Und innerhalb der Contraden würde es viele Ausgrenzungen geben. Simona will klar machen, dass man als Sienesin in Siena leben kann, ohne am Leben der Contraden teilzunehmen. Das führt zu einer weiteren Diskussion, diesmal zwischen ihr und Stefano, in die Mario und ich einbezogen werden, während Hubert Jan seine bisherigen negativen Eindrücke von den Contraden darlegt. Alle reden fortwährend durcheinander, erst als wir bei Nachtisch, Kaffee und Zigaretten sitzen, wird es ruhiger.«[178]

Was sich in dieser Szene wiederfindet, sind häufig vertretene Meinungen Außenstehender über die Contraden ebenso wie gängige Sichtweisen von Contradaioli auf Fremde. In der Diskussion zwischen Hubert auf der einen Seite und Stefano und Roberto auf der anderen wird ein Streit deutlich, bei dem die Kontroverse darin liegt, dass der ausländische Student ein Bild der Verschlossenheit hat, während die beiden Contradaioli es ablehnen, sich aus der Außenperspektive beurteilen zu lassen. Genauso lehnen sie es ab, auf ihre Identität als Contradaioli reduziert zu werden, indem sie andere Aspekte des alltäglichen Lebens betonen und den Vorwurf der Verschlossenheit damit von sich weisen. Die Contradaioli verwahren sich gegen Einmischung von außen und fordern ein Recht auf kulturelle Eigenart ein. Gleichzeitig räumt Roberto mit seiner Analogie der Beziehung zwischen Florenz-Siena und Siena-Montalcino ein, dass die Wahrnehmung kultureller Unterschiede nicht immer mit Achtung und Wertschätzung einhergehen muss.[179] Genau diese Erfahrung wiederum macht die Studentin aus dem nah gelegenen Montalcino, deren Bewusstsein der Alltagskontakte von einer starken Trennung zwischen Sienesern und Auswärtigen geprägt ist. Ein anderer Student, aus Süditalien, betrachtet die Contraden im Gegensatz zu den anderen durchaus positiv. Er hebt die ideellen Werte hervor, die von den Contradaioli selbst als bedeutend wahrgenommen werden: Gemeinschaft, Solidarität und Sicherheit. Seine Haltung ist eher eine achtungsvolle als eine ablehnende. Ein weiterer

---

178 Feldnotiz vom 23.3.1999.

179 Die Opposition zwischen den Städten Florenz und Siena hat eine Tradition seit dem Mittelalter (vgl. 2.1.). Auch heute noch sagt man, dass Beziehungen zwischen Florentinern und Sienesern von Antipathie geprägt seien. Und die Bezeichnung von Leuten aus der Provinz und dem weiteren Umland als Bauern – Montalcino liegt 40 Kilometer von Siena entfernt – ist ebenfalls fest verankert.

Standpunkt schließlich wird durch Simona formuliert, die am Contraden-Leben nicht teilnimmt. Sie macht auf Kritikpunkte an den Contraden aufmerksam und verweist darauf, dass man nicht ganz Siena mit den Contraden gleichsetzen dürfte. Schließlich bleibt die Anwesenheit der Ethnologin zu berücksichtigen, die ausschlaggebend dafür war, dass die Diskussion entstand.

Die Existenz der Contraden spielt bei der Wahrnehmung von gegenseitiger Fremdheit eine bedeutende Rolle, was sich auf Studenten ebenso wie auf andere Besucher der Stadt erstreckt. Studierende und andere Personen, die nach Siena kommen, finden sich nicht in einer gewöhnlichen mittelitalienischen Kleinstadt wieder, sondern in einer Stadt mit ausgeprägten lokalen Traditionen, welche zudem mit einer ungewöhnlich starken sozialen Komponente einhergehen. Individuelle und kollektive Identität ist nicht nur von Faktoren wie Geschlecht, Nationalität, Ethnizität, Religion, Schichtzugehörigkeit oder beruflicher Tätigkeit abhängig, sondern ebenso von der Contraden-Zugehörigkeit. Da diese Zugehörigkeit für viele Contradaioli nicht nur formal besteht, sondern Bestandteil des alltäglichen sozialen Lebens ist und starke Empfindungen weckt, nimmt sie einen großen Stellenwert ein. Innerhalb Sienas wird die auf Contraden-Zugehörigkeit beruhende Identität mit anderen geteilt, während sie mit Leuten von außerhalb generell nicht zu teilen ist, da diese niemals die gleiche Zugehörigkeit haben. Sie ist eine strikt lokale Form der Identität, gebunden an spezifische Sozialisationserfahrungen bereits im Kinder- und Jugendalter. Jemand, der von außerhalb kommt und eine Zeit lang in Siena lebt, nimmt wahr, dass es Dinge gibt, die ihm unbekannt sind, eben lokale Traditionen. Er merkt, dass diese Traditionen von Wichtigkeit für die Sieneser sind, da gerade Contradaioli auf die Bedeutung der Contraden immer wieder hinweisen. Er erlebt, dass diese Traditionen trennend wirken, da er trotz eventueller Begeisterung für ihre Manifestationen, wie den Palio, nicht sofort zum Mitglied der Gruppe wird, die sich mit ihnen identifiziert.

An diesem Punkt, scheint mir, stagniert die Außensicht verständlicherweise. Denn das, was die tatsächliche Bedeutung der Contraden ausmacht, nämlich die soziale Identität, die auf engen Beziehungen und dauerhafter Teilnahme beruht, kann dieser Jemand von außerhalb nicht verstehen, wenn er selbst nicht daran teilnimmt. Zudem eignen sich die Contraden kaum als romantische Projektionsfläche der Identifikation, da sie weder eine entrechtete Minderheit sind noch mit exotischer Lebensweise aufwarten. Unterschiedliche Haltungen, die aus der Fremdsicht resultieren, sind: Gleichgültigkeit (Akzeptanz der Situation ohne weitere Konsequenzen), Neugier (also der Versuch, aus einer außenstehenden Position heraus möglichst viel zu verstehen), der Wunsch nach Teilhabe (der mit dem Versuch der Teilnahme einhergehen kann) und Abwehr (negative Meinungen und Gefühle). Auch auf Seiten der Contraden-Angehörigen sind die Reaktionen und Verhaltensweisen auf fremde Sichtweisen unterschiedlich: Desinteresse (an der Sichtweise Außenstehender), Abwehr (der fremden Sichtweise und Präsenz), Neugier (hinsichtlich des Kontakts mit Außenstehenden) und der Wunsch nach Integration (theoretisch oder mit praktischen Konsequenzen). Tatsächlich finden sich diese Haltungen auf beiden Seiten bei den Leuten, mit denen ich sprach, wieder. Sie treten bei einer Person dabei nicht immer dauerhaft in reiner Form auf, sondern variieren situationsabhängig. Die Situation ihrerseits wird sowohl vom jeweiligen Gegenüber bestimmt als auch vom Anlass und den vermuteten oder realen Intentionen der Beteiligten.[180] Im Folgenden möchte ich Außenbetrachtungen und den Blick auf Fremde seitens der Contraden-Mitglieder anhand einzelner Fallbeispiele veranschaulichen. Herangezogen werden einzelne Gruppen von Nicht-Sienesern, nämlich Touristen, Studenten und Zugezogene.

Sichtweisen von Zugezogenen

Das Ziel meiner Forschung war es, die kulturelle Identität der Contraden zu untersuchen. Zu diesem Zweck war mein Forschungsdesign so angelegt, dass die Erfahrungen von Contraden-Mitgliedern im Mittelpunkt standen. Ich bemerkte jedoch schnell, dass mein Interesse an den Contraden auch Außenstehende dazu brachte, mir ihre Erfahrungen und Ansichten über die Contraden mitzuteilen. Oft vermischten sich dabei Eindrücke über die Stadt im Allgemeinen und die Contraden im Besonderen, was angesichts der fundamentalen Bedeutung der Contraden für die lokale Identität nicht besonders erstaunlich ist. Vielmehr zeigt gerade diese Gleichsetzung, dass die lokale Identität nicht allein auf dem Selbstverständnis der Betroffenen beruht, sondern als soziale Wirklichkeit letztlich erst durch die Wahrnehmung von außen hergestellt wird. Die Gespräche ergaben sich immer spontan, ohne dass ich die Kontakte suchte, während ich die Kontakte zu Contradaioli zielgerichtet aufnahm. Meistens handelte es sich dabei um Personen, die ich über meine jeweilige Wohnsituation oder über Freunde kennenlernte. Es waren Leute, die in oder in der Nähe von Siena wohnen und die im Laufe der Zeit zu ihren individuellen Ansichten gefunden hatten. So unter-

180 So konnte jemand mir gegenüber als interessierter Forscherin weitaus unvoreingenommen sein und seinerseits Interesse an einem Austausch haben, während er jemand anderem von außen gegenüber »dichtmachte«.

schiedlich diese Ansichten sind und so sehr sie von der jeweiligen Persönlichkeit abhängen, haben sie doch eines gemeinsam, nämlich die Wahrnehmung einer starken Grenze zwischen den Contraden und der Welt außerhalb. Gerade die Erfahrungen Zugezogener erscheinen mir aufschlussreich, da die Beziehung zwischen Contradaioli und Zugezogenen keinen Übergangscharakter hat, sondern von ständiger Anwesenheit geprägt ist.[181] Sie sollen berücksichtigt werden, weil sie eine Außensicht repräsentieren und weil sich aus den Zugezogenen theoretisch jener Personenkreis speist, aus dem neue Contradaioli ohne sieneser Herkunft oder familiäre Contraden-Abstammung in die Contraden aufgenommen werden können. Denn obwohl die Contraden in ihrer sozialen Praxis exklusiv sind, das heißt Mitgliedschaft nach bestimmten Maßstäben beurteilt wird und nur Mitglieder am Contraden-Leben teilnehmen, ist Mitgliedschaft nicht ausschließlich an die Geburtsort- oder Abstammungsregel gebunden. Auch für Neuankömmlinge ist es möglich, die Contraden-Mitgliedschaft unter bestimmten Voraussetzungen zu erwerben. (Vgl. Punkt 2.3.)

Meine erste Konfrontation mit der Sichtweise einer Zugezogenen fand bereits bei meinem ersten kürzeren Forschungsaufenthalt statt. Ich wohnte bei einer Freundin, die die Unterkunft mit zwei toskanischen Studentinnen und Giulia, einer 24-jährigen Frau aus Apulien, die als Bedienung in einer Pizzeria arbeitete, teilte. Das Palio-Rennen hatte kurz zuvor stattgefunden. Als meine Freundin und ich eines Nachts spät am Tisch saßen, kam Giulia, die ihre Abendschicht gerade hinter sich hatte, nach Hause:

»Giulia, wie immer liebenswert, fragt mich, ob ich mit meinen Aufzeichnungen zufrieden bin – meistens sieht sie mich beim Schreiben, wenn wir uns in der Diele treffen. Ich sage, ja, und füge hinzu, dass ich noch am Anfang stehe und gerne viel mehr über das Leben in Siena wüsste, darüber, wie die Leute hier denken, wie sie leben und warum ihnen die Contraden und der Palio so wichtig seien. Zum Beispiel hätte meine Freundin gesagt, dass die Sieneser verschlossen seien – das sei etwas, was mich interessieren würde, erkläre ich. Giulia steht im Raum, holt Luft und setzt zu einer Rede an, die immer leidenschaftlicher wird. Ja, die Sieneser seien in der Tat verschlossen. Sie lebten nur für ihren Palio, das ginge doch nicht an! In Siena

181 Als Zugezogene bezeichne ich die, die aus einer anderen Region Italiens oder einem anderen Land kommen und in Siena bzw. in der Nähe wohnen und arbeiten. Aufgrund unterschiedlicher Herkunft, verschiedenen Alters und unterschiedlicher Profession und Lebenssituation sind sie nicht als Gruppe zu kennzeichnen, das heißt es verbindet sie nichts außer der Nicht-Zugehörigkeit zu den Contraden, und mir ist während meines Aufenthalts auch kein Hinweis darauf begegnet, dass Zugezogene als spezifische Gruppe gesehen werden. Anders als die Touristen, die sich nur kurzfristig in der Stadt aufhalten, und die Studenten, deren Aufenthalt ebenfalls zweckgebunden und meist vorübergehend ist, stellt Siena für Zugezogene und ihre Familien den Lebensmittelpunkt dar.

sei nichts los, meint Giulia wütend, selbst kleinere Städte würden mehr Konzerte organisieren als Siena. Es gäbe hier nicht einmal Straßenmusikanten, in Rom oder Bologna sei das ganz anders. »Leider lebe ich hier, leider, aber es gefällt mir absolut nicht. Nur der Palio, nur die Contraden – und den Leuten hier genügt das! Sogar die Fußballweltmeisterschaft ist ihnen nicht so wichtig wie ihr Palio!« ruft sie aus. Historische Umzüge, meint Giulia, seien etwas sehr Schönes, aber nicht auf diese Weise, nicht so, wie die Leute das hier sähen...«[182]

Aus den Worten spricht eine deutlich ablehnende Haltung gegenüber Siena und den Contraden. Diese negative Meinung änderte Giulia auch im Lauf der folgenden zwei Jahre, in denen ich sie traf, nicht mehr. Sie arbeitete weiterhin als Angestellte im Restaurant- und Hotelbetrieb, wohnte inzwischen mit ihrem Freund zusammen, der wie sie nicht aus Siena kommt, und ging manchmal aus, doch in Siena fühlte sie sich nach wie vor nicht zu Hause. Ihren Urlaub verbrachte sie bei ihrer Familie in Süditalien. Als unqualifizierte Arbeitskraft war sie froh, einen Job gefunden zu haben und stolz auf ihre Selbstständigkeit. Es war ihr wichtig, unabhängig zu sein, obwohl ihre Eltern sie lieber verheiratet gesehen hätten. Dafür arbeitete sie hart. Wie es weitergehen und ob sie noch einmal in einer anderen Stadt ihr Glück suchen würde, stand offen.

Ebenso leidenschaftlich ablehnend äußerte sich Clara, eine 40-jährige Spanierin, die seit fünf Jahren mit Mann und Kind auf einem Hof in der Nähe von Siena lebte, über die Stadt. Sie sei nur hergekommen, erzählte sie, weil sie sich in die Landschaft verliebt hätte, wenn sie in Siena selbst leben müsste, wäre sie mit Sicherheit nicht da. »Die Sieneser sind so verschlossen«, erklärte sie erregt, »das ist wie eine Welt für sich, die Leute leben wie im Mittelalter!« Die Stadt Malaga, wo sie herkäme, läge am Meer und sei offen gegenüber Menschen anderer Herkunft. In Siena hingegen würde man als Ausländerin niemals dazugehören und bekäme keine Arbeit, weil es dieses System der Contraden gäbe. Als studierter Kunsthistorikerin war es für Clara schwierig, finanziell zum Einkommen der Familie beizutragen. Mit Spanischunterricht und Übersetzungen gelang es ihr leidlich. Geld war ein ständiges Thema in der Familie.

Eine ganz andere, nämlich positive Haltung hatte Shizuko, eine 32-jährige Japanerin, die ich an einer Sprachschule kennenlernte und zu der ich in der Folge einen intensiven freundschaftlichen Kontakt pflegte. Shizuko hatte sich während einer Reise in die Stadt Siena verliebt und war nach Italien gezogen, um dort zu leben. Zu Anfang studierte sie die Sprache und wohnte in wechselnden Wohnungen mit italienischen Studentinnen im Stadtzentrum. Dann suchte sie lange Zeit nach einem Job in Siena, hatte damit allerdings keinen Erfolg, bis sie

182 Feldnotiz vom 3.7.1998.

schließlich einen als Verkäuferin in einem Lederwarengeschäft in Florenz fand. Ihre begrenzte Aufenthaltsgenehmigung wurde durch eine Arbeitserlaubnis ersetzt. Nachdem sie einige Monate zur Arbeit gependelt war, zog sie nach insgesamt zweieinhalb Jahren von Siena nach Florenz. Dort fühlte sie sich allerdings nicht heimisch und war immer wieder froh, wenn sie einige Tage in Siena verbringen konnte. Shizuko interessierte sich lebhaft für die Contraden und ließ keinen Palio aus. Sie fühlte sich von den Traditionen angezogen und kam nicht auf die Idee, die Verschlossenheit der Sieneser zu kritisieren. Für sie war es eine Tatsache, dass es den Palio nur gab, weil die Contradaioli leidenschaftlich für ihn leben. Shizukos erklärtes Ziel war es, einen Sieneser zu heiraten und einer Contrada anzugehören. Obwohl sie viele Freunde gefunden hatte, von denen einige auch aus Siena kamen, erfüllte sich ihr Ziel der Heirat mit einem Sieneser allerdings nicht.

Zwischen deutlicher Ablehnung und dem Wunsch der Zugehörigkeit zu einer Contrada liegen andere Haltungen Zugezogener, die eher von Distanz geprägt sind. Während Giulias abwertende Meinung sich ebensowenig veränderte wie Shizukos positive, erlebte ich bei einem anderen Bekannten im Lauf der Zeit einen Einstellungswandel. Als ich Marco das erste Mal traf, war er vor einem Jahr von Rom nach Siena gezogen, um dort eine Arbeitsstelle bei einer örtlichen Behörde anzutreten. Der 28-jährige wohnte allein, hatte jedoch Verwandte in der Stadt. Wir besuchten zusammen das Palio-Rennen, und Marco erläuterte mir die Traditionen mit gewissem Stolz. Er erklärte, dass er sich der Contrada, auf deren Gebiet er wohnte, verbunden fühlen würde und dort Freunde gefunden hätte. Ein Jahr später äußerte Marco eine für mich überraschende Distanz. Die Freunde von damals hätten ihn enttäuscht, erklärte er knapp. Es sei unmöglich, sagte er, unter den Sienesern echte Freunde zu finden: »Die Sieneser sind einfach anders als die Römer, weniger offen und viel kühler. Siena ist so provinziell, und woanders wäre man nicht gerade stolz darauf. Aber die Sieneser sind stolz darauf! Das kann ich einfach nicht verstehen.« Er hätte sich letztlich entschieden, erklärte Marco, mit den Leuten nicht viel zu tun zu haben. Abgesehen von den Kollegen am Arbeitsplatz hatte Marco zu Sienesern keine engeren Beziehungen. Und auch die Beziehungen zu seinen Kollegen gingen über die gemeinsame Arbeit nicht hinaus. Freundschaften unterhielt Marco weiterhin zu seinen Bekannten in Rom, die er am Wochenende besuchte, während er seine Zeit in Siena fast ausschließlich mit Arbeit verbrachte.

Ein weiteres Beispiel für eine eher distanzierte Haltung war Alessandro, ein etwa 40-jähriger Mann, der mit seiner Familie von Norditalien vor einem Jahr in die Nähe von Siena gezogen war und dort in einem multinationalen Unternehmen arbeitete, als ich ihn traf. Bei einem gemeinsamen Essen zeigte er sich sehr interessiert an meinen Eindrücken von Siena. Er warnte mich eindringlich davor, Siena als repräsentativ für Italien zu sehen, denn die Stadt sei sehr eigenartig. Er stellte fest, dass die Leute in Siena stark rückwärtsgewandt, nämlich im 15. Jahrhundert leben würden. Für ihn würde diese Gegend die konservativste in ganz Italien darstellen, sagte er. Ich war erstaunt: Siena sei doch sehr modern? Ja, erwiderte Alessandro, wenn man sich Italien insgesamt als traditionelles Land vorstellen würde, dann sei Siena modern, aber andere Städte, Rom, Mailand, sogar Palermo, seien fortschrittlicher. Man würde hier zum Beispiel kaum Ausländer sehen, die keine Touristen seien. Siena sei klein, überschaubar, ein angenehmer Platz zum Leben. Die Kriminalität sei gering und man könne unbehelligt um zwei Uhr nachts durch die Straßen gehen. Wenn er einen zwanzigjährigen Sohn oder eine Tochter hätte, dann würde er sie auch eher nach Siena zum Studieren schicken als in eine andere Stadt, die gefährlicher sei, erklärte er. In Alessandros Unternehmen arbeiteten viele Leute aus dem Ausland. Ob er Freunde aus Siena hätte, wollte ich wissen. »Ja, zwei«, erwiderte er nachdenklich, »zwei... bis auf die Tage des Palios.« Die Sieneser würden die Zugehörigkeit zur Contrada sehr stark fühlen, erklärte er. Sie würden Zugezogene schwer als Mitglieder akzeptieren, und diese hätten normalerweise auch kein Interesse daran, einzutreten. Ich entdeckte bei ihm eine Art fassungsloses Staunen über die Contraden, das mit Neugier einherging. Gerne hätte ich ihn später noch einmal getroffen, um zu erfahren, wie sich seine Erfahrungen weiterhin gestaltet haben, was sich leider nicht ergab.

Schließlich gab es auch positive Sichtweisen, die weder mit Skepsis noch dem Wunsch nach Zugehörigkeit einhergingen. Liliana, eine 40-jährige Engländerin halb italienischer Abstammung, die seit zwanzig Jahren in Siena lebte und an der Universität Englisch unterrichtete, erklärte in einem Gespräch, dass sie nicht in eine Contrada ginge, weil sie kein Bedürfnis nach dieser Art sehr enger, familiärer Einbindung hätte. Siena sei klein genug, meinte sie, sie würde viele Leute kennen, und das würde ihr genügen. Auch wenn es für ihre Tochter vielleicht schön wäre, würde sie keinen Sinn darin sehen, zwar einzutreten, dann aber nicht aktiv am Gruppenleben teilzunehmen und lediglich zu zahlen und zweimal im Jahr die Fahnen aus den Fenstern zu hängen. Sie teilte die Meinung über die Verschlossenheit der Sieneser nicht. Liliana berichtete, dass sie einige Leute aus den Contraden kennen würde, die sehr offen, freundlich und reflektiert seien. Jeder hätte seine Verrücktheit, sagte sie, und man dürfe Personen nicht negativ beurteilen, nur weil sie einer Contrada angehörten. Die Leute in Siena seien im Wesentlichen sehr tolerant und es hätte sich im Lauf der letzten zwanzig Jahre viel geändert. Als sie hingezogen wäre, hätte es fast keine Ausländer gegeben, doch in der Klasse ihrer Tochter gäbe es inzwischen viele Kinder mit zugezogenen Eltern.

Aus den Äußerungen dieser Zugezogenen, die sich nach Alter, Beruf, Herkunft und Geschlecht unterscheiden, ist durchweg eine klare Position der Nicht-Zugehörigkeit zum Sienesischen erkennbar. Obwohl sie teilweise seit mehreren Jahren in Siena lebten, wurde kein Aspekt des Contraden-Lebens von ihnen übernommen. Auch Neugier und grundsätzliche Offenheit führten nicht zur Teilnahme an einer Contrada. Dabei unterscheiden sich die Haltungen allerdings erheblich. Während Giulia und Clara die Stadt grundsätzlich ablehnten, stand Liliana ihr positiv gegenüber. Marco war zugangsbereit und offen gegenüber der neuen Stadt, bis er an Grenzen des Verständnisses stieß und seine Versuche der Kontaktaufnahme einstellte. Und Alessandro äußerte eine neutrale Haltung, die mit verwunderter Skepsis einherging. Shizuko wiederum hätte gerne Zugang zu den Contraden gefunden und war sehr neugierig. Dass ausgerechnet sie, die ich selbst als äußerst anpassungsfähig und aufnahmebereit erlebte, nicht dazu in der Lage war, ihr Ziel der Zugehörigkeit zu erreichen, erschien mir bemerkenswert. Sie hätte sich offenbar aktiv um Aufnahme bemühen müssen. In Siena zu leben und zu arbeiten und gleichzeitig einer Contrada anzugehören, ist also nichts, was sich von selbst ergibt. Im Gegenteil ist es möglich, auch zwanzig Jahre in Siena zu leben, ohne am Contraden-Leben teilzunehmen. Selbst der Wohnort inmitten einer Contrada bedingt nicht zwangsläufig die Eingebundenheit ins Gemeinschaftsleben, genausowenig wie tendenzielle Neugier und grundsätzliches Interesse hinreichend sind, um Zugang zu einer Contrada zu finden.

Die Wahrnehmung der Zugezogenen wird in das Bild gefasst, dass die Sieneser im Mittelalter leben würden. Verbunden damit sind Konnotationen der Geschlossenheit und des fehlenden Anschlusses an die heutige Welt bzw. auch der mangelnde Wille, den Anforderungen der modernen Welt gerecht zu werden. Dieser vermeintlichen Rückwärtsgewandtheit wird die Weltoffenheit andere Städte gegenübergestellt, wobei es sich ausnahmslos um weitaus größere Städte handelt. Die fehlende Anwesenheit von Ausländern und die Homogenität des Einwohnerbilds sind sichtbare Merkmale, an denen die Einschätzung von Konservativität festgemacht wird. Daneben ist es der Mangel an kulturellen Aktivitäten und Veranstaltungen für ein breites Publikum, wie Popkonzerte, mit denen der Eindruck von Provinzialität begründet wird. Übereinstimmend wird von den genannten Zugezogenen bemerkt, dass die Traditionen der Stadt ein wesentliches Kritierium der Differenz darstellen. Die Bewertung ist allerdings unterschiedlich. Während sie auf die Japanerin anziehend wirken und sie die Verschlossenheit der Contraden als notwendige Voraussetzung für ihren Erhalt akzeptiert und auch die Engländerin sie als lokale Eigenheit akzeptiert, stellen sie für alle anderen ein Merkmal der Fremdheit dar. Sie können die Begeisterung für die Traditionen nicht teilen bzw. stehen ihr ab dem Moment negativ gegenüber, da sie selbst davon ausgeschlossen sind. Bemerkt wird, dass der Palio die einzige herausragende Veranstaltung sei, und die Begeisterung für ihn wird als unverhältnismäßig groß empfunden. Selbst ein Ereignis wie die Fußballweltmeisterschaft, das normalerweise alle Interessen eint, tritt vor diesem lokalen Ereignis scheinbar zurück. Befremdung tritt ganz deutlich an dem Punkt auf, da es nicht allein um auch nach außen präsentierte Traditionen, sondern um den Willen geht, diese Traditionen in der bestehenden Form lebendig zu halten. Für die Contradaioli sind sie Ausdruck eines regen Gemeinschaftslebens, den Zugezogenen hingegen bieten sie nichts. Entsprechend findet eine Irritation über die als übermäßig empfundene Identifizierung mit einem rein lokalen Symbolsystem statt. Es ist die »Welt für sich«, an der Außenstehende nicht teilhaben und die ihnen keine Alternativen gemäß ihren Interessen bietet, die Unmut erregt. Dieser Punkt besteht unabhängig davon, ob die Zugezogenen in Siena eine Arbeit haben oder nicht. Sowohl Abwehr als auch Neugier beziehen sich deutlich auf die Ausschließlichkeit des Contraden-Lebens und seine Präsenz auch im Alltag der Stadt.[183]

5.2. Studenten

Wohnraumdiskurs

Siena ist eine Universitätsstadt mit ungefähr 24.000 Studenten. Der größte Teil besucht die *Università degli Studi*, ein weiterer Teil die *Università per Stranieri*. Außerdem gibt es verschiedene Fremdsprachenschulen und die Musikakademie. Da nur wenig Studentenwohnheime zur Verfügung stehen, wohnen die meisten Studierenden zur Untermiete innerhalb des historischen Zentrums oder in der Peripherie. Die Wohnungssuche ist omnipräsent. An den Schwarzen Brettern der Universität, in den Internetcafés und Waschsalons hängen handgeschriebene und

183 Hier ist es interessant, die Selbstdarstellung heranzuziehen, die Liebscher auf sienesischer Seite erkennt. Sie charakterisiert Siena gemäß den Aussagen ihrer Informanten als »ruhige, auch verschlafene, kleinbürgerliche, wohlhabende und wohlsituierte Stadt [...], in der das Leben seinen geregelten Gang geht und deren Einwohner als stolz, unabhängig, konservativ und verschlossen dargestellt werden.« (2001: 48f.)

gedruckte Zettel: »Studentin sucht Zimmer«, und auch in den lokalen Tageszeitungen sind viele Zimmergesuche und -angebote für Studenten abgedruckt. Die Preise für einen Bettplatz im Doppelzimmer liegen bei 350.000 bis 400.000 Lire monatlich. Für ein Einzelzimmer, das oft klein und dunkel ist, zahlt man 500.000 bis 600.000 Lire. Damit liegen die Mieten vergleichsweise hoch. Die auswärtigen Studenten stellen neben den Touristen die größte Gruppe nicht-sienesischer Bewohner der Stadt dar. Die Touristen sind in diesem Sinne keine Bewohner, da ihre Anwesenheit saisonal schwankt und deutlichen Übergangscharakter hat, und so bleiben die Studierenden als dauerhafter »fremder« Bestandteil in der Einwohnerstruktur übrig. Auch ihre Anwesenheit ist allerdings eine vorübergehende, da viele der Studenten die Stadt nach dem Studium verlassen. Diejenigen, die Arbeit finden und bleiben, fallen nicht mehr in die Kategorie der Studenten und befinden sich durch die veränderte Lebensituation in neuen sozialen Strukturen.

In den Augen der Sieneser bilden die Studenten tatsächlich eine fest umrissene soziale Kategorie. Die Haltung ihnen gegenüber lässt sich generell als reserviert bezeichnen. Sie werden als Nicht-Sieneser wahrgenommen, zu denen wenig enge Kontakte bestehen. Dafür sind mehrere Gründe denkbar. Zum einen ist der Anteil ausländischer Studierender und Sprachschüler aufgrund der *Università per Stranieri* und der Fremdsprachenschulen relativ hoch.[184] Zum anderen fallen angesichts der geringen Größe der Stadt Fremde weitaus mehr auf als in einer Großstadt. Schließlich spielt in Siena die Wahrnehmung des Eigenen in Form der Contraden-Zugehörigkeit, wie oben gezeigt, eine große Rolle, so dass Nicht-Ansässige sozusagen auf den ersten Blick »aussortiert« werden.[185] Dar-

184 Da der toskanische Dialekt im Gegensatz zu anderen regionalen Dialekten das Hochitalienische ist, gibt es in dieser Gegend besonders viele Sprachschulen.

185 Sowohl Touristen als auch Studenten sind für gewöhnlich zu identifizieren. An meiner eigenen Wahrnehmung bemerkte ich, dass ich Personen nach mehrmonatigem Aufenthalt bereits in die beiden Kategorien einzuordnen begonnen hatte. Bewusst wurde mir das erst, als eine Freundin aus Deutschland bei einem Gang durch die Stadt feststellte, dass es sehr interessant aussehende Leute in Siena gäbe, und ich mit einem Blick auf den Passanten, den sie betrachtete, nur kurz meinte: »Das ist ein Tourist.« Woher ich das wüsste, wollte meine Freundin wissen. Ich würde es eben sehen, konnte ich nur erwidern, er sähe weder wie ein Sieneser noch wie ein Student aus. – Touristen müssen nicht unbedingt eine Kamera vor dem Bauch tragen, um als solche erkennbar zu sein. Es genügt die immer leicht orientierungslos wirkende verzögerte Bewegung des Betrachters, die Kleidung, der Habitus. Auch Studenten sind durch ihre Kleidung (Büchertaschen), zudem durch ihr Alter, eine weitaus zielgerichtetere Bewegung und ihre Gesamterscheinung einzuordnen. Vgl. auch Liebscher (2001: 47), die bemerkt, dass Fremde seitens der Sieneser immer einzuordnen sind.

über hinaus sind es aber auch die Contraden selbst, die das Bild des Fremden hinsichtlich der Studenten stützen. Die Geschlossenheit des Contraden-Systems, das auf dauerhaften Beziehungen exklusiver Zugehörigkeit beruht, fördert den Ausschluss aller nichtzugehörigen und nicht dauerhaft in der Stadt anwesender Personen. Und eine dieser Kategorien sind eben die Studenten. Deren Kategorisierung ist im Übrigen nicht schwer, da ihre Verbindungen über gemeinsame Interessen, die gleiche Altersstruktur und die gleiche Beschäftigung gekennzeichnet sind. Die studentischen Netzwerke sind an die Universität angebunden und weisen wenig Schnittstellen mit der arbeitenden Bevölkerung und auch nicht mit den Contraden auf.[186]

Auffällig ist, dass mit der Wahrnehmung der Studenten als sozial verschiedener Gruppierung das Problem der Deterritorialisierung verknüpft ist. Die Tatsache, dass seit den siebziger Jahren eine zunehmende Entleerung des Stadtzentrums stattfindet und Contraden-Angehörige in den Außenbezirken wohnen, spiegelt sich im Unmut über diejenigen, die stattdessen im Zentrum wohnen, nämlich die Studenten. Einerseits liegen für die Schwierigkeit, Wohnraum im Zentrum zu finden, konkrete Gründe vor, weil Mieten so hoch sind, dass Personen mit Durchschnittseinkommen das Wohnen außerhalb vorziehen (vgl. Punkt 2.4.). Andererseits fällt es vielen Sienesern offenbar schwer, für das Phänomen der Deterritorialisierung sachliche Fakten in Erwägung zu ziehen. Leichter ist es, den Studenten, die in der Stadt wohnen, die Schuld für die als negativ empfundenen Verhältnisse zuzuschieben. Die Auswirkungen eines Phänomens, das ursächlich andere Hintergründe hat, wird auf die Fremden projiziert. Obwohl sienesische Wohnungseigentümer von der Anzahl der zimmersuchenden Studenten ganz offensichtlich finanziell profitieren, da sie durch die Vermietung einzelner Zimmer und Bettplätze an Studenten höhere Mieteinnahmen erzielen können als es bei der Vermietung an eine einzelne Familie der Fall wäre, wird nicht die Praxis der Vermietung kritisiert, sondern die der Anmietung, also der Wohnraumnahme durch die Studenten. Pauschal läuft die Argumentation dieses Diskurses darauf hinaus, dass der Wohnraum im historischen Zentrum der Stadt eingesessenen Familien nicht mehr zur Verfügung stünde, weil dort die ganzen

---

186 Diese Aussage ist eine allgemeine Kennzeichnung. Tatsächlich gibt es in Siena natürlich nicht nur auswärtige Studenten, sondern auch einheimische. Während oft eine Trennung zwischen den Studenten je nach Herkunft beschrieben wird, gibt es meiner Beobachtung nach viele Kontakte und auch Freundschaften. Ich beschränke mich in diesem Abschnitt auf eine Darstellung der Sichtweise von Contraden-Angehörigen, da eine detaillierte Untersuchung der Lebensweise von Studenten fehlt. Ich werde zu zeigen versuchen, wie am Beispiel der Studenten prototypische Stereotypen abgehandelt werden, mit Hilfe derer Abgrenzungen vorgenommen werden.

Studenten wohnen würden. Die Grenzziehung verläuft also entlang sozialer Linien, wodurch das Territorium der Contraden als sienesisch markiert wird.

In den Vorbehalten gegenüber den Studenten spiegelt sich ebenfalls ein problematisches Vehältnis der Contraden zur Universität. Ein sienesischer Student erklärte mir, dass zwar von »Babbo Monte« gesprochen würde, hingegen nicht von »Mamma Università«. Diese Feststellung erscheint mir bezeichnend. Während die Bank Monte dei Paschi als große Institution der Stadt Ansehen genießt und Identifikationsfläche bietet, findet mit der Universität keine Identifikation statt, obwohl auch sie eine der größten Institutionen der Stadt ist und viele Arbeitsplätze stellt.[187] Tatsächlich bezieht sich der Konflikt der Wohnraumsituation nicht nur auf die Studierenden selbst, sondern auf die gesamte Universität als Institution. Große Fakultäten und Einrichtungen der Universität liegen ebenfalls im historischen Zentrum, weshalb sie von Seiten der Contraden als »Besetzer« von Gebäuden wahrgenommen werden, welche eigentlich von den Contraden genutzt werden sollten. Kritik richtet sich in diesem Kontext auch an die Stadtverwaltung, welche zur keiner Lösung des Problems beiträgt. So äußert Silvia zum Beispiel den konkreten Vorschlag, große Studentenwohnheime außerhalb des Zentrums einzurichten und sie verkehrsgünstig anzubinden, um die Wohnsituation im Zentrum zu entlasten. Ihrer Meinung nach sind die hohen Mietpreise für Bettplätze und Zimmer »autorisierter Diebstahl«, von denen außer den Vermietern keine Seite einen Nutzen hätte. Aber auch auf wissenschaftlicher Seite sind die Beziehungen der Contraden zur Universität wenig ausgeprägt. Kooperationen finden erst in jüngster Zeit allmählich statt, zum Beispiel in Form von Vorträgen in der Società einer Contrada.[188]

---

187 Die Erklärung eines ansässigen Ethnologen dafür lautete, dass die Sieneser »anti-staatlich« eingestellt seien und die Universität als staatliche Institution wahrgenommen würde. Außerdem würde die Wissenschaft selbst mit Skepsis betrachtet. Ein Sprichwort der Sieneser mit niedrigem Bildungsniveau würde lauten: *Ho fatto l'università del mercato*. (Ich habe die Universität des Marktes besucht). Die Beziehungen seien kühl, nicht zuletzt wegen der Wohnungsproblematik und weil die Studenten nur übergangsweise da seien.

188 Eine Ausnahme stellt der bereits erwähnte Kongress über Kindheit und städtische Traditionen dar, der von der Contrada Capitana dell'Onda, der Università degli Studi und der Stadt Siena im Oktober 1996 gemeinsam organisiert wurde.

Einerseits spiegelt das Verhältnis der Sieneser zu den Studenten also den Wohnraumdiskurs wider. Mit diesem Diskurs ist erneut die Frage des Territoriums verbunden, das identitätsstiftend wirkt und für die Contraden zum physischen Symbol ihrer Gemeinschaften geworden ist (vgl. 4.1.). Darüber hinaus fielen mir zwei andere Aspekte auf, die sich aus Sicht der Sieneser mit der Kategorie der Studenten verbinden. Zum einen kristallisiert sich gegenüber den Studenten eine Sicht auf Fremde im allgemeinen, zum anderen wird an ihnen eine Abgrenzung des Eigenen gegenüber süditalienischer Kultur vorgenommen, da viele der auswärtigen Studenten aus dem Süden Italiens kommen. Bei der Betrachtung der Zimmerangebote fiel mir erstmals die Unterscheidung nach Herkunft der Personen auf. Gelegentlich wurden ausdrücklich nicht nur weibliche oder männliche, sondern toskanische Studenten gesucht. Die Antwort auf diese Irritation fand ich schließlich im negativen Bild von Studenten aus Süditalien, denen unter Umständen sogar ausländische Studenten vorgezogen wurden, soweit sie nicht ebenfalls aus dem »Süden«, zum Beispiel Spanien, kamen. Um das Verhältnis genauer zu betrachten, möchte ich Ansichten von Silvia heranziehen. Im Gepräch stellt sie die Schwierigkeiten dar, die sich aus der Konfrontation zwischen Sienesern und Studenten ergeben, und kommt anschließend auf die Meinungen über Süditaliener zu sprechen. Im Vergleich zu italienischen Studenten, setzt sie vorweg, würden die ausländischen Studenten sich den Contraden offener nähern, sie seien in der Fremde und würden das, was sie sähen, vorbehaltloser betrachten. Die italienischen Studenten hingegen kämen hauptsächlich aus dem Süden und verhielten sich ganz anders:

»Ich weiß nicht, es mag eine Sache von Kultur sein oder eine von Befreiung... Meiner Meinung nach ist es eine Sache von Befreiung, denn zu Hause sind sie gewöhnlich unterdrückt, und sehr viele von ihnen bleiben hier. Es sind fast alles Süditaliener (*meridionali*), es ist eine Tragödie, manchmal verstehst du nicht einmal, was sie sagen, weil sie Dialekt sprechen, also... ehhh... diese bleiben da, verstehst du... denn bei ihnen zu Hause gibt es einige Freiheiten vielleicht nicht und bei uns ist es, als ob... was weiß ich... Vielleicht ein starker Vergleich, aber der einzige, der mir einfällt, Ostdeutschland in den Zeiten des Vorhangs, im Groben, eh? Denn es ist immer noch eine matriarchale Gesellschaft, sie leben immer noch mit Beschränkungen, besonders die Frauen... Es gibt immer noch absurde Dinge, zum Beispiel die Zeitpläne, die eingehalten werden müssen, von erwachsenen Jugendlichen... Wenn sie dann also hierher kommen, haben sie kein... Sie geben sich einer verrückten Freude hin, sie befreien sich regelrecht, und diese arrogante Haltung kommt wahrscheinlich auch von ihrer Erziehung... Und wenn sie herkommen, vielleicht auch zur Verteidigung, verschanzen sie sich hinter dieser Berliner Mauer, die eigentlich niemand niederreißen will... jedenfalls bleiben sie für gewöhnlich unter sich und wir bleiben unter uns, denn da endet es immer. Sie tun, was ihnen gefällt, und wir tun, was uns gefällt, und es gibt immer Polemiken... immer weiter, immer weiter, aber es sind keine konstruktiven Kritiken, denn niemand versteht, warum... genausowenig wie sie uns verstehen. Wenn sich einer vor mich hinstellt und mir sagt: ›Oh, der Palio ist ein ziemlicher Schwachsinn‹, also... ›Ruhig, mein Kleiner... Und du, wo kommst du her?‹ – › Beh, ich komme aus Sizilien.‹ – ›Also, wenn du anfängst zu stehlen, ihr lamentiert immer...‹ So, verstehst du? So fängst du an, dich zu verhalten...«[189]

Silvia versucht, sowohl ihr eigenes Verhalten als auch die Anwesenheit und das Gebaren der süditalienischen Studenten zu deuten und sieht dabei die deutliche Tendenz der gegenseitigen Abgrenzung. Sie wirft den Studenten Verschlossenheit vor. Im weiteren Verlauf des Gesprächs erklärt sie, dass es durchaus normale Jugendliche wären, wenn es einem gelänge, sie zur Seite zu nehmen und ein normales Gespräch mit ihnen zu führen. Aber wenn sie in der Gruppe aufträten und eventuell einer den Anführer spielen würde, sei das schwierig, und Kategorisierungen und negative Stereotype würden sich verfestigen. Auf meine Frage, warum einige Zimmervermieter ausdrücklich toskanische Studenten bevorzugen würden, antwortet Silvia:

»Heutzutage scheint diese Auswahl für die Italiener eine rassische Frage für das Zentrum-Nord geworden zu sein. Denn leider sind diese Personen auch in ihrem Verhalten so... also... Als ich eine Wohnung kaufen musste... wo immer noch Studenten mit ihren Sachen waren, habe ich ausgerissene Türen, geplatzte Kaffemaschinen, verdreckte Wände gefunden, verstehst du? Und auch wie sie die Wohnungen behandeln... also... Du bist in einem Mehrfamilienhaus, und wenn sie dich höflich bitten, nicht bis drei Uhr nachts zu tanzen, die Stereoanlage nicht hochzudrehen, nicht rumzuschreien... und es offensichtlich ist, dass die Leute morgens aufstehen und zur Arbeit gehen müssen... Ich bitte dich ein Mal, ich bitte dich zwei Mal, ich bitte dich drei Mal – beim vierten Mal ärgere ich mich und bitte dich vielleicht in unfreundlichem Ton, beim fünften Mal komme ich runter und versuche dir die Musik abzudrehen, wenn es mir gelingt. Und dann machen sie sich über dich lustig, das Verhalten ist leider so, es ist so! Wenn du zum Studentenwohnheim von San Prospero gehst... wer davor wohnt, muss die Fenster verriegeln, denn sonst klauen sie dir das Zeug aus dem Haus... oh... sie haben dunkle Vorhänge aufgehängt, weil sie mit dem Fernglas beobachten, was du machst... Es sind Verhaltenweisen, die meiner Meinung nach... ich weiß nicht warum, ich bin ein bisschen herumgekommen und habe auch versucht zu... ich weiß nicht, ob sie so etwas zu Hause auch tun. Sie werfen Säcke mit Abfall aus dem Fenster, sie machen Pipi aus dem Fenster... es sind Sachen, die... ich denke, es ist eine Haltung von Explosion. Sie haben dir bis jetzt alles verboten, und jetzt tue ich das, was mir passt. Sie fühlen sich frei... leider... Im Lauf der Jahre habe ich versucht, jemanden zu finden, bei dem sich diese Haltung vielleicht verändert hätte, aber die meisten bleiben so, auch weil, so

189 Interview vom 27.3.2000.

glaube ich, sie immer in diesem geschlossenen Kreis bleiben, sie bewegen sich nur dort, und wenn alle das so machen, passt du dich einfach an.«[190]

Die Zuschreibungen, die hier vorgenommen werden, sind eindeutig. Silvia sieht in Bezug auf süditalienische Studenten vor allem eine kulturelle Problematik, welche einen guten Kontakt zu Sienesern verhindert. Als kulturelle Differenz nennt sie eine strenge, repressive Erziehung und erklärt den Wechsel des Verhaltens hin zur unbekümmerten Ausgelassenheit mit der Ablösung aus dem elterlichen Umfeld. Die Studenten benehmen sich in ihren Augen »daneben«, indem sie selbst einfachste Normen sozialen Wohlverhaltens nicht beachten. Eine Verständigung wird ihrer Ansicht nach dadurch unmöglich, dass die süditalienischen Studenten unter sich bleiben und nach ihren eigenen Regeln bzw. ohne Regeln leben. Das Ungeordnete im sozialen Verhalten der süditalienischen Studenten, so wie Silvia es wahrnimmt, steht in starkem Kontrast zu der Ordnung des sienesischen bzw. des Contraden-Lebens. Während hier ein ausgeprägtes Regelwerk wirksam ist, das die soziale Interaktion prägt, und eine soziale Einbindung jüngerer Leute auch nach der Ablösung aus dem Elternhaus durch die Contraden-Gemeinschaften gewährleistet ist, scheint eine soziale Kontrollinstanz dort vollkommen zu fehlen. Und so, wie sie die vorherigen Beschränkungen durch das Elternhaus ablegen, lehnen die süditalienischen Studenten auch andere Formen der Einengung ab, und als solche erscheinen ihnen, so klingt es aus Silvias Erzählung, die sienesischen Traditionen.

Das »Matriarchat« in Süditalien und die Unfähigkeit der Süditaliener, sich sozialen Regeln anzupassen, sind ein verbreitetes Klischee. Vielleicht war es Zufall, aber nach meinen eigenen Erfahrungen waren die Wohnungen süditalienischer Studenten, die ich selbst in Siena sah, ein Muster an Ordentlichkeit, so wie die betreffenden Studenten selbst ein Beispiel an Fleiß und freundlicher Aufmerksamkeit waren. Ich führe Silvias Ansichten zumindest teilweise auf einen allgemeinen Diskurs über Süditalien zurück, so wie er im Norden tendenziell geführt wird. Park beschreibt für die Einwanderungswelle in Siena aus Süditalien in den 60er und 70er Jahren, dass die Ankommenden gemäß verbreiteter Vorurteile als kulturell verschieden und unterlegen angesehen wurden (1992: 85). Wenn die Situation, dass ursprünglich aus dem Süden des Landes gekommene Familien in Siena leben, inzwischen auch selbstverständlich ist, so herrschen in Nord- und Mittelitalien generell auch weiterhin Vorstellungen vom Süden als »unzivilisiert«, kriminell, traditionsverhaftet und unfähig zu organisierter Kollektivität (vgl. Gribaudi 1996; Schneider 1998). Eine Tendenz, die

190 Interview vom 27.3.2000.

sich Anfang der 90er Jahre durch rassistisch geprägte Ideologien neopopulistischer Parteien wie der Lega Nord, welche darauf aufbauten, weiter verstärkte (vgl. Cento Bull 1996; Betz 1997). Offenkundiger Rassismus ist in Siena als traditionell politisch links orientierter Stadt kaum auszumachen, aber mit der Ablehnung der Studenten scheinen sich anti-süditalienische Ressentiments deutlich zu vermischen.

Auch unabhängig vom Ort ihrer Herkunft werden Studenten in bezug auf die Contrada tendenziell als störender Faktor wahrgenommen, da sie bei den Contradaioli den Eindruck erwecken, ihre Traditionen nicht zu respektieren. Als ich mit Silvia darüber spreche, stellt sie verallgemeinernd fest, dass die Studenten sich erlauben würden, über die Contraden Urteile zu fällen und »das mitzubringen, was sie wollten«. Ein solches Verhalten lehnt sie ab und schildert ihre Vorstellung davon, wie es richtig sei:

»Das ist so: Wenn ich in dein Haus betrete, kann ich mir nicht anmaßen, mir die Schuhe auszuziehen und die Füße auf den Tisch zu legen. Wenn ich bei mir zu Hause bin, tue ich das, aber wenn ich nicht bei mir zu Hause bin, kann ich das nicht. Dann muss ich respektieren, was deine Bedürfnisse sind. Und wenn ich woanders hingehe, ist es das Gleiche. Besonders an Orten, wo es es fest verwurzelte volkstümliche Traditionen gibt. Also ich werde mich vorsehen, die *battaglia delle arance* von Vicenza zu kritisieren, oder... (Interviewerin: *Battaglia delle arance*?) Ein Dorf nahe Vicenza macht zu Karneval eine Apfelsinenschlacht, und sie bringen sich dafür um, es gibt gebrochene Beine, aber für sie ist es eine traditionelle Sache. Ich unterstehe mich, das zu kritisieren... das heißt, meiner Meinung nach sind sie verrückt, ich würde das nie tun, aber damit endet es. Ich bin in Spanien gewesen und habe einen Stierkampf gesehen, ich war in Sardinien und habe die *Sartiglia* gesehen, und ich habe versucht... immer daran denkend, wenn einer in mein Haus kommt und anfängt zu sagen: ›Das ist ein Haufen Schwachsinniger‹, dass ich dann wütend werde. Ich bin nach Sizilien gefahren und habe die Traditionen respektiert und habe versucht zu verstehen. Vielleicht kann ich sie nicht teilen, aber ich habe jedenfalls versucht, sie zu verstehen und habe auch versucht, bestimmte Dinge zu rechtfertigen. Diese (Studenten) dagegen tun das nicht. Sie kommen mit einer wahrscheinlich typisch jugendlichen Arroganz, denn sie sind gerade mal 19 oder 20, wenn sie kommen. Dann verschließen sie sich alle in diesen Kreisen, benehmen sich regelrecht wie eine Sekte, also nur um dir eine Idee zu geben. Und dann... Einer von tausend tritt aus und versucht zu verstehen, die meisten aber folgen der gleichen Unsitte seit Jahren. Mit denen es dir gelingt zu reden, die verstehen dich vielleicht sogar. Sie üben vielleicht sogar berechtigte Kritik, denn nicht alles ist schön, aber sie versuchen es wenigstens. Also es gibt schon Leute, denen es gelingt, sich gut einzufügen, denen es gelingt zu verstehen. Aber für gewöhnlich wird kritisiert. Diejenigen, die sich verschließen, sind in der Mehrzahl, neunzig Prozent von denen, die herkommen, um zu studieren, verschließen sich, bilden Sekten. Und nicht nur das, sondern sie erlauben sich auch, dich zu kritisieren, und zwar in einer Weise ... es gibt eine enorme Auseinandersetzung mit diesen Studenten, sie erlauben sich zu kritisieren, sie verlangen sogar, Dinge zu verändern... also nein... Und so gibt es also diese ›campanilistischen‹ (lokalpatriotischen, A.-K.W.) Streitereien.«

Silvia gibt zu, dass auch die Jugendlichen aus den Contraden, wenn sie vielleicht abends aus der Diskothek kommen, womöglich allzu schnell aggressiv auf einen Ausspruch seitens auswärtiger Studenten reagieren, und dann gäbe es wilde Wortgefechte anstatt einer normalen Diskussion:

»Und so öffnen auch wir unseren Geist nicht, wir sind sehr sektiererisch, verschlossen... Die Öffnung nach außen ist schwierig... Es ist schwierig, die Traditionen mal so eben zu überprüfen, und dann ist es für die Leute einfach eine andere Sache, denn es ist etwas, was wir mit dem Messer zwischen den Zähnen verteidigen, bis zum Schluss, eh... auch in verkehrter Weise, auch in vielleicht übertriebener Weise, manche vergleichen uns mit Fußballfanatikern...«[191]

Ich frage Silvia, warum die Studenten ihrer Meinung nach ein so negatives Bild von den Contraden hätten. Silvia meint, dass es wohl daran läge, dass ihre eigene Haltung als Contradaioli die der Verteidigung sei. Es stünden sich zwei geschlossene Gruppen gegenüber, die zwar niemals die direkte Konfrontation suchen würden, jedoch in einem Zirkelschluss der Argumente verfangen seien. Sie sieht die Problematik der Vorurteile jedoch eindeutig bei den Studenten und macht dafür deren Jugendlichkeit und ihre Lust an der Provokation verantwortlich.

Auf der einen Seite kritisiert Silvia die Studenten als verschlossen und beschreibt sie als Sekte, das heißt als weitgehend geschlossenes Kollektiv ohne durchlässige Kontakte nach außen. Auf der anderen Seite charakterisiert sie mit genau diesen Begriffen die Contraden. Sie schildert selbst die Geschlossenheit, die das Bild der Contraden seitens Außenstehender prägt. So, wie sie es beschreibt, wird eine strikte Grenzziehung aufrechterhalten, so lange beide Gruppen aufeinanderstoßen. Entgegengesetzte Zugehörigkeiten werden dabei regelrecht konstruiert. Die Studenten mit einem ausgeprägten Gruppenleben unter sich werden den Gemeinschaften der Contraden gegenübergestellt. Durch extreme Kategorisierung finden sich hier »die Anderen«, in Abgrenzung zu denen das Wir-Gefühl gestärkt wird. Verständigung erfolgt dann, wenn ein Einzelner seine Gruppenzugehörigkeit verlässt und in die andere Gruppe überwechselt, also einen, zumindest partiellen, Identitätswechsel vornimmt.[192]

Von Ausnahmen, die sich dadurch auszeichnen, dass sie sich dem Leben der Contraden angepasst haben oder mit denen ihr der Dialog gelingt, berichtet Silvia immer wieder. Solche Personen unterscheidet sie allerdings von den Studenten. Es handelt sich um Personen, die in Siena leben und arbeiten. Anders als mit

---

191 Alle vorangegangenen Ausschnitte stammen aus einem Interview vom 27.3.2000.

192 Verschlossenheit und die Erwartung gegenüber Ortsfremden, dass diese sich anpassen, erwähnt Liebscher als kennzeichnend für das gesamte sienesische Selbstbild (2001: 47).

den Studenten findet hier ein Austausch statt, und in einer alltäglichen Situation, nämlich bei der Arbeit, ereignet sich durch die personale Interaktion ein gegenseitiges Verstehen. So erzählt sie von einem Mann aus Süditalien, der zunächst als Student nach Siena gekommen sei und in ihrer Contrada Volleyball zu spielen begonnen hätte. Er sei in Siena nach dem Studium geblieben, hätte eine Frau aus Bologna geheiratet und hätte zwei Kinder, die beide in der Contrada wären. Diese Person, stellt Silvia fest, hätte sich langsam angenähert und zu verstehen versucht, »wie sie seien«. Als anderes Beispiel nennt sie einen Arbeitskollegen aus Neapel, der das sienesische Leben zu Beginn sehr kritisch betrachtet, seinen Sinn dann aber gewandelt und sogar zugestimmt hätte, dass sein Sohn eine Contrada frequentiert. Silvia erzählt, wie sie mit diesem Kollegen immer wieder diskutiert hätte, um ihm verständlich zu machen, dass die neapolitanischen Bräuche und Glaubenswunder sich im Gehalt in nichts von den sienesischen Traditionen unterscheiden würden.

Silvias Ansicht nach darf das tradierte soziale Verhalten an einem fremden Ort nicht kritisiert werden, und diesen Punkt stellt sie immer wieder heraus. Das Unverständnis für die örtlichen Traditionen ist für Silvia der Hauptpunkt, wenn es um den Diskurs über Fremde in Siena geht. Kulturelle Differenzen werden als bedeutsam wahrgenommen und als eigene verteidigt. Dies gelingt durch Analogie-Schlüsse, bei welchen in kulturrelativistischer Weise allen lokalen Traditionen der gleiche Wert zuerkannt wird. Dahinter ist ein Diskurs der Assimilierung erkennbar, dem zufolge die Anpassung an die dominante Kultur eines Ortes gefordert wird. Es entsteht ein sehr kämpferisches Bild vom Festhalten an den Traditionen, die als Wert an sich nicht in Frage gestellt werden, und das territorial begründet ist.

Die Verteidigung der Traditionen ist weder physisch noch bezieht sie sich auf eine Bedrohung der Existenz der Contraden. Die Contraden sind als soziale Gemeinschaften von Außenstehenden nicht abhängig. Ebenso wenig versuchen sie neue Mitglieder zu werben, weshalb ihnen die Meinung Außenstehender im Grunde gleichgültig sein könnte. Es handelt sich um eine rein rhetorische Verteidigung der Traditionen, wobei »Traditionen« gleichbedeutend ist mit sozialem und kulturellem Leben. Es geht darum, vor der Außenwelt und vor den Augen anderer ein positives Selbstbild aufrecht zu erhalten. Im Sinn der Identitätstheorie besagt es, dass die Wahrnehmung als Kollektiv nur in dem Maß gelingt, wie es von außen anerkannt wird. Nun werden die Contraden zwar zweifellos als soziale Gruppen anerkannt, entscheidend ist offenbar jedoch auch die Qualität der Anerkennung. Die negative Bewertung von anderen stellt die eigene Identität als positive ganz offensichtlich in Frage, und je stärker das geschieht, desto vehementer muss die Verteidigung geführt werden, um ein Selbstbild zu erhalten, das auf der internen Handlungsebene nicht destruktiv wirkt. Eine Informantin verdeutlichte das individuelle Empfinden bei Kritik von außen mit dem Bild der Contrada als Familie: Wenn einer schlecht über die Contrada sprechen würde, sagte sie, sei es, als würde er schlecht über die eigene Familie sprechen, es sei etwas Intimes.

Ein Grund dafür, weshalb die Aufrechterhaltung eines positiven Selbstbildes trotz Kritik von außen weitgehend gelingt, ist sicherlich die segmentäre Struktur der Contraden, durch die sie sich, wie in Kapitel 3 gezeigt, gegenseitig in ihrer Identität bestätigen. Ein weiterer Grund liegt darin, dass es nicht nur untergrabende Meinungen über die Contraden und Siena gibt, sondern ebenso viele stützende. Der abwertenden Außenansicht von den Contradaioli und damit den Menschen in Siena als »mittelalterlich« und provinziell steht die aufwertende Meinung von Siena als »glücklicher Insel« gegenüber. Dieser Topos wird häufig gebraucht und bezeichnet die Stadt als Ort mit funktionierendem integriertem Sozialleben in ursprünglicher Form. Nicht nur Contradaioli, sondern auch Zugezogene heben die Sicherheit und Geschütztheit der Stadt hervor, welche sie auch der Existenz der Contraden verdankt, die eine Atmosphäre von Vertrautheit und Intimität herstellen und vor allem soziale Kontrolle ausüben. Auch das Bild der Insel evoziert die Abgeschnittenheit von der Außenwelt und Geschlossenheit des Ortes, dabei wird die negative Bedeutung jedoch in eine positive verwandelt.

Wie sich das Erleben der Stadt als geschlossenem und dadurch geschütztem Raum in der Alltagserfahrung auswirkt und welche Wahrnehmung dabei nichtzugehörigen Gruppen zukommt, schildert die 24-jährige Valentina. Valentina lernte ich als Kollegin einer Informantin, mit der ich mich befreundet hatte, bei ihrer Arbeit kennen. Diese ermunterte sie in meinem Beisein, mir ein Interview zu geben. Da Valentina sich eher zurückhaltend und nicht besonders erbaut zeigte, war ich überrascht, als sie zustimmte. Am nächsten Tag trafen wir uns zu zweit, ich besuchte sie bei der Arbeit.

Valentina erzählt, dass sie täglich in die Società ihrer Contrada geht und ein Amt als Sekretärin ausübt. Sie stellt fest, dass die Contraden ein wenig verschlossen seien und es für Fremde schwierig sei, hinein zu gelangen. Wenn man neue Leute kennenlernen wolle, meint sie, sei man dort verkehrt, denn neue Leute gebe es nicht, es seien immer die gleichen. Aber sie sei selbst verschlossen, erklärt Valentina unumwunden, sie wolle gar keine neuen Leute kennenlernen und würde sich am wohlsten fühlen, wenn sie die Leute um sich hätte, die sie kennen würde. Als wir später über die Anwesenheit von Studenten reden, kommt Valentina auf Fremde im Allgemeinen zu sprechen:

»Also... die großen Städte sind es gewohnt, dass Studenten und Fremde da sind. Mich stört es. Nicht so sehr der Fremde, der zu Besuch kommt, aber genau die Leute, die hier wohnen... denn der Student tendiert normalerweise dazu... viele machen ihren Abschluss und bleiben hier, es gibt viele, die aus dem Süden kommen. Sie bleiben hier, weil sie hier Arbeit finden, hier die Familie haben... aber es ist keine Sache von Rassismus, es ist einfach... Wenn man mit dieser Mentalität aufgewachsen ist... das ist ein Aspekt der mentalen Verschlossenheit, die der Sieneser hat, und die auch ich habe, also gelingt es mir kaum... [Valentina schweigt lange. Ich frage: »Möchtest du denn in Siena bleiben, oder würdest du auch in eine andere Stadt ziehen, wenn du dort zum Beispiel Arbeit finden würdest?«] Nein, ich kann mir nicht vorstellen, in eine andere Stadt zu ziehen, genau wegen dieser Lebensgewohnheiten... Die Contrada ist ein Punkt, der dich sehr stark bindet, aber auch wenn ich nicht in die Contrada gehen würde, würde ich nicht woanders wohnen, denn es ist zu... Siena, auch wenn es... Es gibt vielleicht auch manche Ausländer, man hat es in den letzten Jahren immer mehr zu sehen begonnen... es ist eine Sache, die dich wirklich belästigt, so wie es dich vielleicht auch in anderen Städten stört, denn es gibt vielleicht unschöne Episoden, aber für den Sieneser noch mehr, denn er ist absolut nicht daran gewöhnt... während in anderen Städten... Man bekommt das im Fernsehen mit, und in bestimmten Städten kehren die Jugendlichen abends früh nach Hause zurück... Hier bin ich es von klein auf gewohnt, irgendwann in der Nacht zurückzukehren und ganz ruhig zu Fuß auch durch die dunkleren Straßen zu gehen... Es ist einfach... In den letzten Jahren, mit den Ausländern und den hässlichen Episoden, die immer mal wieder passieren können... Es ist eine Sache, die mich ärgert, und es scheint dir einfach nicht wahr sein zu können, dass es auch in Siena Veränderungen dieser Art gibt... [Ich: »Gibt es mehr Kriminalität als früher?«] Nicht wirklich Kriminalität... Aber die Präsenz von Ausländern in den letzten Jahren... Sie haben vielleicht mal einen Diebstahl unternommen, nicht mehr... Aber man ärgert sich einfach... es ärgert dich, dass dir die Idee in den Sinn kommen kann zu sagen... denn jemand denkt es, und trifft dann vielleicht auf einen Albaner, und das ärgert dich... Es ist eine Sache von Angst, die du hast, weil du es einfach nicht gewohnt bist, oder zumindest... Aber die Idee, die du davon verspürst, das ärgert dich... dass dir so etwas passieren könnte.«[193]

Auch Valentina unterscheidet zwischen temporären Besuchern wie Touristen oder Studenten und Zugezogenen, die bleiben. Wie sie an früherer Stelle erklärt, ist es ihrer Meinung nach nicht richtig, dass die Gebiete der Contraden in großem Maß von Studenten bewohnt werden. Aber damit kann sie offenbar leben. Für sie wird das Fremde bedrohlich, wenn es nicht wieder verschwindet. Sie erklärt ihre Haltung mit der »mentalen« Verschlossenheit, der kulturellen Prägung, die ihr als Sieneserin eigen wäre. Nicht tatsächliche Bedrohung in Form krimineller Vorfälle ist es, was sie erlebt, sondern sie empfindet Beeinträchtigung allein durch die Gegenwart Fremder, die ihr Gefühl der Sicherheit und Geborgenheit stören. Zu Unbehagen und latenter Angst weitet sich dieses Empfinden im Hinblick auf Ausländer aus, und ihre erste Assoziation sind Alba-

193 Interview vom 8.4.2000.

ner.[194] Valentina vergleicht ihre sienesische Erfahrung mit anderen Städten, von denen ihr durch die Medien berichtet wurde. Dort sei ein gewisser Ausländeranteil ebenso normal wie die damit verbundene Kriminalität, meint sie, während Siena von solchen gesellschaftlichen Erscheinungen bisher weitgehend unbelastet sei und es ihrem Wunsch nach auch bleiben sollte.

Für Valentina stellt die Enge des sozialen Gefüges einen Schutz dar, in dessen Rahmen sie sich frei bewegen kann. Sie konnte abends auch als Jugendliche alleine weggehen und erlebte damit einen Freiraum, der ihr die Ablösung von der Familie und eine frühe Selbstständigkeit ermöglichte. Damit wird deutlich, dass die geschlossenen Strukturen eine wichtige Sozialisierungsfunktion übernehmen. Im Rahmen des vertrauten Umfelds werden eine größere Unabhängigkeit und Sicherheit gewährleistet, als es an urbaneren Orten der Fall wäre. Fremde scheinen mit dieser Struktur unvereinbar, weil sie unbekannt und nicht einzuschätzen sind. Die Störung entsteht dabei weniger durch die tatsächliche Begegnung mit Ausländern, Zugezogenen aus dem Süden oder Studenten, die bleiben, als vielmehr durch die Idee, die Vorstellung, den Vergleich, wie er durch die Medien von anderen Orten vermittelt wird. Valentina weiß letztlich nicht, wie Kindheit und Jugend in den Städten aussehen, sie stellt es sich vor und benutzt es als Folie, vor deren Hintergrund sie ihre eigenen Erfahrungen betrachtet. Dabei entsteht eine Gegenüberstellung von Entfremdung und Integrität. Man kann sagen, dass durch die Medien eine soziale Erfahrung transportiert wird, die massiven Einfluss auf die Wahrnehmung des eigenen sozialen Umfelds hat. Es wird ein Bewusstsein für die eigene Identität geschaffen, für den Bereich des »innen« und den des »außen«. Diese Vorstellungen verursachen neue Abgrenzungen gegenüber den Fremden, durch deren Anwesenheit in der Stadt die »äußere Welt« in die »innere Welt« des Contradengefüges einzudringen scheint und dessen Lebensqualität zu verändern droht.

194 Italien hat eine starke Zuwanderung von albanischen Flüchtlingen, die auch in der Toskana und der Provinz Siena vorübergehend oder dauerhaft Aufenthalt finden und häufig (illegal) als Erntehelfer oder im Straßenbau beschäftig werden. Im März /April 2000, also zur Zeit des Interviews, hielt sich in Siena eine größere Gruppe von Flüchlingen aus dem Kosovo auf, die mangels Unterkunft auf der Piazza del Campo nächtigten und mit einem Hungerstreik ein Aufenthaltsrecht einzufordern versuchten. Die öffentlichen Reaktionen waren verhalten. Während der Bürgermeister eine legale Lösung suchte und die linken Partein sich solidarisch äußerten, hielten die Parteien Forza Italia und Alleanza Nazionale eine Kundgebung für die sofortige Ausweisung der Flüchtlinge ab.

5.3. Touristen

Touristen stellen eine andere Gruppe nicht dauerhaft ansässiger Personen in Siena dar. Hier ergeben sich zum Teil ähnliche, zum Teil andere Konflikte der gegenseitigen kulturellen Wahrnehmung als bei Zugezogenen und Studenten. Das liegt zum einen daran, dass Touristen sich im Schnitt nur wenige Tage in der Stadt aufhalten.[195] Sie bewegen sich in der Regel auf den Wegen entlang der Sehenswürdigkeiten, übernachten in Hotels und Pensionen und nehmen im Gegensatz zu Studenten und Zugezogenen nicht dauerhaft am sozialen Leben der Stadt teil. Engere Kontakte zwischen Touristen und Sienesern ergeben sich über funktionale Beziehungen hinaus kaum. Zum anderen stellt der Tourismus für die Stadt eine wichtige Einkommensquelle dar. Viele Sieneser sind im Dienstleistungssektor beschäftigt und verdienen ihren Lebensunterhalt mit Führungen, Restaurantbetrieb, Hotel- und Zimmervermietung und Souvenirläden. Zudem treten die Touristen oft als organisierte Reisegruppe auf. Während die Studenten als Individuen im Alltagsleben erscheinen und zudem die italienische Sprache sprechen, was über die Hälfte der Besucher nicht tut, stehen die Touristen sehr offensichtlich »außen vor« und nehmen die Haltung bloßer Betrachter ein.

Vom Alltagsleben der Contraden, das sich überwiegend in den öffentlich nicht zugänglichen Contraden-Sitzen und Societàs abspielt, bekommen die touristischen Besucher für gewöhnlich nicht viel mit. Anders ist es im Sommer, der Hauptsaison für Touristen, wenn Umzüge und die Palio-Rennen stattfinden und die Anwesenheit von Touristen in der Stadt zu einer gewissen Form von Öffentlichkeit führt. Das Contraden-Leben ist dann auch für Außenstehende sichtbar. Inwieweit Besucher, die sich für einen oder zwei Tage in der Stadt aufhalten, das, was sie von den Contraden sehen, zu verstehen oder schlüssig einzuordnen imstande sind, darüber kann ich lediglich spekulieren. Ich nehme an, dass die meisten Touristen in den Manifestationen vor allem folkloristische Darbietungen sehen. Des Öfteren beobachtete ich, wie Touristen, die zufällig durch die jeweilige Straße kamen, sich verwundert durch eine Ansammlung von Contradaioli in

---

195 Eine Erhebung der Apt, *Azienda di Promozione Turistica*, die für Siena und Umgebung im März 2000 für das vorangegangene Jahr vorgelegt wurde, besagt, dass gut die Hälfte (55 %) aller Touristen in Siena Tagesausflügler sind, während der Rest sich im Schnitt zweieinhalb Tage in der Stadt aufhält und auf dem Land drei bis vier Tage. 60% der Besucher sind Ausländer, davon 25% Deutsche, gefolgt von Amerikanern (19%) und Engländern (11%). Attraktionen für die Besucher sind Kunstschätze (61%) und Natur (22%). Nur 1,8% der Befragten gaben an, regelmäßig wiederzukommen. In Zahlen waren es 1999 1.493.000 Touristen, die in Siena und Umgebung übernachteten, plus 2.654.000 Tagestouristen. (*Corriere di Siena*, 28.3.2000, S. 15)

Kostümen schoben und stehenblieben, um Fotos zu machen. Einmal erlebte ich, wie Touristen vor einer Gruppe von Jungen, die in den Tagen des Palio auf einem kleinen Platz standen und gegen die feindliche Contrada trommelten, verweilten und Beifall klatschten. In den meisten Toskana-Reiseführern finden sich bei Siena Hinweise auf Palio und Contraden, zudem gibt es vom *Consorzio per la Tutela del Palio* herausgegebene Broschüren, in welchen der Ablauf des Festes mit bunten Bildern erläutert ist. Dennoch ist anzunehmen, dass die wenigsten Reisenden ahnen, welche Realität sich hinter dem für sie so eindrucksvollen Spektakel verbirgt.

Die Contradaioli ihrerseits scheinen den touristischen Beobachtern wenig Aufmerksamkeit zu schenken. Ein Eindruck, der trügt, denn die Contraden-Angehörigen nehmen die Touristen in solchen Situationen sehr deutlich wahr. Die touristischen Besucher stellen für die Sieneser einen wesentlichen Faktor in der Erfahrung von Fremdheit und in den Beziehungen zur Außenwelt dar. Aus der Sicht der Contradaioli sind die Touristen Bestandteil der Öffentlichkeit, in der sie sich vor allem in den Tagen des Palios wiederfinden. Ihre Präsenz beim Palio führt neben der medialen Verbreitung des Festes dazu, dass die traditionellen Repräsentationen nicht nur eine öffentliche Angelegenheit für die Contraden selbst sind, sondern von vielen anderen Menschen außerhalb Sienas betrachtet und verfolgt werden. Da der Palio (vgl. Kapitel 3) nicht für auswärtige Besucher stattfindet, sondern von den Contraden im Rahmen ihrer eigenen Identitätskonstruktion und Beziehungsdynamik abgehalten wird, ergeben sich daraus prekäre Prozesse der Selbst- und Fremdwahrnehmung. Im Folgenden möchte ich anhand von Beispielen untersuchen, wie Touristen als Kategorie der sozialen Außenwelt wahrgenommen werden.

Die Anwesenheit von Touristen macht den Palio zum einen zu einem Platzproblem. Elisabetta, eine 64-jährige Contradaiola, die in der Contrada mit mehreren Ämtern engagiert ist und vor ihrer Pensionierung als Angestellte bei Monte dei Paschi arbeitete, anwortet auf meine Frage, ob es für sie ein Problem sei, dass während des Palios Touristen präsent sind:

»Ja, für mich ist es ein Problem. Ich bin früher immer hinter der Contrada hergegangen, denn es ist so: Es gibt die Segnung des Pferdes in der Contrada, also geht man in die Kirche, dann geht man von der Kirche zur Piazza del Monti und macht dort die *sbandierata*, dann geht man zurück zur Via di Città, dort hält man am Casino dei Nobili. Dann Palazzo Chigi, zum Dom, man macht die *sbandierata* für den Bischof, man kehrt um und hält am Palazzo del Podestà an und wartet dann darauf, sich für die Casato einzureihen und auf die Piazza del Campo einzutreten. Ich bin immer hinterhergegangen. Jetzt habe ich Angst vor der Masse, sie stört mich, ich habe Angst vor den Pferden... Während früher nur wir es waren, die der Contrada folgten, reihen sich heute alle ein... Die ganze Fotografiererei, *tu, tu, tu* (nachahmende Laute)... Also vermeide ich es. Ich gehe hinter der Contrada her, bis man die *sbandierata* für uns macht, in der Via dei Rossi, und von dort aus gehe ich direkt zum Dom. Seitdem ich dieses Problem habe... Bei der *Festa Titolare* ist es anders, weil dann weniger Touristen dabei sind. Es gibt die Auslosung der Contraden für August und dann ist da immer die Contrada, die den Juli-Palio gewonnen hat, und wir, und wir halten unser Fest ab, ziehen von der Piazza del Campo aus los und gehen alle zusammen hinterher, es gibt nicht nur all die Touristen. Die Tage des Palios sind eine Katastrophe, es fühlt sich an wie ein Irrenhaus, und dann findet man auch keinen Platz mehr auf den Tribünen. Früher fand man einen Platz und gab wenig dafür aus, jetzt, mit dieser Nachfrage, sind die Preise sehr hoch, man findet keinen Platz mehr, man muss ihn zehn Jahre im voraus reservieren. Mich interessiert es nicht, denn weil ich nicht mehr hingehe, erlebe ich den Palio in anderer Weise. Dieses Jahr gibt es die neuen Kostüme, zum außerordentlichen Palio im September, das würde ich gerne sehen...«[196]

Elisabetta findet neue Wege, sie kürzt ab, sie hat ihre Lösung gefunden. Sie gibt einen Teil des Umzugs, dem sie früher gefolgt ist, auf. Und bemerkt an anderer Stelle, dass kaum jemand aus der Contrada noch den ganzen Weg bis zur Formierung des *Corteo Storico* hinterhergehen würde. Ein Stück der Präsentation der Contraden vor dem eigentlichen Rennen ist also sozusagen an die Öffentlichkeit, nämlich die Touristen, abgegeben worden. Auch während des Rennens schaut Elisabetta nicht mehr vom Platz aus zu, weil die Sitze auf den Tribünen für sie zu teuer geworden sind. Auch die Tribünenplätze werden von Besuchern eingenommen. Von verschiedener Seite hörte ich öfter, dass der Campo beim Palio »doch nur voll von Touristen« sei. Hier findet sich in der Auseinandersetzung mit Außenstehenden wieder der Aspekt des Raumes, des Territoriums. Der zentrale Platz als das Kerngebiet zwischen den Contraden-Territorien wird in diesem Fall von Touristen besetzt und steht den Contradaioli nicht mehr uneingeschränkt zur Verfügung.

Doch nicht nur die bloße Präsenz von Besuchern und ihre »Platznahme« wirkt sich störend aus, sondern ebenso ihr Verhalten. Auf meine Frage nach der Beziehung zwischen Studenten und Contradaioli stellt Elisabetta es als problematisch dar und gibt dann ein Beispiel über Fremde im Allgemeinen, das sich wiederum auf Touristen bezieht:

»Es hängt von den Studenten ab, es hängt auch von den Contradaioli ab, denn einige fügen sich ein, andere nicht. Es ist ein wenig konfliktgeladen. Denn die Studenten... Jemandem von außerhalb gelingt es wahrscheinlich kaum, den Palio zu verstehen, und was passiert? Sie denken, dass wir Fanatiker sind, oder dass alles ein Schauspiel ist, oder jemand sagt unwissentlich vielleicht etwas, das... Es gibt Momente, da akzeptiert man es, in anderen nicht. Ich erinnere mich zum Beipiel an eine Geschichte, und das hat nun nichts mit Studenten zu tun, sondern mit Leuten von außerhalb – wenn man an einen anderen Ort kommt und die Gewohnheiten nicht

196 Interview vom 23.3.2000.

kennt, die Geschichte... wie soll ich sagen... dann mus man aufpassen. Denn ich erinnere mich, wie ein Mal... Die Torre ist eine Contrada, die seit vielen Jahren nicht gewonnen hat, während die Oca, ihre Gegnerin, viele Palios gewinnt, nicht? Also, bei einem Palio, der von der Torre verloren wurde, gewann die Oca. Die Torre hatte verloren und die Oca gewonnen. Am Tag danach erzählte mir eine Kollegin, die aus der Torre ist, dass es Leute gab... sie wussten es nicht... Was passiert? Die Oca gewinnt und einer sagt: ›Ich kaufe ein *fazzoletto*!‹ Und diese beiden, ein Ehepaar mit einem Kind, hatten ein *fazzoletto* der Contrada gekauft, die gewonnen hat. Als sie die Piazza verließen, nahmen sie eine Straße, ohne zu wissen, welche es war. Und es war die Straße der Contrada della Torre. Diese Kollegin von mir, schon etwas älter, intelligent und Contradaiola, rief, als sie die beiden mit dem Kind sah: ›Nicht hier entlang gehen, nicht hier lang gehen! Denn wenn sie Sie sehen, schlagen sie Sie!‹ Was soll man tun, die Contrada hat den Palio verloren, die Gegnerin hat gewonnen, und wenn du mit dem *fazzoletto* der Oca hier durchgehst, scheint es direkt.... Es gibt diese Situationen, wenn meine Kollegin nicht gewesen wäre, reicht es, dass ein Junge vorbeikommt, das *fazzoletto* sieht, einen Schlag gibt, und dann heißt es, die sienesischen Kriminellen, oder... versteht du? Es ist die Unwissenheit, die Ignoranz. Diese Geschichte ist eine, die mir eindrücklich geblieben ist, ich habe sie dir erzählt, weil... ›Nicht hier lang gehen, nicht da lang gehen, sie bringen dich um!‹ – weil es nach dem Palio ist. Ich weiß, was es bedeutet, den Palio zu verlieren, denn ich habe es oft bitter gespürt. Ich erinnere mich, als ich einmal ein Mädchen aus der [... *Name einer Contrada*] sah, das schlecht über die [... *Name ihrer eigenen Contrada*] sprach, die gerade den Palio verloren hatte. Ich, es ist klar, dass ich nicht gewalttätig bin, aber... Sie war mit ihrem Großvater oder ihrem Vater unterwegs, ich weiß nicht, wen ich gesehen habe. Ich sagte: ›Wie dumm du bist.‹ Sieneser er, Sieneserin ich. Ich will sagen... Die Sache war die, dass sie schlecht über die [... *Name ihrer eigenen Contrada*] sprach, die den Palio verloren hatte, und ein *fazzoletto* der [... *Name der anderen Contrada*] hatte. Ich sagte zu ihm: ›Wenn du sie nicht sofort zur Ruhe bringst, schlage ich sie.‹ Eh... verstehst du? Man muss es wissen...«[197]

Elisabetta berichtet von einer konkreten Situation, in der Außenstehende die Regeln der Contraden während des Palios verletzten, nämlich die Regel, dass Leute aus der siegreichen Contrada nicht demonstrativ das Gebiet der verfeindeten Contrada betreten dürfen, die den Palio verloren hat, da dies einer Überlegenheitsdemonstration gleichkommt, mit der entsprechende Aggressionen provoziert werden. Das Tragen eines *fazzolettos* gilt als Zur-Schau-Stellen der Zugehörigkeit und das Übertreten der Grenze als Eindringen in die Gebietssouveränität der anderen Contrada. Lang gehegte Gefühle der Gegnerschaft, die durch Sieg und Niederlage beim Palio geschürt werden, können sich in diesem Moment entladen. (Vgl. 3. Kapitel) Während Contradaioli (und andere Sieneser) sich dessen bewusst sind, handelten die Touristen in diesem Beispiel aus Unwissenheit entgegengesetzt. Das wahllose Kaufen von bunten Contraden-Tüchern, die vor vielen Souvenir-Läden hängen, ist bei Touristen sehr verbreitet; und

197 Interview vom 23.3.2000.

gerade der Anblick der lebhaften Atmosphäre während des Palios weckt verständlicherweise den Wunsch, solch ein buntes Tuch mitzunehmen und so seinen Gefallen an dem Spektakel auszudrücken. Dass sich für die Menschen, die man in der Stadt mit den Tüchern um die Schultern sieht, an diese *fazzoletti* Identitäten knüpfen, welche ein ganzes fest strukturiertes Sozialgefüge symbolisieren, wissen Touristen normalerweise nicht. Die Blindheit des Fremden ist es, die Elisabetta kritisiert. Sie beschreibt die Gefahr, in die die Touristenfamilie sich begeben hätte, und charakterisiert ihre Kollegin als intelligent, weil diese zwar aus der Torre gewesen ist und also gleichfalls aggressiv hätte reagieren können, stattdessen aber die Unkenntnis der Touristen erkannte und diese warnte. Diese Kollegin hatte eine Rollendistanz, indem sie das »falsche« Identifikationszeichen ausmachte. Was Elisabetta auch beschreibt, sind die Missverständnisse, die sich ihrer Meinung aus einer solchen Situation ergeben können. Was denkt ein Tourist, der in einer Stadt spazieren geht und auf einmal die Warnung erhält, er solle hier nicht weitergehen, weil er sonst eventuell geschlagen würde? Die Warnung vor offenscheinlich unvermittelter Aggression in einer zivilen Situation in einer ordentlichen Kleinstadt kann ihrer Ansicht nach nur zu großer Irritation führen und stark negativen Eindrücken.

Damit wird erneut der Gegensatz von zivilisiert versus unzivilisiert deutlich, den auch Daniele anhand der *cazzotti* beschreibt (vgl. 4.3.). Während die Interaktionen der Mitglieder verschiedener Contraden untereinander streng ritualisiert sind und ein Handlungsrahmen durch entsprechende Symbole markiert wird, ist diese hochspezifische Ordnung von außen nicht zu erkennen. Das Aktionsfeld erweckt den Eindruck von Ungeordnetheit und sogar Willkürlichkeit der Handlung, was durch den Aspekt der physischen Aggression zu Abwehr führen kann. Das eigentlich äußerst Zivilisierte, weil komplexen Regeln Unterworfene und damit gerade nicht Unvorhersehbare, sondern aus Sicht der Beteiligten vollkommen Einschätzbare, wird in der Betrachtung Außenstehender zum Unzivilisierten, Uneinschätzbaren, Ungeregelten. Die Tendenz der Abwehr seitens Außenstehender, in diesem Fall der Touristen, kehrt sich aus Sicht der Contradaioli um. Sie sind es, die abwehren, was für sie eine grundlegende Fehlinterpretation der eigenen Handlungen darstellt. Unverständnis macht sich für Außenstehende deutlich, die nicht den Versuch unternehmen, die herrschenden Regeln zu berücksichtigen, und die dadurch zu verfehlten Urteilen gelangen. Urteilen, welche als Fremdeinschätzungen das Bild von den Contraden in der Außenwelt prägen.

Elisabetta erzählt von diesem Fall, weil sie sich mit ihm identifiziert, obwohl sie ihn nicht selbst erlebt hat. Sie macht die Involviertheit deutlich, mit der sie selbst in Palio-Vorgänge und die daraus resultierenden Emotionen verstrickt ist.

Am Beispiel der Begegnung mit dem Mädchen aus der Lupa, das sich abfällig über Elisabettas Contrada äußert, reflektiert sie die eigene Verteidigungshaltung. Sie reagiert allein auf das Symbol der anderen Contrada, obwohl deren Vertreterin ein unschuldiges Kind ist. Sie äußert ihren Ärger in Gegenwart eines anderen erwachsenen Sienesers und weiß, dass dieser ihre Reaktion versteht. Damit erklärt sie dieses Verhalten als »normal« innerhalb des sienesischen Systems und kontrastiert es mit den anderen Vorstellungen von Normalität, die in der Außenwelt vorherrschen. Auf der Wahrnehmungsebene ergeben sich hier gänzlich verschiedene Vorstellungen des gleichen Vorgangs, wenn er von innen und wenn er von außen betrachtet wird. Und auf der Handlungsebene führt das Bewusstsein der unterschiedlichen Wahrnehmungen zu Störungen im Vollzug der eigenen Identitätsperformanz.

Diese Aspekte finden sich auch in anderen Berichten von Contraden-Mitgliedern wieder. So berichtet Laura, eine 35-jährige Contradaiola, dass die Gegenwart von Studenten sie regelrecht nerven würde, wenn sie während des Palios nachts beim Umzug mitmachen würde. Generell blieben die Studenten und die Sieneser unter sich, erklärt auch sie. »Wir sind sehr tolerant«, meint sie, »aber nur, so lange es nicht um die Contraden und den Palio geht, so lange sich niemand einmischt.« Mit den Touristen wäre es ähnlich wie mit den Studenten: »Wenn man sieht, wie einer ein Foto von einem toten Pferd macht, kann man auf die Idee verfallen, ihm die Kamera wegzunehmen«, sagt Laura. Sie erklärt, dass sie in ihrem persönlichen Leben viele Beziehungen zu Leuten von außerhalb hätte, nur während des Palios nicht. Freunde von außerhalb würde sie zu diesem Fest nie einladen. Sie lacht: »Ich bin sonst sehr offen – aber dann, beim Palio, bin ich wie die anderen.«

Auch aus Lauras Erzählung spricht ein konfliktäres Verhältnis zu Fremden. Explizit benennt sie Verschlossenheit und Intoleranz der Contradaioli in Sachen Contraden und weist auf ihre eigenen Abgrenzungsstrategien hin. Problematisch wird die Beziehung zu Fremden für sie in dem Moment, wenn sie sie bei dem, was sie als Contradaiola tut, betrachten und sich nach ihren Maßstäben falsch verhalten. Ein solches unangemessenes Verhalten ist für sie das Fotografieren eines beim Palio zu Tode gekommenen Pferdes. Darin sieht sie Sensationslust und Gefühllosigkeit, während die Involviertheit in den Palio beim Anblick dieses Pferdes in ihr Trauer hervorruft. Es ist aber nicht nur die Kamera, die als Störfaktor wirkt, denn auch die Contradaioli selbst dokumentieren den Verlauf des Rennens filmisch, es ist der Tourist, der sie benutzt. Es ist die Aneignung und Verfremdung des Eigenen durch den fremden Blick und das mangelnde Verstehen, die Ursache von Lauras Zorn werden. Im Momenten ihrer eigenen Identitätsperformanz, bei der sie sich an strenge Regeln hält, sind Anwesende, die diese Regeln nicht beachten, für sie kaum erträglich, und diese Anwesenheit versucht sie zu verhindern, soweit es in ihrer Macht liegt.

Expliziter als Laura, die das Gleiche mit einem Beispiel umschreibt, sagt Valentina, dass Fremde beim Palio nur die Aspekte der Gewalt sehen würden, weil manchmal Pferde sterben würden und sie das nicht verstünden. Drei Runden um den Platz seien für einen Touristen vielleicht nicht so befriedigend, meint sie, für einen Contradaiolo aber eben doch. Und die Beziehung sei in diesen Tagen ein bisschen schwierig, weil die Spannung und die Aufregung sehr groß sei. Valentina erklärt:

»Es ist nicht erfreulich, wenn man am Ende des Laufs vielleicht weint und verzweifelt ist, weil man nicht gewonnen hat, oder die Feindin gewonnen hat, und sie dich fragen: ›Aber wie, du weinst?!‹ Abgesehen davon, dass du sie nicht einmal richtig wahrnimmst, kann dir auch Ärger entweichen. Aber... Es macht aber auch Freude, dass es Leute gibt, die am Fest interessiert sind, am Palio, und die dann den Abend über dableiben...«[198]

Auch in Valentinas Aussage lässt sich wieder die Überschneidung der Wahrnehmung von unangemessenem Verhalten in den Augen der Contradaioli und falscher Vorstellungen seitens der Touristen erkennen. Und die Störung im Ausleben der Gefühle, welche der Palio hervorruft. Zu diesem Zeitpunkt der sehr starken Identifizierung mit der eigenen Contrada wirkt der mangelnde Respekt vor diesen Gefühlen als Verletzung, die Abwehr und Ärger hervorruft.

Beim Palio sind die Contraden-Mitglieder in der Ausübung ihrer Traditionen am stärksten mit der Gegenwart Fremder konfrontiert. Zum einen, weil viele der Ereignisse um den Palio auf der Piazza del Campo stattfinden, die gleichzeitig Hauptziel und Aufenthaltsort der Touristen ist. Touristen sitzen dort auf dem Pflaster und in den Restaurants, besuchen im an der Piazza gelegenen Palazzo Pubblico das Museum oder stehen in dichten Gruppen an der »Costarella«, um Fotos zu machen. Feste der einzelnen Contraden finden sonst im Viertel der Contrada statt, abgesehen von den Umzügen durch die Straßen. Zum anderen, weil alle siebzehn Contraden am Palio beteiligt sind, die Menge der teilnehmenden Contradaioli also sehr groß ist[199], und in der Hauptsaison gleichzeitig besonders viele Touristen in Siena sind. Zusätzlich ist das Palio-Rennen als besondere Attraktion in den Reiseführern vermerkt und stellt also einen speziellen Anziehungspunkt dar. Außerdem nehmen auch Touristen und Besucher häufig an den

---

198 Interview vom 8.4.2000.

199 Zumal beim Palio auch viele der Contradaioli anwesend sind, die am Contraden-Leben sonst selten teilnehmen.

großen Essen am Abend der Generalprobe teil (das können sie mit einer bezahlten Reservierung genauso tun wie die Contradaioli), das heißt ihre Präsenz auf dem Gebiet der Contraden selbst ist größer als sonst, wenn dort selten ein Fremder zu sehen ist. Schließlich bildet der Palio für die meisten Contradaioli den emotionalen Höhepunkt des Contraden-Jahres, wodurch der Kontrast zwischen ihrem Ausnahme-Erleben und dem Normalverhalten der Besucher noch verstärkt wird. Der Palio ist etwas Intimes, und mehrere meiner Informanten bemerkten, dass während des Palios alle Nicht-Dazugehörigen als Touristen gesehen werden.[200] Die Kategorie »Touristen« wird beim Palio unterschiedslos für alle benutzt, die nicht aus Siena kommen und keine Contraden-Mitglieder sind. Deutlicher kann die Differenz zwischen »Ingroup« und »Outgroup« kaum betont werden.[201]

Was aus den Beispielen deutlich wurde, ist eine komplexe Situation des Aufeinandertreffens zweier Gruppen gerade beim Palio, nämlich der Contradaioli und der Besucher. Zum Teil funktioniert der Rückzug in eigene Bereiche auf Contradengebiet, wo Ereignisse von den Touristen weniger wahrgenommen werden, da sie durch die Hauptereignisse auf der Piazza del Campo abgelenkt sind und sie die entlegeneren Gassen generell seltener durchqueren. Der Zugang zu den Festessen in den Gassen ist limitiert und die Contraden-Sitze selbst bleiben privater Raum. In dieser Hinsicht sind die rückwärtigen Bereiche »hinter der Bühne« durch das Hauptgeschehen auf der Bühne selbst geschützt.[202] Dennoch kann im Fall des Palios nicht von ›staged authenticity‹ gesprochen werden, also einem für den Tourismus inszenierten Angebot lokaler, vermeintlich authentischer Kultur, hinter dem die eigentlich authentische Privatsphäre gewahrt bleibt (Boissevain 1996: 13). Denn der Palio als solcher ist authentisch. Schwierigkeiten ergeben sich vielmehr aus der Annahme seitens der Touristen, dass dieses

200 Das erlebte ich selbst, als Silvia mich im Frühjahr aufforderte, zum Palio wiederzukommen und dabei meine Arbeit zu vergessen. Ich solle als Touristin kommen, sagte sie, als privilegierte Touristin sozusagen. Ich war irritiert, dass ich als Ethnologin, die seit längerer Zeit Kontakte zu Silvia und ihrer Contrada hatte, plötzlich zur Touristin »degradiert« wurde, und das, wo es doch ums Dabeisein gehen sollte, während Touristen gewöhnlich bloß Zuschauer sind. Erst später wurde mir klar, dass »Dabeisein« in ihren Augen nie echtes Erleben bedeuten konnte, wenn jemand der Contrada nicht angehörte.

201 Auch Liebscher bemerkt: »Der Tourist wird vor allem während des *Palio* als ein Eindringling empfunden.« (2001: 54)

202 Boissevain nennt in diesem Sinn vielfältige Strategien des »Versteckens« lokaler Kultur, wie die Verlegung von Feierlichkeiten an für Touristen unzugängliche Orte und in Zeiten nach der Hauptsaison (1996: 16f.), und auch die manifeste Abriegelung von Plätzen für Besucher (ebd.: 17f.).

Ereignis als quasi-authentisches inszeniert sei, eine Annahme, die sicherlich auf ähnlichen Reise-Erfahrungen basiert und sich als Wissen stärker durchgesetzt hat als weitläufig angenommen.[203] Es wird nicht davon ausgegangen, dass sich hinter den Zeichen aktuelle soziale Bedeutungen verbergen. Ein Bruch in der Erfahrung der Fremdwahrnehmung ergibt sich sicherlich auch daraus, dass der mehrere Stunden dauernde *Corteo Storico*, der feierliche, gemessene Umzug in den Kostümen des Mittelalters, absoluten Inszenierungscharakter hat, während die Minuten des Rennens selbst von brachialer Unmittelbarkeit erscheinen, zügellos im wahrsten Sinne des Wortes. Der Schock oder zumindest das Erstaunen über die kulturelle Differenz, also die Konfrontation, setzt in dem Moment ein, wo die reale Authentizität sichtbar und spürbar wird, nämlich im Verhalten der Contraden-Mitglieder. Auf Seiten der Contradaioli besteht deutliches Wissen über diese Differenz. Daraus ergibt sich zweierlei Unbehagen, nämlich zum einen das, überhaupt beobachtet, angesprochen und in der Ausübung der rituellen Abläufe eingeschränkt zu werden, zum anderen das Unbehagen, aufgrund von Gewaltaspekten »tribalisiert« zu werden. Der öffentliche Raum wird bei der Identitätsperformanz zur Schnittstelle von innen und außen. Stellen Feste und Rituale einen Weg dar, lokale Identität und das Gemeinschaftsgefühl gerade gegenüber massiven Einflüssen von außen, herbeigeführt unter anderem durch Tourismus, zu stärken (Boissevain 1996: 18f.), so muss die Abgrenzung deutlich vorgenommen werden. Der vielschichtige Symbolismus des Palio-Festes wirkt dabei als eine der Barrieren zwischen Insidern und Nicht-Sienesern, welche zusätzlich durch die Reaktionen der Sieneser auf das Rennen verstärkt wird: »Thus within this very public display, attended by thousands of outsiders and watched by millions of television viewers, there is a domain which is exclusively Sienese. But,

---

203 Aus Sicht der semiotischen Analyse des Tourismus wird die touristische Erfahrung von der Suche nach und der Besorgnis um Authentizität des besuchten Ortes geprägt (Abbink 2000: 3). Gesucht werden typische und bereits bekannte Kennzeichen der besuchten Gegend, welche oft im Voraus durch Literatur, Filme, Broschüren etc. antizipiert sind. Der touristische Blick wird also durch Zeichen gesteuert, und die Reiseerfahrung besteht aus der Sammlung solch semiotischer Zeichen. Ein Paar, das sich in Paris küsst, wird zum Zeichen des ›zeitlos romantischen Paris‹; ein kleines Dorf in England zu dem des ›wirklichen alten England‹ usw.. Visuelle Elemente von Städten, Landschaften oder Festen werden normalerweise durch Fotos, Videoaufnahmen, Postkarten etc. objektiviert, um die Erfahrung zu reproduzieren. (Urry 1990: 3) Meine Annahme ist, dass mit diesem touristischen Blick durchaus ein Wissen über die eigene Praxis verbunden ist, also keine Verwechslung von inszenierter Authentizität und realer Authentizität stattfindet. Die inszenierte Authentizität genügt, reale Bedeutungen dahinter werden eher als verstörend wahrgenommen und aus dem Blick herausgefiltert.

due to the *contrade*, this rather general sense of identity is becoming much more specific.« (Park 1992: 92)

Innerhalb der übergeordneten sienesischen Identität geht es um die Identitäten der einzelnen Contraden, welche über die sienesische Gesamtidentität hinauswirken und das wesentliche Moment der Dynamik des Palios darstellen (vgl. Kapitel 3). Obwohl von der Struktur her ein sienesisches Fest, stellt der Palio für die Stadt Siena gleichzeitig ein wichtiges Symbol dar, das mit dem Tourismus verbunden und ökonomisch von Bedeutung ist. Unter anderem über den Palio definiert sich die Stadt und präsentiert sich bewusst der Öffentlichkeit. Bereits in den 30er Jahren galt der Palio als eines der wichtigsten »traditionellen Festivals« in Italien. Schon damals kamen Touristen, denen der Baedekker den Palio als »very attractive scene« empfohlen hatte (Park 1992: 94). Über Radiosender wurde der Lauf übertragen, und Politiker besuchten das Fest ebenso wie Filmstars oder andere Berühmtheiten. Spätestens in den 80er Jahren wurde neben der Präsenz von Besuchern auch die Präsenz der Medien so bedeutsam, dass eine Auseinandersetzung mit den hier vermittelten Inhalten drängend erschien.

5.4. Medien

Die Medienberichterstattung über den Palio spielt seit spätestens zwei Jahrzehnten eine bedeutende Rolle in den Beziehungen der Contraden zur Außenwelt. Durch den staatlichen Fernsehsender RAI wird das Rennen in ganz Italien live übertragen und ist über Satellitenempfang auch in anderen europäischen Ländern zu sehen, und der regionale Sender RAI 3 berichtet vom Palio drei Tage lang rund um die Uhr. Die Fernsehkameras sind an der Piazza del Campo eingerichtet und Reporter geben vor Ort ihre Kommentare durch. Dokumentationen und Reportagen über das Fest werden auch im Ausland gezeigt, und die weit verbreitete Bekanntheit des Festes zeigt, dass über die Anwesenheit von Touristen und anderen Besuchern wie hochrangigen Politikern hinaus durch die Medien eine große Öffentlichkeit erreicht wird. Diese den lokalen Rahmen weit überschreitende Aufmerksamkeit stellt an sich kein Problem dar, soweit sie der Stadt Bekanntheit und ökonomische Pluspunkte beschert, wird von den Sienesern jedoch vielfach negativ bewertet. Der Grund dafür liegt in der oben beschriebenen Tatsache, dass Blickwinkel von außen mit dem eigenen Selbstverständnis in Übereinkunft gebracht werden müssen. Und das erweist sich teilweise als schwierig. Der externen Berichterstattung wird mit einem Versuch der Steuerung entgegnet, um Missverständnisse zu verringern und die Kontrolle über gewonnenes Bildmaterial zu erhalten. Aufgabe des *Consorzio per la Tutela del Palio* (Konsortium zum Erhalt des Palios) ist es, Aufnahmen von Palio-Ereignissen und den Verkauf von Contraden-Symbolen zu regulieren bzw. zu verhindern. Damit soll die lokale Kultur erhalten und geschützt werden. Außerdem sollen diese Maßnahmen an zwei Punkten greifen, nämlich den mit dem Palio häufig verbundenen Eindrücken von Gewalt und einem überbetonten Traditionalismus.

Wie die Diskurse aussehen, in denen diese Aspekte wirksam werden, möchte ich anhand von zwei Beispielen untersuchen. Das ist zum einen die massive Kritik von Tierschutzvereinigungen am Palio, die hier zum Zeitpunkt eines bestimmten Rennens beleuchtet wird. Zum anderen ist es die Kritik an als unzivilisiert geltenden Traditionen insgesamt. Beide Diskurse sind hoch medienwirksam, werden überhaupt erst durch die Medien vermittelt und gewinnen durch die Medienöffentlichkeit an Brisanz. Ich werde darstellen, wie sie sich in einem bestimmten Zeitraum in der lokalen Presse spiegeln, und die Selbstbilder den Fremdbildern und Argumente der Verteidigung den Angriffen von außen gegenüberstellen. Dabei wird deutlich, dass es sich nicht nur um einen bloßen Schlagabtausch handelt, sondern dass sich dahinter eine ernstzunehmende Auseinandersetzung über die lokale Identität, den Grad der Identifikation und die lokale kulturelle Praxis verbirgt. Vor allem aber geht es um die Beziehung lokaler Kultur zu globaler Vernetzung, also die Verhandlung lokaler Identität gegenüber den Maßgaben, Ansichten und Ansprüchen der Außenwelt.

Tierschutzdebatte

Immer wieder geschieht es, dass bei einem Palio-Rennen ein oder mehrere Pferde sterben. Die Unebenheit und die engen Kurven der Bahn ebenso wie die gegenseitigen Behinderungen der *fantini* führen häufig zu Stürzen bei Pferd und Reiter. Verletzte Pferde, die nicht mehr gerettet werden können, werden durch einen Gnadenschuss getötet. Dies hat in den letzten Jahren verstärkt den Widerstand von Tierschutzvereinigungen hervorgerufen, welche die Praktiken des Rennens als Verstoß gegen die Würde des Lebewesens anprangern.[204] Die Vereinigung »Lav« (*La Lega antivivisezionista*) führte 1998 an, dass es seit 1975 sie-

204 Eingesetzt hat die Tierschutz-Diskussion 1979, nach dem Tod von sechs Pferden bei einem Palio. Ich beziehe mich in meinen Ausführungen durchweg auf die von mir beobachteten Ereignisse im Sommer 1998.

benunddreißig Todesfälle von Pferden gab.[205] Vorgeworfen werden den Veranstaltern des Palios eine schlechte Behandlung der Pferde, sowohl durch die Bedingungen des Laufs als auch durch die Praxis des Dopings der Tiere. Der Protest gipfelte im Sommer 1998, nachdem beim August-Palio zwei Pferde gestorben und zwei verletzt worden waren, seitens einer neugegründeten »Gruppe für das Leben des Tieres« im Aufruf zum Boykott sienesischer Produkte wie der Süßigkeiten Panforte und Ricciarelli und der sienesischen Bank Monte dei Paschi. Ein weiterer Kritikpunkt der Tierschützer richtete sich an die Fernsehstation RAI im Hinblick auf die Übertragung der Gewalt in die Wohnzimmer von Millionen Zuschauern. Ihrer Meinung nach leistete das der Misshandlung von Tieren Vorschub und sei vor allem für Kinder gefährlich. Empörte Eltern hatten angerufen und sich beschwert. Die »Italienische Liga für den Tierschutz« (*Lega italiana dei diritti dell'animale, Lida*) forderte die Aufgabe des Einsatzes von Pferden.[206] Auch vom »Büro für Tierrechte« aus der Hauptstadt Rom kam eine Verurteilung. Der Bürgermeister von Siena wurde aufgefordert, das Rennen auf eine adäquatere Bahn zu verlegen. Die offizielle Entgegnung darauf lautete schlicht, dass die Römer erst einmal ein Tierheim für verlassene Hunde einrichten sollten, bevor sie sich über die Behandlung der Pferde beim Palio beschweren.[207]

Die Bilder vom Palio am 16. Augst 1998 zeigten, wie mehrere Pferde in der Art eines Auffahrunfalls an der Kurve San Martino ineinander rutschten und stürzten. Der für die Onda laufende Wallach Lobis Andrea, genannt Penna Bianca, erhob sich, nachdem er in die Matratzen gebrochen war, und humpelte mit sichtbar mehrfach gebrochenen herabhängendem Vorderlauf hilflos auf die Bahn, wo das Rennen unterdessen weiterging. Er wurde an Ort und Stelle eingeschläfert. Der Wallach Tuareg, der für die Contrada del Bruco lief, wurde zwei Tage später nach einer erfolglosen Operation in der Tierklinik ebenfalls eingeschläfert. Ich persönlich, die diesen Palio von einer außerhalb des Campo gelegenen Bar aus im Fernsehen verfolgte, war über diese Bilder ziemlich schockiert. Vor allem die endlose Schleife auf RAI 3, die den Lauf anschließend in dauernder Wiederholung zeigte, bei der die Pferde immer wieder stürzten und das Tier immer wieder auf die Bahn humpelte, mit nutzlos herabhängendem Lauf, wirkte sehr quälend.

Der Vorfall sorgte vor allem innerhalb Italiens für Aufruhr, aber auch außerhalb des Landes fand die Debatte einen Widerhall in den Medien. So berichtete

205 *Corriere di Siena*, 18.8.1998, S. 30.

206 *Corriere di Siena* vom 18.8.1998, S. 5; vom 19.8.1998, S. 20-22; vom 22.8.1998, S. 13f..

207 *Corriere di Siena*, 19.8.1998, S. 22.

zum Beispiel die ZEIT im August `98 unter der Überschrift »Der Todesritt auf der Piazza« in einem Artikel durchaus kritisch über das halsbrecherische Rennen und die daraus resultierenden Unfälle.[208] Diesmal nicht im Reiseteil, sondern auf der Seite »Modernes Leben«. Interessanterweise war neben dem Artikel, ohne erkennbaren inhaltlichen Bezug, eine halbe Weltkugel abgebildet, auf der ein den Globus halb umspannender weißer Pfeil auf einen winzigen Punkt innerhalb der Umrisse Europas wies. Groß stand daneben: Siena.

Von Seiten der Sieneser wurde die Tierschutz-Kritik am Palio als Propaganda gewertet. In einer ersten Stellungnahme zu den Angriffen äußerte sich der Bürgermeister der Stadt, Pierluigi Piccini, unmittelbar nach dem Rennen abwehrend. Die Angriffe auf das Rennen seien instrumentalisierend, böswillig und würden auf Unkenntnis beruhen, sagte er. Die Pferde, die beim Palio stürben, seien weitaus weniger als die, die bei normalen Pferderennen zu Tode kämen. Die eingesetzten Tiere würden sorgfältig ausgewählt, tierärztlich untersucht und auf der Bahn geprüft. Außerdem gäbe es in der Nähe von Siena eine Tierklinik, die bei der Behandlung gestürzter Pferde große Erfolge verzeichnen würde. Und ein spezielles Altersheim würde Pferden, die normalerweise eingeschläfert würden, einen ruhigen Lebensabend erlauben. Destruktive Kritik würde erst dann zugelassen, so der Bürgermeister, wenn der Tierschutz in Italien sich auch an anderen Stellen verbessert hätte. Denn der Palio sei nicht nur das Rennen selbst, sondern unschätzbarer Bestandteil der Zivilisiertheit eines Volkes, seiner Geschichte und seiner Traditionen. Wer seine Faszination und seine Magie nicht verstünde, würde sich allerdings in Polemiken verlieren.[209]

Das Verteidigungsargument, dass die Sieneser die Pferde lieben würden, ist das typischste bei der Entgegnung auf Kritik von außerhalb. Zusammen mit dem Argument, dass auch bei anderen Gelegenheiten auf der ganzen Welt Tiere grausam sterben würden, zum Beispiel die französischen Gänse für die Leberpastete oder eben auch Rennpferde bei normalen Pferderennen. Die Contradaioli, so wird immer wieder erklärt, würden alles tun, um die Pferde zu schützen, und darüber hinaus würden Pferde nirgendwo so verehrt wie hier. Schließlich sei das Pferd die eigentliche Hauptperson des Palios, und die Contraden würden aufrichtig trauern, wenn ein Pferd stirbt. Was den Vorwurf des Dopings betrifft, so wird zumeist geleugnet, dass den Tieren schädliche Substanzen zugeführt werden. Und Forderungen, die Veränderungen des Rennens betreffen, wird mit dem Hinweis auf die lange Tradition des Palios begegnet.

---

208 Die Zeit, 27.8.1998, S. 68.

209 *Corriere di Siena*, 18.8.1998, S. 27.

Soviel zu der Kontroverse in den Medien.[210] Sie blieb jedoch nicht ohne konkrete Folgen. Diese beinhalteten einerseits Maßnahmen der Modifikation des Rennens und andererseits der Kontrolle von Medieninhalten. Obwohl es seitens der Stadt Siena und auf Seiten der Contraden breite Einwände gegenüber den als polemisch und böswillig empfundenen Angriffen seitens der Tierschutzvereinigungen gab, waren die Contraden durch den starken Druck von außen dennoch gezwungen, sich mit den Bedingungen, welche die Pferde betrafen, auseinanderzusetzen. Ausgelöst von der öffentlichen Kritik setzten bereits 1983 Überlegungen ein, wie ein größtmöglicher Schutz der Tiere gewährleistet werden könnte, welche sich im Jahr 1988 dann auch in der Praxis niederschlugen (Magi 1996: 24). Dabei handelte es sich um eine genaue tierärztliche Untersuchung aller von den Besitzern eingeschriebenen Pferde. Nach den der *tratta* vorhergehenden Nachtproben werden die Pferde seitdem einem erneuten Check-Up unterzogen. Mit der Einführung dieser Untersuchungen wurde auch die Vereinbarung mit der nahe Siena gelegenen tierärztlichen Klinik San Piero in Barca getroffen, dass dort eventuell verletzte Pferde unmittelbar operiert werden können. Weiterhin hat die Stadt 1992 in Radicondoli ein »Altersheim« für Pferde eingerichtet, wo nicht vollständig genesene Pferde untergebracht werden.

Nach den Ereignissen im Sommer 1998 setzte die Diskussion über die Unversehrtheit der Pferde erneut ein. Auch aus den Reihen der Contradaioli wurden Bedenken geäußert, was die Häufigkeit der Todesfälle betraf. Gleichzeitig waren interne Kritiker in der »Traditions-Falle« gefangen. Sich der Kritik von außen anzuschließen, also Veränderungen beim Rennen für notwendig zu erachten, schien gleichbedeutend mit einer Missachtung, sozusagen einem Verrat an den Traditionen. Dementsprechend vorsichtig wurden Vorschläge geäußert, immer bemüht, die grundsätzliche Loyalität der Contrada gegenüber deutlich zu machen.[211] Überlegungen drehten sich vor allem um Möglichkeiten, wie das Rennen modifiziert werden könnte, ohne seinen Ablauf wesentlich zu verändern. Punkte dabei waren vor allem Doping-Kontrollen und der Verzicht auf Vollblüter zugunsten schwererer Pferde. Aus diesen Diskussionen entstand schließlich eine abgewandelte Fassung der offiziellen Palio-Regeln, die bereits im folgenden Jahr in Kraft trat.[212] Zum einen werden an der gefährlichsten Kurve der Piazza

---

210 Einen kleinen Überblick über die Palio-Berichterstattung in den Printmedien im letzten und in diesem Jahrhundert gibt Magrini (1986) S. 150-179. Zur Debatte um Tierschutz und Traditionen siehe auch Magrini (1986), S. 191-205.

211 Zum Beispiel Artikel des *Capitano* der Contrada del Bruco im Mitglieder-Magazin *Barbicone*, Nr. 2 Dicembre 1998, S. 6.

212 Diese Modifikationen wurden umgehend für alle Welt sichtbar ins Internet gestellt.

jetzt neue Matratzen benutzt, nämlich PVC-Matratzen, wie sie auch beim Formel 1-Rennen verwendet werden. Dann wird der Tuffboden der Bahn mit Sensoren sorgfältig auf seine Feuchtigkeit hin überprüft. Weiterhin wurde vereinbart, in absehbarer Zeit schwerere Pferde anstatt wie bisher Vollblüter für das Rennen auszuwählen, die von ihrer Morphologie her für den unebenen Boden besser geeignet sind. Zuletzt wurden stimulierende und betäubende Medikamente für die Pferde verboten und zusätzliche tierärztliche Untersuchungen eingeführt.

Eine andere Reaktion auf die Präsenz der Massenmedien stellte 1981 die Einrichtung des erwähnten *Consorzio per la Tutela del Palio* dar, einer Gesellschaft mit beschränkter Haftung, die mit dem Magistrat der Contraden und der Stadt Siena zusammenarbeitet. Die Vereinigung hat den Zweck, das Bild des Palios und der Contraden in der Weise zu bewahren, dass kein Missbrauch damit getrieben werden kann, indem zum Beispiel entsprechende Symbole zu Werbezwecken eingesetzt oder bei Festlichkeiten in anderen Städten benutzt werden. Auslöser für die Gründung waren verschiedene Ereignisse, wie Mitte der siebziger Jahre der Verkauf einer Postkarte, die den *Tamburino* der Contrada della Chiocciola zeigte, welcher in Kostümen des Festes der Stadt Asti im Piemont auftrat (Magrini 1986: 182). 1980 versuchte der Autokonzern Fiat, mit der Contrada dell'Aquila, die gerade einen spektakulären Palio-Sieg errungen hatte, um Aufnahmen für eine Werbekampagne für eine neue Automarke zu verhandeln. Die Contrada beschied dieses Ansinnen, bei dem immerhin eine große Summe Geld im Spiel war, abschlägig. Das traditionelle Erbe wurde mit der Einrichtung des *Consorzio* sozusagen unter Markenschutz gestellt. Jede Art der Reproduktion von Bildern, Wappen, Kostümen und Farben der Contraden ist untersagt, sofern sie nicht genehmigt wurde. Auch der kommerzielle Handel unterliegt der Kontrolle. Gegenstände in Souvenirläden werden überprüft, um sicherzustellen, dass ihre Nachbildung authentisch ist.[213]

Weiterhin müssen Fernsehaufnahmen vom Palio autorisiert werden. Sie werden nur erlaubt, wenn garantiert ist, dass sie die Bedeutung des Festes nicht verändern. Jedes gewonnene Bildmaterial bleibt Eigentum der Stadt, bis eine Veröffentlichung genehmigt ist. Über die Verwendung des Materials muss eine genaue Vereinbarung getroffen werden. Journalisten müssen sich bei der Stadt akkreditieren lassen, wenn sie über den Palio berichten wollen. Dabei handelt es sich nicht allein um bloße Kontrolle, vielmehr haben die Übertragungsrechte auch für den Fernsehsender RAI ihren Preis: Sie müssen bezahlt werden. Das *Consorzio*

---

213 Selbstdarstellung des *Consorzio per la Tutela del Palio* im Internet (zuletzt besucht am 17.05.2000): http://www.vps.it/tutela-palio-siena/

versteht sich allerdings nicht ausschließlich als Kontrollinstanz und fiskalische Einheit, sondern ebenso als Organ der Unterstützung für diejenigen, die an einer ernsthaften Berichterstattung über den Palio für informative oder kulturelle Zwecke interessiert sind. Vor allem Personen von außerhalb sollen sachgerecht eingeführt werden, damit vorschnelle Urteile, Vorschläge und Verallgemeinerungen vermeiden werden, bevor sie nicht »Seele und Geist« des Palios und die Empfindungen der Contradaioli verstanden haben.[214]

Traditionen und Selbstbilder

Ich möchte jetzt einen Zeitungsartikel und die darauffolgenden Reaktionen heranziehen, um den Diskurs über die Traditionalität des Festes im Zusammenhang mit der Tierschützerkritik zu veranschaulichen. Am 18. August 1998, zwei Tage nach dem Palio, erschien auf der ersten Seite der großen römischen Tageszeitung *La Repubblica* ein Editorial, in dem der Autor, Michele Serra, seinen Kommentar zur Debatte abgab, das sienesische Fest mit beißendem Sarkasmus bedachte und einer grundsätzlichen Negativ-Einschätzung unterzog. Ich zitiere einen Auszug:

> »[...] Tonfall und Inhalt dieser Polemik würden dem, der wie der Schreiber das Unglück hat, weder Sieneser noch Pferd zu sein, an sich eine umsichtige Neutralität suggerieren. Aber der Anblick des Palios zu Mariä Himmelfahrt, all dieses glühende Aufkochen menschlicher Leidenschaft, verhindert den Gebrauch des Verstandes und zieht sogar die Außenstehenden in diesen unglaublichen Höhepunkt von Vermessenheit und Fanatismus, der zwei Mal im Jahr vom Campo strömt, welcher sich in einen Schlachthof von Bestien und eine Irrenanstalt von Menschen verwandelt hat. Mit Angestellten von Monte dei Paschi, die kollabieren, jungen Mädchen und Ehemännern, die aufeinander losgehen, und alten Adligen, die wie Besessene mit apoplektischem Doppelkinn taumelnd umherrennen. All das als kollektive Demenz und/ oder grundlose Grausamkeit abzutun, wäre eine wirkliche Erleichterung. Aber das Spektakel des Palios (entsetzlich und großartig) schüttet erbarmungslos und mit wunderbarer Eloquenz die Macht der Traditionen aus, ihre rituelle Kraft und ihre düstere Faszination. Ich denke, dass es nichts so sehr gelingt wie dem Glauben an die Traditionen (religiöser und nichtreligiöser), über die Zeit hinweg menschliche Grausamkeit und Blödheit zu organisieren.«[215]

Serra vertritt in seinem Artikel die Ansicht, dass kulturelle und religiöse Riten und Glaubensinhalte allein aus Zeiten mit unaufgeklärtem Weltbild herrühren würden. Sie seien irrational, und dagegen könnte man wohl nichts machen, so

---

214 Zur Arbeit des *Consorzio per la Tutela del Palio* bis 1985 s. auch Magrini (1986), S. 180-191.

215 Abdruck im *Corriere di Siena*, 19.8.1998, S. 21. (Übersetzung der Verfasserin)

Serra, bis sich solche Identitäten verändert hätten. Er drückt übertreibend die Hoffnung aus, dass der »Virus des Palios« in zwei- oder dreihundert Generationen überwunden sei und man über das Rennen dann als barbarische Tradition offensichtlich dämlicher Urahnen reden würde. Bis dahin könnten vielleicht andere Formen des Abratens wirksam werden, zum Beispiel die (natürlich nur für Nicht-Sieneser gültige), den Fernseher auszuschalten, um mit einer so grausamen Dummheit nicht infiziert zu werden.

Den Vorschlag, die Übertragung des Palio-Rennens auf überregionaler Ebene zu unterbinden, haben auch Sieneser ins Feld geführt.[216] Aus dem gleichen umgekehrten Grund, nämlich um derartige Betrachtungsweisen zu verhindern. Der Inhalt des Artikels ist übertrieben und Serra ein bekannter Satiriker. Der Artikel spitzt eine bestimmte Sichtweise von außen jedoch treffend zu und wurde von vielen Contradaioli äußerst ernst genommen. Entsprechend sahen die Entgegnungen aus. In der Lokalzeitung *Corriere di Siena* folgte auf den Abdruck des Kommentars von Serra eine Flut von Leserbriefen. Darin wurde dem Verfasser intellektuelle Überheblichkeit und Ignoranz vorgeworfen. Haßvoller Neid wurde ihm unterstellt, und mit Unverständnis darauf verwiesen, dass er einige wenige Bilder im Fernsehen nicht als Beispiel für das ganze Fest nehmen dürfte. Es wurde gekontert, dass auch der Kommunismus, dem Serra lange angehangen hätte, schließlich eine Art des Glaubens wäre. Serra hätte die Haltung eines Kolonialisten, der ein primitives Volk zivilisieren wollte. Stattdessen sollte die Andersartigkeit der Sieneser respektiert werden. Sie hätten eben ihre Heimat, ihre Traditionen und ihre eigene Identität. Und wenn Serra längst tot wäre und sein Werk vergessen, dann würden die Leute in Siena immer noch um den Campo ziehen und sich wegen eines Pferdes und eines Reiters verrückt machen, dank ihrer dämlichen Großeltern.[217]

Die Auseinandersetzung um die Traditionen des Palios und der Contraden beschränkt sich allerdings nicht auf einige Zeitungsartikel in den Tagen des Festes. Sie ist vielmehr zum festen Bestandteil der Selbstdarstellung der Contraden allen Außenstehenden gegenüber geworden und außerdem Teil der Selbstvergewisserung innerhalb der Contraden, zum Beispiel in den Contraden eigenen Magazinen. Auch Contraden-übergreifende Zusammenschlüsse wie das *Comitato Amici del Palio*, das sich die Stärkung der Contraden-Traditionen in Siena zum Ziel gesetzt hat, nehmen auf die grundsätzliche Einschätzung des Palios von

---

216 Im *Corriere di Siena*, 18.8.1998, S. 30, fand sich z.B. in einem Leserbrief der Vorschlag, die Contraden darüber abstimmen zu lassen, ob man auf die Fernsehkameras nicht verzichten wolle.

217 *Corriere di Siena*, 19.8.1998, S. 22.

außen Bezug und versuchen darauf zu reagieren. Die Vergewisserung der eigenen kollektiven Identität findet gerade unter Bezugnahme auf Außenansichten statt. Durch Abgrenzungsdiskurse wird die Bedeutung der sienesischen Traditionen reformuliert.

Das Selbstbild, das in der Auseinandersetzung mit der Berühmtheit des Festes und der Konfrontation mit der Öffentlichkeit entsteht, bezieht sich stark auf die Geschichte, die Dauer über Generationen und das intakte Sozialleben, welches von sozialen Zerfallserscheinungen der heutigen modernen Welt abgegrenzt wird. Die Partikularität des sienesischen Lebens wird fast pathetisch beschworen. So schreibt Magrini zum Beispiel am Ende seiner Ausführungen über das *Consorzio per la Tutela del Palio* und die Tierschutzdebatte:

»Aber es ist dieser Palio [jener der Vergangenheit, A.-K.W.], auf den man sich immer beziehen muss, auf den Palio als Fest und auf die Contrada als einzigartige und unwiederbringliche Gelegenheit, welche die Gegenwart nur einer einzigen Stadt anbietet, um ein menschliches Maß zu behalten. Stadt der Gegenwart und Stadt der Zukunft, dem Neuen gegenüber nicht verschlossen, nicht feindlich gegenüber der Erneuerung, aber jedenfalls reicher auf dem Gebiet der menschlichen Beziehungen und der Fähigkeit, zusammenzuhalten, und zwar dank der Contrada. Und es ist im Namen dieser Möglichkeit, die uns die Geschichte überlassen hat, dass die Contradaioli von heute und morgen sich zwingen müssen, sich nicht allzu sehr zu verändern. Die Contraden haben die Moden und die Kriege überlebt: Der Geist der Contraden ist bis jetzt unbeschadet an der Schwelle zur Jahrtausendwende angekommen. Es bleibt das entscheidende Problem, nicht in die Falle der Angleichung an andere Gemeinschaften oder Clubs zu treten: Es ist die Suche nach einer Art und Weise, im Zeichen des gemeinsamen Contraden-Gefühls zusammenzusein, das uns jubeln und weinen lassen kann wie unsere Großväter und Großmütter. Die Traditionen einer großen und unvergleichlichen Vergangenheit in die Zukunft weiterzugeben, ist im Grunde die Aufgabe, welche die Sieneser sich seit Generation um Generation weitergegeben haben, von Jahr zu Jahr, von Jahrhundert zu Jahrhundert. Es ist gestern passiert und es passiert immer noch. Im Grunde stellen die Contrada und der Palio schon heute, aber noch mehr im kommenden Jahrtausend ein unerklärliches Mysterium dar. In einer Welt, in der die zwischenmenschlichen Beziehungen immer schwieriger werden, in einer Gesellschaft, in der nacheinander die Mythen und die Sicherheiten fallen, bleiben in Siena die Contraden [...]« (Magrini 1986: 203f.; Übersetzung der Verfasserin)

Diese Art der Betonung sienesischen Gemeinschaftsgefühls findet in Artikeln, Büchern oder Reden immer wieder statt, wird jedoch auch kritisch beleuchtet. Ich möchte ein weiteres Beispiel anführen, einen Artikel, der in einer Hochglanzbroschüre mit Bildern und Beiträgen zum Palio am 16.8.1998 erschien, und in dem die Autorin sich mit den Allgemeinplätzen und der Ideologie der Sieneser auseinandersetzt. Ein Auszug:

»Sagen wir die Wahrheit. Nach langem Füllen gedruckten Papiers mit unseren Worten und des Äthers mit unseren Stimmen, ist das, was uns zwischen den Händen geblieben ist, ein nicht wiederzuerkennender Palio. *Und der Palio dauert das ganze Jahr. Und die Contraden schützen das Territorium. Und die Sieneser lieben ihre Geschichte. Und in die Contrada tritt die Politik nicht ein. Und die Contrada nimmt den auf, der sie respektiert.* [...] Seit Jahren wiederholen wir diesen ›Brei‹, obwohl wir genau wissen, dass der Palio im Gegenteil für die meisten Sieneser am Abend des 16. August endet, genau zum selben Zeitpunkt wie für die Touristen. Dass die Contraden, wenn sie über ihr Territorium freie Hand haben, sehr menschlich dazu tendieren, es mit Motorrädern und gastronomischen Ständen zu füllen. Dass die Sieneser von ihrer Geschichte vor allem, und das meistens schlecht, die Schlacht von Montaperti und »die Republik zurückgezogen nach Montalcino« kennen. Dass die Contraden köstliche Gebiete politischen Einverständnisses sind. Dass viele Contradaioli leicht den Versuchungen rassistischer Färbung nachgeben. [...]«[218]

Die Autorin kritisiert die dauernde Wiederholung eines idyllischen Bildes, das vor allem für die Beobachter von außen konstruiert worden wäre. Geschichte und Erinnerung, sagt sie, seien zum großen Teil Projektionen der eigenen Fantasie, die der angeblich uniformen und entpersonalisierten Welt außerhalb der Stadtmauer als Alternative entgegengestellt würden. Gegen Romantik, meint sie, sei nichts einzuwenden, aber diese romantischen Bilder bewusst zu benutzen, sei unrichtig. Genauso wie es nicht richtig sei, alle politischen oder eigennützigen Interessen damit zu bemänteln, dass sie dem Erhalt der Contraden und der Erinnerung an die Stadtgeschichte dienen würden. Die wirkliche Contraden-Kultur, so behauptet sie, würde ebenso wenig interessieren wie die Geschichte. Es würde vielmehr ideologischer Missbrauch betrieben. Denn auch die Geschichte sei nicht durchweg positiv gewesen, sondern von teilweise sehr opportunistischen Machtinteressen der Regierenden geprägt. Sie plädiert dafür, den Palio als das zu sehen, was er in seiner realen Dimension ist: Ein kollektives unkompliziertes Fest und ein faszinierendes Spiel.

In diesem Artikel wird die Mythisierung des Palios und der Contraden angegriffen. Selbstreflexiv werden die externen Beobachter als wesentlicher Bestandteil der Selbstdarstellung ausgemacht. Die geschieht in eher sachlicher Weise, allerdings ebenfalls als eine positive Form der Selbstvergewisserung. Verteidigt wird immer noch die Existenz des Festes und der Gemeinschaften. Kritik in dieser expliziten Form ist eher selten, vorherrschend ist die weiter oben genannte Heroisierung der Contraden. Eingesetzt werden dabei die Gefühle der Verbindlichkeit und der Solidarität, das »Maß des Menschlichen« und seine Beständigkeit in einer sich rasch wandelnden Welt. Kontinuität und Sicherheit werden ebenso angesprochen wie die Tiefe der Emotionen. Die Emotionen sind

218 Piccinni, Gabriella: Palio, luoghi comuni e ideologia. In: *Palio, i giorni della festa*, 16.8.1998, S. 46. (Übersetzung der Verfasserin)

es ohnehin meist, über die die Contraden und das Palio-Fest definiert werden. Auch in anderen Artikeln sind der Bezugspunkt die Gefühle der Contradaioli, die als Begründung und Rechtfertigung für ihr Verhalten angegeben werden. Die Existenz des Palios zu erklären, sei unmöglich, heißt es auch hier oft, denn er sei vor allem das, was man nicht sähe. Verwiesen wird auf das Nicht-Erklärbare, auf extreme Gefühle von Freude und Schmerz.[219] Die gleichen Motive tauchen immer wieder in ähnlichen Beschreibungen, vor allem schriftlichen, aber auch verbalen, auf. Der innere Zustand beim Palio wird als *follia*, Wahn, charakterisiert, als irrationales euphorisches Empfinden. Von Zugereisten und Wahl-Contradaioli aus dem Ausland wird die Leidenschaft als »ansteckende Krankheit« beschrieben oder auch als »Virus«.[220] Auch sie empfinden eine Anziehungskraft, der sie sich nicht entziehen können, eine Identifikation mit dem Geschehen, das auf der Verstandesebene scheinbar nicht zu fassen ist und deshalb in Metaphern gefasst wird (vgl. 3.3.).

Der Stolz darauf, etwas bewahrt zu haben, was woanders vermeintlich nicht mehr zu finden ist, prägt das Selbstbild der Contraden-Mitglieder in wesentlichem Maß. Es geht mit einem Gefühl der Überlegenheit einher und ebenso der Überzeugung, dass andere die Sieneser um diese Traditionen beneiden.[221] Kritische Stimmen sind dabei ebenso zu vernehmen wie affirmative Stellungnahmen.

5.5. Exklusivität der Zugehörigkeit

Der häufigste Vorwurf an die Studenten lautet, sie würden sich nicht integrieren. Gleichzeitig geht damit oft die Ablehnung einher, Fremden die Contrada nahezubringen. So erzählt Laura, dass sie nie auf die Idee kommen würde, einen Studenten mit in die Contrada zu nehmen. »Einmal zum Essen vielleicht, gut, aber dann reicht es auch!«, sagt sie lachend. Ja, sie seien verschlossen, gibt Laura

219 Z.B. Artikel von Fabiana Meini / Benedetta Caselli in *Barbicone*, Nr. 2, Dicembre 1998, S. 16.

220 Z.B. Artikel von Emmanelle Yverneau in »Palio, i giorni della festa« vom 18.8.1998, S. 52. Siehe auch Luchini (1985), S. 318. Bei Luchini, S. 317-335, finden sich anschauliche Anekdoten über die Konsequenzen leidenschaftlich empfundener *Senesità*.

221 Als ich zufällig einmal eine alte Frau aus einer Contrada kennenlerne, die neben mir auf einer Bank sitzt, erklärt sie mir überzeugt, der Palio und der *Corteo Storico* seien so schön, solch ein schönes Fest gäbe es auf der ganzen Welt nicht noch einmal. Ähnlich wird der Bezug zur »Welt« von einem Informanten bei Liebscher beschrieben: »Das ist also eine Stadt, um die uns die ganze Welt beneidet, weil wir es geschafft haben, bis heute dieses Erbe weiterzugeben.« (2001: 51)

unumwunden zu. Aber das sei auch mit den eigenen Leuten, also den Mitgliedern innerhalb der Contrada, der Fall. Es würde zwischen *Serie A* und *Serie B* unterschieden, also denen, die häufiger kommen, und denen, die nur selten in der Contrada zu sehen wären. Laura erzählt ebenfalls von einem amerikanischen Freund, der versucht hätte, in ihre Contrada einzutreten: »Ich habe ihm gesagt, dass das nicht geht, dass die Contrada der exklusivste Club der Welt ist und er einem anderen beitreten soll,« kommentiert sie dieses Unterfangen. Es gäbe nicht viele Fremde in der Contrada, sagt sie. Und einmal mehr führt sie aus, dass es mit dem Palio wie mit der erotischen Leidenschaft sei: Man könne es nicht erklären, man müsste es erleben.

Die Gefühle für die Contrada werden als trennendes Merkmal der Zugehörigkeit ausgemacht. Die Liebe zur Contrada, der Wunsch des Zusammenseins, das Bedürfnis, für die Gemeinschaft zu arbeiten, und die Leidenschaft für den Palio gelten neben dem Respekt vor den Traditionen als Kennzeichen eines »echten« Contradaiolo. Angenommen wird, dass diese emotionale Bindung bereits im Kindesalter durch die entsprechende Sozialisation und die mit ihr verbundenen sinnlichen Eindrücke entsteht und im Laufe der Jahre wächst. Die Mitgliedschaft ist also rückwärtig betrachet auf einen langen Zeitraum hin angelegt. Eben einen, der das ganze Leben umfasst, insofern die Contrada für sich in Anspruch nimmt, ihre Mitglieder von der Geburt bis zum Tod zu begleiten und in einem anderen Bild das Leben selbst darstellt (vgl. 2.4.). Damit scheinen sich später erworbene Zugehörigkeiten auszuschließen. Das ist und ist auch nicht der Fall. Denn der Erwerb der Zugehörigkeit wird zwar hauptsächlich über den Geburtsort auf dem Territorium einer Contrada oder die Abstammung, d.h. die Zugehörigkeit der Eltern bestimmt (vgl. 2.3.), kann aber auch durch freie Wahl vollzogen werden. Es finden sich Fälle, in denen zwar die Eltern einer Person keiner Contrada angehören, diese Person aber zum Beispiel durch ein anderes Mitglied der Verwandtschaft, wie Onkel oder Tante, in die Contrada gebracht worden ist. Auch räumliche Nähe des Wohnorts kann ausschlaggebend für den Wunsch sein, einer bestimmten Contrada anzugehören. Leidenschaftlich bekundetes Interesse und Teilnahme an den Aktivitäten der Gemeinschaft, vor allem die Übernahme von Diensten, letztlich also die aktive Identifikation, gelten als ausreichende Zugangvoraussetzung. So ist es zum Beispiel Elisabetta ergangen:

»Ich bin nicht in Contrada F geboren, ich bin außerhalb Sienas geboren und dann im Alter von drei Jahren zurückgekehrt und habe in [... *Name des Ortes*] gelebt, was nicht zur Contrada gehört. Wenigstens nicht, weil es außerhalb der Mauern liegt, aber es ist ein Gebiet, das sozusagen von Contrada F übernommen ist. Also habe ich mich aus der Contrada F gefühlt. Ich bin 1936 geboren, und 1939 gabe es keinen Palio, wegen des Krieges, aber nachdem der Krieg zu

Ende war, gab es wieder einen Palio. [Ich: Also sind Ihre Eltern aus Contrada F?] Nein, nein, meine Eltern sind nicht aus Contrada F, wir sind nach [... *Name des Ortes*] gekommen und das liegt eben außerhalb der Mauern. Man sagt ›estramoenia‹, wenn jemand sich in der Stadt befindet... [Ich: Also haben Sie sich dazu entschieden, Contrada F anzugehören?] Es war, weil ich, wie kann ich es sagen, weil ich mich Contrada F zugehörig fühlte. Weil ich dort zur Schule ging, nahe Contrada F, auf dem Gebiet der Contrada. Dann kamen zum Beispiel diejenigen, die nach einem Obulus für die Contrada fragten, und es kam Contrada F, nie eine andere Contrada. Dann fühlte ich mich, als nach dem Krieg der erste Palio begann, aus Contrada F, und von da an begann ich in die Contrada einzutreten, aber ich habe langsam begonnen und sie im Grunde erst später wirklich besucht, als Kind weniger, es brauchte erst mehr Bewusstsein."[222]

Es wird zwar großes Engagement verlangt, prinzipiell aber stehen die Contraden jedem offen. Dabei haben die verschiedenen Zuwanderungsphasen die Merkmalsbestimmung des Sieneser-Seins ebenso verändert wie die Bedingungen der Contraden-Zugehörigkeit. Park beschreibt, dass sich durch die Erweiterung des Stadtgebiets einerseits die Definition der Contraden-Zugehörigkeit vom Recht des Geburtsorts hin zum Abstammungsrecht erweiterte. Und er stellt fest, dass sich mit der Zuwanderung aus der Umgebung der Stadt Ende in den fünfziger Jahren, sowie der Zuwanderung aus dem Süden Italiens in den sechziger und siebziger Jahren weiterhin die Unterscheidung zwischen Sienesern und Nicht-Sienesern wandelte. War es vorher ausreichend, in Siena geboren zu sein, wurde es vor allem mit der Zuwanderung aus dem Süden, welche für den sienesischen Lebenswandel als bedrohlich empfunden wurde, ausschlaggebend, sowohl in Siena geboren zu sein als zusätzlich auch, sich selbst als Sieneser zu »fühlen«. Mit dieser Bedeutung, die das Empfinden gewann, wurde die Anerkennung des Sieneser-Seins, so Park, einmal mehr exklusiv; eine Exklusivität, die sich nicht nur gegen die Zuwanderer, sondern im Allgemeinen gegen die Veränderungen der letzten Jahrzehnte richtete. (Park 1992: 85) Park argumentiert, dass in diesem Zug auch die Contrada als Ausdruck von *Senesità* an Bedeutung gewann. Durch das Festhalten an den Traditionen und der Geschichte grenzte sich Siena von den Veränderungen der modernen Welt ab und erhielt ein Bild seiner Besonderheit aufrecht. Die Contradaioli als Sieneser durch Geburt und zusätzlich durch ihre Identifikation mit den Traditionen wurden zu den »echtesten« Sienesern und die Contraden zum Symbol sienesischer Kultur. Park geht davon aus, dass die reale historische und soziale Bedeutung der Contraden damit überbetont wird und in den letzten sechzig Jahren eine entscheidende Neukonstruktion der lokalen Identität stattgefunden hat. (1992: 85f.)

---

222 Interview vom 23.3.2000.

Interessant im Hinblick auf die Frage der Konstruktion von »innen« und »außen« ist Parks Feststellung, dass Sieneser, die keiner Contrada angehören, folgerichtig mit »Fremden« zusammengeworfen werden. Die diffizilen Unterscheidungen nach Herkunft einer Person und ihrem Selbstverständnis als Sieneser/in oder Contraden-Angehörige/r, fielen mir immer wieder auf. Mich selbst als Außenstehende stürzte das mitunter in Verwirrung. So behauptete die 26-jährige Simona, als ich sie kennenlernte, sie sei nicht in einer Contrada, käme allerdings aus Siena. Ich nahm an, dass sie keine Contraden-Zugehörigkeit besitzen würde. Später erfuhr ich, dass sie doch einer Contrada angehörte, jedoch nur als Kind teilgenommen hatte. Simona betonte, dass sie außerhalb von Siena wohnen würde, und erläuterte, dass sie große Gruppen nicht gerne mögen würde, genausowenig würde sie sich in der Frauengruppe der Contrada wohlfühlen. Es sei eine Sache der persönlichen Vorlieben, sagte sie. Bei unseren späteren Begegnungen versuchte Simona immer wieder deutlich zu machen, dass man in Siena leben könnte, ohne einer Contrada anzugehören. Sie verteidigte sich sozusagen als Teil einer existierenden Gruppe, welche in der Realität nicht die Minderheit, sondern die Mehrheit in Siena darstellt. Mir erscheint es bezeichnend für die symbolische Aufgeladenheit der sienesischen Identität durch die Contraden-Gemeinschaften. Das Konzept des Sieneser-Seins, ohne gleichzeitig einer Contrada anzugehören, ist sozusagen nicht vorgesehen.[223] Tatsächlich aber ist es so, dass die Identifikation mit der Contrada nicht zwangläufig stattfinden muss, auch wenn eine formale Zugehörigkeit besteht. Besagen die Regeln der Mitgliedschaft, dass man die Zugehörigkeit ein Leben lang behält, so stellt sie sich in diesem Fall als Wahl dar, als eine aktive Identifikation, die situationsabhängig auch deaktiviert werden kann. Ich weiß nicht, ob Simona ihre Zugehörigkeit gegenüber anderen Contradaioli im gegebenen Fall »aktiviert«, kann es mir jedoch vorstellen; ich vermute, dass sie es mir gegenüber, die ich »Insiderinformationen« suchte, ablehnte, die Contraden zu repräsentieren, als gebürtige Sieneserin jedoch wahrgenommen werden wollte.

Ein anderes Beispiel für solch einen Fall war Paola, eine 30-jährige Doktorandin der Kunstgeschichte. Ich lernte sie bei meinem ersten Aufenthalt als Sprachlehrerin kennen und erfuhr von ihr, dass sie nicht aus Siena, sondern aus Vicenza kommen würde, weshalb ich darauf verzichtete, sie als Informantin ins Auge zu fassen. Bei einem unserer späteren Treffen, als ich bereits Zugang zu einer Contrada gefunden und einiges an Informationen gesammelt hatte, stellte sich zu meiner Überraschung heraus, dass es sich anders verhielt. Paola war

223 Vgl. dazu auch Liebscher (2001: 69f.), die zu einer ähnlichen Feststellung kommt.

verlegen, als sie es mir gestand. Sie erklärte, dass ihre Eltern beide aus Siena seien, sie selbst zwar in Vicenza geboren wurde, dort jedoch nur die ersten fünf Monate ihres Lebens verbracht hätte. Paola beichtete, dass sie immer sagen würde, sie sei nicht aus Siena, weil ihr die Contraden nicht gefallen würden. In Siena, erzählte sie, würde man immer als erstes gefragt, aus welcher Contrada man kommt, und dazu hätte sie keine Lust. Also würde sie sofort sagen, sie sei nicht aus Siena. Auf meine Nachfrage stellte sich heraus, dass sie sogar einer Contrada angehört. Es hätte eine Zeit gegeben, als sie jünger gewesen wäre, erzählte sie, in der auch sie hingegangen wäre und mit den anderen Mädchen begeistert gejubelt hätte. Aber sie hätte dann doch sehr schnell gemerkt, dass sie damit nichts anfangen könne. Die Contraden, sagte sie aufrichtig, würden sie langweilen und sie regelrecht bedrücken. Siena sei sehr klein, und das Denken in den Contraden sehr eng.

In Paolas Fall wird also nicht nur die frühere Zugehörigkeit zu einer Contrada geleugnet, sondern als Vorsichtsmaßnahme gleich die Herkunft aus Siena selbst, um jegliche Identifizierung von außen zu vermeiden. Auch hier wird die Gleichsetzung Sienas mit den Contraden deutlich, und ebenso, wie in der sozialen Interaktion innerhalb der Stadt Unterscheidungen nach Contraden getroffen werden und damit weitere Zuschreibungen erfolgen. Um sich dem System der Zuschreibungen zu entziehen, verhindert Paola die Möglichkeit weiterer Nachfragen und stellt sich freiwillig ganz nach außen. Damit begibt sie sich auf eine für sie und andere klare Position der Nicht-Identifikation. Sie tut, wovon überzeugte Contradaioli sagen, dass man es nicht tun könne: Sie wählt die Nicht-Zugehörigkeit, sie wählt ihre eigene Identität. Der Grund dafür ist wie bei Simona eine subjektive Antipathie gegenüber dem Gruppengeschehen und eine zusätzlich ein Mangel an Identifikationspotential.

Der übliche Diskurs in den Contraden ist der, dass die Zugehörigkeit und ebenso das Empfinden der Bindung jenseits der bewussten Entscheidung des Individuums liegen. Mit der Vorstellung, dass die Zugehörigkeit gleichsam natürlich gegeben ist, wird die eigene Bindung verstärkt. Indem verneint wird, dass sie gesucht, abgelehnt oder verändert werden könnte, wird eine exklusive Identität erzeugt. Auf meine Feststellung hin, dass es schließlich auch eine Form der Wahl sei, in welchem Grad man aktiv am Leben der Gemeinschaft teilnähme, wurde mir zumeist spontan ein »Nein« entgegengehalten. Laura zum Beispiel widersprach sofort: »Es ist keine Wahl. Es ist das Leben. Wir werden hineingeboren und wachsen damit auf.« Sie erklärte, dass sie verschiedene Rollen im Leben hätte, aber die der Contradaiola würde ihr immer bleiben. In die Contrada, erzählt Laura, ginge sie, wenn sie neben ihrer Arbeit und ihrem Freund Zeit hätte. Es würde für sie Entspannung bedeuten, dorthin zu gehen. Es sei wie in der Familie. Sie müsste keine Maske tragen, da alle sie von klein auf kennen würden. Dort würde man sie zum Beispiel immer noch mit ihrem Kindernamen rufen, was sonst nirgendwo der Fall wäre. Aber man müsste aufpassen, meint sie, dass einen die Contrada nicht zu sehr besetzen würde, um sich nicht selbst zu »ghettoisieren«. Ihrer Meinung nach sei es richtig, die Contrada parallel zum normalen Leben zu leben, so wie das auch in der Beziehung mit einem Mann richtig sei. Wenn man immer zusammen wäre, könnte man sich nichts mehr geben. Man dürfte nicht in die Contrada gehen, sagt sie, wenn man nicht wüsste, wohin man sonst gehen sollte, sondern nur dann, wenn man ein erfülltes Leben hätte.

Laura ist sich über den Wert, den die Contrada für sie hat, sehr bewusst. Im Gegensatz zur Selbstverständlichkeit, mit der die Zugehörigkeit zunächst als gegeben vertreten wird, wird im Verlauf des Gesprächs deutlich, dass sie ihre aktive Teilnahme durchaus steuert und ihre Rolle nach eigenen Maßstäben ausfüllt. Auch bei ihr hat die aktive Identifikation eine Bedeutung. Sie bemüht sich mit wachem Geist darum, dass ihre Partizipation emotional fruchtbar bleibt. Diese Fruchtbarkeit sieht sie gerade dadurch gewährleistet, dass die Teilnahme auf einer willentlichen Entscheidung beruht und eine Ergänzung zu anderen Lebensbereichen darstellt. Sie reflektiert ihre Zugehörigkeit zur Contrada, erhält sie aufrecht und setzt ihr Engagement in der Gemeinschaft mit klaren Zielsetzungen ein. Und zwar, indem sie den Contraden-Aktivitäten sehr bewusst einen bestimmten zeitlichen und auch emotionalen Platz in ihrem Leben einräumt. Dass es eine Wahl ist, sich für die Contrada zu entscheiden, wurde auch in anderen Gesprächen immer wieder deutlich. Enrico zum Beispiel sagte, Contradaiolo zu sein bedeute für ihn, das Leben zu wählen, das die Contrada vorschlägt. Für ihn sei die Contrada wie eine Utopie, meinte er, viele verschiedene Organismen in einem einzigen, der die Jahrhunderte überstehen würde. Und auch Silvia hob verschiedentlich hervor, dass der erste Schritt zum Eintritt in die Contrada in dem Entschluss bestünde, aktiv zu sein.

Aber zurück zu der Exklusivität der Gemeinschaften. In Anbetracht der oben beschriebenen Abgrenzungstendenzen gegenüber Außenstehenden stellt sich die Frage, wie es um die tatsächliche Integration neuer Mitglieder in die Contraden und vor allem die Aufnahme Fremder, die nicht aus Siena stammen, steht. Die Antwort auf diese Fage lautet: Es geschieht, aber es geschieht selten. Wenn ich wissen wollte, ob es auch Fremde bzw. Ausländer in den Contraden gebe, wurde mir immer geantwortet, dass das durchaus der Fall sei. Häufig wurden dabei die selben Personen angeführt, welche als Ausländer einen gewissen Bekanntheitsgrad erreicht hatten. Wie zum Beispiel »Mister Roy« aus der Bruco, ein US-Amerikaner, der immer wieder zum Palio kam, und der, kurz bevor er starb, im Krankenhaus am Telefon vom ersten Sieg der Bruco nach dreißig Jahren erfuhr. Ebenfalls einen Amerikaner gab es als Besucher in einer anderen Contrada, einen Literaturprofessor, der sich bei einem Aufenthalt in Siena für die Contraden zu interessieren begonnen hatte, zufällig Leute aus dieser einen Contrada kennenlernte und dort Freundschaften schloss. Jedes Jahr reiste er nun zum Palio nach Siena, blieb einige Tage in der Stadt und hielt über das Jahr hinweg durch Briefe und Telefonate den Kontakt zur Contrada aufrecht. Er hätte sich einfach eingefügt, erklärte mir Silvia begeistert, und wie ihm das gelungen sei, sei ihr selbst ein Rätsel, doch er hätte einfach verstanden, was sie als Contradaioli bewegen würde. Gleichzeitig stellte sie ihn mit diesem Verständnis immer wieder als besonderen Ausnahmefall dar.[224] Andere Ausländer oder Nicht-Sieneser in einer Contrada, auf die verwiesen wird, sind prominente Persönlichkeiten wie z.B. der Bürgermeister von Turin, der sich der Selva verbunden fühlt. Es handelt sich dabei also eher um Personen, die einen Gaststatus haben, je nach öffentlichem Ansehen und sozialem Status unter Umständen als Ehrengast. Für die Selva erzählte mir ein Contradaiolo, dass es einen Schweizer gegeben hätte und auch einen jungen Belgier, die sich für den Palio begeistert hätten und dann immer zum Palio oder auch zu anderen Festen gekommen wären, Leute von außerhalb sonst jedoch wenig präsent seien. Dass es im Grunde keine Leute von außerhalb gäbe, die am Leben der Contrada dauerhaft teilnehmen, hörte ich auch aus der Onda, aus der Oca und aus der Bruco. Die *chiusura prottetiva* (schützende Geschlossenheit) ist wirksam. Gäste sind durchaus willkommen, während es sich mit der akzeptierten Zugehörigkeit anders verhält. Gerade bei den großen Festen wie dem *cena della prova generale* vor dem Palio-Rennen oder auch dem Siegesmahl sind viele Menschen anwesend, die nicht zur engeren Gemeinschaft der jeweiligen Contrada gehören: Touristen, Besucher, auch Personen aus anderen Contraden, ebenso wie diejenigen Contradaioli, die das Jahr über selten am Gemeinschaftsleben teilnehmen. Auch für einen Gast ist es möglich, an den intimeren Essen in der Società teilzunehmen, sofern er Leute kennt, die ihn einladen,

224 Als ich diesem Amerikaner bei einem meiner Aufenthalte in der Società der Contrada zufällig begegnete und Silvia uns einander aufgeregt vorstellte, freute ich mich und war gespannt auf den Austausch mit ihm. Doch er blieb reserviert, beachtete mich trotz meines Versuchs, einen Kontakt zu ihm herzustellen, nicht weiter und überließ sich weiter der Plauderei mit einigen Contradaioli. Ich hatte den Eindruck, dass er deutlich eine Grenze zwischen sich selbst als Insider und mir als zufällig dazugekommener Außenseiterin zog. Ich interessierte ihn nicht, im Gegenteil demonstrierte er mir unmissverständlich die Unlust, seine Sonderposition zu teilen.

und dem offenen und interessierten Besucher werden die Dinge meiner Erfahrung nach gern erklärt und gezeigt. Die Grenzen zwischen Gast und Mitglied bleiben jedoch erhalten, ebenso wie die Differenzen innerhalb der Mitgliedschaft.

Auch ich als Forscherin hatte letztlich immer einen Status als Gast. Wie stark meine Rolle aus Sicht der Contradaioli von vornherein feststand, wurde mir erst nach Abschluss der Forschung klar. Ich kam mit der Vorstellung nach Siena, als teilnehmende Beobachterin Zugang zu finden und am Contraden-Leben aktiv teilzunehmen. Ich spürte schnell, dass Anwesenheit noch lange keine Teilnahme darstellte, spätestens in dem Moment, als ich das erste Mal bei einem Essen in der Contrada saß und keiner der am Tisch Sitzenden mich auch nur anblickte. Und dabei blieb es. Trotz der Bekanntschaften, die ich schloß, und einiger Freundschaften, und obwohl ich an Festen und Alltagsaktivitäten teilnahm – nie hatte ich das Gefühl, dazuzugehören. Ich war da, aber ich war nicht Teil der Gemeinschaft. Letztlich blieb ich isoliert, auch wenn ich aufgrund meiner Rolle als Ethnologin zufällig im Mittelpunkt stand, weil ich z.B. ein Gruppeninterview führte, oder wenn ich rein äußerlich betrachtet genau das tat, was die anderen taten. Die notwendigen Beziehungen hatte ich stets zu Einzelpersonen. Je mehr von ihnen zufällig da waren, desto besser. Das konnte mir für den Moment sogar ein Gefühl von Aufgehobenheit vermitteln. Meistens jedoch gab es nur eine oder zwei Personen, die ich bereits kannte und die ich in die Società oder zu bestimmten Ereignissen begleitete.

Die Räume der Gemeinschaft waren der Ort, der in mir die größten Beklemmungen hervorrief. Es war mir im höchsten Maß unangenehm, in diesen geschützten Raum zu treten, den Fremde sonst nicht betraten, und mich Gesichtern gegenüberzusehen, die sich alle kannten, während ich niemanden kannte. Es war ein Gefühl, wie als Fremde in eine Dorfkneipe zu gehen oder unangekündigt in eine fremde Wohnung zu kommen, in der die Familie beim Essen sitzt. Dazu trug bei, dass ich meist mit Zurückhaltung begrüßt, überhaupt nicht beachtet oder lediglich mit kurzen Blicken gestreift wurde. Man aß und unterhielt sich weiter, ob ich nun mit am Tisch saß oder nicht. Unterhaltungen oder freundliche Begrüßungen entstanden grundsätzlich erst durch die Vermittlung der mir bekannten Person, wenn sie mich jemandem vorstellte. Von sich aus kam niemand auf mich zu. Was mich nicht zuletzt in eine Persönlichkeitskrise stürzte, da ich mir meine eigene Schüchternheit zum Vorwurf machte und dachte, dass es leichter wäre, wenn ich die Zurückhaltung der Leute mit sprühender Lebendigkeit und umwerfendem Charme durchbrechen könnte. Dass ich durch meine Ruhe zwar nicht alle vom Hocker riss, bei einigen aber gerade deshalb Vertrauen gewann, wurde mir erst später klar. Andererseits jedoch gab es den Raum außerhalb der Societàs, und zwar die ganze Stadt, in der die Contraden-Angehörigen sich ja ebenfalls bewegten. So traf ich Leute auch bei sich zu Hause, bei der Arbeit, an der Universität, in Cafès und auf Bänken.

Als ich einer befreundeten Contraden-Angehörigen meine Erfahrungen der Fremdheit und der Distanz schilderte, nickte sie nachdenklich und sagte: »Und nun stell dir vor, was eine Person erleiden mag, die aus dieser Contrada ist und die gleiche Behandlung erfährt.« Sie äußerte sich über die Enge der Gemeinschaft, über Gerüchte, Intrigen und negative Meinungen auch gegenüber Mitgliedern der eigenen Contrada. Ist die Position als Außenstehende für Fremde normal und wird ihnen durch den Gaststatus eine eindeutige Rolle zugewiesen, entstehen Differenzen auch innerhalb der Gemeinschaft vor allem dadurch, dass einige Mitglieder intensiv am Gemeinschaftsleben teilnehmen, andere hingegen weniger. Dieser Umstand wird im allgemeinen selbstironisch mit dem im Sport gebräuchlichen Begriff von *Serie A* und *Serie B* (entspricht der Ersten und Zweiten Bundesliga) benannt. Unter Serie A werden die Contradaioli gefasst, die ganzjährig aktiv anwesend sind, unter Serie B diejenigen, welche die Contrada nur selten aufsuchen, vorwiegend zu den Festen im Sommer. Für einen weniger häufigen Besuch in der Contrada mag es viele Gründe geben, übereinstimmend jedoch wird für diese Contradaioli die Schwierigkeit genannt, aus der zeitlichen und räumlichen Distanz heraus einen Zugang zu finden. Diese interne Differenzierung stellten sich mir als ein immer wiederkehrendes Thema dar. Also die verschiedenen Ebenen der Zugehörigkeit, bei der es nicht allein um das Kriterium formaler Mitgliedschaft geht, sondern um die befestigte Mitgliedschaft in Form der Teilnahme am Gemeinschaftsleben.

Ähnlich wie neu Hinzukommende sind Personen, die die Contrada seltener aufsuchen, mit der Geschlossenheit der Gruppe konfrontiert. Von ihnen werden eigene Bemühungen erwartet, um diese Geschlossenheit zu durchbrechen und sich in die Gemeinschaft einzufügen. Sie stoßen auf eine Zurückhaltung, die zunächst unüberwindlich erscheint, sich mit dem entschlossenen Willen zur Teilnahme jedoch öffnet. Wie es aus Sicht der aktiven Contradioli um die Integration dieser Personen bestellt ist, erläutert Silvia:

»Auch für jemanden, der vielleicht außerhalb von Siena arbeitet, oder der aus irgendeinem Grund vom Stadtzentrum entfernt wohnt, ist es schwierig, wenn ihm nicht die Verkehrsmittel zur Verfügung stehen, um zur Contrada zu gelangen. Und es ist eine Sache, die wirklich schwierig ist, weil man sich ausgeschlossen fühlt... denn wir sind sehr leidenschaftlich. So jemand, der durchaus die gleichen Gefühle haben kann wie jemand, der die Contrada regelmäßig frequentiert, bleibt deshalb ein wenig am Rand und sieht... Sagen wir, weil es leicht ist, eine

Gruppe zu sein, zusammenzusein, wenn du dich täglich siehst. Und das spürt derjenige, diese Personen fühlen sich ein wenig ausgeschlossen. Und oft finden sie nicht... es wird immer gesagt, dass sie die Schwierigkeiten des Eintreten-Wollens nicht sehen. Und auch ein wenig durch eigene Schuld fühlt die Person, die vielleicht interessiert ist, sich wie... Es ist wie, was weiß ich... Du kommst zu mir nach Hause, kennst niemanden und bist ein bisschen scheu. Und dort ist es genauso, verstehst du? Dann gelingt es dir vielleicht, mit mir zu sprechen, mit meiner Schwester, danach wird es dann eine Sache... Aber der erste Schritt kommt von der Person selbst. Zu uns sind zum Beispiel Jungen gekommen, die wir nie zuvor gesehen hatten, Jungen, die schon vierzehn oder fünfzehn waren, und sie haben sich wunderbar eingefügt. Aber sie haben als erste den Schritt gemacht. Und die mit dieser Erfahrung sind viel aktiver als diejenigen, die drin sind, weil sie die verlorene Zeit aufholen müssen, verstehst du? Es gibt viele Jungen und Mädchen, die die verlorene Zeit aufholen, es sind sie, die mehr Ideen haben, mehr Lust, etwas zu machen, etwas zu entwickeln. Es gibt sie, und sie haben sich gut integriert. Und meiner Meinung nach ist es schwierig, denen, die die Contrada regelmäßig besuchen, klar zu machen, dass wir als Hausherren es sind, die die Tür für denjenigen öffnen müssen, der von draußen kommt. Deswegen habe ich dir gesagt, dass wir als Gruppen ein wenig verschlossen sind. Wenn die Gruppen sich gefestigt haben, bleiben sie ein wenig zu fest in dem Sinn, dass es niemals einen Spalt gibt. Es ist für den, der von draußen kommt, schwierig, zumindest diesen Spalt zu erreichen. Wenn jemand dann einen kleinen Spalt aufgemacht hat, findet er sich vor einem breiten Loch. Er wird sich bewusst, dass die ganze Zeit, die er dachte, dass es nicht möglich wäre einzutreten, verlorene Zeit gewesen ist. Aber es ist immer dieser kleine Schritt, der... Es ist dieser kleine Schritt, er ist klein, aber es ist das, was... Es ist all das, es ist eine Mauer, die... es ist eine kleine Treppe, die du hinab- oder hinaufsteigen musst, um drinnen einzutreten.«[225]

Ich habe diesen Aspekt des Zusammenschlusses nach innen deutlich gemacht, um das Bild der Verschlossenheit der Sieneser zu beleuchten und um darzustellen, dass es um den »inner circle« verschiedene Ringe gibt. Die Contraden-Gemeinschaften stellen keine Identität des Entweder-Oder bereit. Es wird vielmehr deutlich, dass Contraden-Identität auch innerhalb einer Contrada ständig in einem aktiven und veränderlichen Prozess hergestellt wird. Die formale Mitgliedschaft genügt weder, die eigene Identifikation hervorzubringen, noch, die Identifizierung der anderen zu gewährleisten. Die Contraden-Identität knüpft sehr stark an den sozialen Zusammenhang, sie ist nicht nur symbolisch begründet, sondern vor allem durch Interaktion in der Gemeinschaft, durch die Bindungen der Beziehungen. Die soziale Akzeptanz innerhalb der Gruppe entsteht erst durch regelmäßige Teilnahme und die Übernahme von Diensten, durch die Demonstration der Identifikation mit der Contrada. Und auch diese Akzeptanz ist situationsabhängig. Ein 28-jähriger Contradaiolo aus der Oca, der zu den anderen Mitgliedern seiner Contrada ausgesprochen konfliktäre Beziehungen hatte, erklärte,

225 Interview vom 26.11.1998.

dass er in dem Moment wieder willkommen wäre, wenn es um *cazzotti* oder fehlende Leute ginge. Auch dieser junge Mann ist durch sein Verhalten ein Beispiel dafür, dass die Contraden-Identität an sich erstmal nichts besagt, dass sie eine Form ist, ein Angebot, das gefüllt werden muss und ein individuelles Selbstverständnis in Bezug auf diese Identität hervorbringt. An seinem Fall wird deutlich, dass mehr noch als die Hervorbringung die Aufrechterhaltung der Identität ein bewusster Prozess eigener Entscheidungen und Handlungen ist. Ist die Sozialisation des Kindes in die Contrada noch eine Entscheidung der Eltern oder Verwandten, wodurch ein Grundstein der Identitätsbildung gelegt wird, wird die Aufrechterhaltung der Identität zum Gegenstand willentlicher Prozesse des erwachsenen Subjektes. Es ist auffällig, dass die eigene Contraden-Identität, als Kind unhinterfragt gelebt, für einige meiner Informanten im Alter von etwa Mitte zwanzig zum Inhalt ihrer kritischen Reflexion wurde. Also einer Zeit, in der das Jugendalter zu Ende ist. In diesem Moment stellt sich die Contraden-Zugehörigkeit als eine Wahl dar, die von jedem Einzelnen individuell vollzogen wird. Das betrifft sowohl die Frage, wann und an welchen Aktivitäten der Contrada man teilnimmt, in welchem Rahmen und mit welcher Rolle, welche Aufgaben eventuell übernommen werden, als auch die Frage der Meinungen und Haltungen gegenüber einzelnen Aspekten des Gemeinschaftslebens. Es geht für das Individuum also wirklich um die Frage: Womit identifiziere ich mich, und nachfolgend um die Konsequenzen aus diesen Handlungen.

Diese Konsequenzen können durchaus verschiedene Möglichkeiten beinhalten. Das Gemeinschaftsleben kann ebenso bejaht wie abgelehnt werden, bestimmte Seiten können gutgeheißen und andere kritisch beurteilt werden, woraus Nicht-Teilnahme ebenso folgen kann wie eine eingeschränkte Teilnahme sowie der Versuch der Veränderung innerhalb des Systems. Interessant dabei ist, dass gerade dieser Punkt der Reflexion auch das Verhältnis zur Außenwelt widerspiegelt, insofern junge Erwachsene sich in der Welt eigenständig zu verorten beginnen. Die Umschlossenheit durch das System der Contraden löst sich auf und ein Blick auf die Welt entsteht, verbunden mit dem Studium, Auslandserfahrungen, Kontakten zu Leuten mit nicht-sienesischem Hintergrund, die Berührung mit gesellschaftlichen und politischen Ideen. Die eigene Beziehung zur Welt muss hergestellt und mit der Beziehung zur Contrada verbunden werden. Auch das ist für die verschiedenen Generationen jeweils eine unterschiedliche Erfahrung, da andere Aspekte des modernen Lebens wahrgenommen und auch anders beurteilt werden. Jede Generation bringt ihr eigenen Erfahrungen mit, die sich auf das Gemeinschaftsleben der Contraden auswirken. So lange keine Abkehr von der Contrada stattfindet, führen die Erfahrungen der jeweils jüngeren Generation, die sich mit bestimmten gesellschaftlichen Bedingungen, Ideen und Erfordernissen konfrontiert sieht, fast zwangsläufig zu Veränderungen innerhalb der Contraden.[226] Wobei die Ablösung und Veränderung keinesfalls leicht verläuft und im Gegenteil gerade die Schwierigkeit von Veränderungen zu erheblichen Frustrationen führen kann.

Zusammenfassende Betrachtung der Beziehungen zur Welt außerhalb

Die Welt außerhalb von Siena beginnt hinter der Stadtmauer. Als in den 20er und 30er Jahren des 20. Jahrhunderts außerhalb der Mauern neue Wohnquartiere entstanden (vgl. Kapitel 2.1.), dehnte sich die Stadt aus. Zu diesem Zeitpunkt entstanden zwei Stadtbereiche: neben dem »echten«, authentischen Siena des historischen Zentrums das angegliederte der außerhalb liegenden Peripherie. Waren es vorher die Bauern, die außerhalb der Stadt lebten und von der Stadt abhängig waren, so entwickelte sich mit der Entstehung der neuen Wohnbezirke eine Unterscheidung der Stadtbewohner selbst, insofern diejenigen, die außerhalb wohnten, den privilegierten Status der Stadtbewohner innerhalb der Mauern nicht mehr teilten. »*Nelle lastre*«, auf den Pflastersteinen, geboren zu sein und zu leben, galt als Kriterium für eine »wahrere« sienesische Identität. (Park 1992: 84) Diese Unterscheidung macht sich auch heute noch bemerkbar. Wenn sich mit dem Wohnort innerhalb des Zentrums auch kein ausgesprochenes Überlegenheitsgefühl verbindet, so ist er zumindest für Contradaioli doch ein Zeichen der Identität und wird im Allgemeinen von ihnen selbst als Vorteil betrachtet. Auf dem Gebiet der Contrada, also innerhalb der Mauern, geboren zu sein, gilt immer noch als unterscheidendes Merkmal bezüglich der internen Differenzierung. Neben der Abstammung, also der Zugehörigkeit der Eltern, wird das Aufgewachsen-Sein auf Contraden-Territorium als Merkmal betrachtet, das generell eine stärkere Bindung hervorruft. Auch in der Contrada geboren worden zu sein, wird mit einem gewissen Stolz hervorgehoben.

In diesem Kapitel wurde in neuen Kontexten deutlich, dass die kulturelle Identität der Contraden eine ausgeprägt lokale ist. Und mehr als das. Der lokale Identitätskomplex ist nicht nur an einen Ort gebunden, sondern ausgesprochen territorial verortet. Innerhalb der Stadtmauern bezieht er sich in der Differenzie-

226 Beispiele dafür sind die Studentenbewegung von 1968, die Frauenbewegung in den siebziger Jahren und soziale Bewegungen in den 1980ern. Auch das Internet und neue Freizeitangebote in den 1990ern führten zu Veränderungen.

rung der siebzehn Stadtteilgemeinschaften auf die Territorien der einzelnen Contraden, und in Bezug auf die Außenwelt wird die Grenze an den Stadtmauern gezogen. Die Wahrnehmung ist eine räumliche und der Raum selbst erhält Symbolkraft durch Geschichte und die fortgeführten Traditionen. Die physische Umgrenzung wird zur Schwelle zwischen innen und außen. Der historische Stadtkern von Siena wird von den Contraden-Gemeinschaften als Aktionsraum benutzt, hier spielen sich Feste, Alltagsleben und Rituale ab, in deren Mitte das Palio-Rennen steht. Von den Contradaioli wird der Stadtkern, wenn er den eigenen Wohnort darstellt, als starkes Zeichen der Zugehörigkeit gewertet, und vor allem in der kindlichen Sozialisation werden hier sinnliche Alltagserfahrungen geprägt. Durch das Zusammenfallen von Raum und Gemeinschaft wird eine im Alltag gelebte Sozialstruktur gefestigt und verankert. Dass die Beziehungen der Contraden zu ihren Mitgliedern sich über die Grenzen der Stadtmauer ausgedehnt haben, insofern die meisten Angehörigen in der Peripherie wohnen, ist Gegenstand einer Diskussion möglicher Veränderungen, deren Realisierung als problematisch betrachtet wird. Die Tendenz geht nicht zur Ausweitung der Contraden außerhalb des Zentrums, sondern behandelt wird eher die Frage, wie die Erreichbarkeit des Zentrums und der Contradensitze auch für außerhalb wohnende Mitglieder verbessert werden kann.

Obwohl der Raum Siena in sich geschlossen scheint und eine klare Grenze hat, wie sie architektonisch deutlicher und symbolisch bildhafter kaum sein könnte, finden vielfältige Bewegungen über die Grenzen hinweg statt. Und zwar sind das in kultureller Hinsicht Bewegungen der Personen ebenso wie der Medien und der »Ideen«. Obwohl oft klein und oft provinziell geschimpft, zieht Siena als Universitätsstadt viele Studenten an und als kunsthistorisch bedeutende und landschaftlich reizvolle Stadt Massen von Touristen. Und auch die sienesische Kultur selbst, am stärksten repräsentiert durch den Palio, ist Anlass für einen großen Andrang von Besuchern, und zwar aus aller Welt. In diesen Beziehungen zur »Welt« müssen sich die Contradaioli verhalten, es entsteht ein Prozess der gegenseitigen Wahrnehmung, der für die Aufrechterhaltung der lokalen Identität von nicht zu unterschätzender Bedeutung ist. Wird der Alltag auch innerhalb der Mauern gelebt, so findet eine Verständigung über das, was die Contraden sind und sein sollen, auch durch die Beziehungen zur Außenwelt statt. Eigenheiten, Besonderheiten und Charakteristika der eigenen lokalen Identität werden reflektiert, und die Frage, welche Wertung lokale Traditionen in der heutigen Welt verdienen, wird seitens der Betroffenen selbst zum Gegenstand der Betrachtung. Dieses hohe Maß an reflexiver Auseinandersetzung scheint mir sehr bedeutsam. Obwohl die Contradenmitgliedschaft in der Regel eher als gegeben angesehen und noch viel mehr empfunden wird und das gesamte System der Contraden auf seine angeblich ungebrochene und unveränderte geschichtliche Existenz bezogen wird, wird deutlich, dass es sich gerade in der heutigen Zeit mit dem globalen gesellschaftlichen Wandel um einen permanenten Prozess der aktiven Vitalisierung, reflexiven Begründung und bewussten Verhandlung in Beziehung auch zur Außenwelt handelt. Das betrifft das gesamte Gefüge der Contraden ebenso wie den Einzelnen. Identifikationen werden in Abgrenzung vorgenommen, in Frage gestellt, verteidigt und auch modifiziert. Einerseits bezieht sich das auf konkrete Handlungen und Haltungen im Alltag, auf Bestandteile des öffentlichen Rituals und festlicher Abläufe, andererseits wird ein entsprechender Meta-Diskurs geführt. Unter Einbeziehung aktueller Diskurse aus den Medien, die als Herausforderung wirken, werden Diskurse über Traditionen und Selbstbilder entwickelt.

Die Medien stellen einen entscheidenden Punkt dar, weil durch sie weitreichende Öffentlichkeit überhaupt erst hergestellt wird. Die technologische Entwicklung und Ausbreitung der Massenmedien in den letzten zwei Jahrzehnten ist eine der grundlegenden Voraussetzungen, unter denen die weltweite Verbreitung kultureller Bedeutungen stattfindet. Wie verhält sich also eine lokale urbane Gemeinschaft im ausgehenden 20. Jahrhundert, die über ein hochkomplexes Sozialgefüge samt entsprechender Ritualisierungen und Traditionen verfügt, wenn sie ins Licht der Öffentlichkeit gerät und massiv mit externen Betrachtungsweisen konfrontiert wird, deren weitere öffentliche Wirksamkeit sie kaum steuern kann? Wenn lokale kulturelle Praktiken in die Schusslinie einer global verbreiteten und durch die Medien gestützten Bewegung geraten? Wenn ideelle Geistesströmungen und Vorstellungen von kultureller »Zivilisiertheit« mit diesen Praktiken als unvereinbar dargestellt werden? Siena reagiert im Bereich der Medien mit einer ausdrücklichen Schutzmaßnahme, und zwar der Beschränkung des medialen Zugriffs und der Steuerung der Bilder. Auf einer ganz konkreten Ebene, und zwar der des globalen Zeitalters, werden hier kulturelle Bedeutungen verhandelt und umkämpft. Seitens der Sieneser sehr entschieden, und zwar nicht nur in Form von Abwehr und Widerstand, sondern durchaus profitabel für die eigene materielle Versorgung. Entgegen der verbreiteten Vorstellung, dass die Subjekte den Vorgängen der Globalisierung sozusagen willenlos ausgeliefert sind, findet sich hier ein Beispiel bewusster und effizienter Selbstaneignung der Medien und der Medienkontrolle. Es geht um die Steuerung von Bildern nicht nur im konkreten Sinn, sondern auch im übertragenen, insofern sie Zeichen und Träger von Bedeutungen sind, was die lokale Kultur betrifft. Bilder stehen hier als Zugang und Symbol für Identität, mittels derer die Selbstwahrnehmung gegenüber der Fremdwahrnehmung konstituiert werden soll. In diesem Zusammenhang habe ich gezeigt, wie die Identität der ganzen Stadt mit der Kultur der Contraden »aufgeladen« wird. Die Contraden und der Palio sind zum Symbol des Sienesischen, von *Senesità* geworden, wodurch die Stadt sich selbst in eine bestimmte Beziehung zur Außenwelt setzt. In Folge der Verflechtung von Stadt und Palio muss zum Beispiel der Bürgermeister die Contraden in Angelegenheiten des Palios repräsentieren. Der Palio ist kein belangloses »Traditionsfest«, sondern wird er unter anderem durch die Tierschützer-Kritik regelrecht zum Politikum, in das der oberste Repräsentant der Stadt involviert ist. Schließlich wurde deutlich, dass das »Lokale« keinesfalls nur in Beziehung zum »Globalen« gesehen werden kann, sondern dass das Nicht-Lokale vielmehr auch die Ebenen des Regionalen und Nationalen umfasst, wie am Beispiel der Studenten aus Süditalien gezeigt wurde. Inwieweit scheinbar Globales manchmal nicht nur teilweise global ist, zum Beispiel europäisch, steht zur Diskussion.

Am Beispiel des sienesischen Tourismus wird deutlich, wie »kulturelles Kapital« der Verwertung und Vermarktung dient. Lokale Kultur ist zum Symbol der Unterscheidung geworden, das den Ort als unverwechselbar kennzeichnet, und zwar im Hinblick auf Besucher der Stadt zu einem finanzkräftigen Symbol. Gleichzeitig werden mit der »Kapitalisierung« des Kulturellen, allgemeiner gefasst der Austauschbeziehung zwischen dem Ort und den Besucherströmen, Identitäten generiert. Da der Palio als hervorragendstes Symbol sienesischer Identität viele Touristen anzieht und aus Sicht der Stadt auch anziehen soll, da er die Authentizität des Ortes suggeriert, befindet er sich im Blickfeld der Betrachtung von außen. Und steht damit gleichzeitig zur freien Verfügbarkeit, was die Betrachtungsweise betrifft. Einerseits wird diese Verfügbarkeit durch Maßnahmen wie das *Consorzio per la Tutela del Palio* zu beschränken versucht. Darüber hinaus ist es wichtig zu sehen, dass im Gegenzug eine Legitimierung der Traditionen stattfindet, um diese kulturelle Ressource zu festigen. Im Spannungsfeld globaler Bewegungen wird der Ort selbst zum Gegenstand der Rückbindung. Simonicca (1999: 3) schreibt zum Tourismus:

»Culture becomes both a sign of distinction and an inalienable product of the place; the cultural products assume the physical form of capital; the regrafting of space and symbol generates new local identites. However, to affirm a place identity it is necessary to turn to a fundamental ressource, to a legitimisation; that is, the motivating force of tradition. Above all it is difficult to maintain a sense of historical continuity when confronted with the fluidity of variable accumulation: about which it is ironically said that tradition maintains itself through its own commercialisation which in a sense is a construction and a limitation of identity through a collage of imploding space. The space therefore becomes a social construct of high symbolic intensity, depending on the social structure that it itself has created.«[227]

Das ist für Siena sehr deutlich zu sehen. Es findet im Fall des Palios als Touristenereignis einerseits und substantiell sienesisches Ereignis andererseits eine »kommunikative Repräsentation« statt (Simonicca 1999: 10, unter Bezug auf Cohen 1988), die sich hier allerdings nicht auf »das Spiel des geteilten Blickes zwischen Bild-Erzeugern und Bild-Benutzern« beschränkt (ebd.), sondern bei der dieser Blick umkämpft und die Konsens-Ebene verhandelt wird. Die Bezugnahme auf die Traditionen und das Argumentationsmuster der historischen Wurzeln dienen als Strategie in der Neubestimmung und -bewertung von lokaler Identität, welche durch den Tourismus nicht als einzigem Auslöser, aber als einem wesentlichem Faktor angestoßen werden.

Die Kategorien des »Innen« und des »Außen« präsentieren sich auf vielen Ebenen. Kontextabhängig stehen den Contraden-Gemeinschaften im Alltag die Studenten genauso gegenüber wie die Zugezogenen und die nicht-teilnehmenden Mitglieder, während es beim Palio vorrangig die Touristen sind. Verschiedene Perspektiven auf die Contraden wurden beleuchtet, die aus der Außenperspektive häufig die Enge betonen, während aus der Innenperspektive eher die Vielfalt und die Verbindlichkeit des Gemeinschaftserlebens sichtbar werden. Das Bild der Verschlossenheit wird hingegen von beiden Seiten angeführt. Es ist sowohl Bestandteil des Selbstbilds als auch der Außenbetrachtung und wird in entsprechenden Kontexten unterschiedlich bewertet.[228] Die kulturelle Identität der Contraden beruht auf einem permanenten Prozess der wechselseitigen Zuschreibung und formiert sich unter Zuhilfenahme verschiedener Diskurse. Gerade kritische Stimmen werden genutzt, um die eigene Identitätskonstruktion zu untermauern und problemlos in die eigene Sichtweise integriert. Und die lokale, territoriale Ausrichtung wird ausgerechnet unter Einbeziehung von Elementen des Globalen gestärkt.

---

227 Simonicca bezieht sich bei der Idee, dass kulturelles Kapital genutzt wird, um hinsichtlich des Tourismus eine ökonomische Steigerung zu erzielen, auf Harvey (1990: 369); bei der Idee des Raums als soziales Konstrukt von hoher symbolischer Intensität auf Giddens (1984).

228 So stellt Liebscher (2001: 51ff.) fest, dass die Traditionsgebundenheit, der die Verschlossenheit zugeschrieben wird, von oppositionellen Parteimitgliedern im Stadtrat der Tendenz nach negativ beurteilt wird. Die »traditionell« rechten Oppositionsparteien – Siena wird seit Jahrzehnten von linken Parteien regiert – sehen in der sozialen Unbeweglichkeit die Ursachen für mangelnden Veränderungswillen auch auf politischer Ebene. In diesem Fall kehrt sich um, dass es normalerweise eher rechte Parteien sind, die Traditionen bewahren wollen.

Schluss

Ausgehend von Identitätstheorien in Ethnologie und Soziologie wurden in der vorliegenden Arbeit die Stadtteilgemeinschaften der italienischen Stadt Siena, die Contraden, untersucht. Am Fall der Contraden habe ich gezeigt, wie lokale Traditionen in einem bestimmten urbanen Umfeld nicht ohne Einflüsse des globalen Wandels existieren, und wie Prozesse kultureller Identität sich auf verschiedenen Ebenen einer inneren und äußeren Dimension vollziehen. Ich möchte die wesentlichen Punkte und Ergebnisse an dieser Stelle zusammenfassen.

Globalisierung als Bedingung der heutigen Welt erstreckt sich in verschiedenem Ausmaß nicht nur auf wirtschaftliche, sondern ebenso auf kulturelle und soziale Bereiche. Sie ist in Italien ebensowenig wegzudenken wie an anderen Orten der Welt. Tourismus und Migrationsbewegungen sind dabei ein Beispiel für menschliche Bewegungen, Bilder im Fernsehen eines für die Verbreitung von Ideen. Das Lokale verschwindet unter dem Einfluss zunehmender Vernetzung jedoch nicht, sondern erhält eine gleichberechtigte Position im Hinblick auf kulturelle Bedeutungen. Und was dem Lokalen trotz globaler Virtualisierung immer noch eine besondere Stellung einräumt, ist unter anderem seine Rolle als Alltagsraum und Ort konkreter Sinneserfahrung. Unter dem Aspekt kultureller Identität haben beide Räume, der lokale und der globale, gleichermaßen eine Bedeutung. Denn Identitäten werden nicht nur vor Ort geprägt, sondern ebenso durch Prozesse, die größere Dimensionen annehmen, auch wenn sie sich an einem bestimmten Ort manifestieren.

Die Contraden sind Gemeinschaften, die eine ausgeprägte Bindung an den sie umgebenden Raum besitzen. Der Raum stellt für ihre kulturelle Identität eine zentrale Kategorie dar. Innerhalb des Contraden-Territoriums befindet sich der Sitz der Contrada mit Kirche, Museum und Società, und an seinen Grenzen beginnt das Gebiet einer anderen Contrada. Über Plätze und Straßen definieren sich Erinnerungen, Kindheitserfahrungen und das Erleben naher menschlicher Beziehungen mit anderen Bewohnern, welche die Zugehörigkeit zur selben Contrada teilen. Der Raum wird durch Fahnen und Embleme an den Hauswänden symbolisch markiert, und er wird verteidigt, wenn an seinen Grenzen traditionelle Faustkämpfe stattfinden. Während des Palios vermeiden es viele Contradaioli, das Gebiet der rivalisierenden Contrada zu betreten. Es ist der Ort, an dem das Gemeinschaftsleben stattfindet und der als Eigenes besetzt wird. Gleichzeitig ist er eine problematische Kategorie, da die Gleichsetzung von Contraden-Zugehörigkeit der Bewohner und der Bewohner ihres Viertels nicht mehr wie früher gegeben ist. Mitglieder wohnen heutzutage zum größten Teil in Bezirken außerhalb des historischen Zentrums und damit außerhalb des Contraden-Gebiets. Anfahrtswege sind weit und führen neben anderen Faktoren zu einer geringeren Besuchsfrequenz in der Contrada. Indem die Alltagsbeziehungen der Mitglieder sich in anderen Räumen abspielen, die keine gemeinsame Contraden-Zugehörigkeit beinhalten, wird die Società zu einem in der Freizeit gelegentlich aufgesuchten Ort, der mit anderen Orten konkurriert. Die Societàs wurden eingerichtet, um einen Raum zu schaffen, der der Deterritorialisierung entgegenwirkt. Angebote und Veranstaltungen sollen den Mitgliedern Anreiz zum Zusammensein geben und das Erleben von Gemeinschaft fördern. Seit den sechziger Jahren, in denen sich das Zentrum zu entleeren begann, haben die Societàs gleichsam die Funktion der Straße übernommen, wo sich das Alltagsleben der Contraden zuvor abspielte.

Die kulturelle Identität der Contraden besitzt eine Dimension des Territorialen. Begrenzt wird das Territorium in augenfälliger Weise, nämlich durch eine Stadtmauer. Dadurch erhalten die Begriffe von »innen« und »außen« eine entscheidende Bedeutung. Innerhalb der Stadtmauern, also im historischen Zentrum, befinden sich die Gebiete der Contraden, außerhalb dagegen enden sie. Den Gebieten der Peripherie kommt im Hinblick auf die lokale Identität eine andere Qualität zu. Im Stadtzentrum geboren zu sein und zu leben gilt generell als Zeichen einer »echteren« Identität als Contradaiolo, denn in der Rangfolge der zugeschriebenen Werte des Wohnorts befindet sich die größtmögliche Nähe zur Contrada an oberster Stelle. Trotz anhaltender Diskussionen über Grenzveränderungen zugunsten einer Integration der Peripherie wird dabei jedoch an den alten Contraden-Gebieten im Stadtkern festgehalten. Die Schwierigkeiten, die sich daraus ergeben, spiegeln sich in den Gemeinschaftsbeziehungen und veränderten Traditionen. Beziehungsweise werden umgekehrt aktuelle Probleme, wie zum Beispiel eine zunehmende Gewaltbereitschaft unter Jugendlichen, auf die Delokalisierung auf der Mikroebene, also den veränderten Bezug zum Raum, zurückgeführt. Der nicht mehr geteilte Raum erzeuge Entfremdung und damit Anonymität in der direkten Konfrontation, so die generelle Aussage. Die fehlende Bindung an Gemeinschaft und Traditionen wird demgemäß durch negativ bewertete Individualisierung und Machtstreben des Einzelnen ersetzt. Hier tritt ein Generationenkonflikt zutage, der im Diskurs auf die Ebene der nicht mehr vorhandenen Werte verlagert wird (vgl. 4.3.).

Eine weitere Bedeutung kommt dem Raum dort zu, wo er mit Fremden geteilt wird. Mit Unmut wird es von Seiten vieler Contradaioli betrachtet, dass Gebäude auf Contraden-Territorium nicht den Gemeinschaften zur Verfügung stehen, sondern in ihren Augen zweckentfremdet sind, da sich in ihnen Büros, Geschäfte und universitäre Einrichtungen befinden. Außerdem wird ein großer Teil des Wohnraums im sienesischen Zentrum an auswärtige Studenten vermietet. Hier ist ein Konflikt erkennbar, der über die Linie der Wohnraumnutzung verläuft, gleichzeitig aber eine Trennlinie unterschiedlicher kultureller Identitäten beinhaltet (vgl. 5.2.). Zugeschrieben werden vor allem süditalienischen Studenten bestimmte kulturelle Eigenschaften, welche die Integration in die lokalen Sozialstrukturen verhindern. Da die Universität einen bedeutenden wirtschaftlichen und politischen Faktor im sienesischen Leben darstellt und eine Institution mit überlokaler Vernetzung ist, ist es interessant, dass an dieser Stelle Identitätsfragen verhandelt werden. Mit den nicht aus Siena stammenden Studenten wird einer der Beziehungskontexte gebildet, anhand derer lokale Identität durch negative Abgrenzung definiert wird.

Eine weitere Gruppe in Siena anwesender Fremder sind, vor allem in den Sommermonaten, die Touristen (vgl. 5.3.). Touristen werden beim wichtigsten Fest der Contraden, dem Palio, zur zentralen Kategorie für alle Außenstehenden. Deren Anwesenheit führt zu einer Selbstbetrachtung der Contradaioli und einer Auseinandersetzung mit fremden Sichtweisen. Die Rituale zur eigenen Identitätskonstruktion, vorwiegend die mit dem Palio verbundenen, finden nicht mehr im Kreis der Beteiligten, sondern unter den Augen von Besuchern statt. Beteiligt sind auch diese, insofern sie Anschauungen gewinnen, Meinungen äußern, Verhaltenweisen zeigen und diese nach außen tragen. Dies wiederum hat Auswirkungen auf das Selbstverständnis der Contradaioli. Durch die Anwesenheit Außenstehender werden lokale kulturelle Besonderheiten als solche nachhaltig reflektiert. Die Reflexion führt zu einer Verteidigung des Eigenen, oft durch eine Polarisierung der Standpunkte, und wirkt damit identitätsstützend. Im Diskurs werden die lokalen Traditionen abgegrenzt, mit Werten besetzt und als Besonderheit definiert. Dabei stehen »humane« Werte des lokalen Gemeinschaftslebens und enger face-to-face-Beziehungen der Entfremdung einer immer anonymer werdenden Gesellschaft gegenüber. Die Besinnung auf das Lokale findet unter Bezugnahme auf die Auflösung örtlicher Bindungen und Verbindlichkeiten statt. Gleichzeitig scheint gerade die Präsenz von Besuchern diese Reflexion erst zu ermöglichen. Tourismus als Phänomen der Globalisierung führt hier im Sinne der Identitätsbildung zur verstärkten Lokalisierung. Touristen sind bevorzugte Objekte der Kategorisierung als Outsider, da ihnen die größte Distanz zu den örtlichen Ereignissen zugeschrieben wird, und sie gleichzeitig eine betrachtende Haltung einnehmen.

Ähnlich wie die anwesenden Touristen spielen die Medien bei der Berücksichtigung lokal-globaler Beziehungen in Bezug auf den Palio eine herausragende Rolle (vgl. 5.4.). Das lokale Ereignis wird durch das Fernsehen live übertragen und findet weltweit Beachtung. Auch im Internet kann das Rennen verfolgt werden. Damit ist eine virtuelle Anwesenheit möglich. Die Printmedien stellen ihrerseits einen Raum, in dem Berichterstattungen, Debatten und Diskussionen über den Palio stattfinden. So hat sich die Tierschutzbewegung auf diesem Weg Öffentlichkeit verschafft. Als soziale Bewegung zählt die Tierschutzbewegung im Rahmen der Umweltbewegung ebenfalls zu einem globalen Phänomen. Einzelne in Italien ansässige Vereine kritisieren das Palio-Rennen aufgrund der häufigen Unfälle und Todesfälle von Pferden. Kritik seitens der Tierschützer und Verteidigungsargumente seitens der Contraden-Mitglieder finden sich in Zeitungsartikeln. Dabei werden typische Diskurse deutlich, die etwas über Selbstbilder und Fremdbilder der Contraden, und damit über Identitäten, aussagen. Die Medien sind Vermittler von Bildern. Die Sieneser lassen sich jedoch nicht in exotisierender Weise beschauen, sondern haben Maßnahmen der Selbstaneignung der Medien ergriffen. Ein eigens eingeführtes »Konsorzium für den Erhalt des Palios« reguliert den Bilderstrom und steuert die Verbreitung. An Sender und Journalisten werden (zu bezahlende) Lizenzen vergeben, ohne die eine Übertragung des Rennens nicht möglich ist. Damit trägt das öffentliche Interesse auch zur wirtschaftlichen Situation der Stadt bei. Ein Vermarktung der Lokalkultur wird einerseits begrenzt, indem unter anderem keine Werbung erlaubt ist, auf der anderen Seite wird sie gezielt eingesetzt, wenn es zum Beispiel um Fernsehrechte geht. Angestrebt wird eine größtmögliche Authentizität des Ereignisses. Eine nicht vermeidbare und auch gewünschte Öffentlichkeitswirksamkeit wird mit der »Unverfälschtheit« von Traditionen und ihrer selbstbestimmten Ausübung in Übereinstimmung zu bringen versucht. Aus diesem Bemühen um Echtheit der Wiedergabe spricht die Angst vor einseitiger Darstellung. Von außen, so wird oft betont, würde nur der Gewaltaspekt gesehen, der »thrill«, den das Rennen durch seine Gefährlichkeit für Pferd und Reiter besitzt. Der zuweilen auch handfeste Ausdruck der Rivalität zwischen den Contraden kann zusätzlich zur Befremdung der Besucher beitragen. Außensicht und Innensicht unterscheiden sich, da das soziale System, das hinter dem Palio-Rennen steht, für Besucher nicht ersichtlich ist. Dieses Umstands sind sich Contradaioli bewusst und reagieren oft mit Abwehr auf Beurteilungen von außen. Kritisiert werden Urteile und Einschätzungen, die auf mangelnden Informationen beruhen. Die Konstruktion von Identität findet wesentlich durch Abgrenzung gegenüber einer nicht verorteten Gruppe statt, welche die – tatsächliche oder vermeintliche – »öffentliche Meinung« ausmacht und deren Forum die Medien sind.

Grenzziehungen im Sinne der aktiven Identitätskonstruktion finden einerseits zwischen Sienesern und Nicht-Sienesern statt, andererseits zwischen den Contraden (vgl. 2. Kapitel). Die permanente Abgrenzung voneinander und die gegenseitige Konkurrenz sind grundlegend für das Contraden-System. Bereits im Kindesalter lernen die jungen Contradaioli, Mitglieder anderer Contraden zu unterscheiden. Dies geschieht einerseits durch symbolische Markierungen.Vor allem Namen, Wappen und Farben der Contraden werden zur Differenzierung benutzt und in unterschiedlichsten Situationen zur sichtbaren Zugehörigkeitsdemonstration verwendet. Daneben ist ein Set von Eigenschaften kennzeichnend für einzelne Contraden, die man als *labelling* bezeichnen kann (vgl. 1.1.), und auch essentialisierende Merkmale, wie gruppentypische Gesichtszüge, sind Bestandteil gegenseitiger Kategorisierungen. Zutage treten diese im Alltag verankerten Zuschreibungen vor allem beim Palio. Hier werden die verschiedenen Beziehungsformen ›Freundschaft‹, ›Neutralität‹ und ›Feindschaft‹ zwischen den Contraden deutlich ausgelebt. Eine Schlüsselrolle nehmen dabei die reziproken Rivalitäten ein (vgl. 4.3.). Diese Beziehungen weisen die stärksten Besonderheiten auf, da sie von großer Konkurrenz und emotionaler Intensität geprägt sind. In Liedern, Gesängen und Verspottungen wird auf die Feindschaften Bezug genommen, und auch die Unverletzbarkeit des Territoriums spielt eine wichtige Rolle.

Eine der Formen, mit denen die Mitglieder rivalisierender Contraden ihre Beziehung ausagieren, ist eine spezielle Art der Faustkämpfe. Dabei treten männliche Mitglieder gegeneinander an. Mit diesen sogenannten *cazzotti* wird Raum für ein Spiel mit körperlicher Kraft geschaffen, das im normalen Alltag gesellschaftlich nicht akzeptiert ist. Hinter den *cazzotti* steht ein streng normierter Kodex von Regeln, welche Anlass, Ort und Ausführung bestimmen. Vor allem jedoch kontrollieren diese Regeln das Verhalten der Kämpfenden, die unter anderem nur ihre Fäuste verwenden dürfen. Ermöglicht wird durch die Contraden-Zugehörigkeit eine symbolische Gegnerschaft, die weder persönlichen Charakter hat noch den Charakter von Gruppenfeindschaften trägt. Ritualisiert und spielerisch verortet, entsteht die Gegnerschaft im gegebenen Moment und ermöglicht ein männliches Messen der Kräfte, das von den Frauen gleichermaßen »mitkonstruiert« wird, indem sie sich mit der männlichen Überlegenheitsdemonstration identifizieren. Unabdingbar für den fairen Ausgang eines solchen Faustkampfes ist der »Handschlag« danach. Im Grunde erfüllen die *cazzotti* damit eine ähnliche Funktion wie sportliche Wettkämpfe, wobei ein wesentlicher Unterschied in der Integration in den sozialen Alltag liegt. Eingebunden in Gemeinschaftserfahrung und Gruppenidentität, macht die Tatsache, dass die Contraden Aspekte des ›fait social total‹ erfüllen, sich also auf alle Lebensbereiche des Individuums erstrecken, eine grundlegend andere Erfahrungsebene aus.

Im Reden über die *cazzotti* spiegeln sich interessante Sichtweisen. Hier wird ein Diskurs geführt, anhand dessen sich die Wahrnehmungen des Generationenverhältnisses ebenso beschreiben lassen wie Perspektiven auf die gegenwärtige gesellschaftliche Lage. Obwohl die Faustkämpfe ein contradenspezifisches Ritual sind, wird ihre Veränderung und der Verlust bestimmter Regeln auf den Wandel äußerer Umstände zurückgeführt. Äußere und innere Dimension verbinden sich auch in dieser Contradenangelegenheit. Werden sie regelgerecht abgehalten, gelten die Faustkämpfe unter den Contradaioli als ästhetisch schön und durchaus akzeptabel. Mehr noch: Sie sind gewollt und gewünscht, da sie eine Contradenbeziehung im Gleichgewicht abbilden. Sie gleichen der strengen Ausführung eines Rituals, das Unvorhersehbarkeiten ebenso verhindert wie Entgleisungen durch ungewollte Verletzungen und Gewaltanwendung. *Cazzotti*, die der Norm entsprechen, bieten den Rahmen einer lustvollen und sozial erlaubten Form der Aggression. Innerhalb Sienas sind diese Regeln und Normen bekannt und funktionieren auf der Ebene der Contraden-Rivalitäten sehr gut. Die Tatsache, dass die Praxis der *cazzotti* sich in den 1980er Jahren und zu Beginn der 1990er Jahre negativ verändert hat, wird im Reden darüber vor allem der Außenwelt geschuldet. Das gestörte Ritual wird zum Ausdruck für gesellschaftliche Zustände. Das sind zum einen die Deterritorialisierungsprozesse, die zu einer nicht mehr vorhandenen Gleichsetzung von Zentrums-Bewohnern und Contraden-Mitgliedern führen. Der Verlust des nicht mehr geteilten Alltagsraumes gilt als Auslöser für anhaltende Entfremdungsprozesse. Diese wiederum sieht man als Ursache einer zunehmenden Gewaltbereitschaft unter Jugendlichen. Zum anderen wird eine gespannte gesellschaftliche Stimmung, verursacht durch starke politische Krisen, Anfang der neunziger Jahre mit der damaligen übermäßigen Aggression in Zusammenhang gebracht. Auch die Tatsache, dass Instanzen außerhalb der Contraden, nämlich die Justiz und die Polizei, in die Geschehnisse eingegriffen hätten, wird als Ursache für die Störungen gesehen.

Ebenso wie die Faustkämpfe unterliegt das gesamte Palio-Fest einer hohen Ritualisierung (vgl. 3. Kapitel). Eingebunden in strenge, gleichförmige Abläufe, ist es eine Form für brodelnde Leidenschaften. Die Identifikation mit der eigenen Contrada wird beim Palio kollektiv ausgelebt. Zu keinem anderen Zeitpunkt zeigen sich die Contraden so geschlossen und einheitlich. Der Palio dient als Bühne zur gegenseitigen Präsentation und ist ein Forum des offenen Wettbewerbs. Mittels ritueller Elemente wie bestimmten Liedern und Gesängen wird die Überlegenheit und Stärke der eigenen Contrada beschworen und mit dem Rhythmus der Trommeln sinnlich internalisiert. Das *fazzoletto*, das Contraden-Symbol mit dem Wappen, welches das einzelne Mitglied trägt, kennzeichnet die Zugehörigkeiten und wird in diesen Tagen ständig getragen. Die Beziehungen der Contraden untereinander, vor allem die Rivalitäten, stehen im Mittelpunkt des Interesses und werden durch Lieder und Verspottungen geschürt. Contraden-Mitglieder bewegen sich in Gruppen durch die Stadt, in den Societas und auf den Straßen werden große Essen abgehalten, und auch Mitglieder, die sonst seltener anwesend sind, bilden beim Palio einen festen Teil der Gemeinschaft. Alles steht im Zeichen der Verbundenheit miteinander und der Konkurrenz zu anderen Contraden. Das Rennen selbst ist der Höhepunkt der sich über Tage steigernden Erwartung, auf das bei einem Sieg eine Entladung der Emotionen folgt. Gefeiert wird der Sieg wochenlang, Umzüge und Feierlichkeiten begleiten ihn.

Der Palio hat sowohl spielerische Elemente als auch Elemente politischer Handlungen. Die wichtigste Deutung des Palios ist jedoch die des Festes als Ritual (vgl. 3.3.). Er kann als kulturelle Performance betrachtet werden, bei der Identitäten vor sich selbst und der Öffentlichkeit repräsentiert werden. Gleichzeitig ist das Rennen ein öffentliches Ereignis, das eine zentrale Funktion für die Einheit der Stadt selbst übernimmt. Er stellt einen Wettbewerb und ein leidenschaftliches Spiel dar, das sich in einem rituellen Rahmen vollzieht. Diese Ritualisierung bietet den Contraden-Mitgliedern die Möglichkeit, bis an die Grenzen absoluter emotioner Intensität zu gehen. Das Erleben bei einem Sieg wird mit der Wirkung einer Droge oder eines sexuellen Orgasmus verglichen, als verrückt und mit dem Verstand nicht zu fassen. Die heftige emotionale Reaktion ist gleichzeitig ein Kriterium der Abgrenzung gegenüber Außenstehenden, welche das Überwältigt-Sein nicht annähernd in diesem Maß erleben können, da es unbedingte Identifikation mit der Contrada und Teilnahme am gesamten Ablauf voraussetzt. Als Ritual dient der Palio der mehrfachen Identitätssicherung, indem er nach innen, auf die einzelne Contraden-Gemeinschaft, bindend und vereinend wirkt, indem er die Contrada gegenüber anderen Contraden stärkt und abgrenzt, und indem er die Contraden als Gesamtsystem gegenüber der Außenwelt sichtbar macht. Durch Revitalisierung hat sich der Palio auch im veränderten gesellschaftlichen Kontext der letzten dreißig Jahre gehalten und an Symbolkraft für die Stadt Siena gewonnen.

Eine weitere Ebene der Differenzierung schließlich liegt innerhalb der Contraden. Die immer wieder als Kennzeichen herangezogene »Verschlossenheit« der Sieneser bezieht sich nicht nur auf Außenstehende, sondern ebenso auf Mitglieder der eigenen Gemeinschaft. Exklusionsprozesse finden gegenüber Mitgliedern statt, die die Contrada selten aufsuchen, und führen zu internen Einteilungen von Zugehörigkeit (vgl. 5.5.). Maßgeblich ist dabei der Grad der aktiven Partizipation, welche an der freiwilligen Übernahme von der Gemeinschaft dienlichen Tätigkeiten festgemacht wird. Ausschlaggebend sind die sozialen Kontakte, der Bekanntheitsgrad innerhalb der Contrada und die Tiefe der Identifikation. Auch das Territoriale kommt erneut ins Spiel, da die Nähe des Wohnorts und die Orte von Kindheit und Geburt bei der Identifikation mit der Contrada von Bedeutung sind. Je stärker die Bindung an das Territorium des eigenen Stadtteils, als desto enger gilt die Verbundenheit mit der Contrada. Der individuelle Bezug zum Raum wird als Identifikationsmarker eingesetzt. Hier wird sehr deutlich, dass die Identitäten der Subjekte ebenso durch die gegenseitige Wahrnehmung der Contraden-Mitglieder, d.h. Inklusions- und Exklusionsprozesse innerhalb der Gemeinschaft, bestimmt werden (vgl.1.1.).

Trotz des Kontaktes zu Menschen mit anderen kulturellen Erfahrungen, einem selbstverständlichen Umgang mit neuen Medien und einer ökonomischen, politischen und sozialen Eingebundenheit in globale Prozesse werden die lokalen Bindungen in Siena aufrechterhalten. Gerade vor einem globalen Hintergrund erhält das Lokale seine Bedeutung. Die Mitgliedschaft in den Contraden-Gemeinschaften wirkt sich für die Individuen ganz konkret im Alltag aus, da es sich um face-to-face-Beziehungen handelt, die um ein örtliches System kreisen. Die Rituale und Traditionen, auf die sich die Contraden beziehen, dienen der Perpetuierung des Gemeinschaftslebens und der Untermauerung städtischer Identität. Gleichzeitig werden diese Traditionen nicht losgelöst von übergeordneten Vorgängen aufrecht erhalten. Im Gegenteil: Die Durchführung der lokalen Rituale und Traditionen findet unter Einbeziehung »globaler« Elemente statt. Vor allem der Palio ist ein Schnittpunkt, bei dem sienesische Identitätskonstruktion und breite Öffentlichkeit zusammenfallen. Die Anwesenheit von Touristen und eine überragende Medienpräsenz sind Faktoren, die den Palio prägen. Aspekte der medialen und technischen Vernetzung und die dadurch entstehenden Prozesse gegenstandsbezogener Diskussionen sowie des praktischen Umgangs mit Medienmaterial werden in das lokale Geschehen integriert und verändern es. So geschieht es, dass gerade eine ausgesprochen lokal ausgeprägte kulturelle Identität, die sich unter anderem auf konkrete räumliche Orte und Grenzen bezieht und sich in ihrer kulturellen Besonderheit als exklusiv ortsbezogen versteht, sich auf räumlich nicht mehr einzugrenzende Prozesse stützt, welche auf die Identitätsbildung und -performanz einwirken. Es stellt sich weniger die Frage »Ob oder ob nicht«, sondern vielmehr die Frage nach dem »Wie« des Umgangs mit diesen Einflüssen. Die untersuchten Diskurse in den Contraden und in den Medien selbst zeigen, dass die sienesischen Traditionen unter selbstverständlicher Einbeziehung scheinbar (zer)störender Faktoren fortgeführt und permanent neu konstruiert werden. Gerade neuere Entwicklungen und Einschnitte fördern das Konzept von Kontinuität, das der kulturellen Identität der Contraden zu Grunde liegt. Es lässt sich feststellen, dass eine um die lokalen Traditionen kreisende diskursive Abgrenzung bei der Identitätsbewahrung am Ende des zwanzigsten Jahrhunderts einen wichtigen Stellenwert einnimmt.

Glossar

Alfieri: Fahnenschwinger einer Contrada

Assegnazione: Zuweisung der Pferde an die am Palio teilnehmenden Contraden drei Tage vor dem Rennen

Balzana: Fahne der Stadt Siena, obere Hälfte weiß, untere schwarz

Bandiere: Viereckige Fahnen mit dem Wappen und den Farben der Contrada

Barbaresco: Offizieller Pferdeknecht der Contrada beim Palio

Braccialetti: Hölzerne, in den Farben der Contrada bemalte Festleuchter

Brenna: Schlechtes Pferd beim Palio

Canape: Startseile beim Palio-Rennen

Capitano: Oberster Repräsentant der Contrada in Angelegenheiten des Palios

Cappotto: zweifacher Sieg einer Contrada in einem Jahr

Cazzotti: Faustkämpfe

Cena della prova generale: Gemeinsames großes Abendessen am Abend der Generalprobe vor dem Palio in jeder Contrada

Consorzio per la Tutela del Palio: Vereinigung zum Schutz des Palios, kümmert sich um die Rechte von Abbildungen des Palios oder der Contraden

Contrada: Einer der siebzehn Stadtteile innerhalb des historischen Zentrums von Siena

Contradaiolo (Pl. *Contradaioli):* Angehöriger einer Contrada

Corteo Storico: Historischer Umzug vor dem Palio-Rennen in Kostümen, erinnert an die Zeit der sienesischen Stadtrepublik

Estrazione: Auslosung der Contraden, die den Palio laufen

Estramoenia: außerhalb der Mauern (des Zentrums)

Fantino: Reiter/ Jockey beim Palio-Rennen

Fazzoletto: Seidenes Tuch mit dem Wappen und den Farben der Contrada

Festa Titolare: Jährliches Patronatsfest einer Contrada

Mangini: Assistenten des *Capitano*, es gibt zumeist zwei

Masgalano: Preis für die Contrada, die sich beim *Corteo Storico* am besten präsentiert

Montura: Festliches Kostüm der Contrada

Mossiere: Startrichter beim Palio

Paggio Maggiore: »Hauptpage«, Repräsentant einer Contrada bei offiziellen Anlässen

Palazzo Pubblico: Rathaus an der Piazza del Campo aus dem 13. Jhdt.

Palchi: Tribünen bem Palio

Palio: Pferderennen auf der Piazza del Campo, gleichzeitig das Banner, das als Preis verliehen wird

Partiti: Geheime Absprachen beim Palio-Rennen am Abend zuvor

Piazza del Campo: Großer muschelförmiger Platz im Zentrum des historischen Stadtkerns von Siena

Priore: Oberster gewählter Vertreter einer Contrada

Protettori: Zahlende Mitglieder einer Contrada, früher adelige Geldgeber

Prova Generale: Generalprobe am Abend vor dem eigentlichen Palio-Rennen

Rione: Stadtviertel, Nachbarschaft

Sede: Sitz der Contrada

Seggio (oder *sedia):* Ratsversammlung einer Contrada

Senesità: »Sienesität«, quasi Wesen des Sienesischen

Società: Räume der Contrada für Treffen und Freizeitaktivitäten; die Società hat meistens eine Bar, Säle zum Essen und eine große Küche, oft auch einen Garten, entstanden aus den »Gesellschaften der gegenseitigen Hilfe« im 19. Jahrhundert

Tamburino: Trommler einer Contrada

Torre del Mangia: Glockenturm am Palazzo Pubblico

Tratta: Auswahl der zehn Pferde für den Palio und Zuweisung per Los an die teilnehmenden Contraden

Zucchino: in Contrada-Farben bemalter Helm für den Reiter beim Palio

Bibliographie

Abbink, Jon 2000: Tourism and its Discontents. Suri-Tourist Encounters in Southern Ethiopia. In: Social Anthropology, 8:1. S. 1-17.

Abu-Lughod, Lila 1991: Writing against culture. In: Richard G. Fox (Hg.): Recapturing Anthropology. Santa Fe, N.M.: School of American Research Press. S. 137-162.

Agar, Michael H. 1980: The Professional Stranger. An Informal Introduction to Ethnography. New York u.a.: Academic Press.

Allum, P. H. 1973: Politics and Society in Post-War Naples. Cambridge: Cambridge Univers. Press.

Anderson, Benedict 1993: Die Erfindung der Nation. Zur Karriere eines folgenreichen Konzepts. Frankfurt a.M. (Original 1983: Imagined Communities. Reflections on the Origin and Spread of Nationalism. London: Verso.)

Appadurai, Arjun 1990: Disjuncture and Difference in the Global Cultural Economy. In: Mike Featherstone (Hg.): A.a.O. S. 295-310.

Ders. 1991: Global Ethnoscapes. Notes and Queries for a Transnational Anthropology. In: Richard G. Fox (Hg.): Recapturing Anthropology. Santa Fe, N.M.: School of American Research Press. S. 191-210.

Ders. 1996: Modernity at Large. Cultural Dimensions of Globalization. Minneapolis: University of Minnesota Press.

Ders. 1998: Globale ethnische Räume. In: Ulrich Beck (Hg.): A.a.O. S. 11-40.

Armstrong, E. 1900: The Sienese Statutes of 1262. In: English Historical Review, 15. S. 1-19.

Artusi, Luciano & Silvano Gabrielli 1978: Gioco, Giostra, Palio in Toscana. Florenz: Edizioni S.P. 44.

Dies. 1981: Il Palio di Siena. Florenz: S.P. 44.

Asad, Talal u.a. 1997: Provocations of European Ethnology. In: American Anthropologist, 99 (4). S. 713-730.

Assmann, Aleida 1994: Zum Problem der Identität aus kulturwissenschaftlicher Sicht. In: Rolf Lindner (Hg.): A.a.O. S. 13-35.

Badiani, Franco 1972: Le contrade di Siena come persone di diritto canonico. Siena: Pistolesi.

Balestracci, Duccio 1990: Le origine delle Contrade ed il loro rapporto con la festa. In: Comitato Amici del Palio, Atti del Seminario »Contrada è...«, Siena 2.2.-9.3.1990.

Balestracci, Duccio & Roberto Barzanti & Gabriella Piccinni 1978: Il Palio. Una festa nella storia. Siena: Nuovo Corriere Senese.

Banfield, Edward C. 1958: The Moral Basis of a Backward Society. New York: Glencol.
Barth, Fredrik 1969: Ethnic Groups and Boundaries. The Social Organization of Culture Difference. Bergen, Oslo: Universitetsforlaget.
Ders. 1981: Process and Form in Social Life. Selected Essays of Fredrik Barth. London: Routledge u. Kegan Paul.
Bauman, Zygmunt 1996: Glokalisierung oder Was für die einen Globalisierung, ist für die anderen Lokalisierung. In: Das Argument 217, 38. Jg. H. 5/6.
Baumann, Gerd 1999: The Multicultural Riddle. Rethinking National, Ethnic, and Religious Identities. London, New York: Routledge.
Bausinger, Herrmann 1993: Cultural Identity and Ethnicity in Europe. In: Ute Bechdolf u.a. (Hg.): Watching Europe. A Media and Cultural Studies Reader. Tübingen: Studien und Materialien 12. S. 21-32.
Beck, Ulrich 1997: Was ist Globalisierung? Irrtümer des Globalismus – Antworten auf Globalisierung. Frankfurt a.M.: Suhrkamp.
Ders. 1998 (Hg.): Perspektiven der Weltgesellschaft. Frankfurt a.M.: Suhrkamp.
Bell, Catherine 1992: Ritual Theory, Ritual Practice. New York, Oxford: Oxford Univ. Press.
Dies. 1997: Ritual. Perspectives and Dimensions. New York, Oxford: Oxford University Press.
Berg, Eberhard & Martin Fuchs (Hg.) 1993: Kultur, soziale Praxis, Text. Die Krise der ethnographischen Repräsentation. Frankfurt a.M.: Suhrkamp.
Berking, Helmuth 1997: "Global Flows and Local Cultures". Über die Rekonfiguration sozialer Räume im Globalisierungsdiskurs. In: Ronald Hitzler & Alexander Milanés (Hg.): Das Politische. Ansätze zu einer Gegenstandsbestimmung. Referate des Workshops an der Universität Dortmund, 10.-11.7.1997. Dokumentation Nr. 9 der Sektion Politische Soziologie der Deutschen Gesellschaft für Soziologie. Dortmund 1997. S. 94-105.
Betti, Luca (Hg.) 1992: Pallium. Evoluzione del drappelone dalle origini ad oggi. Texte von A. Falassi. Bd. 4. Siena: Betti.
Betz, Hans-Georg 1997: Globalisierung und Neopopulismus. In: Newsletter Nr. 7, 1/97. Forschungsnetzwerk für ethnisch-kulturelle Konflikte, Rechtsextremismus und Gewalt. Universität Bielefeld, Institut für interdisziplinäre Konflikt- und Gewaltforschung. S. 18-28.
Blok, Anton 1974: The Mafia of a Sicilian Village 1860-1960. A Study of Violent Peasant Entrepreneurs. Oxford.
Boissevain, Jeremy 1974a: Friends of Friends. Networks, Manipulators and Coalitions. Oxford: Blackwell.
Ders. 1974b: Patronage in Sicily. In: Man. Vol. 1. S. 18-32.
Ders. 1976: Towards a Social Anthropology of the Mediterranean. In: Current Anthropology, 20.
Ders. 1992: Introduction. In: Ders. (Hg.): A.a.O. S. 1-19.
Ders. 1992: Play and Identity: Ritual Change in a Maltese Village. In: Ders. (Hg.): A.a.O. S. 137-154.
Ders. (Hg.) 1992: Revitalizing European Rituals. London, New York: Routledge.
Ders. 1994: Towards an Anthropology of European Communities? In: Victoria A. Goddard u.a. (Hg.): A.a.O. S. 41-56.
Ders. (Hg.) 1996: Coping with Tourists. European Reactions to Mass Tourism. Oxford: Berghahn.

Boissevain, Jeremy & John Friedl (Hg.) 1975: Beyond the Community. Social Process in Europe. University of Amsterdam; European Mediterranean Study Group; Department of Educational Science of the Netherlands.

Bowsky, William M. 1967a: Medieval Citizenship. The Individual and the State in the Commune of Siena, 1287-1355. In: Studies in Medieval and Renaissance History, 4. S. 193-243.

Ders. 1967b: The Medieval Commune and Internal Violence: Police Power and Public Safety in Siena, 1287-1355. In: American Historical Review, 73. S. 1-17.

Ders. 1968: The Constitution and Administration of a Tuscan Republic in the Middle Ages and Early Renaissance. In: Studi Senesi, 80. S. 7-22.

Ders. 1970: City and Contado. Military Relationships and Communal Bonds in Fourteenth-Century Siena. In: Anthony Molho & John A. Tedeschi (Hg.): Renaissance Studies in Honor of Hans Baron. Florenz: Sansoni. S. 75-98.

Ders. 1972: The Anatomy of Rebellion in Fourteenth-Century Siena: From Commune to Signory? In: Lauro Martines (Hg.): Violence and Civil Disorder in Italian Cities, 1200-1500. Los Angeles, London: University of California Press. S. 229-272.

Ders. 1976: Italian Diplomatic History: A Case for the Smaller Commune. In: William C. Jordan & Bruce McNab & Teofilo F. Ruiz (Hg.): Order and Innovation in the Middle Ages. Princeton: Princeton University Press. S. 55-74.

Ders. 1981: A Medieval Commune. Siena under the Nine, 1287-1355. Berkeley, Los Angeles, London: University of California Press.

Boyer, Pascal 1990: Tradition as Truth and Communication. Cambridge, Mass.: Cambridge Univers. Press.

Breidenbach, Joana 1998: Tanz der Kulturen. Kulturelle Identität in einer globalisierten Welt. München: Kunstmann.

Dies. & Ina Zukrigl 1995: Ethnologische Perspektiven auf die Beziehungen zwischen globaler und lokaler Ebene. In: Zeitschrift für Ethnologie, 120. S. 15-29.

Brogi, Riccardo 1894: Il Palio di Siena. Siena: Torrini.

Bromberger, Christian 1998: Fußball als Weltsicht und als Ritual. In: Andréa Belliger & David J. Krieger (Hg.): Ritualtheorien. Ein einführendes Handbuch. Opladen: Westdeutscher Verlag.

Brumann, Christoph 1998: The Anthropological Study of Globalization. Towards an Agenda for the Second Phase. In: Anthropos, 93. S. 495-506.

Burgess, Robert G. 1984: In the Field. An Introduction to Field Research. London, Boston, Sydney: Allen & Unwin.

Caduff, Corina & Joanna Pfaff-Czarnecka (Hg.) 1999: Rituale heute. Theorien, Kontroversen, Entwürfe. Berlin: Reimer.

Cairola, Aldo 1985: Siena Lontana. Florenz: Diana Editrice.

Ders. 1986: Siena, le contrade: storia, feste, territorio, aggregazioni. Siena: Il Leccio.

Camiletti, Evelina 1996: Siena è il Palio e il Palio è Siena. In: Cultura dell'infanzia e tradizioni cittadine.

Castells, Manuel 1996: The Rise of the Network Society. Cambridge, Mass.

Catoni, Giuliano 1993: Cacce e tatuaggi: nuovi ragguagli sulle contrade di Siena. Siena: Protegon.

Ders. 1999: Breve Storia di Siena. Pisa: Pacini.
Catoni, Giuliano & Alessandro Falassi 1982: Palio. Milano: Electa.
Cecchini, Giovanni & Dario Neri 1958: The Palio of Siena. Siena: Monte dei Paschi.
Cento Bull, Anna 1996: Ethnicity, Racism and the Northern League. In: Carl Levy (Hg.): A.a.O. S. 171-187.
Checcherini, Daniele 1995: Gli oratori delle Contrade di Siena. Siena: Betti.
Chiellino, Carmine & Fernando Marchio & Giocondo Rongoni 1995: Italien. 3. neubearb. Auflage. München: Beck.
Ciani, Giuseppe 1986: Storie del Palio. Emozioni e passione nell'animo infantile. Siena: Leccio.
Clemente, Pietro (Hg.) 1989: Proggeto Giovani. Primo sondaggio di ricerca sulle aggregazioni giovanili nella città di Siena. Siena: Amministrazione Provinciale di Siena. Offset.
Ders. 1990: Le contrade. Uno sguardo antropologico. In: Comitato Amici del Palio (Hg.): Atti del seminario: Contrada è... Siena, offset.
Ders. 1992: La cultura delle contrade, la violenza e l'immagine pubblica. In: Consorzio per la Tutela del Palio di Siena (Hg.): Atti Convegno Decennale. Siena, offset. S. 57-69.
Ders. 1993: Diversità dietro l'uguaglianza. Tradizioni e trasformazioni nelle Italie regionali e locali. In: Alessando Falassi 1993: A.a.O. S. 91-121.
Clifford, James & George E. Marcus (Hg.) 1986: Writing Culture. The Poetics and Politics of Ethnography. Berkeley, Los Angeles: University of California Press.
Cohen, Anthony P. 1985: The Symbolic Construction of Community. London: Tavistock.
Ders. 1994: Self Consciousness. An Alternative Anthropology of Identity. London: Routledge.
Cole, Jeffrey 1997: The New Racism in Europe. A Sicilian Ethnography. Cambridge: Cambridge University Press.
Cole, John W. 1977: Anthropology comes part-way home: comunity studies in Europe. In: Annual Review of Anthropology, 6. S. 349-378.
Cole, John W. & E. R. Wolf 1974: The Hidden Frontier. Ecology and Ethnicity in an Alpine Valley. New York, London: Academic Press.
Comucci, Alberto 1994: Siena e le sue contrade: brevi cenni storici. Neuauflage von 1926. Siena: Betti.
Consorzio per la Tutela del Palio di Siena (Hg.) 1997: Erleben Sie den Palio. Führer mit 75 Farbabbildungen. Milano-Venedig: Storti Edizioni.
Crow, Graham & Graham Allan 1994: Community Life. An Introduction to Local Social Relations. New York ua.: Harvester Wheatsheaf.
Crump, Thomas 1975: The Context of European Anthropology: the Lesson from Italy. In: Jeremy Boissevain & John Friedl 1975 (Hg): A.a.O. S. 18-28.
Cvetkovich, Ann & Douglas Kellner (Hg.) 1997: Articulating the Global and the Local. Globalization and Cultural Studies. Boulder, Colorado: Westview.

Dallari, Marco 1996: Immagini che raccontano la contrada. In: Cultura dell'infanzia e tradizioni cittadine.
Davis, John 1969: Honour and Politics in Pisticci. In: Proceedings of the Royal Anthropological Institute, 69-81.
Ders. 1973: Land and Family in Pisticci. London: Athlone Press.

Ders. 1977: People of the Mediterranean. An Essay in Comparative Social Anthropology. London: Routledge & Kegan.

Ders. 1996: Changing Perspectives on Italy's ›Southern Problem‹. In: Carl Levy (Hg.): A.a.O. S. 53-68.

Dei, Fabio 1996: From the Native Point of View. Representations of Central Italy in Anthropological Discourse. In: Europaea, 2-1.

Delamont, Sara 1995: Appetites and Identities. An Introduction to the Social Anthropology of Western Europe. London, New York: Routledge.

Delanty, Gerard 1999: Die Transformation nationaler Identität und die kulturelle Ambivalenz europäischer Identität. Demokratische Identifikation in einem postnationalen Europa. In: Reinhold Viehoff & Rien T. Segers (Hg.): Kultur, Identität, Europa. Über die Schwierigkeiten und Möglichkeiten einer Konstruktion. Frankfurt /M.: Suhrkamp. S: 267-288.

Dickie, John 1996: Imagined Italies. In: David Forgacs & Robert Lumley (Hg.): A.a.O. S. 19-33.

Dolcino, Francesco: Così in Campo. Analisi statistica delle participazioni e delle vittorie delle contrade nei Palii tradizionali e straordinari dal 1693 ai giorni nostri. Siena: Periccoli.

Doretto, Fosco 1994: Il mio Palio: mossieri, cavalli, fantini, storia, curiosità e aneddoti delle carriere dal 1919 al 1992. Siena: Il Leccio.

Douglas, Langston 1902: A History of Siena. London: John Murray.

Douglass, William A. 1992: Anthropological Methodology in the European Context. In: Pina-Cabral & Campbell (Hg.): A.a.O. S. 123-132.

Driessen, Henk 1992: On the Spanish-Moroccan Frontier. A Study in Ritual, Power and Ethnicity. New York, Oxford: Berg.

Dundes, Alan & Alessandro Falassi 1994: La Terra in Piazza. An Interpretation of the Palio of Siena. Siena: Nuova Immagine. Neuauflage von 1975.

Ekholm-Friedman, Kajsa & Jonathan Friedman 1995: Global Complexity and the Simplicity of Everyday Life. In: Daniel Miller (Hg.): Worlds Apart. Modernity through the Prism of the Local. London, New York: Routledge. S. 134-168.

Erdheim, Mario 1988a: Adoleszenz zwischen Familie und Kultur. In: Ders.: Psychoanalyse und Unbewußtheit in der Kultur. Aufsätze 1980-1987. Frankfurt a.M.: Suhrkamp. S. 191-214.

Ders. 1988b: Die Repräsentanz des Fremden. Zur Psychogenese der Imagines von Kultur und Familie. In: Ders. Psychoanalyse und Unbewußtheit in der Kultur. Aufsätze 1980-1987. Frankfurt a.M.: Suhrkamp. S. 237-251.

Ders. 1993: Das Eigene und das Fremde. Über ethnische Identität. In: M. Jansen & U. Prokop (Hg.): Fremdenangst und Fremdenfeindlichkeit. Basel, Frankfurt a.M.: Stroemfeld, Nexus. S. 163-182.

Erikson, Erik H. 1973: Identität und Lebenszyklus. Frankfurt a.M.

Estel, Bernd 1994: Grundaspekte der Nation. In: Ders. & Tilman Mayer (Hg.): Das Prinzip Nation in modernen Gesellschaften. Länderdiagnosen und theoretische Perspektiven. Opladen. S. 13-81.

Falassi, Alessandro 1978: Le bandiere senesi come oggetti etnosemiotici. In: Atti del VI Congresso dell AISS. Pavia: Università di Pavia. S. 88-103.

Ders. 1980a: Folklore Toscano. Articoli e saggi analitici. Siena: Nuovo carriere senese.

Ders. 1980b: Per forza e per amore. I canti popolari del Palio di Siena. Milano: Bompiani.
Ders. 1980c: La Santa dell'Oca. Milano: Mondadori.
Fattorini, Lorenzo 1996: Il bambino, la famiglia e la contrada. Analisi statistica di un questionario. In: Cultura dell'infanzia e tradizioni cittadine.
Featherstone, Mike 1990a: Global Culture. An Introduction. In: Ders. (Hg.): A.a.O. S. 1-14.
Ders. (Hg.) 1990b: Global Culture. Nationalism, Globalization and Modernity. A Theory, Culture & Society Special Issue. London, Newbury Park, New Delhi: Sage.
Ders. 1995: Undoing Culture. Globalization, Postmodernism and Identity. London: Sage.
Filipucci, Paola 1996: Anthropological Perspectives on Culture in Italy. In: David Forgacs & Robert Lumley (Hg.): A.a.O. S. 52-71.
Fiorini, Alberto (o.J.): Metamorfosi di una festa. Dalle "Pugna" al "Palio alla tonda". Elenco delle vittorie dal 1581 al 1720. Siena: Periccioli.
Fiorini, Alberto 1989: *Contrada è...* Hrsg. Comitato amici del Palio. Siena: Arti Grafiche Ticci.
Fischermann, Thomas 2000: Marken für Milliarden. In: Die Zeit, 2.11.2000. S. 25f.
Flick, Uwe 1996: Qualitative Forschung. Theorie, Methoden, Anwendung in Psychologie und Sozialwissenschaften. 2. Aufl. Reinbek: Rowohlt.
Flinn, Juliana 1998: Introduction. The Family Dimension of Anthropological Fieldwork. In: Juliana Flinn & Leslie Marshall & Jocelyn Armstrong (Hg.): Fieldwork with Families. Contructing New Models for Ethnographic Research. University of Hawai'i Press. S. 1-21.
Forgacs, David & Robert Lumley (Hg.) 1996: Italian Cultural Studies. An Introduction. Oxford: Oxford University Press.
Francini, Giancarlo 1996: Un piccolo principe in contrada. Ovvero, alla ricerca del territorio. In: Cultura dell'infanzia e tradizioni cittadine.
Frankenberg, Ronald 1993: Who Can Tell the Tale? Texts and the Problem of Generational and Social Identity in a Tuscan Rural Comune. In: MacDonald 1993. A.a.O. S. 54-83.
Frey, Hans-Peter & Karl Haußer 1987: Entwicklungslinien sozialwissenschaftlicher Identitätsforschung. In: Dies (Hg.): Identität. Entwicklungen psychologischer und soziologischer Forschung. Stuttgart. S. 3-26.
Friedman, Jonathan 1990: Being in the World. Globalization and Localization. In: Mike Featherstone (Hg.): A.a.O. S. 311-327.
Ders. 1994: Cultural Identity and Global Process. London: Sage.
Friedrichs, Jürgen 1997: Globalisierung - Begriff und grundlegende Annahmen. In: Aus Politik und Zeitgeschichte, Beilage zur Wochenzeitung Das Parlament. B 33-34/97, 8. August 1997. S. 3-11.
Fruttero, Carlo 1997: Palio. In: Merian »Toskana«, 2/ 1997. S. 60-66.
Fruttero, Carlo & Franco Lucentini 1997 (1989): Der Palio der toten Reiter. Roman. 12. Aufl. München: Piper. Originalausgabe 1983, Mailand: Mondadori.
Fuchs, Martin & Eberhard Berg 1993: Phänomenologie der Differenz. Reflexionsstufen ethnographischer Repräsentation. In: Eberhard Berg & Martin Fuchs (Hg.): A.a.O. S. 11-108.

Galletti, Sonia 1994: I bambini e la contrada. Un'indagine descrittiva. Università di Siena, facoltà di lettere e filosofia: tesi di laurea.
Geertz, Clifford (1989): Works and Lives. The Anthropologist as Author. Stanford: Stanford Univ. Press.

Gellner, David N. 1999: Religion, Politik und Ritual. Betrachtungen zu Geertz und Bloch. In: Corina Caduff & Joanna Pfaff-Czarnecka (Hg.): A.a.O. S. 49-72.
Giddens, Anthony 1995: Konsequenzen der Moderne. Frankfurt a.M.: Suhrkamp.
Gilmore, David 1982: Anthropology of the Mediterranean Area. In: Annual Review of Anthropology, 11. S. 175-205.
Ders. (Hg.) 1987: Honor and Shame and the Unity of the Mediterranean. Washington: Special Publication of the American Anthropological Association.
Goddard, Victoria A. 1996: Gender, Family and Work in Naples. Oxford: Berg.
Goddard, Victoria A. & Josep L. Llobera & Chris Shore 1994: Introduction. The Anthropology of Europe. In: Dies. (Hg.): The Anthropology of Europe. Identities and Boundaries in Conflict. Oxford/Providence: Berg. S. 1-40.
Goetze, Dieter 1994: Identitätsstrategien und die Konstruktion sozialer Räume. Eine spanische Fallstudie. In: Rolf Lindner (Hg.): A.a.O. S. 184-200.
Goffman, Erving 1961: Encounters. Two Studies in the Sociology of Interaction. Indianapolis: Bobbs Merrill.
Ders. 1968: Stigma. Notes on the Management of Spoiled Identity. Harmondsworth: Pelican.
Ders. 1969: The Presentation of Self in Everyday Life. London: Allen Lane.
Ders. 1970: Strategic Interaction. Oxford: Blackwell.
Ders. 1971: Relations in Public. Microstudies of the Public Order. London: Allen Lane.
Grassi, Virgilio 1950: I confini delle contrade, secondo il bando di Violante Beatrice di Baviera. Siena: Tipografia Ex-Cooperativa.
Ders. 1987 (1972): Le Contrade di Siena e le loro feste. Il Palio attuale. 5. Neuaufl. Siena: Pericciolì.
Ders. 1991: Palio ed altro per il Telegrafo.
Greverus, Ina-Maria u.a (Hg.) 1994: Kultur Texte. 20 Jahre Institut für Kulturanthropologie und Europäische Ethnologie. Frankfurt a.M.: Institut für Kulturanthropologie und Europäische Ethnologie der Universität Frankfurt.
Gribaudi, Gabriella 1996: Images of the South. In: David Forgacs & Robert Lumley (Hg.): A.a.O. S. 72-87.
Große, Ernst Ulrich & Günter Trautmann 1997: Italien verstehen. Darmstadt: Primus.
Gupka, Akhil & James Ferguson (Hg.) 1997: Culture, Power, Place. Durham.

Hall, Stuart 1991: The Local and the Global. Globalization and Ethnicity. In: Anthony D. King (Hg.): A.a.O. S. 19-39.
Ders. 1991 b: Old and New Identities, Old and New Ethnicities. In: Anthony D. King (Hg.): A.a.O. S. 41-68.
Ders. & David Held & Tony McGrew (Hg.) 1992: Modernity and its Future. Cambridge.
Ders. 1994: Rassismus und kulturelle Identität. Argument Sonderband 226. Hamburg: Argument.
Hallsson, Fridrik 1997: Im 'Schatten' der Globalisierung: Neun reale inter-ethnische Integrationsmodelle. In: Newsletter Nr. 7, 1/97. Forschungsnetzwerk für ethnisch-kulturelle Konflikte, Rechtsextremismus und Gewalt. Universität Bielefeld, Institut für interdisziplinäre Konflikt- und Gewaltforschung. S. 29-49.

Handelman, Don 1983: The Madonna and the Mare. Symbolic Organisation in the Palio of Siena. In: Victor Turner & M. Yamaguchi (Hg.): Spectacle – An Anthropological Inquiry. Tokyo. S. 152-184.

Ders. 1998 (1990): Models and Mirrors. Towards an Anthropology of Public Events.New York, Oxford: Berghahn. Darin: The Palio of Siena, S. 113-135.

Hannerz, Ulf 1980: Exploring the City. Inquiries Towards an Urban Anthropology. New York: Columbia University Press.

Ders. 1990: Cosmopolitans and Locals in World Culture. In: Mike Featherstone (Hg.): A.a.O. S. 237-251.

Ders. 1992: Cultural Complexity. Studies in the Social Organization of Meaning. New York: Columbia University Press.

Ders. 1995: "Kultur" in einer vernetzten Welt. Zur Revision eines ethnologischen Begriffes. In: Wolfgang Kaschuba (Hg.): A.a.O. S. 64-84.

Ders. 1996: Transnational Connections. Cultures, People, Places. New York: Routledge.

Haraway, Donna 1991: Situated knowledges. The science question in feminism and the privilege of partial perspective. In: Simians, Cyborgs, and Women. The Reinvention of Nature. New York: Routledge. S. 183-202.

Harmsen, Andrea 1999: Globalisierung und lokale Kultur. Eine ethnologische Betrachtung. Hamburg: Lit.

Harvey, David 1990: The Condition of Postmodernity. Cambridge, Mass.

Hastrup, Kirsten 1992: Writing ethnography. State of the art. In: Judith Okely & Helen Callaway (Hg.): Anthropology and Autobiography. New York: Routledge. S. 116-133.

Dies. 1994: Anthropological Knowledge Incorporated. Discussion. In: Kirsten Hastrup & Peter Hervik (Hg.): Social Exerience and Anthropological Knowledge. London, New York: Routledge. S. 224-240.

Heelas, Paul 1996: Introduction. Detraditionalization and its Rivals. In: Paul Heelas& Scott Lash & Paul Morris (Hg.): A.a.O. S. 1-20.

Heelas, Paul & Scott Lash & Paul Morris (Hg.) 1996: Detraditionalization. Critical Reflections on Authority and Identity. Cambridge, Oxford: Blackwell.

Herzfeld, Michael 1987a: Anthropology through the Looking-Glass. Cambridge.

Ders. 1987b: »As in Your Own House«. Hospitality, Ethnography and the Stereotype of Mediterranean Society. In: David Gilmore (Hg.): A.a.O. S. 75-89.

Hettlage, Robert 1997: Identitätsmanagement. Soziale Konstruktionsvorgänge zwischen Rahmen und Brechung. In: WeltTrends 15. S. 1-23.

Heywood, William 1899: Our Lady of August and the Palio of Siena. Siena: Torrini.

Ders. 1993: Nostra Donna d'Agosto e il Palio di Siena. Neuausgabe. Siena: Protegon Editori Toscani.

Ders. 1969: Palio and Ponte. New York: Hacker Art Books. Originalausgabe 1904, London: Methuen & Co.

Hobsbawm, Eric & Terence Ranger (Hg.) 1983: The Invention of Tradition. Cambridge: Cambridge Univ. Press.

Hughes-Freeland, Felicia & Mary M. Crain 1998: Recasting Ritual. Performance, Media, Identity. London, New York: Routledge.

Huntington, Samuel P. 1996: The clash of civilizations and the remaking of world order. New York: Simon & Schuster.

Husmann, Rolf 2000: Shifting Identities. Traditional Sport and Modern Challenges. The Regatta in Malta. Paper presented to the 6th Biennial EASA Conference, Krakow, Poland, 26-29 July 2000.

Hüwelmeier, Gertrud 1997: Hundert Jahre Sängerkrieg. Ethnographie eines Dorfes in Hessen. Berlin: Reimer.

Hyde, J. K. 1973: Society and Politics in Medieval Italy: The Evolution of Civil Life, 1000-1350. London, Basingstoke: Macmillan.

Ipsen, Detlev 1994: Regionale Identität. Überlegungen zum politischen Charakter einer psychosozialen Raumkategorie. In: Rolf Lindner (Hg.): A.a.O. S. 232-254.

Jenkins, Richard 1996: Social Identity. London, New York: Routledge.

Jensen, Jürgen 1995: Der Gegenstand der Ethnologie und die Befassung mit komplexen Gesellschaften. Eine notwendige Klärung und ihre wissenschaftlichen Vorgaben. In: Zeitschrift für Ethnologie, 120. S. 1-14.

Ders. 1996: Die Finaleser. Lokale Identitäten und überregionale Beziehungen in einem Gebiet Liguriens. In: Waltraud Kokot (Hg.) 1996. A.a.O. S. 23-38.

Karrer, Marva 1995: Die Piazza. Frauen und Männer in einem süditalienischen Dorf. Frankfurt a.M., New York: Campus.

Kaschuba, Wolfgang (Hg.) 1995: Kulturen - Identitäten - Diskurse. Perspektiven europäischer Ethnologie. Berlin: Akademie Verlag.

Ders. 1999: Einführung in die europäische Ethnologie. München: Beck.

Kea, Zeitschrift für Kulturwissenschaften, 1995: Stadtdschungel.

Kearney, Michael 1995: The Local and the Global. The Anthropology of Globalization and Transnationalism. In: Annual Review of Cultural Anthropology, 24. S. 547-565.

Kertzer, David I. 1983: Urban Research in Italy. In: Michael Kenny & David J. Kertzer (Hg.): Urban Life in Mediterranean Europe: Anthropological Perspectives. Urbana, Chicago, London: University of Illinois Press. S. 53-75.

Ders. 1988: Ritual, Politics and Power. New Haven, London: Yale University Press.

Kertzer, David I. & R. P. Saller (Hg.) 1991: The Family in Italy from Antiquity to the Present. New Haven: Yale University Press.

King, Anthony D. (Hg.) 1991: Culture, Globalization and the World-System. Contemporary Conditions for the Representation of Identity. London: Macmillan.

Kokot, Waltraud & Bettina C. Bommer (Hg.) 1991: Ethnologische Stadtforschung. Berlin: Reimer.

Kokot, Waltraud & Dorle Dracklé (Hg.) 1996: Ethnologie Europas. Grenzen, Konflikte, Identitäten. Berlin: Reimer.

Kostof, Spiro & Greg Castillo 1993: Die Anatomie der Stadt. Geschichte städtischer Strukturen. Frankfurt a.M. u.a.: Campus.

Lamioni, Glauco 1984: Palio. Pazzia e giovanezza d'una città. Siena: Leccio.

Lanfant, M. F. & J. B. Allcock & E. M. Bruner (Hg.) 1995: International Tourism. Identity and Change. London: Sage.

Lash, Scott 1996: Tradition and the Limits of Difference. In: Paul Heelas& Scott Lash & Paul Morris (Hg.): A.a.O. S. 250-274.

Ders. 1998: Wenn alles eins wird. In: Die Zeit, 26.2.1998, Nr. 10. S. 41-42.

Ders. & Jonathan Friedman (Hg.) 1992: Modernity and Identity. Oxford, Cambridge/Mass.: Blackwell.

Lefebvre, Henri 1991: The Production of Space. Cambridge, Mass. (Frz. Original 1974).

Levy, Carl (Hg.) 1996: Italian Regionalism. History, Identity, Politics. Oxford. Washington, DC: Berg.

Li Causi, Luciano 1993: Il partito a noi ci ha dato! Antropologia politica di una sezione comunista senese nel dopoguerra. Siena: Università degli Studi.

Liebscher, Sandra Marcella Lucia 2001: Der Stadtrat von Siena 1993-1997. Der Einfluss des Handlungsrahmens auf Netzwerke und Kognitionen politischer Akteure.

Elektronisch publizierte Dissertation, Staats- und Universitätsbibliothek Carl von Ossietzky, Hamburg.

Lindner, Rolf 1981: Die Angst des Forschers vor dem Feld. Überlegungen zur teilnehmenden Beobachtung als Interaktionsprozeß. In: Zeitschrift für Volkskunde, 77. S. 51-66.

Ders. (Hg.) 1994: Die Wiederkehr des Regionalen. Über neue Formen kultureller Identität. New York, Frankfurt a.M.: Campus.

Ders. 1997: Perspektiven der Stadtethnologie. In: Historische Anthropologie, 5. S. 319-328.

Lisini, Alessandro 1896: Notizie su le contrade di Siena. In: Miscellanea Storica Senese, 4.

Llobera, Josep R. 1986: Fieldwork in Southwestern Europe. Anthropological Panacea or Epistemological Straitjacket? In: Critique of Anthropology, 6(2). S. 25-33.

Logan, Alice Pomponio 1978: The Palio of Siena. Performance and Process. In: Urban Anthropology, 7. S. 45-65.

Lovell, Nadia (Hg.) 1998: Locality and Belonging. London, New York: Routledge.

Luchini, Luca 1985: Palio XX Secolo. Una città fra realtà e leggenda. Siena: Tipografia Senese.

Ders. 1992: Aceto, Re del Palio. Siena: Alsaba.

Luke, Timothy W. 1996: Identity, Meaning and Globalization. Detraditionalization in Postmodern Space-Time Compression. In: Paul Heelas & Scott Lash & Paul Morris (Hg.): A.a.O. S. 109-133.

Lumley, Robert 1990: States of Emergency. Cultures of Revolt in Italy from 1968 to 1978. London.

MacDonald, Sharon (Hg.) 1993: Inside European Identities. Ethnography in Western Europe. Providence, Oxford: Berg.

Magi, Piero 1996: Il Palio dentro e fuori. Florenz: Bonechi.

Magrini, Daniele 1982: I guerrieri del Palio. Siena: Pericciolі.

Ders. 1986: Il Palio verso dove? Inchiesta sulla Festa di Siena alle soglie del Duemila. Siena: Periccioli.

Marchionni, Roberto 1995: I simboli delle Contrade del Palio di Siena. Siena: Marchionni.

Marcus, George 1992: Past, Present and Emergent Identities. Requirements for Ethnographies of Late Twentieth-Century Modernity Worldwide. In: Scott Lash & Jonathan Friedmann (Hg.): A.a.O. S. 309-330.

Ders. 1995: Ethnography in/of the World-System. The Emergence of a Multi-Sited Ethnography. In: American Review of Anthropology, 24. S. 95-117.

Marselli, G. A. 1963: American Sociologists and Italian Peasant Society. In: Sociologia Ruralis, 3. S. 319-338.

McCorkle, Thomas 1959: Review of The moral basis of a backward society, by Edward. C. Banfield. In: American Anthropologist, 61. S. 133-134.

McDonald, Maryon 1993: The Construction of Difference. An Anthropological Approach to Stereotypes. In: Sharon MacDonald (Hg.): A.a.O. S. 219-236.

Mead, George Herbert 1973: Geist, Identität und Gesellschaft aus der Sicht des Sozialbehaviorismus. Frankfurt a.M. (Original 1934: Mind, Self and Society from the Standpoint of a Social Behaviorist. Chicago: University of Chicago Press.)

Michaels, Axel 1999: »Le rituel pour le rituel« oder wie sinnlos sind Rituale? In: Corina Caduff & Joanna Pfaff-Czarnecka (Hg.): A.a.O. S. 23-47.

Mitchell, J. Clyde 1987: Cities, Societies and Social Perception. Oxford.

Mordt, Gabriele 1999: Politische Mobilisierung und die Identifikation von Interessen. Das Beispiel Lega Nord. In: Walter Reese-Schäfer (Hg.): A.a.O. S. 159-179.

Moss, Leonard W. 1958: Review of The moral basis of a backward society, by Edward C. Banfield. In: American Sociological Review, 23. S. 759-761.

Mugnaini, Fabio 1997: Carnevale senza Quaresima, tradizione senza passato. Il Carnevale e le altre feste nella provincia di Siena. In: Franco Castelli & Piercarlo Grimaldi (Hg.): Maschere e corpi. Tempi e luoghi del carnevale. Roma: Meltemi. S. 79-94.

Muzzi, Andrea 1990: Rapporti tra Contrada e Amministrazione Comunale. In: Atti del Seminario ›Contrada è...‹. Siena, 2.-9.3.1990. Ohne Seite.

Nadig, Maya 1992: Der ethnologische Weg zur Erkenntnis. Das weibliche Subjekt in der feministischen Wissenschaft. In: Gudrun-Axeli Knapp & Angelika Wetterer (Hg.): Traditionen Brüche. Freiburg/Br.: Kore. S. 151-200.

Dies. 1993: Die Ritualisierung von Haß und Gewalt im Rassismus. In: Friedrich Balke & Rebekka Habermas & Patrizia Nanz & Peter Sillan (Hg.): Schwierige Fremdheit. Über Integration und Ausgrenzung in Einwanderungsländern. Frankfurt a.M.: Fischer. S. 264-284.

Dies. 1997: Über die Schwierigkeit, in der ethnologischen Forschung Grenzen zu ziehen. Überlegungen zur Ethnologie in der Spätmoderne. In: Zeitschrift für Ethnologie, 122. S. 101-126.

Nardi, Paolo 1966-1968: I Borghi di San Donato e di San Pietro a Ovile: "popoli", contrade ecompagnie d'armi nella società Senese nei secoli XI-XIII. In: Bollettino Senese di Storia Patria, 73-75. S. 7-59.

Nash, D. 1996: Prospects for Tourism Study in Anthropology. In: A. Ahmed & Chris Shore (Hg.): The Future of Anthropology. Its Relevance to the Contemporary World. London: Athlone. S. 179-202.

Nixdorff, Heide & Thomas Hauschild (Hg.) 1982: Europäische Ethnologie. Berlin: Reimer.

Noller, Peter 1999: Globalisierung, Stadträume und Lebensstile. Kulturelle und lokale Repräsentationen der globalen Räume. Leske + Budrich.

Ders. & Klaus Ronneberger 1996: Globalisierung und städtische Professionelle. Zum Kosmopolitismus der neuen Dienstleistungsklasse. In: Hermann Schwengel (Hg.): A.a.O. S. 119-143.

Oakes, Penelope J. & Alexander S. Haslam & John C. Turner 1994: Stereotyping and Social Reality. Cambridge, Mass.
Orlandini, A. (Hg.) 1993: Fascismo e antifascismo nel senese. Firenze: Giunta Regionale.

Palumbo, Berardino 2000: La Guerra dei Santi. Religion, Politics and the Poetics of Time in a Sicilian Town. Paper given at the 6. EASA-Konferenz, Krakow, 28.7.2000.
Park, Hamish 1992: Passion, Remembrance and Identity. The Palio of Siena. In: Journal of Mediterranean Studies, 2: 1. S. 80-97.
Parker, Simon 1996: Political Identities. In: David Forgacs & Robert Lumley (Hg.): A.a.O. S. 107-128.
Pasquinuzzi, D. 1995: Società e politica a Siena nella transizione verso il fascismo (1919-1926). Siena: Nuova Immagine.
Passerini, Luisa 1996: Gender Relations. In: David Forgacs & Robert Lumley (Hg.): A.a.O. S. 144-159.
Pecchioli, Arrigo (Hg.) 1974: Il Palio di Siena. Rom: Editalia.
Pepi, Giulio 1985: Siena. Il Palio. Siena: Azienda Autonoma di Turismo.
Petersen, Jens 1995: Quo vadis, Italia? Ein Staat in der Krise. München: Beck.
Pina-Cabral, Joao de 1989: The Mediterranean as a Category of Regional Comparison. A Critical View. In: Current Anthropology, 30. S. 399-406.
Pina-Cabral, Joao de & John Campbell (Hg.) 1992: Europe Observed. London u.a.: Macmillan.
Pitkin, Donald S. 1993: Italian Urbanscape: Intersection of Private and Public. In: Robert Rotenberg & Gary McDonogh (Hg.): The Cultural Meaning of Urban Space. Westport, Connecticut, London: Bergin & Garvey. S. 95-101.
Pratt, Jeff C. 1986: The Walled City. A Study of Social Change and Conservative Ideologies in Tuscany. Göttingen: Rader.
Ders. 1994: The Rationality of Rural Life. Economic and Cultural Change in Tuscany. Chur, Switzerland u.a.: Harwood.
Ders. 1996: Catholic Culture. In: D. Forgacs & R. Lumley (Hg.): A.a.O. S. 129-143.
Profeti, Sergio 1978: Il Palio dal 1900. Siena: Edizioni di Sunto.
Ders. 1985: Il Segreto della Mossa. Siena: Edizioni di Sunto.
Ders. 1991: Da Panezio a Benito. Il Cavallo da Palio. Siena: Edizioni di Sunto.
Putnam, Robert 1993: Making Democracy Work. Civic Traditions in Modern Italy. Princeton.

Rapport, Nigel & Joanna Overing 2000: Social and Cultural Anthropology. The Key Concepts. London, New York: Routledge.
Reese-Schäfer, Walter 1999a: Einleitung. Identität und Interesse. In: Ders. (Hg.): A.a.O. S. 7-43.
Ders. (Hg) 1999b: Identität und Interesse. Der Diskurs der Identitätsforschung. Opladen: Leske und Budrich.
Richards, G. (Hg.) 1996: Cultural Tourism in Europe. Wallingford: Cab Int.
Righi Parenti, Gerardo 1926: L'anima del Palio di Siena: appunti ed impressioni. Siena: Giardini.
Robertson, Roland 1990: Mapping the Global Condition. Globalization as the Central Concept. In: Mike Featherstone (Hg.): A.a.O. S. 15-30.
Ders. 1992: Globalization. Social Theory and Global Change. London, Newbury Park: Sage.

Ders. 1991: Social Theory, Cultural Relativity and the Problem of Globality. In: Anthony D. King (Hg.): A.a.O. S. 69-90.

Ders. 1998: Glokalisierung. Homogenität und Heterogenität in Raum und Zeit. In: Ulrich Beck (Hg.): A.a.O. S. 192-220.

Rogers, Alisdair & Steven Vertovec (Hg.) 1995: The Urban Context. Ethnicity, Social Networks and Situational Analysis. Oxford/Washington D.C.: Berg.

Rollwagen, Jack 1980: Cities and the World System. Toward an Evolutionary Perspective in the Study of Urban Anthropology. In: Collins (Hg.): Cities in a Larger Context. Athens.

Rondini, A. 1932: Il palio di Siena: origini e descrizione dello spettacolo storia delle contrade. Florenz: Società Editrice Toscana.

Rondoni, Giuseppe 1968: Tradizioni popolari e leggende di un comune mediovale e del suo contado. (Siena e l'antico contado senese.) Bologna: Forni Editore. Originalausgabe 1886.

Rossi, Flaminio 1981: Le contrade della città di Siena. Bologna: Forni.

Rotenberg, Robert & Gary McDonogh (Hg.) 1993: The Cultural Meaning of Urban Space. Westport, Connecticut, London: Bergin & Garvey.

Sandrucci, Roberto 1996: Childhood Culture and City Traditions. Interdisciplinary Congress on the City of Siena. In: Europaea, 2-1.

Sassen, Saskia 1991: The Global City. New York, London, Tokyo. Princeton, New Jersey: Princeton University Press.

Dies. 1996: Losing Control? Sovereignty in an Age of Globalization. New York.

Dies. 2000: Machtbeben. Wohin führt die Globalisierung? Stuttgart, München: Deutsche Verlags-Anstalt.

Saunders, Irwin T. 1959: Review of the moral basis of a backward society, by Edward C. Banfield. In: American Journal of Sociology, 64. S. 522.

Schevill, Ferdinand 1964: Siena. The History of a Medieval Commune. New York: Harper and Row. Originalausgabe 1909.

Schiffauer, Werner 1994: Zur Logik von kulturellen Strömungen in der Großstadt. In: Ina-Maria Greverus u.a. (Hg.): A.a.O. S. 29-59.

Schilling, Heinz 1994: Region und Identität. In: Ina-Maria Greverus u.a. (Hg.): A.a.O. S. 61-85.

Ders. (Hg.) 1997: Nebenan und Gegenüber. Nachbarn und Nachbarschaften heute. Frankfurt a.M.: Inst. für Kulturanthropologie und Europ. Ethnologie.

Schmidtke, Oliver 1996: Politics of Identity. Ethnicity, Territories and Political Opportunity Structure in Modern Italian Society. Sinzheim.

Schmitt-Egner, Peter 1999: Regionale Identität, Transnationaler Regionalismus und Europäische Kompetenz. Theoretische, methodische und normative Überlegungen zum Verhältnis von Regionaler und Europäischer Identität. In: Walter Reese-Schäfer (Hg.): A.a.O. S. 129-158.

Schneider, Jane 1998: Introduction. The Dynamics of Neo-Orientalism in Italy (1848-1995). In: Dies. (Hg.): Italy's »Southern« Question. Orientalism in One Country. Oxford, New York: Berg. S. 1-23.

Schweizer, Thomas (Hg.) 1988: Netzwerkanalyse. Berlin: Reimer.

Schwengel, Hermann (Hg.) 1996: Kontinuitäten und Diskontinuitäten der Politischen Soziologie. Tagungsband. 'Globalisierung und europäische Kultur'. Freiburger Arbeitspapiere zum Prozeß der Globalisierung, Bd. 1. Freiburg: Albert-Ludwigs-Universität.

Shore, Chris 1990: Italian Communism. The Escape from Leninism. An Anthropological Perspective. London: Pluto Press.

Ders. 1995: Anthropology, Literature, and the Problem of Mediterranean Identity. In: Journal of Mediterranean Studies, 5:1. S. 3-13.

Silverman, Sydel 1965: Patronage and community-nation relationships in Central Italy. In: Ethnology, 4. S. 172-189.

Dies. 1966: An ethnographic approach to social stratification. Prestige in a central italian community. In: American Anthropologist, 68. S. 899-921.

Dies. 1968: Agricultural Organization, Social Structure and Values in Italy. Amoral Familism Reconsidered. In: American Anthropologist, 70. S. 1-20.

Dies. 1975: Three Bells of Civilization. The Life of an Italian Hill Town. New York, London: Columbia University Press.

Dies.: 1977: Patronage as Myth. In: Ernest Gellner & J. Waterbury (Hg.): Patrons and Clients in Mediterranean Societies. London: Duckworth. S. 7-19.

Dies. 1979: On the Uses of History in Anthropology. The 'Palio' of Siena. In: American Ethnologist, 6:3. S. 413-436.

Dies. 1984: Toward an Anthropology of Urbanism. The View from the Village. In: Owen M. Lynch (Hg.): Culture and Community. Essays in Honor of M. Arensberg. Delhi: Hindustan. S. 13-35.

Dies. 1985: Towards a Political Economy of Italian Competitive Festivals. In: Ethnologia Europaea, Journal of European Anthropology, 15:2. S. 95-103.

Dies. 1989: The Palio of Siena. Game, Ritual, or Politics? In: Susan Zimmerman & Ronald F. E. Weissman (Hg.): Urban Life in the Renaissance. Newark: University of Delaware Press. S. 224-239.

Simonicca, Alessandro 1995: Bambini e territorio nelle Contrade di Siena. In: Etnoantropologia, 3-4. 89-101.

Ders. 1996: Modalità di mutamento nel ruolo femminile in ambiti urbani tradizionali.In: Cultura dell'infanzia e tradizioni cittadine. Ursprünglich: comunicazione al congresso AISEA, 1995.

Ders. 1999: Europe and the Anthropology of Tourism. Problems of Definition and Research Methodology. In: Europaea, 5-1.

Smith, Anthony D. 1990: Towards a Global Culture? In: Mike Featherstone (Hg.): Aa.O. S. 171-191.

Sökefeld, Martin 1999: Translokalität und Identität. Das Problem räumlicher Grenzen in der Ethnologie am Beispiel der Stadt Gilgit, Nordpakistan. In: Zeitschrift für Ethnologie, 124. S. 51-72.

Stichweh, Rudolf 1996: Science in the System of World Society. In: Social Science Information 35. S. 327-340.

Ders. 1999: Globalisierung von Wirtschaft und Wissenschaft. Produktion und Transfer wissenschaftlichen Wissens in zwei Funktionssystemen der modernen Gesellschaft. In: Soziale Systeme 5. S. 27-39.

Stolcke, Verena 1994: Kultureller Fundamentalismus. In: Rolf Lindner (Hg.): A.a.O. S. 36-63.

Sträter, Frank 1996: Globalisierung und lokaler Raum. In: Hermann Schwengel (Hg.): A.a.O. S. 143-160.
Strauss, Anselm 1991: Grundlagen qualitativer Sozialforschung. Datenanalyse und Theoriebildung in der empirischen und soziologischen Forschung. München: Fink.
Ders. & Juliet Corbin 1990: Basics of Qualitative Research. Grounded Theory Procedures and Techniques. Newbury Park u.a.: Sage.

Taddei, Stefano 1996: Entrare in contrada per entrare nel mondo. Esperienze sociali dei ragazzi di Siena e Poggibonsi. In: Cultura dell'infanzia e tradizioni cittadine.
Tailetti, Alberto 1978: Storiapalio. Siena: Periccioli.
Trapassi, Germano 1998: La Nobil Contrada del Bruco dagli antichi libri delle memorie e deliberazioni. Siena: Nobil Contrada del Bruco.
Tulini, Rudi 1990: Barberi. Il cavallo nel Palio. Siena.
Turner, John C. 1987: Rediscovering the Social Group. A Self-Categorization Theory. Oxford.
Ders. & H. Giles (Hg.) 1981: Intergroup Behaviour. Oxford: Blackwell.
Turner, Victor 1974: Dramas, Fields and Metaphors. Symbolic Action in Human Society. Ithaca, London: Cornell University Press.
Ders. (Hg.) 1982: Celebration. Studies in Festivity and Ritual. Washington, D.C.: Smithsonian Institution Press.
Ders. 1995: Vom Ritual zum Theater. Der Ernst des menschlichen Spiels. Frankfurt a.M.: Fischer. Orig. 1982, From Ritual to Theatre. The Human Seriousness of Play.

Università degli studi di Siena, Comune di Siena, Amministrazione provinciale di Siena, Contrada capitana dell'Onda, Associazione culturale "A. Minutelli" (Hg.) 1996: Cultura dell'infanzia e tradizioni cittadine. Un'indagine sul mondo dell'infanzia nella città di Siena. Convegno internazionale di studi. Siena, 25-27 ottobre 1996. Materiali di discussione.
Urry, John 1990: The Tourist Gaze. Leisure and Travel in Contemporary Societies. London, Newbury Park, New Delhi: Sage.

Valsecchi, Giuseppe 1981: Le contrade di Siena. Nachdruck der Originalausgabe von 1928, Orvieto.
Valecchi, Federico 1994: Nel Campo in lotta ed al di fuor sorelle. Il Magistrato delle Contrade 1894-1994. Siena: Cantagalli.
Verdone, Mario (Hg.) 1986: Siena, la città del Palio. Roma: Newton Compton.

Waley, Daniel 1969: The Italian City-Republics. New York: McGraw-Hill.
Wallerstein, Immanuel 1974: The Modern World-System. Capitalist Agriculture and the Origins of the European World Economy in the Sixteenth Century. New York: Academic Press.
Ders. 1990: Culture as the Ideological Battleground of the Modern World-System. In: Theory, Culture and Society 7. S. 31-55.
Warner, Anna-Kathrin 1997: Was heißt 'Ethnizität'? Ansätze und Leerstellen hinter einem modischen Konzept. In: Zeitschrift für Politische Psychologie, Jg. 5, 1/97. S. 59-70.
Waters, Malcolm 1995: Globalization. London.

Weller, Christoph 1999: Kollektive Identitäten in der internationalen Politik. Anmerkungen zur Konzeptualisierung eines modischen Begriffs. In: Walter Reese-Schäfer (Hg.): A.a.O. S. 249-277.

Welz, Gisela 1994: Migration und Lebensstil. Zu kulturellen Differenzierungen in der Großstadt. In: Ina-Maria Greverus u.a. (Hg.): A.a.O. S. 135-148.

Wieschiolek, Heike 1999: »...ich dachte immer, von den Wessis lernen heißt siegen lernen!« Arbeit und Identität in einem mecklenburgischen Betrieb. Frankfurt a.M., New York: Campus.

Wildner, Kathrin 1995: "Picturing the City". Themen und Methoden der Stadtethnologie. In: Kea, Zeitschrift für Kulturwissenschaften, 8. S. 1-21.

Wobbe, Theresa 1996: Globalität, Geschlechterverhältnisse und politische Soziologie. In: Schwengel (Hg.): A.a.O. S. 161-182.

Dies. 2000: Weltgesellschaft. Bielefeld: Transcript.

Wolf, Eric R. 1982: Europe and the People Without History. Berkeley: University of California Press.

Zazzeroni, Antonio 1980: L'araldica delle contrade di Siena. Florenz: Scala.